미션 익스포저

당신이 하나님을 더 깊이 알아가고 더 널리 알리는 사람이 되는 것, 이 책에 담겨진 예수전도단의 마음입니다. 말씀을 통해 저자가 깨닫고, 원고를 통해 저희가 누릴 수 있었던 그 감동이 책을 통해 당신에게도 전해지기 원합니다. 그리고 당신을 통해 그 기쁨과 은혜가 더 많은 이들에게 계속해서 흘러가기를 기도하겠습니다. 이 책을 통해 당신이 받은 은혜를 다른 분들에게도 나눠주십시오. 사랑하고 축복합니다.

Perspectives Exposure: Discovering God's Heart for All and Our Part in His Plan

We have sought our best to secure the Korean translation rights of this book
in its original edition but have failed. If you are the copyright holder of this book,
please do not hesitate to contact us and we will bemore than happy to settle down with
the copyright involved with this Korean edition.

Used by permission 2007 YWAM Publishing, Korea

Mission Exposure

세계 선교에 대한 성경적 · 역사적 · 전략적 · 문화적 · 동역적 관점

멕 크로스만 편저

예수전도단

● 추천의 글

이 책을 기쁨으로 추천하는 것은 지역 교회와 평신도를 위한 선교학의 총체적인 내용을 담았기 때문이다. 이 책은「미션 퍼스펙티브」의 난이도와 방대한 분량 때문에 엄두를 내지 못했던 평신도들에게 매우 유용한 선교 훈련 교재가 될 것이다. 선교는 그리스도인들의 선택이 아니라, 의무이자 특권이다. 21세기 선교는 지역 교회들이 선교 사명을 깨닫고 새롭게 일어나 평신도들의 잠재된 선교 능력을 계발하고 훈련할 때 힘차게 전진할 것이다.

또한 선교사, 선교 지도자, 선교 후원자들의 사명을 확인하고 점검하는 귀중한 자료가 될 것이다. 효율적인 선교 방향을 제시할「미션 익스포저」의 출간을 축하하면서 모든 그리스도인들에게 적극 추천한다.

강승삼 | 총신대학교 선교대학원장

미션 퍼스펙티브 프로그램은 오랫동안 선교 교육에서 독보적 위치를 차지해 왔고, 그 공헌이 지대했다. 하지만 신학이나 선교학을 전공하는 사람들 수준의 어려운 내용과 방대한 분량 때문에 전체를 숙지하기가 어려웠다. 이런 약점을 보완한 적절한 프로그램이 미션 익스포저다. 특히「미션 퍼스펙티브」수정판 이후의 실제적 변화를 반영하는 새로운 글들이 문화와 전략 부분에 보충된 것은 금상첨화다. 선교 관심자들에게 필수 과정으로 추천한다.

이현모 | 침례신학대학교 선교학 교수

「미션 익스포저」는 하나님의 파트너로서의 교회가 더 온전히 준비하고 반응하도록 하기 위해 마련되었다. 기존의「미션 퍼스펙티브」교재는 분량이 많아 오랜 시간을 들여야 하는 어려움이 있어서 쉽게 접근하지 못했다. 하지만「미션 익스포저」는 5과로 되어 있어 누구든지 쉽게 접근할 수 있다.「미션 퍼스펙티브」에 비해 내용이 간략하지만 이 책을 통해 각 교회와 선교위원회, 평신도 누구나 선교에 대한 기본적인 이해와 선교적인 심장을 가질 수 있을 것이다.

미션 익스포저는 선교한국을 이루기 위한 선교운동의 일환이다. 한국 교회의 모든 그리스도인들이「미션 익스포저」를 접하기 바란다. 그리하여 마지막 때에 마지막 주자로서의 책임을 감당하기 바란다. 그것은 또한 우리의 영광이기도 하다. 주께서 이 작은 책을 사용하셔서 그의 교회가 온전하게 되어 열방을 향한 하나님의 뜻에 전적으로 응답하기를 간절히 기도한다.

홍성건 | YWAM 제주 열방대학 디렉터, YWAM 동아시아 지역 디렉터

오늘날 한국 교회 가운데 선교에 대한 큰 열정이 일어나고 많은 사람들이 선교에 참여하고 있다. 이제부터 필요한 것은 전략적이고 준비된 선교다. 이런 관점에서 좋은 선교 훈련과 교재들이 제공되는 일은 매우 시급하다.「미션 익스포저」같은 자료들이 출간되는 것 또한 매우 중요한 일이다. 이 교재는 선교에 대해 쉽고도 전략적이며 체계적으로 공부할 수 있도록 구성되어 있다. 이 책을 통해 선교에 대한 일차적인 관심이 일어나고 더 나아가 본격적인 훈련 프로그램에 참여하게 되며 더 많은 선교 동원과 선교사 파송이 일어날 것을 기대한다. 이 책이 한국 교회 선교 동원에 큰 역할을 할 것을 믿어 의심치 않는다.

한철호 | 선교사, 선교한국 상임위원장, Perspectives 한국 코디네이터

● 이 책을 어떻게 사용할 것인가

미션 익스포저의 목적

이 책의 목적은 평신도와 그들이 속한 지역 교회의 영적 필요를 채우는 것이다. 「미션 퍼스펙티브」(Perspectives on the World Christian Movement: A Reader)에서 뽑아낸 글들을 추려서 좀 더 이해하기 쉽도록 편집한 것으로, 본래 장년층이 사용하도록 만든 것인데 지금은 주일학교, 교회 훈련 프로그램, 여성 사역에서까지 폭넓게 사용하고 있다. 이 책은 하나님의 백성들에게 우리 세대에 일어나고 있는 하나님의 역사를 흥미진진하게 소개한다.

이 책에는 미션 퍼스펙티브 과정에서 강조하는 다섯 가지 교훈이 담겨 있다. 성경적, 역사적, 전략적, 문화적 관점 및 동역에 대한 것이다. 이 교훈들은 한 학기 동안 진행되는 기존의 퍼스펙티브 과정을 대신한다기보다 서론 격의 자료라고 보면 맞다. 이 책을 사용하는 많은 사람들은 이어서 정식 과정을 듣거나 자기가 속한 지역에 그 과정을 열어 달라고 요청할 수 있을 것이다.

미션 퍼스펙티브의 역사

'미션 퍼스펙티브' 과정은 미국 파사디나 세계선교센터(U.S. Center for World Mission)의 랄프 윈터(Ralph Winter) 박사가 도널드 맥가브란(Donald McGavran) 박사와 풀러 선교대학원 석사 학위 과정을 밟으면서 연구한 내용을 기초로 한다. 그는 훌륭한 젊은이들의 도움을 많이 받았는데, 특히 「퍼스펙티브 리더」(Perspectives Reader)와 「스터디 가이드」(Study Guide)의 공동 편집자인 스티븐 호돈(Steven C. Hawthorne)의 역할이 컸다.

'미션 퍼스펙티브' 과정의 필요성은 기독학생회(IVF)에서 3년마다 개최하는 '얼바나(Urbana) 학생 수련회'에서 제기되었다. 1973년, 수많은 학생들이 그리스도의 나라를 확장시키는 일에 헌신하는 일이 있었다. 그들이 더 많은 훈련 프로그램을 요청하자, 윈터 박사는 선교대회 강사들에게 이 땅에서 우리를 향한 하나님의 목적이 무엇인지 소개하는 강의를 부탁했다. 학생들이 미래에 하나님과 사람들을 어떤 식으로 섬길지 제대로 알고 결정할 수 있도록 도움을 주기 위함이었다.

그런 과정을 밟으면서 '미션 퍼스펙티브' 훈련은 차츰 윤곽을 잡아갔다.

지금까지 전 세계에서 수많은 그리스도인들이 '미션 퍼스펙티브' 훈련을 받았지만 장소와 여건에 따라 다채로운 방식으로 운영되기 때문에 정식 수료자의 통계를 내기는 쉽지 않다.

아무튼 이 훈련을 통해 수많은 사람들이 지대한 영향을 받았다고 말한다. 이미 여러 나라에서 이 교재를 자국어로 번역해 사용하고 있으며 앞으로도 더 많은 언어로 번역될 것이다.

미션 익스포저 사용법

이 책은 다섯 과로 나누어지지만, 인도자가 원하면 열 과로 세분할 수 있다. 보통은 각 과정마다 그 분야의 전문가들을 초대해 강의를 듣는 형식으로 진행된다. 각 과정은 다시 3, 4개의 기본 과정으로 나눠지는데, 이 책에는 골자가 되는 내용들만 요약했다. 전체 '미션 퍼스펙티브' 과정을 이수한다면 훨씬 더 심도 있게 공부할 수 있을 것이다.

이 책에는 테스트나 숙제가 없기 때문에, 정식 과정보다 융통성 있게 진행할 수 있다. 웹사이트(www.worldwideperspectives.org)를 참조하면 여러 자료들을 얻을 수 있을 것이다.

이 책을 교재로 사용하는 선교훈련학교에 대한 제안

그동안 '미션 퍼스펙티브' 선교훈련학교들에서는 훈련의 효과를 높이기 위해 중보기도, 땅밟기, 선교 집회 참석, 선교 단체 방문, 세미나 참여 같은 다양한 방법을 시도해 왔다. 또는 다른 종교를 배우기 위해 부근의 회교 사원이나 불교 사원을 방문하기도 했다. 그 외에도 토론회를 연다든지, 다른 종교인이나 외국인을 초청해서 그들의 의견을 듣는 것도 색다른 경험이 될 것이다.

가능하다면, 이 책을 보면서 다양한 방법을 시도할 때, 여러분의 의견이나 제안을 보내 주면 좋겠다. 이메일 주소는 megcrossman@cox.net이다. 여러분의 제안을 환영한다!

이 세상의 모든 백성과 나라를 축복하고 복음화하려는 하나님의 계획이 주의 백성들에게 널리 알려지는 데 이 책이 큰 몫을 하게 되기를 소망하고 기도한다. 사도 요한이 요한계시록 5장에서 묘사한 것처럼 각 나라와 족속과 방언에 속한 모든 민족이 어린 양의 보좌 앞에 나아와 예배와 영광을 돌리는 그날이 오기까지 모두가 한마음 한 뜻으로 세계 복음화에 기여하기를 바란다. 지금은 깨어 하나님나라 안에서 섬길 놀라운 때다!

[아이콘]

● 성경적 관점    ● 문화적 관점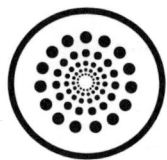

● 역사적 관점    ● 동역적 관점

● 전략적 관점

● 감사의 말

이 책에 있는 글들은 대부분 「미션 퍼스펙티브」(Perspectives on the World Christian Movement: A Reader) 선집에서 발췌한 것이다. 「미션 퍼스펙티브」는 스터디 가이드와 함께 2권의 개정판이 나왔다. 이 책을 편집한 랄프 윈터와 스티브 호돈은 오랫동안 품어온 선교 비전과 각고의 노력으로 '미션 퍼스펙티브' 훈련 과정을 처음으로 탄생시킨 장본인이다. 두 사람 모두 미전도 종족의 복음화를 위해 온 힘을 쏟았고 그 열정은 지금도 계속되고 있다. 그들의 선구적인 노력이 없었다면, 이 자료들은 그리스도의 몸인 교회를 위해 적절하게 사용되지 못했을 것이다.

이 책을 통해 은혜와 도움을 받은 사람이라면 누구나 그들의 노고에 아낌없는 찬사를 보내리라 믿는다.

이 책은 하나님나라에서 수고하는 많은 신실한 종들의 수고로 탄생되었다. 원래 장년층이 사용하도록 개발된 이 책은 대학생들과 외국인들을 대상으로 오랫동안 사역하던 엘머(Elmer)와 진 히버트(Jean Hiebert)의 비전과 자극으로 이 세상에 나오게 되었다.

퍼스펙티브 파트너십(Perspectives Partnership) 간사들, 특히 척 모건(Chuck Morgan), 바바라 렌츠(Barbara Rentz), 트레이시 이블시저(Tracy Evilsizor)가 있었기에 이 과정을 순조롭게 시작할 수 있었다. 처음 이 과정이 시작될 때 열성적으로 도와준 빌 킬고어(Bill Kilgore), 제리 맥기(Jerry McGhee) 목사, 르네 롤랜츠(Renee Roelants), 샌디 비보나(Sandy Vivona)에게도 감사한다.

해롤드 브리튼(Harold Britton)과 갈렙 프로젝트 간사들의 권고와 격려로 이 책을 내기로 결정했다. 그들의 계속적인 참여와 조언과 지원은 정말 귀했다. 테리 모이어(Teri Moyer)는 많은 어려움과 시련 속에서도 희생을 아끼지 않았으며, 수많은 시간을 들여 본문을 구성하고 기획해 주었다. 한국어판 작업을 해준 한국 예수전도단 출판사(YWAM Publishing, Korea) 지체들에게도 감사의 말을 전한다.

핵심 제작팀(Core Production Team)인 딕 울머(Dick Ulmer), 스코트 바우어(Scott Bauer), 데비 트위튼(Debbie Tweeten), 줄리 머프리(Julie Murphree), 바바라 렌츠(Barbara

Rentz), 르네 롤랜츠다(Renee Roelants) 모두 헌신적으로 도와주었다. 편집자인 케리 코머(Keri Coemr), 캐리 리(Carey Lee), 셜리 마이엘(Shirley Miel)은 자료를 다듬느라 불철주야 애써 주었다. 혹시 오류가 남아 있다면 전부 내 잘못이다.

   남편 알(Al)에게 감사한다. 그는 나를 아낌없이 이해해 준 든든한 후원자다. 또한 나의 가장 좋은 비판자이기도 하다. 끊임없이 이 프로젝트를 기도로 밀어 준 40명 이상의 헌신된 중보자들도 있다. 그들이 없었다면 이 책이 빛을 보지 못했을 것이다.

   이 책을 보는 모든 사람이 하나님의 부르심을 깨닫고 열방을 돌보며 주님의 나라를 확장하는 일꾼이 되기를, 그 일에 이 책이 조금이라도 쓰임을 받게 되기를 두 손 모아 기도 드린다.

● 목차

00 이 책을 어떻게 사용할 것인가
감사의 말

01 성경적 관점
하나님의 이야기 이해하기

세계 복음화와 성경 _ 존 스토트 : 20
살아 계신 하나님은 선교하는 하나님이시다 _ 존 스토트 : 29
선교의 마음: 구약 성경 _ 폴 보스윅 : 42
모든 족속을 위한 한 사람 _ 돈 리처드슨 : 50
선교의 문 열기 _ 맥 크로스만 : 58
스터디 가이드 : 64

02 역사적 관점
역사에 나타난 하나님의 이야기

물이 바다 덮음 같이: 하나님의 영광이 열방에 펼쳐지다 _ 로버트 블링코 : 78
선교 운동의 선구자들 _ 맥 크로스만 : 94
스터디 가이드 : 112

03 전략적 관점
이 세대를 위한 하나님의 이야기

당면한 과제: 세계 복음화 _ 에드워드 데이튼 : 127
새 마게도냐: 선교의 혁명적 새 시대가 시작되다 _ 랄프 윈터 : 137
교회의 본질적 요소 _ 조지 패터슨 : 148
하나님이 이루시는 성장 _ 스티븐 호돈 & 랄프 윈터 : 153
교회개척운동 _ 데이비드 개리슨 : 156

전방 개척 선교의 전략적 무기, 기도 _ 존 롭 : 162
스터디 가이드 : 174

04 문화적 관점
이야기를 어떻게 들려 줄 것인가?

문화 이해하기 _ 로이드 퀘스트 : 188
문화적 차이 _ 폴 히버트 : 192
효과적인 선교사: 배우는 사람, 정보 교환자, 이야기꾼 _ 도널드 라슨 : 206
개념 성취 _ 돈 리처드슨 : 215
문화 변화를 위한 선교사의 역할 _ 데일 키츠만 & 윌리엄 스몰리 : 221
스터디 가이드 : 226

05 동역적 관점
이야기를 함께 말하기

개발로서의 전도 _ 에드워드 데이튼 : 241
성경적 개발 _ 밥 모펫 : 245
선교사는 문화를 파괴하는가? _ 돈 리처드슨 : 251
헌신된 자들의 동역 _ 패트리시아 무어 & 멕 크로스만 : 268
기도: 현상(現狀)에 대한 반역 _ 데이비드 웰즈 : 279
스터디 가이드 : 286

지도, 표, 그래프

이스라엘-전략적 가교 : 48
선교 매커니즘 : 92
현대 선교의 구분 : 93
현대 선교의 각 시기 : 100
세계: 60억 인구 : 130
일반 선교와 전방 개척 선교 : 147
사도행전 1장 8절에 나오는 두 과업 : 155
복음화되지 않은 세계 : 161
주요 미전도 종족의 종교 분포도 : 191
미국인의 인생관과 인도인의 인생관 비교표 : 204
도시의 도전-하나님의 세계에서는 : 205
자원 분배 : 214
현대 선교 운동의 성공 : 220
지역 교회와 선교 단체의 관계 모델 : 278

그림

아브라함 : 35
묘족 여인 : 61
티베트 여인 : 93
라다키 남자 : 109
타이 소녀 : 136
발루치 남자 : 160
우즈베크 남자 : 167
라자스타니 여인 : 187
크메르 여인 : 195
풀라니 남자 : 225
두랑고 나와틀 소녀 : 246
파르시 소년 : 252
야노마모 소녀 : 256
미낭카부 여인 : 267
보스니아 소녀 : 283

0 1
성경적 관점

하나님의 이야기 이해하기

✚ 이야기의 힘

일찍부터 사람들은 이야기라는 형식으로 생각을 전달해왔다. 어느 나라, 어느 지역에 가 봐도 마찬가지다. 그래서 이야기에는 거대한 힘이 있다. 과학 기술, 미디어, 특수 효과가 발달한 지금 이 시대에도, 예로부터 내려온 이야기는 여전히 우리를 끌어당기고 영향을 끼친다. 영화가 전 세계적으로 인기를 끄는 것을 보라.

이야기는 원리를 이해하기 쉽고 잘 기억하게 해주며 상상력을 자극한다. 또한 사람들에게 전달해 주기도 쉬우며 숫자나 그래프, 원리들이 결코 발할 수 없는 힘을 가지고 있다. 예수님은 심오하고 영원한 사실들을 보통 사람들도 확실히 이해할 수 있도록 하기 위해 시시때때로 이야기를 사용하셨다.

✚ 성경 - 일관된 이야기

성경은 단순히 이야기들을 모아놓은 책이 아니다. 성경은 한눈에 볼 수 있는 하나의 일관된 이야기다. 그것은 하나님과 그분의 행동과 의도에 대한 이야기다. 많은 사람들은 성경을 뭔가 아득하고 파악하기 어렵다고 느낀다. 그래서 하나님이 이야기하는 의도와 그것이 지금 이 시대와 일상생활에 주는 의미를 알아내려고 고심한다. 하지만 하나님의 이야기는 소설이나 꾸며낸 이야기가 아니다. 하나님의 이야기는 하나님이 그분의 백성과 더불어 실제로 행하신 내용을 기록한 것이다. 그러므로 하나님의 이야기를 전체적으로 이해하게 되면 우리 삶 구석구석이 변화될 수 있다.

하나님의 이야기는 여러 면에서 매우 독특하다. 수세기에 걸쳐, 다양한 환경에 있는 다양한 문화권의 다양한 사람들이 썼다. 하지만 그러면서도 믿을 수 없을 만큼 통일된 목적을 보여 준다. 마치 하나의 음성(하나님의 음성)이 다양한 음성을 통해 우리에게 전달되는 듯하다. 이 장에서는 이야기의 배후에 있는 힘찬 음성을 발견하고, 응집력 있는 이야기를 배우며, 이야기의 의도와 목적을 알아보려고 한다.

이 연구는 우리 하나님 아버지의 이야기와 전 세계를 향한 그분의 의도를 더 잘 이해하게 해줄 것이다. 그리고 다양한 하나님 백성들의 이야기를 통해, 통일된 이야기로서의 성경을 잘 분별하도록 도울 것이다. 이제부터는 여러분이 이미 알고 있을 만한 여러 이야기들이 어떻게 통합되는지, 하나님의 더 큰 목적이 무엇인지 살펴보자.

이 책은 「미션 퍼스펙티브」(*Perspectives on the World Christian Movement: A Reader*)라는 커리큘럼에 기초하고 있다. 이것은 전 세계 퍼스펙티브 프로그램(Perspectives Study Program) 과정에서 사용하는 교과서 가운데 하나다. 이 책은 중요한 내용만을 간추렸기 때문에 훈련 과정에서 가르치는 깊이 있는 내용까지 다루지는 못했다. 하지만 이 책에 소개된 개념들을 공부하면서 하나님의 이야기를 이해하고, 여러분 자신이 그 이야기와 어떻게 관련되어 있는지 충분히 깨닫게 될 것이다.

✚ 왜 하나님의 이야기가 계시되는가?

하나님의 이야기를 인간에게 계시하는 것은 전적으로 하나님의 뜻에 달렸다. 그리고 하나님은 그렇게 하기로 하셨다! 하나님은 우리에게 성경을 주심으로, 자신을 드러내셨다. 하나님의 행동은 하나님의 성품과 권능, 아름다움과 거룩함을 드러낸다. 하나님은 또한 다른 사람들이 그저 하나님에 '대해서'만 아는 것이 아니라 하나님 '자신을' 알기 원하신다는 것을 분명히 하신다. 하나님은 말씀으로 우리에게 다가오시며, 우리가 그 말씀을 다른 사람들, 심지어 우리와는 매우 다른 사람들에게 전하도록 위임하신다.

✚ 이 책에서 우리는 이야기의 다섯 가지 측면을 연구할 것이다

- 성경은 하나님의 이야기에 대해 무엇을 말하는가?
- 하나님의 이야기는 인간의 역사를 통해 어떻게 전개되는가?
- 이 시대에는 하나님의 이야기가 어떻게 전개되고 있는가?
- 서로 다른 다양한 문화들이 하나님의 이야기를 어떻게 이해할 수 있는가?
- 전 세계에 하나님의 이야기를 완성하기 위해 우리에게 지워진 사명은 무엇인가?

✚ 첫 과에서 살펴볼 새로운 질문들은 무엇인가?

- 하나님이 우리에게 성경을 주신 이유는 무엇인가?
- 하나님의 전 세계적 목적이 어디에서 구체화되기 시작했는가?
- 구약 이야기들은 이런 목적과 어떻게 연결되어 있는가?
- 예수님은 이런 목적에 어떻게 반응하고 행동하셨는가?
- 사도행전의 어떤 중대한 결정이 그 이야기가 퍼져나가는 데 영향을 끼쳤는가?
- 하나님은 어떻게 "그의 나라가 임하고 그의 뜻이 이루어지길" 원하시는가?

각각의 글(article)을 천천히 주의 깊게 읽어 보라. 인용된 성경 구절들을 찾아보라. 주님이 새로운 깨달음을 주시도록 마음과 생각을 계속 열어 놓으라. 무엇보다도 하나님 아버지께 더 새롭고 풍성하게 하나님 자신을 계시해 달라고 구하라.

이 과는 '맛보기'(exposure)일 뿐이다. 하지만 독자 한 명 한 명이 하나님의 목적을 향해 흥미진진하고, 도전이 되고, 가슴 벅찬 길을 갈 수 있도록 디딤돌을 제공해 줄 것이다. 당신의 이야기를 하나님의 이야기와 연결시키라!

세계 복음화와 성경
존 스토트(John R. W. Stott)

런던에 있는 올 소울즈(All Souls) 교회의 명예 목사이자 크리스천 임팩트(Christian Impact) 사역의 회장이며 엘리자베스 2세 여왕의 특별 담당 목사다. 그는 25년(1952-1977) 동안 전 세계에서 대학생 선교 대회를 이끌었다. 그리고 지금도 강의를 하고 말씀을 전하러 여기저기, 특히 제3세계를 여행한다. 다섯 번에 걸쳐 얼바나 학생선교대회에서 말씀을 전한 적이 있다. 「기독교의 기본 진리」(*Basic Christianity*, 생명의말씀사 역간), 「현대 기독교 선교」(*Christian Mission in the Modern World*, 성광문화사 역간), 「그리스도의 십자가」(*The Cross of Christ*, CLC 역간), 「성령세례와 충만」(*Baptism and Fullness*, IVP 역간)을 썼다.

성경이 없다면 세계 복음화는 불가능할 뿐 아니라 생각할 수도 없을 것이다. 우리에게 세계를 복음화할 책임을 부여하고, 선포할 복음을 주며, 그 복음을 선포할 방법을 말해 주고, 그것이 모든 믿는 자들에게 구원을 주시는 하나님의 능력이라고 약속해 주는 것이 바로 성경이기 때문이다.

역사적으로 볼 때도 세계 복음화에 대한 교회의 헌신 정도는 성경의 권위에 대한 확신과 비례했다. 그리스도인들이 성경에 대한 확신을 잃을 때마다 복음 전도에 대한 열심도 사라지곤 했다. 반대로, 성경에 대해 확신할 때마다 그들은 결연히 복음 전도에 나섰다.

성경이 세계 복음화에 필수 불가결한 조건이 되는 네 가지 이유를 살펴보자.

> • 세계 복음화에 대한 교회의 헌신 정도는 성경의 권위에 대한 확신과 비례한다.

【세계 복음화에 대한 명령】
Mandate for World Evangelization

첫째, 성경은 우리에게 세계 복음화를 명령한다. 분명 우리에게는 선교에 대한 명령이 필요하다. 지금 세계에는 두 가지 현상이 증가하는 추세인데, 하나는 종교 광신주의, 또 하나는

Stott, J. R., (1992) *The Bible in World Evangelization*. In R. D. Winter & S. C. Hawthorne (Eds.). *Perspectives on the World Christian Movement: A Reader* (rev. ed.) (p.A3-9). Pasadena: William Carey Library.

종교 다원주의다. 광신주의자들은 할 수만 있다면 무력이라도 사용해서 믿음을 강요하고 불신을 근절하려는 비이성적인 열심을 보여 준다. 한편 종교 다원주의는 이와는 정반대의 경향을 부채질한다.

종교 광신주의 혹은 그와 정반대인 종교 무관심주의가 만연할 때마다 사람들은 세계 복음화에 대단히 분개한다. 광신자들은 자신들과 다른 주장을 펴는 복음 전도자들을 용납하지 못한다. 반면 다원주의자들은 복음 전도자들의 배타적인 주장들을 용납하지 못한다. 그들은 기독교 복음 전도자를 다른 사람들의 개인사에 침입하는 사람으로 취급한다.

이런 반대에 맞서서, 우리는 성경이 무엇을 명령하고 있는지 분명히 깨달아야 한다. 선교에 대한 명령은 성경 전체의 계시이기도 하다. 이에 대해 간략하게 살펴보자.

하나님은 살아 계시고 참된 유일신이며, 우주의 창조주이시고, 열방의 주님이시며, 모든 영혼의 하나님이시다. 약 4천 년 전에 하나님은 아브라함을 불러 그와 언약을 맺으셨으며, 아브라함뿐 아니라 그의 자손들을 통해서 땅의 모든 족속들을 복 주겠다고 약속하셨다(창 12:1-4). 이 구절은 기독교 선교의 기초가 되는 말씀 가운데 하나다. 아브라함의 자손(그를 통해 열방이 복을 받고 있다)은 그리스도와 그의 백성을 가리키기 때문이다. 우리가 믿음으로 그리스도께 속해 있다면 우리는 아브라함의 영적 자손이며, 모든 인류에 대해 책임이 있다. 그래서 구약 선지자들도 어떻게 하나님이 그리스도를 모든 민족의 후사와 열방의 빛이 되게 하실 것인지를 예언했다(시 2:8; 사 42:6, 49:6).

예수님은 이 땅에 오셔서 이 약속들을 확증하셨다. 비록 지상 사역을 할 동안에는 "이스라엘 집의 잃어버린 양"(마 10:6, 15:24)에게만 집중하셨지만 많은 사람들이 동서남북으로부터 올 것이며, 아브라함과 이삭과 야곱과 함께 천국에 앉을 것이라고 예언하셨다(마 8:11; 눅 13:29). 게다가 부활하시고 난 후 승천할 것을 기다리면서 하늘과 땅의 모든 권세가 자신에게 주어졌다는 엄청난 주장을 하셨다(마 28:18). 그리고 이런 우주적 권세를 기반으로, 예수님은 제자들에서 모든 족속을 제자로 삼아, 그들에게 세례를 주고, 예수님의 가르침을 가르치라고 명하셨다(마 28:19).

그리고 진리와 권능의 성령이 임하자, 초대 그리스도인들은 바로 이 일을 하기 시작했다. 그들은 땅끝까지 이르러 예수님의 증인이 되었으며(행 1:8), "그의 이름을 위하여"(롬 1:5; 요삼 7) 그 일을 했다. 그들은 하나님이 예수님을 지극히 높여 자기 우편 보좌에 앉히시고, 최고의 지위를 주사 모든 입으로 예수님을 주(主)라 고백하도록 하셨다는 것을 알았다. 그들은 예수님의 이름이 영광 받기를 간절히 바랐다. 이제 그분은 구원하고, 심판하고, 다스리기 위해 영광중에 다시 오실 것이다. 그렇다면 예수님의 초림과 재림 사이에 어떤 일이 일어나야 할 것인가? 바로 교회가 전 세계를 대상으로 선교하는 것이다! 복음이 세상 끝까지 전파되기 전에는 역사의 끝이 오지 않을 것이라고 예수님은 말씀하셨다(마 24:14, 28:20; 행 1:8). 역사와 선교는 동시에 끝날 것이다.

우리에게 주어진 세계 복음화의 명령은 성경 전체에 기록되어 있다. 그 명령은 하나님의

> • 하나님의 교회는 그리스도가 다시 오실 때까지 복음을 전하라는 명령을 받은 다국적이며 선교적인 공동체다.

창조(그 때문에 모든 인간은 하나님께 대한 책임이 있다)에, 하나님의 성품(사람들을 살피시고, 사랑과 동정이 많으시며, 어느 누구도 멸망되길 원치 않으시고, 모든 사람이 회개하기 원하시는)에, 하나님의 약속(모든 민족이 아브라함의 자손을 통해 복을 받을 것이며 메시아의 유업이 될 것이라는)에, 하나님의 그리스도(죄인과 같이 죽으시고, 이제 우주적 권세를 가지고 우주적으로 찬양과 높임을 받으신) 안에, 하나님의 성령(죄를 깨닫게 하시고, 그리스도를 증거하며 교회가 전도를 하도록 밀어 주시는) 안에, 그리고 하나님의 교회(그리스도가 다시 오실 때까지 복음을 전하라는 명령을 받은 다국적이며 선교적인 공동체) 안에 모두 드러나 있다.

기독교 선교가 이처럼 전 세계적인 차원이라는 것은 부인할 수 없는 사실이다. 개개의 그리스도인과 지역 교회들이 세계 복음화에 헌신하지 않는다면, 그들은 하나님이 주신 정체성의 본질적인 한 부분을 부정하고 있는 것이다(무지함 때문이든, 불순종 때문이든). 세계 복음화에 대한 성경의 명령은 피할 수 없다.

【세계 복음화를 위한 메시지】
Message for World Evangelization

둘째, 성경은 우리에게 세계 복음화를 위한 메시지를 준다. 로잔 언약은 '전도'를 '복음'이라는 견지에서 규정했다. 제4항은 이렇게 시작한다. "전도한다는 것은 기쁜 소식을 널리 퍼뜨리는 것이다. 기쁜 소식이라 함은 예수 그리스도가 성경대로 우리의 죄를 위하여 죽으시고 다시 살아나셔서 통치하시는 주로서 지금도 회개하고 믿는 모든 자들에게 사죄의 은혜와 자유롭게 하는 성령의 은사를 공급하신다는 것이다."

복음의 메시지는 성경에서 나온다. 그러나 성경을 펼 때, 우리는 즉시 딜레마에 직면한다. 우리 스스로 복음을 만들어낼 수 없기 때문이다. 복음은 우리에게 '주어진' 것이다. 복음은 우리에게 맡겨진 귀한 '예탁물'로, 신실한 청지기들처럼 지키고 또 하나님의 백성들에게 나눠 주어야 하는 것이다(고전 4:1-2; 딤전 6:20; 딤후 1:12-14). 또한 복음은 깔끔한 수학 공식이 아니라, 이미지나 은유 같은 아주 다양한 방법들로 표현되어 있다.

복음은 단 하나다. 그리고 그 복음에 대해서는 모든 사도들이 동의한다(고전 15:11). 바울은 사도들이 전한 하나님의 은혜의 복음과 다른 복음을 전하는 사람은 누구든지(자기 자신을 포함해서) 저주를 받을 것이라고 담대히 말했다(갈 1:6-8). 그러나 사도들은 이 하나의 복음을 여러 방식으로 표현했다. 그 중 몇 가지를 살펴보면, 때로는 희생 제물(그리스도의 피를 흘리고 뿌리심)로, 때로는 메시아의 출현(하나님의 약속하신 통치가 새로이 시작됨)으로, 때로는 공의의 모습(불의한 자를 의롭다고 하시는 재판관)으로, 때로는 인격적인 모습(잘못한 자녀와 화해하는 아버지)으로, 때로는 구원자(가망 없는 자를 구하러 오시는)로, 때로는 우주적인(우주의 주님이 우주적 통치를 선포하심) 모습으로 표현된다.

복음은 하나지만 인간 세계에 드러나는 모습은 각양각색이다. 복음은 '주어진' 것이지만 듣는 자들에게 맞게 문화적으로 각색되어야 한다. 일단 이것을 파악하면 두 가지 상반되는 실수를 피할 수 있을 것이다. 첫 번째 실수는 '극단적 유동성'이라는 것이다. 최근 한 영국의 교회 지도자가 '복음은 우리가 증언해야 하는 상황에 들어가기 전에는 복음이 아니다'라고 주장하는 것을 들었다. 그는 우리가 그 상황에 아무것도 가져 갈 것이 없다고 말했다. 그 상황에 들어가서야 복음을 발견한다는 것이다. 필자는 각각의 상황에 민감해야 한다는 데에는 전적으로 동의한다. 하지만 그 지도자가 말하고자 하는 요점이 그것이라면, 표현이 좀 지나치다. 우리에게는 이미 계시되고 주어진 복음이 있다. 그리고 우리는 그것을 마음대로 왜곡할 수 없다.

> • 복음은 깔끔한 수학 공식이 아니라, 이미지나 은유 같은 아주 다양한 방법들로 표현되어 있다. 복음은 '주어진' 것이지만 또한 복음을 듣는 자들에게 맞게 문화적으로 각색한 것이다.

다른 정반대의 실수는 '극단적 경직성'이라고 할 수 있다. 이 경우 복음 전도자는 마치 하나님이 우리에게 정확한 공식들을 주셨기 때문에 한 마디도 바꾸지 않고 문자 그대로 전달해야 하며, 또 정해진 개념들을 주셨기 때문에 조금도 변형하지 말아야 하는 것처럼 행동한다. 이렇게 되면 문자적 의미나 개념에 얽매이게 된다. 그래서 어떤 복음 전도자는 늘 진부한 전문용어를 사용하는 안 좋은 버릇이 있다. 또 말끝마다 '그리스도의 피'나 '이신칭의' 혹은 '하나님의 나라' 같은 개념들을 언급해야 한다고 생각한다.

이 두 극단을 피하는 대안이 있다. 복음의 핵심과 전도지의 상황을 결합하는 것이다. 다시 말하면, 성경에 계시된 복음의 내용을 영구 기반으로 해서 복음을 전하는 곳의 시대적, 문화적 상황에 맞도록 표현하는 방법이다.

성경적 표현을 버리지 않는다면, 그것은 복음을 진부하거나 판에 박힌 방식으로 전하지 않는다는 것도 의미한다. 오히려 우리는 주어진 복음을 주어진 상황과 연관시키기 위해 끊임없이 분투해야 한다(기도로, 연구로, 토론으로). 복음은 하나님에게서 온 것이기 때문에 우리는 그것을 지켜야 한다. 그리고 복음은 현대인들을 위한 것이기 때문에 시대에 맞게 해석해야 한다. 그러기 위해서는 성실함(끊임없이 성경 본문을 연구하면서)과 민감함(끊임없이 현대 상황을 연구하면서)을 동시에 지녀야 한다. 그럴 때에만 신실하게 그리고 적절하게 하나님의 말씀과 세상을, 복음과 상황을, 성경과 문화를 연관시킬 수 있다.

【세계 복음화의 모델】
Model for World Evangelization

셋째, 성경은 세계 복음화의 모델을 제시한다. 우리에게는 메시지(말해야 하는 내용) 외에도 모델(그것을 말하는 방법)이 필요하다. 성경은 모델도 제시해 준다. 성경은 복음을 담고 있을 뿐 아니라 그 자체가 복음이기 때문이다. 성경을 통해 하나님은 사실상 복음을 전하고 계신다. 창세기 12장 3절에 대해 바울이 "성경이 … 먼저 아브라함에게 복음을 전하되"(갈 3:8)라고 한 것을 기억할 것이다. 이렇듯 모든 성경은 복음을 전하고 있으며, 하나님은 성경을 통해 세상을 복음화하신다.

성경 자체가 복음 전도라면, 우리는 하나님이 어떻게 복음을 전하셨는지 살펴봄으로써 복음을 전하는 방법을 배울 수 있을 것이다. 하나님은 성경에 영감을 불어넣는 과정을 통해 훌륭한 복음 전도의 모델을 보여 주셨다.

성경을 보면서, 우리는 무엇보다도 하나님이 너무도 겸손하시다는 사실에 놀란다. 하나님은 하나님 자신과 그리스도, 당신의 자비와 정의, 그리고 완전한 구원에 대해 고귀한 진리를 갖고 계셨다. 그리고 그 진리를 인간이 사용하는 어휘와 문법을 통해서, 또 인간의 개념들과 문화를 통해 드러내기로 결정하셨다.

> • 하나님이 인간이 사용하는 어휘와 문법, 인간의 개념들과 인간의 문화를 통해서 자신을 드러내시는 것은 너무도 겸손한 표현이다.

인간의 말과 개념이라는 저급한(하나님 편에서 볼 때) 매체를 통해서이긴 하지만, 그분은 자신의 말씀을 전하셨다. '성경이 영감으로 쓰였다'는 복음주의적 교리는 성경의 이중 저작권을 강조한다. 사람도 말했고, 하나님도 말씀하셨다. 다시 말해서 사람들이 하나님께 받아 말했으며(벧후 1:21), 하나님은 사람을 통해 말씀하셨다(히 1:1). 말하고 기록된 말씀은 하나님의 것이면서 동시에 사람의 것이었다. 하나님은 무엇을 말씀하려고 하시는지 주권적으로 결정하셨으나, 그러면서도 저자들의 개성을 억누르지 않으셨다. 사람들 역시 자신들의 재능들을 마음껏 사용했지만, 신성한 메시지를 왜곡시키지는 않았다. 그리스도인들은 하나님이 자기 전달을 하시는 절정체인 성육신에 대해서도 비슷한 주장을 한다. "말씀이 육신이 되어"(요 1:14). 곧 영원 전부터 하나님과 함께 계셨으며 하나님이셨던 분, 우주를 창조했던 영원하신 말씀이 1세기 팔레스타인 유대인의 모든 특성을 지닌 인간으로 나셨다. 예수님은 작고, 초라하고, 가난하고, 약한 존재가 된 것이다. 예수님은 고통과 굶주림을 경험하셨으며, 시험도 당하셨다. 이 모든 것이 '육신'이라는 말 곧 예수님이 인간이 되신 것에 포함되어 있다. 그러나 비록 그가 우리와 같이 되셨어도 정체성은 조금도 잃지 않으셨다. 예수님은 여전히 영원한 말씀이고, 하나님의 아들이셨다.

우리는 성경의 영감과 예수님의 성육신을 통해 본질적으로 동일한 원리를 발견할 수 있다.

말씀이 육신이 되신 것이다. 하나님이 인간이 되어 우리와 교제하셨다. 그리스도는 정체성을 잃지 않으면서도 우리와 동일하게 되셨다. 그리고 이 같은 '정체성을 상실하지 않는 동일화'가 모든 복음 전도, 특별히 타문화 복음 전도의 모델이다.

> • 이 같이 '정체성을 상실하지 않는 동일화'가 모든 복음 전도, 특히 타문화 복음 전도의 모델이다.

그러나 우리는 우리가 섬기고 있는 사람들과 동일하게 되려 하지 않는다. 우리 자신의 모습을 그대로 지키면서 그들과 같아지려 하지 않고 멀찌감치 떨어져 있다. 우리는 우리의 문화적 유산을 정체성의 일부라고 착각하며 필사적으로 집착한다. 자신의 문화적 관습은 고집하면서 선교지의 문화유산은 존중하지 않는다. 그래서 자신의 문화를 다른 사람들에게 강요하고 그들의 문화를 무시하는 이중적 문화 제국주의에 빠진다. 하지만 이것은 그리스도의 방법이 아니다. 그리스도는 자신의 영광을 버리고 자신을 낮추고 섬기셨다.

타문화 복음 전도자들은 그와 정반대의 실수를 저지른다. 그들은 자신이 가는 곳의 사람들에게 흡수된 나머지 기독교적 기준들과 가치관들까지 양보해 버린다. 하지만 이것 역시 그리스도의 방법이 아니다. 그리스도는 인간이 되셨지만 참으로 신적인 존재였다. 로잔 언약은 이 원리를 이렇게 표현했다. "그리스도의 전도자는 다른 사람의 종이 되어야 한다. 그러기 위해서는 자기 인격의 정체성을 제외한 모든 면에서 자기를 겸손하게 비우도록 애써야 한다"(제10항).

우리는 사람들이 복음을 거부하는 이유와 씨름해야 한다. 그 이유 중에는 문화적 요소 때문인 경우가 많다. 어떤 사람들은 복음이 잘못된 것이어서가 아니라, 타국의 것이라고 생각해서 이를 거부한다.

그리스도는 자신을 계시하기 위해 자신을 비우고 낮추셨다. 이것이 성경에서 제시하는 복음 전도의 모델이다. 르네 파딜러(Rene Padilla) 박사는 로잔에서(1974년에 열린 세계 복음화 대회 – 편집자 주) 일부 유럽과 북미 선교사들이 전한 복음이 '문화 기독교' 곧 서구의 물질주의적이고 소비적인 문화가 왜곡한 메시지라고 주장해 비난을 받았다. 그의 주장이 서구인들의 귀에는 거슬렸지만, 사실 옳은 말이다. 우리는 우리가 전하는 복음을 더욱 비판적이고 정밀하게 살펴볼 필요가 있다. 특히 타문화권 복음 전도자들은 그들의 메시지가 문화적으로 왜곡되어 있지는 않은지 분별하기 위해 겸손하게 현지 그리스도인들의 도움을 구해야 한다.

어떤 사람은 복음이 자신들의 문화에 위협을 가한다고 생각해서 복음을 거부한다. 물론 그리스도는 모든 문화에 도전하는 분이시다. 힌두교도나 불교도, 유대인, 무슬림, 세속주의자, 마르크스주의자에게 복음이 전해질 때마다, 예수 그

> • 어떤 사람들은 복음이 잘못된 것이기 때문이 아니라, 타국의 것이라고 생각해서 거부한다. 어떤 사람들은 복음이 자신들의 문화에 위협을 가한다고 생각하기 때문에 이를 거부한다.

리스도는 지금까지 그들이 무엇에 충성을 바쳤건 그 대상을 몰아내시고 대신 그리스도께 충성을 다하라고 정면으로 요구하신다. 그리스도는 모든 사람, 모든 문화의 주님이시기 때문에 그러한 갈등과 충돌은 피할 수 없다. 그러나 우리가 선포하는 복음이 무해한 관습을 폐지할 것을 종용한다거나, 민속 예술, 건축, 음악, 축제를 파괴한다거나, 그 복음을 나누는 우리가 문화적으로 교만하든가, 문화에 대한 안목이 없기 때문에 불필요한 갈등을 초래해서는 안 될 것이다.

요약하면, 하나님은 성경 안에서 인간의 언어를 사용해 우리에게 말씀하셨다. 그리고 우리에게 말씀하실 때 그리스도 안에서 인간의 육체를 입으셨다. 또 그리스도는 자신을 계시하기 위해 자신을 비우고 낮추셨다. 그것이 성경이 제시하는 복음 전도의 참된 모델이다. 진정 복음을 전하기 위해서는 언제나 자신을 비우고 낮추어야 한다. 그렇지 않으면 우리 삶은 복음과 모순될 뿐 아니라 그리스도를 잘못 전하게 된다.

【세계 복음화를 위한 능력】
Power for World Evangelization

넷째, 성경은 세계 복음화를 위한 능력을 부여한다. 우리에게 능력이 있어야 한다는 사실은 새삼 강조할 필요가 없을 것이다. 세계 선교라는 임무의 중대함에 비해 우리에게 있는 인간적 자원이 얼마나 미약한지 너무나 잘 알기 때문이다. 우리는 사람들의 마음을 뚫고 들어가기가 얼마나 어려운지 알고 있다. 거기에 더하여 인간의 본성과 사악함, 사탄의 힘, 그 지시를 따르는 악의 세력들이 있다는 것도 안다.

> • 우리는 "온 세상은 악한 자 안에 처한 것"이라는 말을 진리로 받아들인다.

세상 사람들은 우리의 믿음을 조롱하며 풍자만화 같은 것들을 통해 놀리기도 한다. 하지만 우리 복음주의 그리스도인들은 예수님과 그의 사도들이 가르쳤던 것을 그대로 믿는다. 우리는 사도 요한이 표현한 "온 세상은 악한 자 안에 처한 것"(요일 5:19)이라는 말을 진리로 받아들인다. 왜냐하면 예수 그리스도를 통해 자유롭게 되고 그의 나라로 옮겨지기까지 모든 사람은 사탄의 종이기 때문이다. 더구나 우리는 우상 숭배의 어두움에서, 악한 영들에 대한 두려움에서, 미신과 운명론에서, 거짓 신들에 대한 헌신에서, 서구의 이기적 물질주의에서, 무신론적 공산주의가 전파되는 것에서, 불합리한 사이비 종교들의 확산에서, 그리고 선과 진리의 절대적 기준이 흐려지는 데서 이 시대에 나타나는 사탄의 권세를 보게 된다. 성경은 이를 거짓말쟁이, 속이는 자, 중상하는 자, 살인하는 자의 일이라고 말한다.

따라서 그리스도인의 회심과 중생은 하나님의 은혜로 말미암는 기적이다. 이것은 그리스도와 사탄, 혹은 (생생한 묵시적 표현으로 하면) 어린 양과 용 사이의 권력 투쟁의 절정이다.

강한 자의 왕궁을 노략하려면 훨씬 더 강한 자 곧 죽음과 부활로써 악의 정사와 권세를 무장해제시키고 물리치신 주님이 그를 결박해야 한다(마 12:27-29; 눅 11:20-22; 골 2:15).

그렇다면 우리는 어떻게 그리스도의 승리에 참여하게 되고 마귀의 세력을 뒤엎을 수 있을까? 루터는 이 질문에 대해 이렇게 답했다. "ein wörtlein will ihn fällen"(작은 말 한 마디가 그를 때려눕힐 것이다). 하나님의 말씀과 복음 선포에는 권세가 있다. 아마도 이에 대해 가장 극적으로 표현한 곳은 고린도후서 4장일 것이다. 바울은 이 세상 신에 대해 "믿지 않는 자들의 마음을 혼미케 하여(blinded) 그리스도의 영광의 복음의 광채가 비취지 못하게 함이니"(4절)라고 말한다.

사람들의 마음(mind)이 혼미해졌다면 어떻게 볼 수 있을까? 그것은 창조주 하나님의 말씀으로만 가능하다. "예수 그리스도의 얼굴에 있는 하나님의 영광을 아는 빛을" 우리 마음속에 비추신 분은 "어두운 데서 빛이 비취리라"고 말씀하신 그 하나님이시기 때문이다(6절). 이처럼 사도 바울은 거듭나지 못한 마음을 어두운 태고의 혼돈에 비유하며, 거듭나는 것을 "빛이 있으라"는 하나님의 명령에서 시작되는 것이라 말한다.

그렇다면 사탄이 사람들의 마음을 혼미하게 하고, 하나님은 사람들의 마음에 빛을 비출 때 우리는 무엇을 할 수 있을까? 한 걸음 물러나 문제가 해결되도록 내버려두어야 하는가? 그렇지 않다. 바울이 내리는 결론은 결코 그렇지 않다.

바울은 4절과 6절에서 하나님의 활동과 사탄의 활동을 묘사하고 있지만 5절에서는 복음 전도자의 일을 말하고 있다. "우리가 … 그리스도 예수의 주 되신 … 것을 전파함이라." 마귀가 사람들로 보지 못하도록 막고 싶어 하는 그 빛을 하나님은 그들에게 비추신다. 그 빛은 바로 복음이며 우리는 그것을 전파해야 한다. 복음 전파는 절대적으로 필요하다. 그것은 어두움의 왕을 굴복시키고 빛이 사람들의 마음속에 흘러 들어오도록 하나님이 정하신 수단이다. 하나님의 복음에는 능력이 있는데, 그것은 구원을 주시는 하나님의 능력이다(롬 1:16).

우리는 연약하다. 그러나 때로 우리는 더 약해져야 한다. 우리는 악의 세력을 대면할 때 그리스도인의 힘을 보여 주고 복음으로 위협하고 싶은 유혹을 받는다. 하지만 그리스도의 힘은 우리가 연약한 가운데 온전해지며, 성령은 우리 입에서 나온 말에 능력을 부어 주신다. 그러므로 우리는 연약할 그때에 강해지는 것이다(고전 2:1-5; 고후 12:9-10).

【세상에 나타내라!】
Let It Loose in the World!

하나님의 말씀에 대해 논쟁하느라 진을 빼지 말자. 오히려 그 말씀을 사용하자. 성경은 그 자체의 거룩한 능력 때문에 스스로 거룩함의 근원임을 나타낼 것이다. 그 능력을 세상에 나타내라! 모든 선교사와 전도자가 신실하고 민감하게 성경의 복음을 선포한다면, 그리고 모든 설교자가 하나님의 말씀을 신실하게 전한다면 하나님은 그분의 구원의 능력을 보이실 것이다.

성경 없이 세계 복음화는 불가능하다. 성경이 없다면 열방에 가져 갈 복음도 없을 것이다. 따라서 복음의 근거도 없고, 그 과업에 어떻게 착수할 것인지에 대한 아이디어도 없고, 성공하리라는 소망도 없을 것이다. 세계 복음화에 필요한 명령과 메시지와 모델과 능력을 주는 것은 오직 성경이다. 그러므로 부지런히 연구하고 묵상하여 이를 되찾도록 노력하자. 성경의 출정 명령을 잘 듣고, 그 메시지를 파악하며, 그 지시를 따르고, 그 권능을 신뢰하자. 우리의 목소리를 높여 그것을 알리자.

- 성경이 없다면 열방에 가져 갈 복음도 없을 것이다. 따라서 복음의 근거도 없고, 그 과업에 어떻게 착수할 것인지에 대한 아이디어도 없고, 성공하리라는 소망도 없을 것이다.

우리는 그리스도 안에서 운명을 지배하는 사람들이다.
하나님은 우리를 그분의 선교에 참여하도록 부르신다.
우리가 선교에 참여할 때,
우리는 그 어느 때보다 더 하나님과 가까이 있다.

- 패트릭 존스톤(Patrick Johnstone)

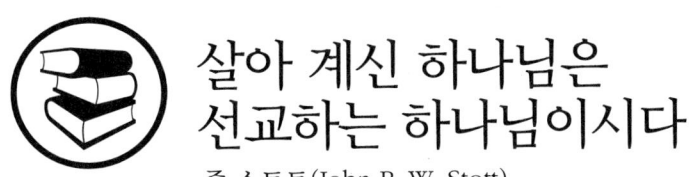

살아 계신 하나님은 선교하는 하나님이시다

존 스토트(John R. W. Stott)

오늘날 세계의 수많은 사람들은 기독교 선교 사역에 극도로 적대적이다. 그들은 선교를 정치적으로 분열을 조장하고(민족 문화의 결속력을 약화시키므로), 종교적으로 편협한(예수님만 믿으라고 주장하므로) 것이라고 여기며, 선교 사역에 참여하는 사람들을 교만한 제국주의자라고 생각한다. 또한 그리스도께로 회심시키려는 시도를 용서할 수 없는 사생활 침해라 여기며 거부한다. 그들은 "내가 어떤 종교를 믿든 그건 내 문제요. 당신 일이나 신경 쓰고 내 일은 내가 알아서 하게 놔둬요"라고 말한다.

따라서 선교의 근거를 이해하는 것은 그리스도인들에게 매우 본질적인 문제다. 그것을 이해할 때에라야 세상 사람들의 오해와 반대에도 굴하지 않고 용감하면서도 겸손하게 끝까지 선교 사역을 해 나갈 수 있기 때문이다. 좀 더 엄밀하게 말하면, 성경적 그리스도인들에게는 성경적인 동기가 필요하다. 성경을 하나님과 하나님의 뜻을 계시한 책이라고 믿기 때문이다. 그래서 성경적 그리스도인들은 "성경에서 하나님은 '선교'가 하나님의 백성을 향한 뜻이라고 말씀하셨는가"라고 질문한다. 그리고 "그렇다!"라는 대답을 얻고 나면 다른 사람들이 어떻게 생각하든, 뭐라 말하든 상관없이 하나님의 뜻이기 때문에 전적으로 순종하게 되는 것이다. 성경 전체에 걸쳐 하나님의 선교적인 목적에 대한 증거가 충분히 나타나 있지만, 이 장에서는 구약을 집중적으로 살펴보려고 한다.

Stott, J. R. W. (1992). *You Can Tell the World*, James E. Berney, ed. Copyright 1979 by InterVarsity Christian Fellowship/USA에서. InterVarsity Press, P.O. Box 1400, Downers Grove, IL 60515의 허락을 받고 사용함.

【아브라함을 부르심】
The Call of Abraham

우리의 이야기는 약 4천 년 전 아브라함이라는 한 사람, 더 정확하게 말하면, 당시 아브람으로 불렸던 사람에게서 시작된다.

> 여호와께서 아브람에게 이르시되 너는 너의 고향과 친척과 아버지의 집을 떠나 내가 네게 보여 줄 땅으로 가라 내가 너로 큰 민족을 이루고 네게 복을 주어 네 이름을 창대하게 하리니 너는 복이 될지라 너를 축복하는 자에게는 내가 복을 내리고 너를 저주하는 자에게는 내가 저주하리니 땅의 모든 족속이 너로 말미암아 복을 얻을 것이라 하신지라 이에 아브람이 여호와의 말씀을 따라갔고 롯도 그와 함께 갔으며 아브람이 하란을 떠날 때에 칠십오 세였더라(창 12:1-4).

하나님은 아브라함에게 한 가지 약속(앞으로 살펴보겠지만 복합적인 약속)을 하셨다. 그 약속을 이해하는 것은 성경과 기독교 선교를 이해하기 위해 반드시 필요하다. 위의 구절은 아마도 성경 전체의 내용을 가장 포괄적으로 나타내는 구절일 것이다. 하나님의 목적 전체가 요약되어 있기 때문이다.

서론에서는 하나님이 이런 약속을 하신 배경, 그 약속이 주어지게 된 상황을 살펴보고 그 다음에 두 부분으로 나누어 그 약속을 살펴보도록 하자. 먼저는 약속의 내용(하나님이 하시겠다고 한 것이 정확하게 무엇이었는가)이며 두 번째는 약속의 성취(하나님이 자신의 약속을 어떻게 지켜 오셨고, 앞으로 어떻게 지키실 것인가)다. 먼저 그 배경을 살펴보기로 하자.

> • 하나님은 아브라함에게 한 가지 약속을 하셨다. 그 약속을 이해하는 것은 성경과 기독교 선교를 이해하기 위해 반드시 필요하다. 위의 구절은 아마도 성경 전체의 내용을 가장 포괄적으로 나타내는 구절일 것이다.

창세기 12장은 "여호와께서 아브람에게 이르시되"라는 말로 시작된다. 새로운 장을 시작하는 말로는 좀 뜻밖이다. 그래서 우리는 이렇게 묻게 된다. "아브라함에게 말씀하신 '여호와'는 누구인가?", "하나님이 말씀하시는 대상인 '아브람'은 누구인가?" 그들은 느닷없이 본문에 나오는 것이 아니다. 이 구절 배후에는 대단히 많은 것들이 숨어 있다. 이 구절은 성경 전체를 여는 열쇠다. 그 앞에 나오는 열한 장은 이 구절의 서론 역할을 하며, 성경 나머지 부분은 이 구절을 성취하는 내용이다.

그렇다면 이 본문의 배경은 무엇인가? 그것은 아브람을 택하시고 부르신 '여호와'가 하늘과 땅을 창조하시고, 그 창조 사역의 정점에 자기 형상을 따라 남자와 여자를 독특한 피조물로 만드신 분이라는 것이다. 다시 말해서, 성경이 이 세상이 아니라 우주로부터 시작된다는 것, 그리고 팔레스타인이 아니라 온 세상으로부터, 택함 받은 종족의 아비인 아브라함이 아니라 인류의 아버지인 아담으로부터 시작된다는 것이다. 그렇다면 하나님은 우주와 땅과 모든 인류의 창조주이시기에, 그분을 모압 신 그모스나 암몬 신 밀곰(혹은 몰렉), 가나안의 남신 바알이나 여신 아스다롯 같은 보잘것없는 부족 신으로 전락시켜서는 안 된다. 또한 하나님이 다른 사람들에게 관심이 없어졌거나 그들을 완전히 포기하셨기 때문에 아브라함과 그의 후손들을 택하셨다고 생각해서도 안 된다. 선택을 받았다고 해서 자신들만 우월하다고 여겨서도 안 된다. 곧 살펴보겠지만, 그와 반대로 하나님은 한 사람과 그의 가족을 택해서 그들을 통해 땅의 모든 족속을 축복하기 원하셨다.

> • 하나님은 우주와 땅과 모든 인류의 창조주이시기에, 그분을 보잘것없는 부족 신으로 전락시켜서는 안 된다.

> • 하나님은 한 사람과 그의 가족을 택해서 그들을 통해 땅의 모든 족속을 축복하기 원하셨다.

그러므로 우리는 사람들이 기독교를 선택 가능한 여러 종교 가운데 하나로 격하시키거나, 여러 신들 가운데 하나로 '기독교의 하나님'이라고 말할 때 마음이 깊이 상해야 한다! 오직 한 분이시며 살아 계시고 참되신 하나님은 독생자이신 예수 그리스도 안에서 온전히 최종적으로 자신을 계시하셨다. 선교의 기초는 유일신 신앙이다. 바울이 디모데에게 썼듯이 "하나님은 한 분이시요 또 하나님과 사람 사이에 중보자도 한 분이시니 곧 사람이신 그리스도 예수라"(딤전 2:5).

창세기는 한 분 하나님이 만물을 창조하시고 또한 그분의 형상을 따라 사람을 창조하신 것에서 시작해, 우리가 창조주께 반역하고 그 반역에 대해 하나님이 심판하는 것으로 이어진다. 하지만 언젠가 여자의 씨가 뱀의 머리를 밟아 뭉개어 "상하게" 하리라는 복음의 최초 약속(창 3:15)처럼 그 심판을 면할 수 있게 된다는 사실을 기록하고 있다.

창세기 4-11장은 타락으로 인해 사람들이 하나님과 동료 인간들에게서 점차 소외되는 비참한 결과를 묘사하고 있다. 하나님의 부르심과 약속이 아브라함에게 임하기까지의 배경을 보여 주는 것이다. 주위는 도덕적 타락과 어두움과 분열뿐이고, 사회는 계속 붕괴되고 있었다. 그러나 창조주 하나님은 자기 형상대로 지으신(창 9:6) 인간을 버리지 않으셨다. 오히려 불경건이 만연하는 가운데 한 사람과 그의 가족을 불러내셔서 그들뿐 아니라 그들을 통해 온 세상을 축복하겠다고 약속하셨다. 더 이상 흩어지는 일들이 방치되지 않을 것이며, 사람들을 다시 모아들이는 웅대한 과정이 시작될 것이다.

【하나님의 약속】
The Promise

그렇다면 하나님이 아브라함에게 하신 약속은 무엇인가? 그 약속은 여러 내용을 담고 있는 복합적인 약속이었다.

첫째, 그것은 자손에 대한 약속이다. 아브라함은 자기 친척과 아비 집을 떠나야 했다. 그리고 하나님은 아브라함에게 자기 친척을 잃은 대신 '큰 민족'을 이루게 하겠다고 약속하셨다. 후에 이것을 증명하시기 위해 하나님은 그의 이름을 '아브람'(높임을 받은 아버지)에서 '아브라함'(많은 무리의 아버지)으로 바꾸신다. 왜냐하면 하나님이 "내가 너를 여러 민족의 아버지가 되게 함이니라"(창 17:5)고 약속하셨기 때문이다.

둘째, 땅에 대한 약속이다. 하나님의 부르심은 아브라함에게 두 번 임했다. 먼저는 아브라함의 아버지가 살아 있을 때인 갈대아 우르에서(창 11:31; 15:7), 다음은 아브라함의 아버지가 죽은 후 하란에서였다(창 11:32, 12:1). 두 경우 모두 아브라함은 살던 땅을 떠나야 했으며, 그에 대한 보상으로 하나님은 그에게 다른 나라를 보여 주신다.

셋째, 축복에 대한 약속이다. 창세기 12장 2-3절에는 '축복'과 '축복하다'라는 말이 다섯 번에 걸쳐 나온다. 하나님이 아브라함에게 약속하신 축복은 모든 인류에게 흘러넘칠 것이다. 자손과 땅과 축복의 약속! 이 약속들은 아브라함을 부르신 사건 이후에 상세히 설명되어 있다.

첫째, 땅이다. 아브라함이 너그럽게도 조카 롯에게 정착지를 마음대로 정하도록 해준 후에(롯은 비옥한 요단 골짜기를 택했다), 하나님은 아브라함에게 이렇게 말씀하셨다. "너는 눈을 들어 너 있는 곳에서 북쪽과 남쪽 그리고 동쪽과 서쪽을 바라보라 보이는 땅을 내가 너와 네 자손에게 주리니 영원히 이르리라"(창 13:14-15).

둘째, 자손이다. 얼마 후에 하나님은 아브라함에게 또 다른 시청각 교재를 보여 주시는데, 이제 땅이 아니라 하늘을 쳐다보라고 말씀하신다. 어느 맑고 어두운 밤에 하나님은 아브라함을 장막 밖으로 데리고 나가서 "하늘을 우러러 뭇별을 셀 수 있나 보라"고 말씀하셨다. 얼마나 우스꽝스러운 명령인가! 아마도 아브라함은 "1, 2, 3, 5, 10, 20, 30…" 하고 세기 시작했을 것이다. 하지만 이내 포기해 버렸을 것이다. 불가능한 일이었다. 이에 하나님이 "네 자손이 이와 같으리라"고 말씀하셨다. 그리고 아브람은 이 말씀을 주신 여호와를 믿었다. 그는 당시 팔십대였고, 아이가 없었다. 그래도 그는 하나님의 약속을 믿었고, 하나님은 "이를 그의 의로 여기"셨다. 그가 하나님을 신뢰했기에 하나님이 그를 의롭다고 인정하신 것이다(창 15:5-6).

셋째, 축복이다. "내가 … 네게 복을 주어." 이미 하나님은 아브라함을 의로운 자로 받아들이셨다. 신약의 표현을 빌자면 "믿음으로 말미암아 의롭다 하셨"다. 이보다 더 큰 축복은 상상할 수 없다. 이것은 몇 년 후 하나님이 아브라함에게 자세히 설명하실 은혜 언약의 토대가 되는 축복이다. "내가 내 언약을 나와 너 및 네 대대 후손의 사이에 세워서 영원한 언약을 삼고 너와 네 후손의 하나님이 되리라 … 나는 그들의 하나님이 되리라"(창 17:7-8). 그리고 이 은혜 언약 혹은 맹세의 표시로 할례를 주셨다. 이것은 후에 여러 번 반복해서 나타나는 언약 문구인 "나는 그들의 하나님이 되겠고 그들은 나의 백성이 되리라"가 성경에 처음으로 나타난 순간이다.

땅, 자손, 축복. 그런데 이런 것들이 선교와 무슨 상관이 있는가? 그것을 알기 위해 이제 '약속'에서 '성취'로 눈을 돌려 보자.

> • 하나님은 아브라함을 의로운 자로 받아들이셨다. "믿음으로 말미암아 의롭다 하셨"다. 이보다 더 큰 축복은 상상할 수 없다. 그것은 은혜 언약의 토대가 되는 축복이다.

【하나님의 성취】
The Fulfillment

구약 예언의 성취라는 문제는 매우 어려운 것으로 오해를 받아 왔고 적지 않은 논쟁을 불러일으켰다. 특별히 중요한 원리는 신약 저자들이 구약의 예언이 단번에 성취되는 것이 아니라 보통 삼중으로 곧 과거, 현재, 미래적으로 성취된다고 이해했다는 점인데, 이에 대해서는 모두 동의할 것이다. 과거의 성취는 이스라엘 백성의 삶에서 즉시, 역사적으로 성취된 것이다. 현재의 성취는 그리스도와 그분의 교회 안에서 중간적으로 혹은 복음적으로 성취되는 것이다. 미래의 성취는 새 하늘과 새 땅에서 궁극적으로 혹은 종말론적으로 성취될 것이다.

> • 신약 저자들은 구약의 예언이 단번에 성취되는 것이 아니라 보통 삼중으로 곧 과거, 현재, 미래적으로 성취된다고 이해했다.

아브라함에게 하신 하나님의 약속은
그의 육신적 자손인 이스라엘 백성 안에서 즉시 역사적으로 이루어졌다.

아브라함에게 수많은 자손, 셀 수 없을 만큼의 자손을 주시겠다는 하나님의 약속은 그의 아들 이삭에게(창 26:4, "하늘의 별과 같이"), 또한 그의 손자 야곱에게(창 32:12, "바다의 모래와 같이") 반복해서 확증되었다. 그리고 그 약속은 문자적으로 점차 성취되기 시작했다. 아마도 우리는 이런 과정에서 몇 가지 단계를 뽑아낼 수 있을 것이다.

첫 단계는, 애굽에서 종살이하던 시절에 관한 것이다. 그 시절에 대해 성경은 이렇게 기록하고 있다. "이스라엘 자손은 생육하고 불어나 번성하고 매우 강하여 온 땅에 가득하게 되었더라"(출 1:7; 행 7:17 참고). 다음 단계는, 수백 년 후 솔로몬 왕이 이스라엘을 "큰 백성이라 수효가 많아서 셀 수도 없고 기록할 수도 없"(왕상 3:8)다고 말한 때다. 세 번째 단계는, 솔로몬 시대보다 약 350년 후다. 예레미야는 이스라엘에게 심판과 포로 생활이 임박했다고 경고하고 나서, 다음과 같이 그들을 회복시키신다는 하나님의 약속을 덧붙였다. "하늘의 만상은 셀 수 없으며 바다의 모래는 측량할 수 없나니 내가 그와 같이 내 종 다윗의 자손과 나를 섬기는 레위인을 번성하게 하리라"(렘 33:22).

자손에 대한 성취는 이 정도로 하고 땅은 어떤지 살펴보자. 다시 한번 우리는 경배와 감사의 마음으로 하나님이 약속을 지키시는 분임을 주목하게 된다. 하나님이 먼저 자기 백성을 애굽의 종살이에서 이끌어 내시고 그들에게 "약속의 땅"(출 2:24, 3:6, 32:13)이라 불리는 가나안을 주셨다. 그 뒤 약 700년이 지나 바벨론에 포로로 잡혀 갔다 온 그들에게 그 땅을 다시 돌려 주셨는데 이는 아브라함과 이삭과 야곱에게 하신 약속을 기억하셨기 때문이다. 그러나 아브라함도, 그의 몸에서 난 자손들도 그 땅을 온전히 유업으로 받지는 못했다. 히브리서 11장에 나와 있는 것처럼 그들은 "믿음을 따라 죽었으며 약속을 받지 못하였"(13절)다. 대신 그들은 "땅에서는 외국인과 나그네"(13절)로서 "하나님이 계획하시고 지으실 터가 있는 성을 바랐"(10절)다.

하나님은 어쨌든 부분적으로나마 자손과 땅에 대한 약속들을 지키셨다. 그렇다면 축복에 대해서는 어떠한가? 하나님은 시내 산에서 모세를 통해 아브라함과 맺은 언약을 확인하고 명확하게 하셨으며, 자신이 이스라엘의 하나님이 되리라고 맹세하셨다(출 19:3-6). 그리고 계속해서 불순종한 자들에게는 심판을 내리시고, 순종하는 자들에게는 복을 주셨다.

아마도 가장 극적인 예는 호세아서의 첫 부분일 것이다. 호세아는 세 자녀에게 이스라엘에게 임하시는 하나님의 무시무시하고 점진적인 심판을 묘사하는 이름들을 지어 주라는 명령을 받았다. 그는 첫 아들을 '이스르엘'이라고 이름 짓는데, 이는 '하나님이 흩으실 것이다'라는 의미다. 그 다음에는 딸을 낳아 '로루하마'라고 하는데, 이는 '긍휼히 여김을 받지 못하는 자'라는 뜻이다. 하나님이 더는 자기 백성을 긍휼히 여기거나 용서하지 않을 것이라고 말씀하셨기 때문이다. 마지막으로 그는 아들 '로암미'를 얻는데, 그 이름의 의미는 '내 백성이 아니다'이다. 하나님이 이제 더 이상 당신의 백성이 아니라고 말씀하셨기 때문이다. 하나님이 택하신 백성에게 이 얼마나 끔찍한 이름인가! 이 이름들은 하나님이 아브라함에게 하신 영원한 약속과 완전히 모순되는 것처럼 보인다.

그러나 하나님은 거기서 멈추지 않으신다. 다가오는 심판이 지나고 나면 회복이 있을 것이기 때문이다. 회복에 대한 말씀에서는 아브라함에게 주신 약속을 한 번 더 되풀이한다. "그러나 이스라엘 자손의 수가 바닷가의 모래같이 되어서 헤아릴 수도 없고 셀 수도 없을 것이며"(호 1:10). 그리고 자녀들의 이름에 암시되어 있던 심판들이 뒤집어질 것이다. 흩는 대신 모을 것이고('이스르엘'이라는 말은 모호해서 양쪽 다 의미할 수 있다), 긍휼을 받지 못하는 자는 긍휼을 받게 될 것이고, 내 백성이 아닌 자는 사신 하나님의 자녀가 될 것이다(호 2:1).

믿음의 사람 아브라함은 자손을 주겠다는 하나님의 약속이 더 넓은 차원에서 모든 족속을 향한 약속임을 믿었다. 하나님이 맺은 언약의 축복을 받고서 아브라함은 그 축복이 이 지구상의 모든 족속에게 흘러가리라고 확신했다. 그렇기 때문에 사도 바울이 갈라디아서 3장 8절에서 "하나님이 이방을 믿음으로 말미암아 의로 정하실 것을 성경이 미리 알고 먼저 아브라함에게 복음을 전하되"라고 말한 것이다.

놀라운 것은 사도 바울과 사도 베드로 둘 다 호세아서의 이 구절들을 인용한다는 것이다. 그들은 이스라엘 백성이 더 늘어난 것 이외에도 이방인들이 예수의 공동체 안에 들어오게 된 것을 보고 이 예언이 성취되었다고 본다. "너희가 전에는 백성이 아니더니 이제는 하나님의 백성이요 전에는 긍휼을 얻지 못하였더니 이제는 긍휼을 얻은 자니라"(벧전 2:10; 롬 9:25-26 참고).

이런 신약의 관점은 구약의 예언들을 이해할 때 매우 중요하다. 구약에는 하나님이 약속하신 축복이 도대체 어떻게 아브라함과 그의 자손들에게서 "땅의 모든 족속들"에게로 흘러갈 것인지에 대한 분명한 설명이 나와 있지 않기 때문이다. 이스라엘은 "이방의 빛"으로 묘사되어 있고 "이방에 공의를 베풀" 사명을 가지고 있지만(사 42:1-4, 6; 49:6), 실제로 그런 일이 일어나지는 않는다. 이 예언들은 오직 주 예수님 안에서만 성취된다. 그리스도의 날이 이르러서야 열방이 실제로 구속된 공동체에 포함되었기 때문이다. 이제 이에 대해 살펴보자.

> • 이런 신약의 관점은 구약의 예언들을 이해할 때 매우 중요하다. 구약에는 하나님의 약속된 축복이 도대체 어떻게 아브라함과 그의 자손에게서 "땅의 모든 족속들"에게로 흘러갈 것인지에 대해 분명한 설명이 나와 있지 않기 때문이다.

아브라함에게 하신 하나님의 약속은 그리스도와 그의 교회 안에서 중간적으로 혹은 복음적으로 성취된다.

신약 성경에 가장 먼저 등장하는 단어는 아브라함이다. 마태복음은 "아브라함과 다윗의 자손 예수 그리스도의 계보라 아브라함이 이삭을 낳고"라는 구절로 시작한다. 그러므로 마태는 계보의 시작뿐 아니라 예수 그리스도의 복음의 시작을 말하면서 곧바로 아브라함까지 거슬러 올라간다. 그는 자신이 기록하고 있는 것이 약 2천 년 전 하나님이 아브라함에게 하신 오래된 약속의 성취임을 알고 있었다(눅 1:45-55, 67-75).

마태는 처음부터 사람들이 단지 아브라함의 육신적 자손이 아니라 영적 자손이 됨으로써, 즉 회개하고 장차 오실 메시아를 믿음으로써 약속들을 유업으로 받게 된다는 사실을 인식하고 있었다. 세례 요한 역시 자기 말을 듣기 위해 모여든 무리들에게 바로 이런 메시지를 전했다. "속으로 아브라함이 우리 조상이라고 생각하지 말라 내가 너희에게 이르노니 하나님이 능히 이 돌들로도 아브라함의 자손이 되게 하시리라"(마 3:9; 눅 3:8; 요 8:33-40 참고). 그 말은 분명 청중들에게 충격을 주었을 것이다. "당시 사람들은 아브라함의 자손은 하나도 빠짐없이 구원을 받는다"[1]고 믿었기 때문이다.

실제로 하나님은 돌까지는 아니지만 그와 비슷할 정도로 가망이 없어 보이는 이방인들로부터 아브라함의 자손을 일으키셨다! 그래서 사복음서 기자 가운데 가장 유대적인 사람이었던 마태도 후에 예수님이 다음과 같이 말씀하셨다고 기록하고 있다. "또 너희에게 이르노니 동서로부터 많은 사람이 이르러 아브라함과 이삭과 야곱과 함께 천국에 앉으려니와 그 나라의 본 자손들은 바깥 어두운 데 쫓겨나 거기서 울며 이를 갈게 되리라"(마 8:11-12; 눅 13:28-29 참고).

세례 요한과 예수님의 말씀을 듣던 유대인 청중들에게 이 말이 얼마나 충격적이고 혼란스러웠는지 우리로서는 이해하기 어렵다. 그들은 아브라함의 자손들이었다. 그들은 하나님이 아브라함에게 하신 약속들을 받을 권리가 있었다. 그렇다면 그들 자신이 자격을 상실할 때 이 약속에 참여하게 될, 심지어 그들의 자리를 빼앗기까지 할 외인들은 누구란 말인가? 그들은 분개했다. 그들은 하나님이 아브라함과 언약을 맺으면서 땅의 모든 민족에게까지 복을 넘치게 주시겠다고 약속한 사실을 까맣게 잊고 있었다. 유대인들은 모든 민족이 복을 받는 것이 아브라함의 씨로 나신 메시아 예수님과의 관계 때문이라는 사실을 깨달아야 했다.

사도 베드로는 오순절 직후에 행한 두 번째 설교에서 이것을 조금씩 깨닫기 시작한 것 같다. 그는 유대인 군중을 앞에 두고 이렇게 설교한다. "너희는 … 하나님이 너희 조상과 더불어 세우신 언약의 자손이라 아브라함에게 이르시기를 땅 위의 모든 족속이 너의 씨로 말미암아 복을 받으리라 하셨으니 하나님이 그 종을 세워 복 주시려고 너희에게 먼저 보내사 너희로 하여금 돌이켜 각각 그 악함을 버리게 하셨느니라"(행 3:25-26). 이는 주목할 만한 말이다. 왜냐하면 베드로는 축복을 회개와 의라는 도덕적 관점에서 해석했고, 또한 예수님이 먼저 유대인들에게 보내심을 받으셨다면 그 다음에는 이방인들에게 보내지셨을 것이라고 했기 때문

---

1. J. Jeremias, *Jesus' Promise to the Nations*, SCM Press, 1958, p.48.

이다. 이전에는 그 이방인들, 즉 "먼 데"(행 2:39 참고) 있던 "땅의 족속들"이 이제는 축복에 참여하게 된 것이다.

하지만 이 놀라운 주제를 온전히 발전시킨 사람은 사도 바울이다. 그는 이방인의 사도로 부름을 받고 임명받았다. 또한 지금까지 감춰졌던 하나님의 영원한 목적 곧 유대인과 "이방인들이 복음으로 말미암아 그리스도 예수 안에서 함께 상속자가 되고 함께 지체가 되고 함께 약속에 참여하는 자가 됨이라"(엡 3:6)는 목적이 그에게 계시되었다.

> • 사도 베드로는 두 번째 설교에서 이것을 깨달은 것같다. 예수님이 먼저 유대인들에게 보내심을 받으셨다면 그 다음에는 이방인들에게 보내지셨을 것이라고 했기 때문이다. 이전에는 "먼 데" 있던 "땅의 족속들"이 이제는 축복에 참여하게 된 것이다.

바울은 부정적 표현을 써서 아주 담대하게 "이스라엘에게서 난 그들이 다 이스라엘이 아니요 또한 아브라함의 씨가 다 그의 자녀가 아니라"(롬 9:6-7)고 선포한다.

그렇다면 아브라함의 참된 자손, 하나님의 약속을 받는 진정한 수혜자들은 누구인가? 바울은 이 점을 명백하게 밝힌다. 그 수혜자들은 인종에 상관없이 그리스도를 믿는 사람들이다. 로마서 4장에서 바울은 아브라함이 믿음으로 말미암아 의롭다 하심을 받았을 뿐 아니라 할례를 받기 전에 이 축복을 받았다는 사실을 지적한다. 그러므로 아브라함은 할례를 받은 사람이나 할례를 받지 않은 사람이나, 즉 유대인이나 이방인이나 "믿음의 자취를 따르는" 모든 자들의 조상이다(롬 4:9-12). 우리가 아브라함의 믿음에 속한다면 그는 "우리 모든 사람의 조상이라 기록된바 내가 너를 많은 민족의 조상으로 세웠다"(롬 4:16-17)는

> • 하나님의 감춰졌던 목적, 곧 유대인과 이방인을 복음으로 말미암아 함께 약속에 참예하는 자가 되도록 만드는 목적이 바울에게 계시되었다.

말씀대로 우리 역시 그의 자손이 되는 것이다. 다시 말해서 아브라함의 육신적 자손이 된다고 해서 또는 유대인으로서 할례를 받는다고 아브라함의 참된 자녀가 되는 것이 아니라, 믿어야만 아브라함의 자녀가 되는 것이다. 아브라함의 진정한 자손은 유대인, 이방인 상관없이 오직 예수 그리스도를 믿는 자들인 것이다.

그러면 아브라함의 자손들이 유업으로 받을 땅은 무엇인가? 히브리서는 하나님의 백성이 믿음으로 안식에 들어가는 것에 대해 말한다(히 4:3). 바울은 이것을 우리가 주목할 만한 표현으로 "아브라함이나 그 후손에게 세상의 상속자가 되리라고 하신 언약"(롬 4:13)이라고 말한다. 그가 고린도 교인들에게 그리스도 안에서 "만물이 다 너희 것임이라 바울이나 아볼로나 게바나 세계나 생명이나 사망이나 지금 것이나 장래 것이나 다 너희의 것이요"(고전

> • 그렇다면 모든 이방이 받을 복은 무엇인가? 한 마디로 '구원의 복'이다.

3:21-22)라고 썼을 때도 아마 이런 의미였을 것이다. 그리스도인들은 하나님의 놀라우신 은혜로 우주의 그리스도와 함께 상속자가 되었다.

바울은 갈라디아서 3장에서 약속받은 축복의 본질에 대해 그리고 그 복을 받는 자에 대해 이와 비슷하게 가르치고 있다. 그는 먼저 아브라함이 어떻게 믿음으로 의롭게 되었는지를 말하고 계속해서 이렇게 말한다. "그런즉 믿음으로 말미암은 자들"(7절) 곧 "믿음이 있는 아브라함과 함께 복을 받"(9절)는 자들은 "아브라함의 자손인 줄 알지어다"(7절). 그렇다면 모든 이방이 받을 복은 무엇인가?(8절) 한마디로 '구원의 복'이다. 우리는 율법의 저주 아래 있었으나, 그리스도가 대신 저주를 받으시고 우리를 그 저주에서 구속하셨다. 이는 "그리스도 예수 안에서 아브라함의 복이 이방인에게 미치게 하고 또 우리로 하여금 믿음으로 말미암아 성령의 약속을 받게 하려"(14절)는 것이었다. 그리스도는 우리가 아브라함과 같은 축복 곧 의롭게 되는 축복(8절)과 성령이 내주하시는 축복(14절)을 유업으로 받도록 하기 위해 우리의 저주를 담당하셨다. 바울은 이 장 마지막 절에서 이렇게 요약하고 있다. "너희가 그리스도의 것이면 곧 아브라함의 자손이요 약속대로 유업을 이을 자니라"(29절).

하지만 모두 끝난 것은 아니다. 장차 이루어질 세 번째 성취 단계가 있다.

아브라함에게 하신 하나님의 약속은 구속받은 모든 사람의 최후에 궁극적으로 혹은 종말론적으로 성취될 것이다.

요한계시록에는 아브라함에게 하신 하나님의 약속이 한 번 더 나온다. 요한은 환상 중에 "아무라도 능히 셀 수 없는 큰 무리"(계 7:9)를 본다. 그것은 "각 나라와 족속과 백성과 방언에서" 모인 전 세계적인 무리다. 그들은 왕이신 하나님의 통치를 상징하는 보좌 앞에 서 있다. 하나님의 나라가 마침내 도래했고, 그들은 하나님의 은혜로운 통치와 모든 축복을 누리고 있다. 하나님은 그들을 당신의 존전에 머물게 하신다. 굶주리고 목마르고 타는 듯 한 더위가 있던 광야 시절은 끝났다. 그들은 마침내 약속의 땅에 들어갔다. 그 땅은 이제 '젖과 꿀이 흐르는 땅'이라고 묘사되지 않고, 결코 마르지 않는 '생명수 샘물이 흘러넘치는 땅'으로 묘사된다. 하지만 그들은 어떻게 이 축복들을 유업으로 받게 되었는가? 부분적으로는 그들이 "큰 환난에서 나왔기"(이는 분명 온갖 시련과 고난이 있는 그리스도인의 삶을 가리키는 말이다) 때문이지만, 주된 이유는 "어린 양의 피에 그 옷을 씻어 희게 하였"(계 7:14)기 때문이다. 그들은 오직 예수 그리스도의 죽음의 공로로 죄를 씻음 받고 의로 옷 입었다. "그러므로 그들이 하나님의 보좌 앞에 있"(계 7:15)게 되었다.

필자는 하나님이 오래전 아브라함에게 하신 약속이 미래에 영원히 최종적으로 성취되는 것을 보면서 벅찬 감격을 느낀다. 여기에는 약속의 필수적인 요소들이 모두 나와 있다. 아브라함의 영적 자손들 곧 "아무라도 능히 셀 수 없는 큰 무리", 바닷가의 모래처럼 그리고 밤하늘의 별처럼 셀 수 없이 큰 무리가 있다. 또한 땅의 모든 족속이 복을 받는다. 그 큰 무리는 모든 민족으로 구성되어 있다. 그것만이 아니다. 여기에는 약속된 땅 곧 하나님의 은혜로운 통치에서 흘러나오는 넘치는 축복들이 있다. 그리고 무엇보다도 아브라함의 씨로서, 우리를 구속하기 위해 피를 흘리시고, 구원을 얻기 위해 그를 부르는 모든 사람에게 축복을 베푸시는 예수 그리스도가 계시다.

【결론】
Conclusion

아브라함에게 주신 하나님의 약속과 그 약속이 성취된 것을 통해 하나님이 어떤 분이신지에 대해 배운 것을 요약해 보자.

첫째, 그분은 역사의 하나님이다. 역사는 무작위로 펼쳐지는 사건의 흐름이 아니다. 하나님은 영원한 과거로부터 생각하셨고, 영원한 미래에 완성될 하나의 계획을 정확한 시간에 맞춰 이루어 가고 계시다. 이 역사의 과정에서 핵심 인물은 아브라함의 씨인 예수 그리스도다. 우리가 그리스도의 제자라면 아브라함의 자손이라는 것을 기뻐하자. 우리는 아브라함의 영적 혈통에 속해 있다. 우리는 믿음으로 의롭다 함을 받고, 하나님께 받아들여졌으며, 내주하시는 성령의 복을 받았으며, 4천 년 전에 아브라함에게 주어진 약속들을 받는 자들이다.

> • 역사는 무작위로 펼쳐지는 사건의 흐름이 아니다. 하나님은 영원한 과거로부터 생각하셨고, 영원한 미래에 완성될 하나의 계획을 정확한 시간에 맞춰 이루어가고 계시기 때문이다.

둘째, 그분은 언약의 하나님이다. 하나님은 인간들과 언약을 맺으실 만큼 은혜로운 분이며, 언제나 약속을 지키신다. 그분은 변치 않는 사랑과 신실함을 보이시는 하나님이다. 그분이 언제나 약속을 즉시 이루신다는 말은 아니다. 아브라함과 사라는 "믿음을 따라 죽었으며 약속을 받지 못하였으되 그것들을 멀리서 보고 환영"(히 11:13)했다. 다시 말해서 약속에 대한 성취로 이삭을 받았지만 그들의 씨가 셀 수 없이 많지는 않았다. 아직 땅도 주어지지 않았고 땅의 모든 족속이 복을 받지도 않았다. 하나님의 모든 약속은 반드시 성취되지만, "믿음과 오래 참음으로"(히 6:12) 그 약속들을 유업으로 받는다. 우리 역시 하나님의 때를 기다려야 한다.

셋째, 그분은 축복의 하나님이다. 하나님은 아브라함에게 "내가 … 네게 복을 주어"(창 12:2)라고 말씀하셨다. 베드로도 "하나님이 그 종을 세워 복 주시려고 너희에게 먼저 보내사"(행 3:26)라고 반복해 말했다. 자기 백성에 대한 하나님의 태도는 긍정적이고 건설적이다. 그분은 우리를 풍성케 하신다. 심판은 하나님의 "비상한 일"(strange work, 사 28:21)이다. 하나님이 주로 하시는 일은 사람들에게 구원의 복을 주시는 것이다.

넷째, 그분은 자비의 하나님이다. 필자는 요한계시록 7장 9절의 말씀 곧 하늘의 구속받은 사람들이 "아무라도 능히 셀 수 없는 큰 무리"라는 구절을 읽을 때마다 큰 위로를 받는다. 어떻게 이렇게 될 것인지는 알 수 없다. 그리스도인들은 언제나 소수 집단처럼 보이기 때문이다. 하지만 성경은 이 말씀을 통해 우리를 위로한다. 성경은 지옥의 무시무시한 실상과 영원함에 대해 생생하게 묘사하고 있다. 따라서 성경을 믿는 그리스도인이라면 그 누구도 보편주의자(모든 사람이 궁극적으로는 다 구원을 받을 것이라고 믿는 사람)가 될 수는 없을 것이다. 그러나 구속받은 사람들이 능히 셀 수 없을 정도로 엄청난 전 세계적인 무리일 것은 사실이며 주장해야 할 진리다. 하나님의 약속은 성취될 것이며, 아브라함의 씨는 땅의 티끌처럼, 하늘의 별처럼, 바닷가의 모래처럼 셀 수 없이 많아질 것이기 때문이다.

다섯째, 그분은 선교의 하나님이다. 족속(민족)들은 자동적으로 모여드는 것이 아니다. 하나님이 땅의 모든 족속을 복 주시겠다고 약속하셨다면, '아브라함의 씨'로 말미암아 그렇게 하시겠다고 약속하신 것이다(창 12:3, 22:18). 이제 우리는 믿음으로 아브라함의 씨가 되었다. 그리고 땅의 족속들은 우리가 복음을 가지고 그들에게 갈 때에만 복을 받게 된다. 그것이 하나님의 명백한 목적이다.

> • '땅의 모든 족속'이라는 구절이 우리 마음속에 새겨지기를 기도한다. 살아 계신 성경의 하나님이 선교적인 하나님이심을 이 구절보다 더 잘 나타내 주는 말은 없을 것이다.

'땅의 모든 족속'이라는 구절이 우리 마음속에 새겨지기를 기도한다. 살아 계신 성경의 하나님이 선교적인 하나님이심을 이 구절보다 더 잘 나타내 주는 말은 없을 것이다. 이 단어는 또한 우리의 옹졸한 파벌주의와 편협한 민족주의, 인종적 교만(백인이든 흑인이든), 가식적인 온정주의와 거만한 제국주의를 정죄한다. 하나님이 땅의 모든 족속의 하나님이시라면, 우리가 어떻게 감히 피부색이나 문화가 다른 사람에게 적대적이거나 그들을 무시하거나 심지어 무관심할 수 있단 말인가? 우리는 전 세계적인 하나님을 섬기고 있다. 따라서 세계적인 비전을 가진 세계적인 그리스도인이 되어야 한다.

하나님이 우리로 하여금 4천 년 전 아브라함에게 하신 "너와 네 자손을 통하여 땅의 모든 족속이 복을 받으리라"는 약속을 결코 잊지 않게 도우시기를 소망한다. ☺

아브라함의 언약

언약의 상단(Top line)
하나님이 그의 백성을 축복하실 것이다.

언약의 하단(Bottom line)
하나님의 백성이 땅의 모든 족속들을 축복할 것이다.

− 돈 리처드슨

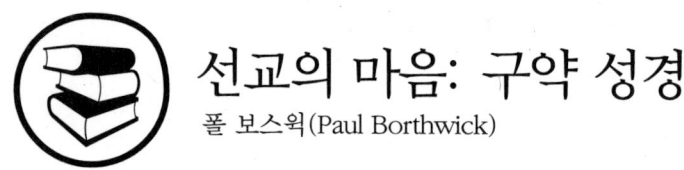

선교의 마음: 구약 성경
폴 보스윅(Paul Borthwick)

폴 보스윅은 매사추세츠 렉싱턴(Lexington)의 유명한 선교 목사다. 그는 평신도들이 세계 복음화에 한 몫을 감당하도록 돕기 위해 『선교의 마음』(A Mind for Missions)과 『여섯 가지 위험한 질문』(Six dangerous Questions) 등 선교에 대한 책을 여러 권 썼다.

우리 하나님은 선교하는 하나님이시다. 그분은 창조 사역과 타락 이후 사람을 위해 일하시는 모습에서 이 사실을 분명하게 보여 주셨다.

【아브라함】
Abraham

아담의 죄 때문에, 인류 문명은 하나님과의 교제권 밖에서 시작되었다. 인류는 창세기 1장 28절의 명령에 따라 이 세상에 거하게 되었지만, 하나님이 계획하신 완전한 모습은 아니었다. 하나님은 인간의 사악함 때문에 얼마 지나지 않아 이 땅을 멸하셨다(창 6:5-7). 그러나 노아와 그의 가족만은 구원하셨다. 그들이 의로웠기 때문이다(창 7:1). 후에 바벨탑 사건을 겪으면서 혼란은 극에 달한다(창 11장).

하지만 이같이 죄가 만연한 중에, 그리고 사람들과 하나님의 거리가 점점 더 멀어지는 가운데, 하나님은 아브람을 부르셨다(창 12:1-3). 하나님은 아브람과 언약을 맺으시면서 아브람이 온 땅에 하나님의 구속을 가져오는 자가 될 것이라고 약속하셨다. 하나님은 그를 통해 "땅의 모든 족속이 복을 얻을 것"(창 12:3)이라고 약속하셨다. 하나님이 아브라함을 부르신 것은 창세기 17장 1-7절에 다시 나온다. 거기서 하나님은 아브라함을 비롯해 그의 자손들과 '영원한 언약'을 제정하셨다. 하나님은 아브라함과 그의 후손들을 통해 다시 한번 주도권을 쥐시고 온 땅에 축복과 구속을 가져다주셨다.

Borthwick, Paul (1987). *A Mind for Missions* (pp.25-31; 37-38). Colorado Springs, Colorado: Navpress.

【율법】
The law

하나님은 아브라함의 육적 후손인 이스라엘 백성을 통해 온 땅에 축복과 구속의 메시지를 전하고 싶으셨다. 하지만 그들의 죄성 때문에 율법을 제정할 수밖에 없었다.

보통 이스라엘 백성을 위한 특별한 계시라고 생각되는 율법에서도, 하나님은 구속받지 못한 모든 사람에 대한 사랑을 보여 주신다. 십계명 첫 부분은 온 땅에 하나님은 한 분밖에 없다고 확고히 말하고 있다. "너는 나 외에는 다른 신들을 네게 두지 말라"(출 20:3). 이스라엘 백성은 참되신 한 분 하나님을 전하도록 부름 받았다. "이스라엘은 백성의 수가 많거나 전쟁에 이겼거나 많은 도시들을 세웠기 때문에 위대한 것이 아니다. 이스라엘은 하나님이 주위 열방들에게 당신의 성품과 사랑을 보이도록 부르셨기 때문에 위대했다."[1] 그래서 율법의 의는 이스라엘을 따로 구별하는 것이었다(레 20:22-26; 신 7:6-8, 14:2, 28:1). 이스라엘을 선택한 이유는 다른 나라들로 하여금 "여호와를 알게" 하기 위함이었다고 하나님은 명백히 말씀하셨다(사 19:21). 하지만 이스라엘이 우선적으로 해야 할 일은 하나님이 어떤 분인지 아는 것이었다.

● 이스라엘은 백성의 수가 많거나 전쟁에 이겼거나 많은 도시들을 건설했기 때문에 위대한 것이 아니었다. 이스라엘은 하나님이 주위 열방들에게 하나님의 성품과 사랑을 보이도록 부르셨기 때문에 위대했다.

율법에서 하나님은 또한 이스라엘 사람들에게 이방인과 나그네들에게 관심을 갖고 자비를 베풀라고 강권하신다. 하나님이 그들을 구속하셨을 때 그들 자신도 애굽에서 나그네였기 때문이다(출 22:21; 레 19:33-34; 신 10:17-19).

그러고 나서 율법은 아브라함의 자손들(그들을 통해 땅의 모든 족속이 복을 받게 될 것이다)이 구별되어야 한다는 사실을 증거한다. 그들은 참되신 한 분 하나님의 의를 삶으로 나타내야 했다. 그리고 그 하나님의 영광을 온 땅에 선포해야 했다(민 14:21; 신 28:10).

【선지서】
The Prophets

이스라엘 백성이 하나님께 반역했을 때, 그분은 "하나님의 부르심을 메아리쳐 울리는 선교사"인[2] 선지자들을 일으키셨다. 엘리야와 엘리사 같은 초기 선지자들은 반역하는 이교도 왕들 앞

---

1. Sam Wilson and Gordon Aeschliman, *The Hidden Half* (Monrovia, California: MARC, 1984), p. 38.

에 서서, 참되신 한 분 하나님을 섬기라고 권고했고, 반역하기로 한 왕들에게는 하나님의 심판을 언도했다. 후기 선지자들은 하나님의 대변자로서, 백성들에게 다시 하나님께로 돌아오라고 명했다. 윌리엄 다이어네스(William Dyrness)는 선지자들의 목적을 이렇게 설명한다.

> • 이스라엘은 하나님의 영광을 반영할 백성과 제도와 땅을 나타내 보여야 한다. 언젠가 온 땅과 모든 백성에게 전달될 수 있도록 하기 위해서다.

선지서에는 이스라엘을 하나의 민족으로 부르신 이유가 온 세상을 위함이라는 사실이 분명하게 드러난다. … 그렇다면 이스라엘은 하나님의 피조물 전체를 위한 하나님의 약속을 전달하기 위해 보존되어야 한다(에스더서 참고). 그들은 하나님의 영광을 반영할 백성과 제도와 땅을 나타내 보여야 한다. 언젠가 온 땅과 모든 백성에게 전달될 수 있도록.[3]

선지자들은 하나님의 구속적 목적을 염두에 두고 활동했다. 이사야는 "그의 영광이 온 땅에 충만하도다"(사 6:3)라는 환상을 받아 말했으며, 하박국서 2장 14절의 예언처럼 "이는 물이 바다를 덮음같이 여호와를 아는 지식이 세상에 충만할 것임이니라"(사 11:9)고 예언했다. 이사야를 통해 하나님은 이스라엘 백성들이 "백성의 언약과 이방의 빛"(사 42:6, 60:3 참고)이 될 것이라고 약속하셨다. 이사야서 52장 10절에서는 전 세계를 향한 하나님의 목적을 분명하게 볼 수 있다(사 45:22-23 참고). "여호와께서 열방의 목전에서 그의 거룩한 팔을 나타내셨으므로 땅끝까지도 모두 우리 하나님의 구원을 보았도다."

이사야 선지자는 하나님이 이스라엘 백성에게 "이방인들에게 계시의 빛"이 되라고 위임하는 것에 관해 가장 거리낌 없이 말하지만, 하박국이나 미가 같은 다른 선지자들도 동일한 메시지를 반복한다. 미가서 5장 4-5절을 보라. "그들이 거주할 것이라 이제 그가 창대하여 땅끝까지 미치리라 이 사람은 우리의 평강이 될 것이라."

【시편】
The psalms

시편 기자들 역시 하나님의 목적을 전 세계적인 것으로 이해했다. 하나님이 세상에서 하고 계신 일들을 언급할 때마다, 그들은 하나님의 이름이 온 땅에 선포되어야 한다고 입을 모았다. 예를 들어, 시편 33편 8절에서는 온 땅이 세상 모든 거민에게 하나님을 경배할 것을 촉구

---

2. William Dyrness, *Let the Earth Rejoice* (Westchester, Illinois: Crossway Books, 1983), p. 95.
3. Dyrness, p. 115-116.

한다. 67편 1-2절에서는 하나님이 온 땅에 역사하사 그 능력과 그 이름을 알리시기를 구한다. 96편 3절에서는 하나님을 예배하는 자들에게 온 땅에 하나님의 영광을 증언하라고 권면한다. 그리고 145편 8-13절에서는 하나님의 백성들 자신이 "주의 업적과 주의 나라의 위엄 있는 영광을 인생들에게 알게"(12절) 할 것이라고 말한다.

온 땅에 하나님의 이름을 선포하는, 즉 예수 그리스도를 통해 하나님이 하실 일은 시편 2편 8절에 나타나 있다. "내게 구하라 내가 열방을 유업으로 주리니 네 소유가 땅끝까지 이르리로다."

【구약의 선교사들】
Missionaries

구약의 '보편적 주제'는 성경에 등장하는 사람들을 통해서도 나타난다. 예를 들어, 엘리사의 사역은 수넴 여인(왕하 4:8 이하)이나 수리아 사람 나아만(왕하 5장) 같은 이방인들에 대한 하나님의 구속을 보여 주었다. 에스더는 자신을 잡아간 이방인들에게 선교사 역할을 했으며, 요셉은 애굽에서 하나님의 구원을 행하는 자였다(창 50:20). 그러나 구약에서 선교하시는 하나님의 모습을 가장 생생하게 보여 주는 것은 다니엘과 요나가 이방의 왕들에게 하나님의 '증인'이 된 이야기다.

다니엘은 하나님의 사자로 사역하면서 네 명의 이교도 왕을 만난다. 느부갓네살, 벨사살, 고레스, 다리오 왕이다. 다니엘의 일관되고 죄를 깨닫게 하는 날카로운 증거 때문에, 느부갓네살 왕은 하나님을 찬양하는 단계에까지 이르렀다(단 4:34-37). 다니엘 자신은 "인자 같은 이"에게 "권세와 영광과 나라를 주고 모든 백성과 나라들과 다른 언어를 말하는 모든 자들이 그를 섬기게"(단 7:13-14) 되는 이상을 통해 하나님의 통치에 우주적 측면이 있음을 보았다. 그가 이방 나라의 선교사로서 자신의 역할을 가장 잘 보여 준 것은 아마도 사자의 입에서 구원된 이후일 것이다. 다리오 왕은 하나님이 다니엘에게 하신 일을 보고, "온 땅에 있는 모든 백성과 나라들과 언어가 다른 모든 사람들에게 … 다니엘의 하나님 앞에서 떨며 두려워"(단 6:25-26)하라고 명했다. 이렇게 하나님이 의도하신 대로 열방의 빛이 되고 있는 한 이스라엘인을 통해, 하나님은 당신의 구원을 이방인들에게 주기 원하셨다.

【요약】
Summary

우리의 하나님은 선교하는 하나님(a missionary God)이시다. 하나님은 자신의 백성 이스라엘을 열방에게 축복이 되는 사람들로 준비시키셨다. 비록 그 백성이 어리석은 선택을 함으로써 하나님의 완전한 계획을 성취

> • 구약에서 하나님의 백성은 어리석은 선택들을 함으로 하나님의 완전하신 계획을 성취하지 못했지만, 하나님의 목적들은 명백하게 진술되었다.

하지 못했지만, 하나님의 목적들은 명백하게 진술되었다. 하나님은 구속의 사역을 행하셨으며, 메시야를 통해 자신의 목적들을 성취하실 것이다. 윌리엄 다이어네스의 말처럼, "구약은 세계에 전파할 복음을 준비했고, 신약에서는 그 복음으로 세계 선교가 시작되었다."[4]

【선교의 기초는 하나님의 영광을 드러내는 것이다】
The Basis of Mission Is to Reveal the Glory of God

성경은 모든 능력과 모든 영광, 온전함과 거룩함을 가진 한 분 하나님이 계시는데, 그분은 모든 피조물이 당신의 영광을 경험하기 원하신다고 가르친다. 하지만 아담의 죄 때문에 하나님의 피조물은 타락했으며, 이제 영광스러우신 하나님은 우리를 죄에서 구원하려 하신다. 이는 선교가 '하나님의 일'임을 뜻한다. 하나님은 목적을 성취하기 위해 일하실 것이다(사 55:11; 단 4:35 참고). 그분은 우리를 사용하시지만 우리에게 의존하지는 않으신다(욥 38:4; 사 66:1-2; 눅 17:10 참고). 그리고 결코 서두르지 않으신다. 하나님은 세상에 대한 통제권을 잃어버리지 않으셨다. 그분의 궁극적인 목적은 좌절되지 않았다. 하나님은 여전히 전능하시고, 온전히 영광스러우시며, 인류를 다시 데려와 당신의 영광을 경험하게 하신다(고전 4:6 참고).

북미 인디언들을 대상으로 사역했던 위대한 선교사 데이비드 브레이너드(David Brainerd)는 이 영광스러운 하나님을 만났다. 하나님에 대한 그의 비전은 선교에 대한 비전으로 이어졌다. "브레이너드는 자신의 친구들과 원수들을 위해서까지 기도한다. 하지만 이 기도의 행위는 더 큰 비전에서 나온다. '하나님이 알려져야 한다. 하지만 이름만 알려져서는 안 된다. 하나님의 이름이라면 뉴저지의 황무지에도 잘 알려져 있다. 하나님이 하나님으로 알려져야 한다!' 이 비전은 브레이너드에게 정말 중요했다. 그리스도의 나라조차 그 목적을 이루기 위해 존재한다. 하나님이 알려지게 하라. 하나님을 알고, 하나님을 알리는 것이 그의 가장 귀한 사역이자 삶의 본질이었다."[5]

> • 하나님이 알려져야 한다. 그저 이름만 알려지는 것이 아니라 하나님이 하나님으로 알려져야 한다! 이 비전은 브레이너드에게 정말 중요했다.

선교사 연합회(Christian and Missionary Alliance)의 위대한 지도자며 저술가인 토저(A. W. Tozer)에게는 불타는 선교 비전이 있었다. 하지만 그는 선교 활동을 권면하다가 전능하신 하나님에 대한 예배가 약해지지 않을까 우려했다. "대부분의 사람들은, 하나님을 세상에 평화와 구원을 가져오는 자비로운 계획을 수행하고자 도움의 손길을 찾는 바쁘고, 열성적이고, 다소 좌절한 아버지로 그려내곤 한다. … 선교사들

---

4. Dyrness, p. 117.
5. Tom Wells, *A Vision for Missions* (Carlisle, Pennsylvania: Banner of Truth, 1985), p. 123.
6. Wells가 인용한 Tozer, p. 35.

이 호소하는 소리를 들어보면 전능한 하나님이 꽤나 좌절 가운데 있는 것 같은 착각에 빠지게 된다."[6] 토저가 이야기하고 싶은 핵심 메시지는 이것이다. "하나님이 곤경에 빠져 있다는 착각 속에서 선교에 뛰어들지 마라. 하나님은 여전히 온 세상을 창조하신 분, 위대한 구속의 주, 전능한 분이시다!"

성경을 진지하게 연구하는 것은 잘못된 관점을 바로잡는 데 도움이 된다. 성경을 보면, 한 분 참되신 하나님은 그분의 영광을 선포하기 위해 우리를 선교로 초청하고 계신다. 그러므로 하나님을 아는 것이 우리의 최우선 순위이며, 그렇게 되면 자연스럽게 하나님을 알리게 된다.

요셉은 그저 애굽과 자신의 가족에게만 축복 된 존재가 아니었다.
"각국 백성도 양식을 사려고 애굽으로 들어와 요셉에게 이르렀으니
기근이 온 세상에 심함이었더라."
– 창 41:57

출애굽은 주 하나님을 드러냈다. "내가 그와 그의 온 군대로 말미암아
영광을 얻어 애굽 사람으로 나를 여호와인 줄 알게 하리라."
– 출 14:4

가나안 정복은 모든 사람에게 하나님이 누구신지 드러냈다.
"이는 땅의 모든 백성에게 여호와의 손이 강하신 것을 알게 하며
너희가 너희의 하나님 여호와를 항상 경외하게 하려 하심이라."
– 수 4:24

하나님은 열방 때문에 자기 백성을 심판하셨다.
"너희 요란함이 너희를 둘러싸고 있는 이방인들보다 더하여 …
너희를 둘러 있는 이방인들의 규례대로도 행하지 아니하였느니라 그러므로
… 이방인의 목전에서 너에게 벌을 내리되."
– 겔 5:7-8

■ 이스라엘 - 전략적 기교

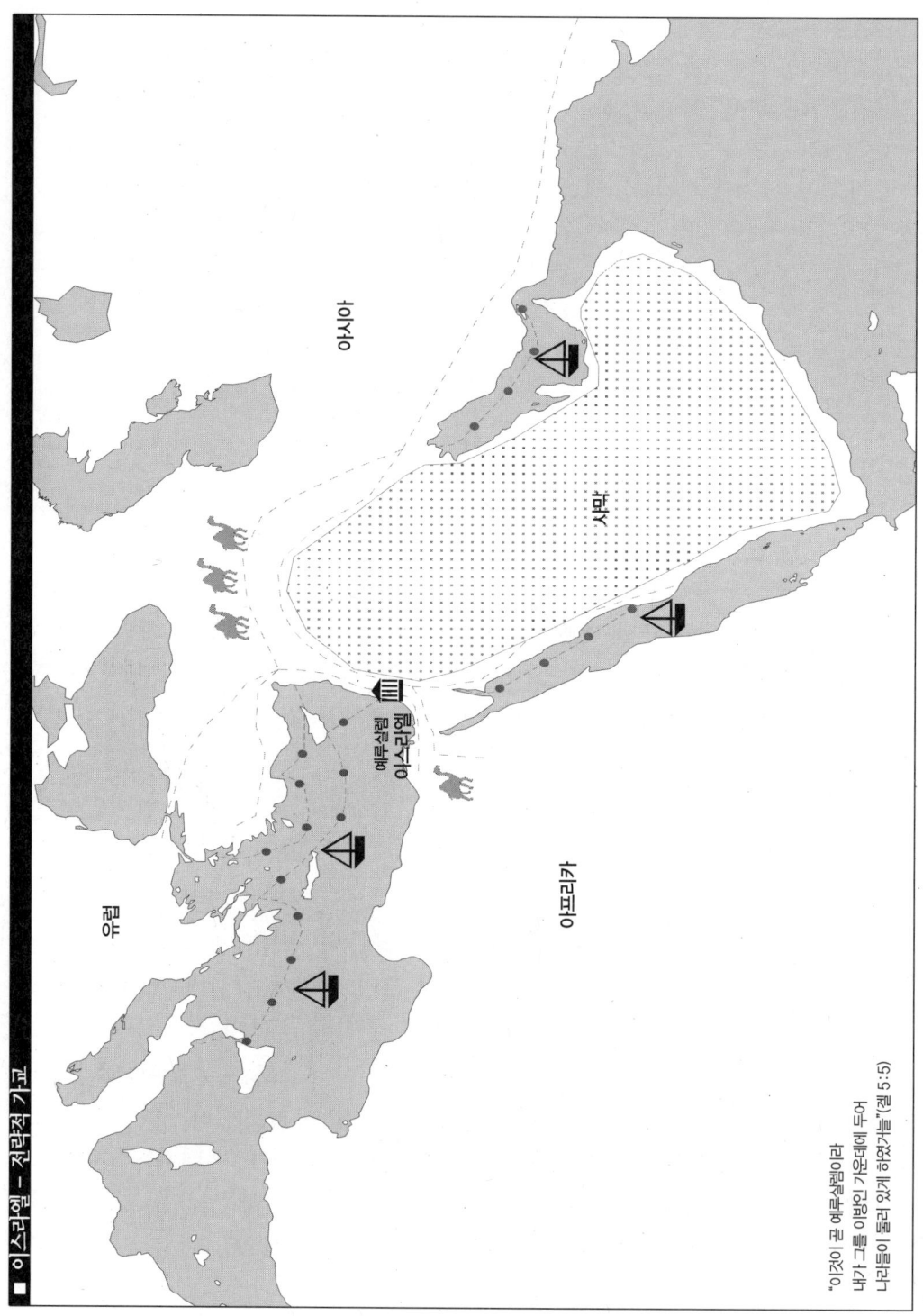

"이것이 곧 예루살렘이라
내가 그를 이방인 가운데에 두어
나라들이 둘러 있게 하였거늘"(겔 5:5)

✚ 중요한 위치

이스라엘은 작지만 지리적으로 전략적인 회랑(回廊) 지대에 놓여 있다. 동쪽에 사막이 있기 때문에 모든 무역로는 이스라엘 영토를 통과해야만 했다. 이 때문에 이스라엘은 주변 백성들과 많이 교류하게 됐다. 무역업자들은 사실상 고대 사회 전역에 소식을 전해 주는 사람들이었기 때문에, 좋든 나쁘든 이스라엘의 운명은 순식간에 해외에 알려졌다.

반면 주요 정치 세력들은 이스라엘의 전략적 입지를 소유하기 위해 싸워 왔다. 천 년이 넘는 기간에 걸쳐 이 지역에 제국을 건설하려는 사람이라면 누구나 이 땅을 정복하고 진압해야 했다. 그 땅은 '열방 한 가운데' 자리하고 있었기 때문에, 여러 다른 백성들이 끊임없이 접근할 수 있는 여지를 마련해 주었다.

이스라엘의 역동적인 증인이 감당하는 역할에는 사람을 끌어당기는 힘이 있었다. 우리 역시 거룩함과 축복 가운데 살면 사람들을 여호와께로 끌어당길 수 있다. 또한 팽창하는 힘도 있다. 백성들에게 선포하고 그들과 관계를 맺음으로, 사람들에게 복음의 메시지를 전해 주는 것이다.

그들에게는 셀 수 없이 많은 기회가 있었고, 그들의 메시지는 단순하고 매력적이었다. 그들은 아주 쉽게 언약 의무를 수행할 수 있었고, 수많은 개인과 민족을 설복시킬 수도 있었다. 그들은 다른 민족들에게 아낌없이 자신을 주면서 하나님의 크신 축복에 감사할 수도 있었다. 하지만 하나님의 민족, 이스라엘은 많은 부분에서 하나님이 명하신 대로 그분의 축복을 이방인에게 전하는 데 실패했다.

모든 족속을 위한 한 사람
돈 리처드슨(Don Richardson)

돈 리처드슨은 1962년부터 1977년까지 이리안자야 사위(Sawi) 부족을 대상으로 RBMU(Regions Beyond Missionary Union) 사역을 개척했다. 리처드슨은 「화해의 아이」(*Peace Child*, 생명의말씀사 역간), 「땅의 지배자들」(*Lords of the Earth*), 「영원을 사모하는 마음」(*Eternity in Their Hearts*, 생명의 말씀사 역간)의 저자이며, RBMU의 대표이기도 하다. 여러 선교 집회와 퍼스펙티브 훈련 과정의 강사로도 활동하고 있다.

그리스도인이라면 누구나, 예수님이 사역을 마치시면서 제자들에게 "가서 모든 민족을 제자로 삼으라"(마 28:19)고 명하신 것을 알고 있다. 우리는 이 마지막 명령에 '지상(至上)명령'이라는 존귀한 이름을 붙여서 경의를 표한다. 하지만 행동이 믿음을 정확하게 나타내 주는 지표라면(성경에서는 그렇다고 말한다), 많은 그리스도인들은 예수님이 제자들에게 충분한 설명도 없이 그 두려운 명령을 주셨다고 생각하는 것 같다.

사복음서를 훑어보면, 지상명령은 예수님의 가르침 끝자락에 부록처럼 끼어 있는 것처럼 보인다. 마치 우리 주님이 마음에 있는 모든 것을 말씀하신 후에 무릎을 탁 치시며, "참, 그런데 얘들아, 한 가지가 더 있구나. 너희 모두가 이 메시지를 온 세상 사람들에게 전했으면 좋겠다. 그 사람들의 언어나 문화와는 상관없이 말이야. 물론 너희가 시간이 있고 마음이 내키면"이라고 말씀하시기라도 하는 것 같다.

예수님은 정말 제자들에게 이 말씀을 탁 던지시고는, 제자들이 그 실행 가능성에 대해 미처 이야기를 나눌 기회도 주지 않고 하늘로 올라가 버리신 걸까? 아니면 그 명령을 수행할 수 있는 방법을 합리적으로 보여 주는 데 실패하셨던 것일까?

그리스도인들은 사복음서를 읽으면서도 하나님이 그와 정반대되는 결론을 제공해 주셨다는 풍성한 증거

> • 예수님이 이방인들과 사마리아인들을 만나 타문화적 관점에서 생각하도록 특별히 배려하신 것을 생각해 보라.

Richardson, D. (1992) "A Man for All Peoples" from *Eternity in Their Hearts*, 1981, Regal Books, Ventura, Calif. 이 부분은 「영원을 사모하는 마음」의 제6장 내용으로 생명의말씀사의 허락을 받아 게재함.

를 알아채지 못할 때가 많다! 예를 들어, 예수님이 이방인들과 사마리아인들을 만나 타문화적 관점에서 생각하도록 특별히 배려하신 것을 생각해 보라.

【로마인 백부장】
A Roman Centurion

한번은 이방인 로마 백부장이 예수님께 와서 중풍에 걸린 하인을 고쳐 달라고 부탁했다(마 8:5-13). 곁에 있던 유대인들도 이 사람의 요청을 들어달라고 예수님께 간절히 구한다. "이 일을 하시는 것이 이 사람에게는 합당하니이다 그가 우리 민족을 사랑하고 또한 우리를 위하여 회당을 지었나이다"(눅 7:4-5).

실제로, 그 백부장이 지었다고 추정되는 회당의 벽들과 기둥들이 2천 년이 지난 지금도 갈릴리 북쪽 바닷가 부근에 남아 있다! 그러나 이 논리가 의미하는 것을 잘 생각해 보라. 그들은 사실상 백부장이 자신들을 돕지 않았다면, 예수님이 백부장의 중풍 걸린 불쌍한 하인을 도와주어서는 안 된다고 말하고 있는 것이다! 이 얼마나 배타적인 사람들인가! 예수님이 때때로 탄식할 수밖에 없었던 것도 놀랄 일이 아니다. "믿음이 없고 패역한 세대여 내가 얼마나 너희와 함께 있으며 얼마나 너희에게 참으리요"(마 17:17).

예수님은 백부장에게 "내가 가서 고쳐 주리라"고 말씀하셨다. 바로 그 순간 백부장은 전혀 예상치 못한 말을 한다. "주여 내 집에 들어오심을 나는 감당하지 못하겠사오니 다만 말씀으로만 하옵소서 그러면 내 하인이 낫겠사옵나이다 나도 남의 수하에 있는 사람이요 내 아래에도 군사가 있으니"(마 8:8-9). 마태는 이 사건을 보고 "예수께서 들으시고 놀랍게 여겼다"고 기록하고 있다. 무엇을 그처럼 기이히 여기셨는가? 그 백부장은 군대에서의 경험을 통해 '권위'에 대해 알고 있었다. 물이 언제나 낮은 곳으로 흘러가듯이, 권위 역시 언제나 낮은 단계(명령 사슬)로 내려간다. 높은 계급에 있는 사람의 권위에 순종하는 사람은 누구나 낮은 계급자에게 권위를 행사할 특권이 있다. 백부장은 예수님이 하나님께 온전히 복종하신다는 것을 깨달았다. 그래서 예수님이 자기 밑에 있는 모든 것 곧 우주 만물을 마음대로 움직이는 권위자라는 사실을 확신할 수 있었다! 따라서, 종의 병든 몸이 낫는 단순한 문제쯤이야 분명 쉽게 해결하실 수 있다!

예수님은 "내가 진실로 너희에게 이르노니 이스라엘 중 아무에게서도 이만한 믿음을 보지 못하였노라"(마 8:10)고 외치셨다. 많은 강해에서 볼 수 있는 것처럼, 예수님은 그 기회를 이용해서 제자들에게 이방인들도 유대인들과 마찬가지로 큰 믿음을 가질 수 있는 잠재력을 지니고 있다고 가르치셨다. 그들 역시 유대인들과 마찬가지로 하나님이 은혜를 베푸시는 대상인 것이다!

예수님은 이런 사실을 강조하기 위해 계속해서 이렇게 말씀하신다. "또 너희에게 이르노니 동서로부터 많은 사람이 이르러(이방인 저자 누가는 이 사건에 대한 병행 기사에서 '남북으로부터'라는 말을 덧붙인다) 아브라함과 이삭과 야곱과 함께 천국에 앉으려니와 그 나라의 본 자손들은 바깥 어두운 데 쫓겨나 거기서 울며 이를 갈게 되리라"(마 8:11-12; 눅 13:28-29 참고).

잔치는 보통 축하하기 위한 자리다. 아브라함과 수많은 이방인 손님들이 모여서 축하하게 될 미래의 잔치는 과연 어떤 모습일까? 그 모습을 그려 본다면, 더는 지상명령이 일방적인 통고였다고 말할 수 없을 것이다. 그리고 그것을 뒷받침하는 예들은 아직도 많이 남아 있다!

【가나안 여인】
A Canaanite Woman

이후에 두로와 시돈 지방에서 온 한 가나안 여자가 예수님께 귀신들린 자기 딸에게 자비를 베풀어 달라고 청했다. 예수님은 처음에는 관심이 없는 체하셨다. 제자들은 자신들의 메시아가 귀찮은 이 이방인에게 냉담하신 것을 보고 기뻐했다. 그들은 예수님도 자기들과 같이 느끼실 것이라고 단정하면서 "그 여자가 우리 뒤에서 소리를 지르오니 그를 보내소서"라고 말한다(마 15:21-28).

제자들은 예수님이 그들을 훈련하고 계시다는 사실을 전혀 눈치 채지 못했다. 예수님은 그 여자에게 "나는 이스라엘 집의 잃어버린 양 외에는 다른 데로 보내심을 받지 아니하였노라"고 말씀하셨다. 예수님의 이런 무관심한 태도는 이미 많은 이방인들을 고치신 것과 매우 모순되게 보인다. 왜 이 여자의 간청을 물리치셨을까? 제자들이 고개를 끄덕이는 것을 상상해 보라. 그들은 예수님이 자신들과 다른 생각을 하고 계시리라고는 상상도 못했다.

그런데 가나안 여자는 단념하지 않고 예수님의 발밑에 꿇어앉아서 "주여, 저를 도우소서!"라고 간청한다. 이에 예수님은 "자녀의 떡을 취하여 개들에게 던짐이 마땅하지 아니하니라"고 말씀하시고는 결정적으로 "개들에게 던짐"이라는 말씀을 하신다. '개들'이란 유대인들이 이방인들에게 사용하는 일반적인 호칭이었다. 특히 유대인들의 종교적 사생활과 특권에 끼어들려고 애쓰는 이방인을 가리키는 말이었다. 다시 말해, 예수님은 앞서 보이신 무관심과 모순됨에다 잔인함까지 보이신 것이다.

정말 세상의 구세주가 하신 말씀이 맞단 말인가? 분명 예수님의 제자들은 예수님의 말씀이 그 상황에 합당하다고 생각했을 것이다. 하지만 그들이 민족적 우월감으로 잔뜩 부풀어 있는 바로 그 순간, 이 가나안 여자는 예수님의 눈에서 어떤 섬광을 포착하고는 진리를 깨닫는다!

"주여, 옳소이다." 그녀는 민감할 뿐만 아니라 시종 겸손하게 대답한다. "옳소이다마는 개들도 제 주인의 상에서 떨어지는 부스러기를 먹나이다"(마 15:27; 막 7:26-30 참고).

예수님은 얼굴을 빛내시며 "여자야, 네 믿음이 크도다. 네 소원대로 되리라"고 말씀하셨다. 예수님은 변덕을 부리신 것이 아니었다! 예수님은 애초부터 그렇게 말씀하고 싶으셨던 것이다. 이 사건 직전에 예수님은 제자들에게 실제로 불결한 것과 비유적인 불결이 어떻게 다른지 그 차이를 가르치셨다. 그리고 예수님은 이런 식으로 제자들을 납득시키신 것이다.

마태가 기록한 이 사건의 결말은 이러하다. "그 시로부터 그의 딸이 나으니라"(마 15:28).

【사마리아 마을】
A Samaritan Village

후에 예수님과 무리들이 사마리아 어느 촌으로 들어갔는데, 사마리아인들이 예수님을 받아들이지 않았다. 그러자 불같은 성격으로 '우뢰의 아들'이라는 별명을 얻은 두 제자 야고보와 요한이 화를 냈다. 그들은 (발을 구르면서) 소리쳤다. "주여 우리가 불을 명하여 하늘로부터 내려 저들을 멸하라 하기를 원하시나이까"(눅 9:54).

이에 예수님은 야고보와 요한을 돌아보시며 꾸짖으셨다. 몇몇 고대 사본에는 예수님이 "너희는 무슨 정신으로 말하는지 모르는구나. 인자는 사람의 생명을 멸망시키러 온 것이 아니요 구원하러 왔노라"고 말씀하셨다고 덧붙인다.

예수님은 이 말씀을 통해 자신이 사마리아인들의 구세주이심을 밝혔다!

【예루살렘의 헬라인들】
Greeks at Jerusalem

후에 몇몇 헬라인들이 예루살렘에서 절기를 지내기 위해 왔다가 예수님을 만나 뵈려고 했다. 예수님의 두 제자 빌립과 안드레는 그 요청을 예수님께 전했다. 이에 예수님은 평상시와 마찬가지로 그 기회를 통해 자신이 모든 사람을 위해 오셨다는 점을 다시 한번 주지시키신다. "내가 땅에서 들리면 모든 사람을 내게로 이끌겠노라"(요 12:32). 이 예언은 예수님의 죽음, 곧 십자가에서 처형당하실 것을 암시한 것이다! 하지만 그 말씀은 또한 그 결과를 예언했다. 예수님의 죽으심으로 모든 사람이(예수님이 굴욕을 당했음에도 불구하고가 아니라, 예수님이 그러한 굴욕을 당했기 때문에) 기름 부음 받은 해방자이신 예수님께로 나아갈 수 있게 될 것이다. 표면적으로 이 말은 세상의 모든 사람이 그리스도인이 될 것이라는 의미로도 해석할 수 있다. 하지만 그럴 가능성은 거의 없으므로, 아마도 모든 종족 가운데 일부가 예수님의 죽음이 그들의 죄를 구속하셨다는 것을 알고 예수님께로 나아올 것이라는 의미일 것이다. 그리고 하나님이 아브라함에게 약속하신 것도 바로 이것이다. 모든 사람이 복을 받으리라는 것이 아

> • 모든 사람이(예수님이 굴욕을 당했음에도 불구하고가 아니라, 예수님이 그러한 굴욕을 당했기 때문에) 기름 부음 받은 해방자이신 예수님께로 나아가게 될 것이다.

> • 그리고 아브라함의 언약이 약속한 것도 바로 이것이다. 곧 모든 사람이 복을 받으리라는 것이 아니라 모든 종족이 축복에 참여하리라는 것이다.

니라, 모든 종족이 축복에 참여하리라는 것이다. 따라서 예수님의 제자들은 곧 뒤에 나오게 될 지상명령에 대해 또 하나의 교훈을 얻은 셈이다!

【엠마오로 가는 길】
On the Road to Emmaus

제자들은 이방인 전도에 대한 예수님의 암시를 믿지 않았고, 예수님이 죽은 자 가운데서 살아날 것이라는 말씀 또한 전혀 믿지 않았다. 그러나 예수님은 그 두 가지를 이루심으로 제자들을 놀라게 하셨다. 예수님은 무덤에 묻힌 지 사흘 만에 부활하셨다! 그리고 부활 후 처음으로, 엠마오로 가던 두 제자에게 자신을 나타내셨다(눅 24:13-49). 두 제자는 예수님을 알아보지 못하고 이렇게 불평했다. "우리는 이 사람(예수)이 이스라엘을 속량할 자라고 바랐노라"(눅 24:21). 그들은 "이스라엘이 모든 민족에게 복의 근원이 될지라"는 말은 하지 않았다. 그들 마음속에 있는 하나의 맹점 때문에 그들은 아브라함의 언약 중 이 부분을 잘 깨닫지 못하고 있었다.

예수님은 이렇게 대답하셨다. "미련하고 선지자들이 말한 모든 것을 마음에 더디 믿는 자들이여 그리스도가 이런 고난을 받고 자기의 영광에 들어가야 할 것이 아니냐"(눅 24:25-26).

이어서 모세와 모든 선지자의 글로 시작해 성경에 나타난 자기에 관한 것을 자세히 설명하셨다. 예수님은 이전에도 여러 번 말씀해 주셨지만, 계속해서 그것을 참을성 있게 되풀이하셨다(27절). 그리고 이번에는 성경을 풀어 주셨다. 두 제자의 마음은 뜨거워졌다(32절). 마침내 감겼던 마음의 눈이 열린 것일까?

그들이 예수님을 알아보게 되었을 때, 예수님은 이미 사라지셨다! 그들은 즉시 예루살렘으로 되돌아가서 열한 제자(유다가 변절한 후 한동안 예수님의 제자는 열한 명이었다)를 만나 그들이 경험한 것을 들려 주었다. 하지만 그들이 말을 채 마치기도 전에 예수님이 그들 앞에 나타나신다. 열한 제자도 이 두 사람과 마찬가지로 부활하신 예수님을 만나게 되었다!

예수님은 제비가 제 둥지로 돌아오듯 정확하게 성경과 성경의 중심 주제로 되돌아가셨다. "이에 그들의 마음을 열어 성경을 깨닫게 하시고 또 이르시되 이같이 그리스도가 고난을 받고 제삼 일에 죽은 자 가운데서 살아날 것과 또 그의 이름으로 죄 사함을 받게 하는 회개가 예루살렘에서 시작하여 모든 족속(*ethne*, 종족)에게 전파될 것이 기록되었으니 너희는 이 모든 일의 증인이라"(눅 24:45-48).

【가서 제자 삼으라】
Go and Make Disciples

하지만 예수님이 아직 그들에게 가라고 하지는 않으셨다는 사실을 주목하라. 예수님은 며칠 후 갈릴리의 어느 산에서 제자들에게 가라고 명하실 것이다. 그리고 그곳에서 제자들에게 명한 모든 것이 시작될 것이다. 이것이 바로 약 2천 년 전에 아브라함에게 주어진 언약이며 또한 예수님이 3년이라는 긴 세월 동안 제자들을 준비시켜 온 명령이다. "하늘과 땅의 모든 권세를 내게 주셨으니 그러므로 너희는 가서 모든 민족을 제자로 삼아 아버지와 아들과 성령의 이름으로 세례를 베풀고 내가 너희에게 분부한 모든 것을 가르쳐 지키게 하라 볼지어다 내가 세상 끝날까지 너희와 항상 함께 있으리라 하시니라"(마 28:18-20).

그것은 부당한 명령이 아니었다. 이 명령은 구약에 이미 나타났으며, 예수님이 날마다 베푸신 가르침 안에도 예기된 것이다. 예수님은 사마리아인들과 이방인들에게 아무런 편견 없이 행하심으로 이 명령을 어떻게 수행할지 실생활에서 보여 주셨다. 이제 예수님은 자신의 권위를 제자들에게 주시고, 무리들 가운데 임재하실 것이라는 약속을 덧붙이셨다. 그들이 순종한다면 말이다!

> • 그것은 부당한 명령이 아니었다. 이 명령은 구약에 이미 슬쩍 보였으며 예수님이 날마다 베푸신 가르침 안에도 예기된 것이다. 이제 예수님은 자신의 권위를 제자들에게 주시고, 무리들 가운데 임재하실 것이라는 약속을 덧붙이셨다. 그들이 순종한다면 말이다!

이후에 예수님은 감람 산(베다니 부근)에서 다시 하늘로 올라가기 직전에 또 다른 약속을 하셨다. "오직 성령이 너희에게 임하시면 너희가 권능을 받고 … 내 증인이 되리라." 그 다음에 복음이 점차 확산될 것을 보여 주는 예수님의 유명한 말씀이 나온다. "예루살렘과 온 유대와 사마리아와 땅끝까지 이르러"(행 1:8).

그것이 예수님의 마지막 명령이다. 예수님은 더 이상의 말씀 없이, 그리고 그러한 제안에 대해 어떤 논의도 하지 않으시고 하늘로 올라가셔서, 제자들이 그 말에 완전히 순종하기를 기다리신다!

【배타적인 유대인들을 타문화권의 사도로?】
Clannish Jews into Cross-Cultural Apostles?

예수님은 당대의 대다수 유대인들이 맹목적 자기중심성에서 벗어날 가망성이 전혀 없다는 사실을 아셨다. 어떤 종족이라도 절대 다수를 그 같은 곤경에서 구해 주기는 쉽지 않은 법이다! 역사를 통틀어, 대다수 유대인들은 언약의 상단(Top line)에만 집중한 나머지 하단(Bottom line)은 볼 수가 없었다. 그들의 마음이 하단을 진지하게 생각하지 못하도록 단단히 밀봉되어 있었다고 해도 과언이 아니다. 그 때문에 많은 유대인들은 기적을 행하시는 예수님의 능력을 오로지 자신들의 유익을 위해서만 사용하기로 했다. 이 때문에 언약에 기초한, 모든 민족을 고려하는 예수님의 관점은 그들이 가진 '우리 민족' 중심의 사고방식과 끊임없이 충돌을 일으켰다. 앞에서 보았듯, 예수님의 제자 중 한 명은 이 문제와 관련해서 예수님을 배신하기까지 했다! 그렇다면 유일한 소망은 나머지 열한 제자에게 있다. 그들이 언약의 반쪽이 아니라 전체를 이해하고 '모든 종족'이라는 의식을 갖게 된다면 그 언약은 성취될 수 있을 것이다.

- 언약에 기초한, 모든 민족을 고려하는 예수님의 관점은 그들의 '우리 민족' 중심의 사고방식과 끊임없이 충돌을 일으켰다.

질문! 아무리 예수님이라 해도 (인간의 자유의지를 부정하지 않은 채) 어린 시절부터 극도의 민족 중심주의적(문화적 편협함, 우리 문화권에서 행하는 방식만이 올바르다는 견해 – 편집자 주) 사고로 굳어진 열한 사람을 변화시킬 수 있을까? 이 질문은 어리석어 보일지도 모른다. 전능하신 하나님의 아들이시기도 한 인자가 못 하실 게 뭐란 말인가? 하지만 인간의 자유의지는 하나님이 그 형이상학적 기초를 침범하지 않기로 미리 결정하셨음을 의미한다. 또한 하나님이 인간을 설득해 자유의지에 영향을 미치실 때 사람이 거부할 수 있다는 의미다.

하나님이라도 강요가 아니라 설득에 의지할 수밖에 없다! 그리고 설득이란 상대방에게 저항할 자유가 있다는 것을 의미한다! 하지만 하나님은 대단히 지혜로우셔서 인간이 순종할 때만큼이나 쉽게, 인간이 저항할 때도 그것을 뛰어넘어 자신의 영원한 목적을 이루신다.

그렇다면 이 계획의 성공 여부는 뻔하다. 성공이 이미 보장되어 있기 때문이다. 문제는 언약 성취의 특권이 주어졌을 때, 우리 그 특권을 받아들이느냐 마느냐이다. 또한, 하나님을 사랑하고 그분의 목적을 자신의 목적으로 삼는 사람들조차 영육 간에 연약하고, 모든 것을 이해하지 못할 때 하나님이 어떻게 당신의 목적을 성취해 나갈 것인가의 문제만 남는다. ☻

가장 핵심적인 이해
A Vital Understanding

하나님이 아브라함에게 하신 약속을 성취하기 위해 어떤 계획을 세우고 계신지 알 수 있는 핵심 구절은 마태복음 24장에 나오는 예수님의 말씀이다. 예수님은 재림의 징후가 될 격변의 징조들을 설명하시면서, "천국 복음이 모든 민족에게 증언되기 위하여 온 세상에 전파되리니"(마 24:14)라고 말씀하신다. "모든 민족"이라는 말은 마태복음 28장에서 예수님이 "모든 족속으로 제자를 삼"(19절)으라고 명령하실 때 나온 말과 같다.

헬라어에서 이 문구는 '판타 타 에스네'(panta ta ethne)이다. '에스네'는 영어의 '인종적'(ethnic)이라는 말의 어원이다. 예수님은 정치적, 지리적 국가들에 대해 말씀하고 계신 것이 아니라, 모든 인종 집단에 대해 말씀하고 계신다. 그래서 예수님이 제자들에게 "민족이 민족을 대적하여 일어나겠고"(마 24:7)라고 말씀하실 때, 그 말은 '인종 집단이 인종 집단을 대적하여 일어나겠고'라는 의미다. 이것은 전(前) 유고슬라비아에서, 카프카스(Caucasus)에서, 르완다에서 일어나고 있는 일이기도 하다. 국가 간의 전쟁이 아니라 인종 간의 격렬한 충돌인 것이다.

마태복음 24장 14절 말씀은 세계 복음화를 위한 핵심 구절이다. "땅의 모든 족속"(창 12:3)을 축복하겠다는 언약의 약속이 계속 이어지게 만들기 때문이다. 그것은 예수님이 세계 복음화가 완수될 수 있다는 믿음을 권위 있게 강화시켜 주신 것이기도 하다. 무엇보다도, 이 구절은 예수님이 오시기까지 모든 종족, 모든 에스노스(ethnos)에게 복된 소식을 선포하는 것이 우리의 과업임을 분명하게 보여 준다.

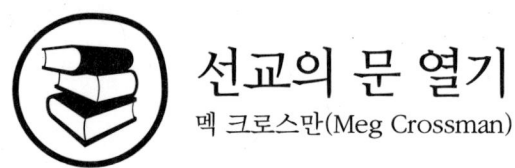

선교의 문 열기
멕 크로스만(Meg Crossman)

멕 크로스만은 I.C.A.R.E. 감옥 사역 실무 책임자로 십년 동안 일했다. 멕은 선교 동원가이자 애리조나의 퍼스펙티브 파트너십 책임자로 널리 알려져 있으며, *Worldwide Perspective* 과정을 편집했다.

【사도 바울이 발견한 뜻밖의 반응】
Paul Finds Surprising Response

그때가 왔다. 바울이 구원받았을 때 하나님이 처음 그에게 지시하신 여행을 감당할 시간이 온 것이다. "떠나가라 내가 너를 멀리 이방인에게로 보내리라"(행 22:21). 안디옥 교회는 바나바를 바울의 동역자로 파송했다. 그리고 가는 곳마다 여러 문화권의 신자들이 선교 팀에 더해졌다.

바울은 흥미로운 전략을 시행했다. 그는 지중해 주요 도시들을 방문해 거기 있는 유대 회당에 들어가 말했다. 그는 먼저 메시아에 대한 구약 예언들을 이해할 준비가 가장 잘된 사람들에게 자신의 메시지를 전했다.

바울은 이방 문화권에 살고 있는 일부 유대인들과 이방인 중에서 하나님을 경외하는 사람들이 자신의 메시지에 흥미를 느끼고 있다는 것을 발견했다. 이들은 열방의 방탕하고 우상숭배적인 종교들에 환멸을 느낀 사람들이었다. 그들은 유대 종교의 도덕적 우월성과 역사적 토대 때문에 유대교에 끌렸다. 그들은 자기 도시에 있는 회당에 소속되어 있었다(당시 유대인들은 로마 제국 인구의 10%나 되었다).

하지만 그들은 할례를 행하는 일과 유대 율법의 광범위한 요구에 부응해야 하는 문제로 힘들어하고 있었다. 당연히 이 사람들은 예수님을 믿는 믿음을 통해서만 구원을 받을 수 있다는

"The Reluctant Messengers", by Meg Crossman, *Worldwide Perspectives*, Meg Crossman, ed., 1996에서. William Carey Library, Pasadena, Calif의 허락을 받고 사용함.

메시지에 솔깃했다. 그리고 그들 중 많은 사람들이 적극적으로 주님을 따르는 자가 되었다.

【문을 열다】
Opening the Door

하지만 이것은 유대 신자들에게 커다란 걸림돌이 되었다. 유대인들은 언제나 기꺼이 이방인들을 맞아들였지만, 그들이 유대 문화에 동화되는 경우에만 그렇게 했다. 그런데 바울은 이방 그리스도인들이 그들의 이방 문화를 보존해도 괜찮다고 주장하는 것이다. 바울은 교회법 학자 못지않은 지식과 능력으로, 하나님이 이방인들에게 하나님나라에 들어가기 위해 유대인이 되라고 요구하지는 않으셨다는 자신의 주장을 변호했다. 이 논쟁은 초대교회를 뜨겁게 달궜다. 사도행전 15장에 기록된 대로, 그 문제를 다루기 위해 예루살렘 공의회가 소집되었다.

• 바울은, 하나님이 이방인들에게 하나님나라에 들어가기 위해 유대인이 되라고 요구하지는 않으셨다는 자신의 주장을 설득력있게 변호했다.

이 공의회는 초대교회의 중요한 순간을 결정짓는 회의 가운데 하나였다. 또한 여기서 내려진 결정은 오늘날에도 영향을 미치고 있다. 그 결정은 기독교를 제한된 유대교 종파가 아니라 세상 모든 민족을 포괄할 수 있는 진정한 복음으로 만들었다.

예루살렘 지도자들 앞에 선 바울과 바나바는 이방인 세계에서 이루어진 그들의 사역에 대해 활발하게 변호했다. 그들은 자신들의 가르침에 대해 설명하고, 기사와 이적으로 그 가르침이 확증된 것에 대해 상세히 말했다. 마침내 베드로와 예수님의 동생 야고보는 둘 다 그들의 증언을 거리낌 없이 받아들였다. 야고보는 다윗의 장막을 재건하려는 하나님의 계획에 대한 아모스의 말을 인용하며, 중대한 결의를 한다. "그 남은 사람들과 내 이름으로 일컬음을 받는 모든 이방인들로 주를 찾게 하"(행 15:17)기 위해서는 하나님의 백성을 상징적으로 재건하는 일이 일어나야 했다.

야고보는 하나님이 자비로운 결정으로 자기 아들을 이스라엘에 보내신 것은 특별히 모든 열방을 복음화하려는 열망과 관련이 있다고 판정했다. 사도들은 예수님을 믿는 믿음만이 유대인과 이방인 모두를 구원할 수 있다고 단언했다. 그들은 다만 이방 신자들에게 유대 문화에 극도로 거슬리는 행동만 자제하여 유대 신자들이 그들과 교제를 나누는 데 문제가 생기지 않게 하라고 부탁했다.

예루살렘 공의회가 내린 획기적인 결정은 로마 사회 전역에 있는 사람들이 하나님께 가까이 나아오도록 문을 열어 주었다. 로드니 스타크(Rodney Stark)는 사회과학적 관점에서 기독교 운동의 처음 몇 세기를 검토해 보면, 이 결정이 팔레스타인 바깥에 살고 있던 많은 유대인들에게까지 복음의 문을 열어 주었다고 주장한다. 이들은 율법을 엄격하게 준수하는 것이 하

> • 예루살렘 공의회가 내린 획기적인 결정은 로마 사회 전역에 있는 사람들이 하나님께 가까이 나아오도록 문을 열어 주었다.

나님을 기쁘시게 하는 것이 아니라는 메시지에 마음이 열렸다. 율법의 많은 지침들은 유대 안에서는 지킬 수 있었으나, 이방인들의 도시에서는 거의 지킬 수가 없었다. 스타크는 5세기까지도 그런 유대인들이 상당수 존재했다고 주장한다(Stark, *The Rise of Christianity: How the Obscure, Marginal Jesus Movement Became the Dominant Religious Force in the Western World in a Few Centuries*. "The Mission to the Jews: Why It Probably Succeeded", p. 49-72. Princeton University Press, Princeton, N. J. 1996).

【유대 문화도 존중함】
Jewish Culture Honored Too

바울은 후에 유대인들 역시 그들의 문화를 보존해야 한다고 주장했다. 그는 디모데를 자기 사도 팀에 합류시키기 위해 그에게 개인적으로 할례를 행했다(행 16:3). 디모데의 어머니는 유대인이었으나 아버지는 헬라인이었다. 유대 식으로 보면 그런 경우 디모데는 유대인이었다. 바울은 그 지역의 유대인들을 위해, "유대인과 같이 된 것은 유대인들을 얻고자 함"이라는 원칙이 중요하다는 사실을 보여 주었다. 그는 고린도전서 9장 19-23절에서 그 원리를 좀 더 충분히 개진했다. 그는 디모데가 할례를 받지 않았다는 사실이 그를 만난 유대인에게 걸림돌이 되지 않기를 원했다.

대부분의 사람들은 자신들의 문화를 손상시키지 않고 보존할 수 있으면, 자유롭게 은혜의 길로 들어갈 수 있다. 1세기 이방인들이 이스라엘의 하나님을 예배할 수 있었다면, 세계화된 오늘 얼마나 더 많은 사람들이 하나님을 예배할 수 있을까. 우리는 그들이 우리와 같이 되기를 기대하기보다, 그들이 그들 문화에서 하나님을 존중하는 요소들을 계속 보존할 수 있도록 적극적으로 도와야 한다. 하나님의 축복을 받은 우리는 이제 열방을 축복함으로 섬겨야 한다.

> • 대부분의 사람들은 자신들의 문화를 손상시키지 않고 보존할 수 있으면, 자유롭게 은혜의 길로 들어갈 수 있다.

묘족Miao: 중국 후난성(Yunan)에는 27개 집단에 속한 1300만 명의 소수 민족이 살고 있다. 중국은 닫힌 공산주의 국가지만, 그 중에서도 이 집단들에 대한 접근은 더욱 제한되어 있다. 서구인이 그들의 거주지 들어가는 것이 금지되어 있기 때문이다. 중국 교회는 그들에게 복음을 전하는 비전을 조금씩 갖기 시작했지만, 부족 문화에서 효과적으로 사역하기 위해서는 훈련을 받아야 한다.

묘족은 대부분 중국의 고산 지대에 사는데, 베트남, 태국, 라오스 등지에서도 찾아볼 수 있다. 인구가 칠백 오십 만에 달하며, 민속 의상의 색에 따라 푸른 묘족, 검은 묘족, 흰 묘족, 붉은 묘족, 꽃무늬 묘족 등으로 나뉜다.

공산주의자들이 중국을 접수하기 전에 그들을 대상으로 선교 활동이 이루어지긴 했지만 그 영향이 지금도 남아 있는지는 확실하지 않다. 라디오 방송이 영향을 미치고 있고, 만다린으로 번역된 성경도 들어가 있지만, 무엇보다 산 증인이 필요하다. 묘족 망명자 중에 주님을 영접한 신자들이 있는데 이들이라면 묘족 사람들에게 효과적으로 복음을 전할 수 있을 것이다.

✚ 하나님의 이야기는 놀랍다

우리는 여러 저자들의 시각을 통해 새로운 각도에서 하나님의 이야기를 보고 있다. 언제나 그렇듯, 하나님의 길은 단순하지만 지극히 심오하다.

그리스도인들은 하나님이 역사하신다는 사실을 안다. 또한 하나님이 모든 열방을 구원하기 원하신다는 것도 안다. 하지만 모든 열방에게 복음을 전하려는 하나님의 목적이 '창세기로부터 요한계시록에 이르기까지' 성경 전체를 통해 나타나는 강력한 주제라는 것을 들으면 놀랄지도 모르겠다. 그리고 창세기 12장 첫 부분부터 이 하나님의 목적이 전개된다는 말이 뜻밖일지도 모르겠다.

✚ 하나님의 이야기는 그분의 언약에서 시작된다

하나님이 아브라함과 맺은 언약은 역사 전체에 걸친, 그리고 영원까지 이르는 하나님의 의도를 요약한다. 그 언약의 핵심 요소는 다음과 같다.

- 하나님은 아브라함을 통해, 그분의 선한 목적을 이루기 위한 독특한 나라를 발전시키고 계신다.
- 하나님은 아브라함과 그의 후손들을 헤아릴 수 없이 많은 방식으로 복 주실 것이다.
- 하나님이 바라시는 것은 자신의 백성이 모든 열방에게 복을 나누어 주는 것이다.
- 하나님의 백성은 하나님의 이야기에 자신들의 삶을 연관시키게 될 때 진정한 성취감을 맛볼 것이다.

하나님은 구약 전체에 걸쳐서 이것이 그분의 집요한 목적이며, 그 목적을 이루는 데 하나님의 백성들이 해야 할 역할이 있음을 반복해서 말씀하고 계신다.

✚ 하나님은 예수님을 통해 그 언약을 확증하신다

예수님은 최후의 아브라함 자손으로서, 언약을 확증하고자 자기 목숨을 내어 놓으셨다. 예수님은 그 약속을 계속 지키시기 위해(모든 사람이 그 약속을 접하도록) 죽은 자 가운데서 살아나셨다. 예수님의 마지막 명령은 그분을 따르는 자들이 모든 족속으로 제자를 삼으라는 것이다. 이 명령은 우리에게 다음 사실을 말해 준다.

- 예수님의 삶과 인격은 하나님의 특별한 축복이다.
- 예수님은 모든 사람에게 하나님의 축복을 받게 할 문을 열어 주셨다. 하나님 아버지의 나라에 들어가게 하려는 것이다.
- 믿음으로 아브라함의 후손이 된 우리는 이제 땅끝까지 이르러 사람들에게 이 축복을 전해야 한다.
- 하나님의 백성인 우리는 모든 열방이 하나님의 축복을 받도록, 그분의 이야기를 해 주고 그분의 능력 가운데 살아야 한다.

다음 장에서는 하나님의 이야기가 어떻게 인간의 역사를 움직여왔는지 본격적으로 살펴보자.

01 · 성경적 관점

대부분의 그리스도인들은 '천지창조, 아브라함과 이삭, 요셉과 열두 형제들, 다니엘과 사자굴'과 같은 이야기로 성경을 배우기 시작한다. 그래서 성경을 믿음으로 살아간 사람들의 이야기로 생각하는 경향이 있다. 하지만 성경은 믿음의 영웅들이 아니라 이 모든 역사와 사건을 배후에서 이끌어 가셨던 하나님, 그분의 이야기다.

수십 세기 동안 다양한 문화권의 저자들이 기록했음에도, 성경은 단 하나의 메시지를 일관성 있게 계시하고 있다. 바로 '하나님의 목적과 행하심, 그리고 완성'이다. 하나님은 우리가 하나님 그분을 지적(知的)으로 아는 것뿐만 아니라 체험을 통해 인격적으로 알아가기 원하신다. 그래서 하나님은 말씀을 주시고 그것을 다른 이들에게 전하도록 위임하셨다. 하나님의 이야기는 믿는 자들뿐만 아니라 세상 모든 족속을 위한 것이다.

이번 과에서 당신은…

- 세계 복음화를 이루는 데 성경이 가장 필수적이고 중요한 이유를 알게 되었다.
- 온 세상을 향한 하나님의 목적이 아브라함과 맺은 약속 가운데 어떻게 구체적으로 드러나 있는지 알게 되었다.
- 하나님의 목적이 구약 성경의 전체 내용과 어떻게 연결되는지 알게 되었다.
- 예수 그리스도가 하나님의 목적에 따라 어떻게 반응하고 행동하셨는지 알게 되었다.
- 사도행전에 기록된 초대교회의 주요 결정들이 '하나님의 이야기'가 전파되는 데 어떤 영향을 미쳤는지 알게 되었다.
- 하나님의 '나라가 임하고 뜻이 이루어지는' 길을 알게 되었다.

핵심 단어: '목적'

성경에는 세상을 향한 하나님의 러브 스토리가 계시되어 있다. 이 이야기는 한 사람을 통해 세상 모든 사람을 축복하겠다는 약속 가운데 구체화된다(창 12:1-3). 이후의 인류 역사는 모든 민족을 이끌어 복 주기 원하시는 하나님의 목적을 성취하기 위해 흘러왔다(계 7:9).

인생의 구체적인 목적을 발견하기 원하는가? 그렇다면 먼저 하나님의 목적을 이해해야 한다. 성경에 계시된 하나님의 이야기에 동참할 때, 하나님의 목적이 당신의 목적이 될 것이다.

하나님의 목적을 성취하기 위한 당신의 부르심과 역할을 명확하게 알게 되면, 그분의 큰 그림 위에서 자신의 작은 그림을 그릴 수 있다. 또한 창조자와 구원자 되신 하나님 아버지의 러브 스토리 안에서 삶의 의미와 기쁨을 맛보게 될 것이다.

I. 성경에는 하나님의 이야기가 계시되어 있다

성경에는 하나님의 목적이 계시되어 있다. 존 스토트는 성경에 나타난 하나님의 목적이 세계 복음화이고, 교회는 성경의 권위를 확신하는 정도만큼 세계 복음화에 헌신하게 된다고 설명한다("세계 복음화와 성경" 참고). 성경은 세계 복음화를 명령(책임)하고 선포할 메시지(복음)와 방법을 가르쳐 주며, 모든 믿는 자를 구원하시는 하나님의 능력을 부여한다.

1. 세계 복음화 명령 모든 족속으로 제자를 삼으라는 세계 복음화의 과업은 예수님의 지상명령(마 28:18-20)뿐만 아니라 성경 전체에 걸쳐 계시되어 있다. 만물의 창조주이신 하나님은 아브라함을 불러 그와 그의 자손을 통해 땅의 모든 족속에게 복을 주겠다는 언약을 맺으신다. 믿음으로 말미암아 아브라함의 영적 자손이 된 오늘날의 그리스도인들 역시 모든 인류에 대한 영적 책임이 있다.

세상에 오셔서 이 약속을 확증하신 주님은 우주를 다스리는 그분의 권세로 모든 족속을 제자 삼으라고 명령하셨다. 하나님의 교회는 그리스도가 다시 오실 때까지 복음을 전해야 할 사명이 있는 다국적이며 선교 지향적인 공동체다.

2. 세계 복음화의 메시지 세계 복음화의 메시지는 성경에서 나온다. 사람이 만들어 낼 수 있는 것이 아니다. 우리 그리스도인들은 자신이 맡은 메시지를 성실하게 나눠야 할 청지기들이다. 복음이 하나이면서도 다양한 이미지와 은유로 이뤄진 것처럼, 비록 '주어진' 것이라고 해도 메시지는 듣는 자들의 문화에 맞게 각색되어야 한다. 그래서 우리는 세계 선교를 위해 성실하게 성경을 연구하는 동시에 그것이 동시대적 상황과 어떻게 연관되는지 민감하게 살펴야 한다.

3. 세계 복음화의 모델 전달하는 메시지뿐만 아니라 전하는 방법도 중요하다. 성경은 복음을 담은 그릇인 동시에 복음 그 자체다. 사실상 하나님 자신이 성경을 통해 복음을 전하고 계신 것이다. 그래서 우리는 성경을 통해 하나님의 복음 전파 방법을 배울 수 있다. 성령의 감동으로 성경이 기록된 것과 성육신 사건은 하나님이 인간이 되어 우리와 교제하신 '정체성을 유지한 동일화'의 좋은 모델로서 타문화권 전도의 길을 보여 준다.

4. 세계 복음화의 능력 마귀와 그의 세력, 그리고 인간의 완악함은 세계 복음화를 방해하는 요인들이다. 그래서 그리스도에 대한 회심과 중생은 하나님의 은혜로 말미암는 기적이다. 복음은 어두움의 왕을 물리치고 사람들의 마음에 빛을 비추는 하나님의 강력한 수단이다. 복음에는 모든 믿는 자에게 구원을 주시는 하나님의 능력이 담겨 있다.

5. 그러므로 성경은 세계 복음화의 필수 요건이다 성경이 없다면 열방에 가져갈 복음도, 그들에게 복음을 전해 줄 근거도, 어떻게 시작할지에 대한 아이디어도, 그 어떤 소망도 없다. 세계 복음화의 명령과 메시지와 모델과 능력은 성경에서 나온다. 그러므로 우리는 성경의 능력을 신뢰하고 목소리 높여 성경을 세상에 알려야 한다.

○ 존 스토트의 아티클 "세계 복음화와 성경"을 다시 한번 읽으라.

II. 하나님의 이야기는 하나님의 언약에서부터 시작된다

하나님의 목적은 그분의 이야기인 성경 안에 독특하게 계시되어 있다. 하나님은 자신의 목적을 '약속'으로 표현하신다. 물론 아브라함이라는 한 개인과 맺은 약속이지만, 그것은 모든 족속을 위한 전 우주적인 목적을 나타낸다.

1. 하나님의 목적 존 스토트는 선교의 근거가 성경 전체에 충분히 나타나 있다는 사실을 자세하게 설명한다("살아 계신 하나님은 선교하는 하나님이다" 참고). 이것은 타락한 세상을 구속하여 그분의 영광을 경험하게 하려는 '선교의 하나님' 이야기다. 성경은 참 되신 한 분 하나님이 그분의 영광을 선포하는 선교 사역에 우리를 부르셨다고 증거한다.

○ 창세기 1-11장의 내용을 살펴본 뒤, 12장으로 넘어가자. 이 부분에서 다루고 있는 것은 무엇인가?

2. 하나님의 약속 하나님은 자신의 계획을 '명령'이 아니라 '약속'의 형태로 주셨다. 이것은 아브라함이 해야 할 일보다 하나님이 하실 일이 더 중요하다는 뜻이다. 하나님은 해야 할 일을 지시하고 명령하기보다 '땅의 모든 족속이 어떻게 변화되기 원하는지'를 강조하셨다.

○ 돈 리처드슨의 표현에 따라 아브라함이 받은 하나님의 언약을 정리해 보자.

아브라함 언약의 상단 〈축복〉 (Top line of the Covenant)	창세기 12장 ___절	하나님이 그의 백성을 축복하실 것이다.
아브라함 언약의 하단 〈책임〉 (Bottom line of the Covenant)	창세기 12장 ___절	하나님의 백성이 땅의 모든 족속들을 축복할 것이다.

3. 약속의 삼중적 성취   단계에 따라 점진적으로 성취된 하나님의 약속은 그분의 의도가 무엇인지를 분명하게 보여 준다. 하나님은 자신의 약속을 점점 더 완벽하게 성취해 가신다.

존 스토트는 이것을 다음의 '삼중적 성취'로 표현한다.

첫째, 하나님의 약속은 아브라함 시대와 구약 시대 전체에 걸쳐 부분적으로 성취되었다.

둘째, 하나님의 약속은 예수 그리스도를 통해서 완전하게 드러났다.

셋째, 종말의 때에 하나님의 약속은 완벽하게 성취될 것이다.

하나님이 교회를 세워나가심에 따라 지금도 그 약속은 성취되고 있다.

○ 하나님이 아브라함과 맺은 약속은 무엇인가? 그것이 위의 세 가지로(삼중적으로) 성취되는지 확인해 보자.

창 12:1-3 아브라함 부르심 이후	자손 큰 민족, 아브라함 창 15:5-6	땅 지시할 땅 창 13:14-15	축복 모든 족속에게 창 17:7-8
첫 번째 성취: 역사적 성취 - 아브라함의 생애(아브라함과 그의 후손 이스라엘 백성을 통한 성취)	• "이스라엘 자손은 생육이 불어나 번성하고 매우 강하여 온 땅에 가득하게 되었더라"(출 1:7; 행 7:17). • "그들은 큰 백성이라 수효가 많아서 셀 수도 없고 기록할 수도 없사오니"(왕상 3:8; 렘 33:22).	• 이스라엘 백성을 애굽에서 해방시켜 '약속의 땅' 가나안으로 인도한 것은, 하나님이 아브라함과 이삭과 야곱에게 한 약속 때문이다(출 2:24, 3:6, 32:13).	• 시내 산에서 하나님은 아브라함과의 언약을 재확인하며 이스라엘 백성의 하나님이 되겠다고 서약하셨다(출 19:3-6). • 살아 계신 하나님의 자녀로 불리게 되었다(호 1:10-2:1).
두 번째 성취: 현재적 성취 - 그리스도의 생애(아브라함과 맺은 하나님의 약속은 그리스도와 그의 교회를 통해 이루어졌다)	• "믿음으로 말미암은 자는 믿음이 있는 아브라함과 함께 복을 받느니라"(갈 3:6-9). • 그리스도가 인간을 위해 저주를 받음으로 우리 모두는 아브라함의 축복을 상속받았다(갈 3:8, 14).	• 땅이라는 히브리어는 휴식 또는 안식을 의미한다(히 4:3). • 사도 바울이 아브라함이나 그 후손에게 세상의 상속자가 되리라고 하신 언약은…(롬 4:13). • 고린도전서 3장 21-23절에는 하나님의 큰 은혜로 말미암아 믿는 자들이 그리스도와 함께 이 세상을 상속할 것이라고 기록되어 있다.	• "믿음으로 말미암은 자는 믿음이 있는 아브라함과 함께 복을 받느니라"(갈 3:6-9). • 모든 족속이 구원의 축복을 받는다. 그리스도가 인간을 위해 저주를 받음으로 우리 모두는 아브라함의 축복을 상속받았으며 의롭게 되었고 성령이 함께 하시는 축복을 받게 되었다(갈 3:8, 14).
세 번째 성취: 종말적 성취 - 시대의 종말(세상 끝날 구원받은 모든 사람을 통한 최후의 성취)	• 계시록에서 하나님은 아브라함과 맺은 약속에 대해 다시 한 번 언급하신다(계 7:9). • 아무라도 능히 셀 수 없는 무리가 보였는데, 그들은 각 나라와 족속과 백성과 방언에서 온 가히 '국제적인' 큰 무리였다.	• 최종적으로 하나님의 나라가 세워질 때 사람들은 하나님의 은혜로운 통치로 인해 모든 축복을 누리며 기뻐할 것이다. • 마침내 그들은 약속의 땅에 들어갔는데 그 땅은 영원히 마르지 않는 생명수 샘물이 흐르는 땅이라고 했다.	• "아무도 능히 셀 수 없는 큰 무리", "각 나라와 족속과 백성과 방언에서"(계 7:9). • 온 땅 여러 민족에서 온 큰 무리가 하나님의 통치를 상징하는 "보좌 앞"에 있다.

4. 언약의 하나님은 선교의 하나님 하나님의 약속을 통해 우리는 그분을 '역사의 하나님, 언약의 하나님, 모든 민족을 구원하시는 축복의 하나님, 위로하시는 자비의 하나님, 선교의 하나님'으로 보게 된다.

III. 하나님의 이야기는 하나님의 백성을 통해 언약을 성취한다

1. 이스라엘, 하나님의 성품과 사랑을 열방에 나타내는 통로

폴 보스윅은 세계 선교에 대한 하나님의 마음이 구약 성경 전체에 걸쳐 어떻게 드러나 있는지 요약해 준다("선교의 마음: 구약 성경" 참고).

선교하는 하나님은 아브라함의 후손인 이스라엘을 제사장 나라로 삼아 모든 족속을 축복하기 원하셨다. 하지만 이스라엘은 계속해서 하나님께 불순종했고, 선지자들은 수차례 이스라엘에게 돌이킬 것을 권면했다. 마침내 메시야를 통해 세상을 구원하기로 하신 하나님은 신약 성경을 통해 자신의 이야기를 풀어가기 시작하셨다. "구약은 온 세상을 위한 메시지를 담았고, 신약은 온 세상에 대한 선교를 나타낸다"(윌리엄 다이어네스).

- **아브라함**-에덴동산의 타락과 바벨탑 이후의 혼란 시대를 지나 하나님은 아브라함에게 그를 통해 모든 족속에게 복(구원)을 베풀겠다는 언약을 주신다.
- **율법**-율법은 아브라함의 후손들이 하나님의 영광을 나타내는 구별된 민족으로 살아가도록 하기 위한 수단이다. 이스라엘의 사명은 하나님의 영광을 온 세계 모든 민족에게 전하는 제사장 나라가 되는 것이었다.
- **선지서**-선지자들은 '하나님의 부르심을 기억하게 하는 선교사'로서 불순종하는 이스라엘에게 하나님께 돌아올 것을 호소했다. 이스라엘이 하나님의 영광을 나타내는 민족과 국가와 땅으로 온전히 세워질 때, 하나님의 증인으로 온 세상과 족속 앞에 설 수 있기 때문이다.
- **시편**-시편 기자들은 하나님의 뜻이 전 세계적 차원의 것임을 이해했다. 그 중에서 제일 중요한 주제는 하나님이 온 땅 가운데 선포되는 것이었다.
- **구약의 선교사들**-구약의 보편적인 주제는 성경 말씀뿐만 아니라 그 안에 등장하는 인물들을 통해서도 나타난다. 하나님은 열방의 빛인 이스라엘 사람들이 이방인들에게 그분의 구원을 가져다주기 원하신다.

○ 이스라엘의 지리상 위치는 세계 복음화와 어떤 연관성이 있는가? 하나님의 계획은 무엇인가?
○ 시편 96편에 기록된 하나님 영광의 두 방향은 무엇인가?(2절, 3절, 7절, 9절)

2. 예수 그리스도, 하나님 언약의 확증

돈 리처드슨은 예수님이 아브라함의 자손으로 오셔서 아브라함이 받은 언약을 실현하셨음을 설명한다("모든 족속을 위한 한 사람" 참고). 예수님이 자기 생명을 내어 주심으로 모든 사람에게 하나님의 복을 받을 수 있는 길이 열렸다. 믿음으로 아브라함의 자손이 된 그리스도인들은 이제 그 복을 모든 족속에게 전하기 위해 땅끝까지 나아가야 한다.

처음부터 예수님은 유대인이 아닌 이방 민족들에게 큰 관심을 갖고 계셨다. 그래서 멸시받는 이방인들에게 다가가 모든 민족을 향한 하나님의 마음을 보여 주셨다. 사역하는 순간마다 하나님이 온 세상 사람들에게 관심을 갖고 계시다는 점이 강조된 것을 보면, 주님의 지상명령은 마지막 순간에 우연히 첨가된 것이 아니다. 전체적으로 볼 때, 예수님이 행하시고 말씀하신 모든 것은 지상명령의 시점에서 절정에 이른다.

- **로마인 백부장** - 이방인들도 유대인 못지않은 믿음을 소유하며, 하나님의 은혜를 받을 자격이 충분하다는 사실을 보여 준다.
- **가나안 여인** - 예수님은 제자들의 속마음을 테스트하셨다. "나는 이스라엘 집의 잃어버린 양 외에는 다른 데로 보내심을 받지 아니하였노라 … 자녀의 떡을 취하여 개들에게 던짐이 마땅하지 아니하니라"(마 15:21-28).
- **사마리아 마을** - "인자는 사람들을 멸망시키러 온 것이 아니라 구원하러 왔도다".
- **예루살렘의 헬라인들** - 예수님의 십자가는 세상 모든 민족을 위한 것이다. "내가 땅에서 들리면 모든 사람을 내게로 이끌겠노라."
- **엠마오로 가는 길** - 구약 성경의 의미를 설명하시면서, 그리스도와 세계 선교가 그 중심 주제임을 강조하신다.
- **가서 제자 삼으라** - 2000년 전 아브라함의 언약을 통해 암시하셨고, 3년 동안 제자들을 준비시킨 다음에 주신 것이 바로 지상명령이다.
- **배타적인 유대인들을 타문화권의 사도로?** - 유대인들의 맹목적인 자민족 중심주의는 아브라함이 받은 언약의 상단 복(top line)에만 집착하고 그 하단 책임(bottom line)을 잃어버렸기 때문에 생겨났다.

3. 교회, 하나님의 언약이 성취되는 통로

믿음으로 아브라함의 자손이 된 그리스도인들은 땅끝까지 복음을 전해야 한다. 멕 크로스만은 교회가 모든 민족에게 복을 전하기 위해 문화의 장벽을 넘기로 결정하는 위대한 장면을 설명한다("선교의 문 열기" 참고).

① 바울의 선교 '하나님을 경외하는 이방인들'은 당시에 널리 받아들여지던 할례와 율법 준수라는 걸림돌을 넘어 예수님을 믿는 믿음으로 구원받는다는 복음을 적극적으로 받아들였다.

② 문이 열리다 야고보는 모든 민족을 구원하려는 하나님의 열망을 나누고, 예수 그리스도를 믿는 믿음으로만 구원받는다고 결정한다(행 15:16-17). 그리고 극단적인 몇 가지 이방인의 풍습들만 자제할 것을 당부했다. 예루살렘 공의회에서 이루어진 이 역사적인 결정은 로마 전역에 있는 여러 민족들의 신앙 운동을 촉진하는 계기가 되었다.

③ 유대 문화도 존중함 자신들의 문화를 그대로 지키도록 존중한 것은, 모든 민족이 각자의 문화를 유지하면서 신앙생활을 할 수 있음을 의미하는 것이다(행 16:3; 고전 9:19-23). 이로써 누구나 자유롭고 쉽게 은혜의 문으로 들어가게 되었다.

IV. 결론

1. 성경에는 놀라운 하나님의 이야기가 계시되어 있다

: '모든 민족'을 구원하고 복 주시려는 하나님의 계획이 성경 전체를 관통하며 '창세기에서 계시록까지' 이어질 만큼 중요한 주제란 사실이 놀랍기만 하다.

2. 하나님의 이야기는 아브라함과 맺은 언약에서부터 시작된다

: 아브라함이 받은 언약 안에는 모든 역사와 영원에 걸쳐 진행된 하나님의 계획이 요약되어 있다.

- 아브라함을 통해 하나님의 선한 목적을 이루게 될 특별한 나라가 일어날 것이다.
- 하나님은 아브라함과 그 자손에게 이루 다 헤아릴 수 없는 복을 베푸실 것이다.
- 하나님은 자신의 백성들이 모든 민족에게 복을 나눠 주기 원하신다.
- 하나님의 백성들은 그분의 이야기를 삶 속에서 실천할 때 참된 만족을 느끼게 될 것이다.

3. 하나님은 예수님을 통해 언약을 성취하신다

: 아브라함의 자손으로 오신 예수님은 아브라함이 받은 언약을 실현하기 위해 생명을 주셨다.

- 예수님은 자신의 생명과 인격을 통해 하나님이 인간에게 주시는 최고의 복이 되셨다.
- 예수님은 하나님의 복을 받을 수 있는 길을 모든 사람에게 열어 주셨다. 바로 아버지의 나라에 들어가는 것이다.
- 믿음으로 아브라함의 자손이 된 그리스도인은 그 복을 땅끝까지 전해야 한다.
- 하나님의 백성인 교회는 모든 민족에게 복을 전하기 위해, 문화의 장벽을 넘어 하나님의 이야기를 증거하고 그분의 능력 가운데 살아야 한다.

[적용을 위한 질문]

1. 존 스토트는 성경의 하나님을 '선교하는 하나님'으로 확신한다. 이것이 성경 전반에 어떻게 나타나고 있는지 설명해 보라.

2. 아브라함과 맺은 언약에서 '열쇠'가 되는 언약의 상단과 언약의 하단을 설명해 보라. 하나님이 당신의 삶에 베푸실 상단의 복은 무엇이고, 하단의 책임은 무엇인가? 자신의 삶에 맞게 구체적으로 찾아보고 적용해 보라.

3. 마태복음 24장 14절 말씀이 세계 복음화를 위한 핵심 구절인 까닭은 무엇인가? 예수님의 지상명령(마 28:18-20)과 연관해서 이 말씀이 당신에게 어떤 교훈을 주는가?

4. 선교 명령에 순종하기 위해 초대교회는 여러 장벽들을 넘어야 했다. 믿음으로 아브라함의 자손이 된 우리가 모든 민족에게 복을 전하기 위해 넘어야 할 장벽들이 있다면 무엇인가?

5. 〈성경적 관점〉을 공부하면서 주님이 말씀하신 것과 개인적으로 새롭게 깨달은 것이 있다면 나눠 보자. 성경에 기록된 선교적 메시지에 대해 이전에 갖고 있던 생각과 지금 새롭게 갖게 된 생각을 비교해 보고 차이점을 설명해 보라. 성경에 계시된 하나님의 목적을 묵상하면서 당신 삶에 필요한 목적 선언문(또는 사명 선언문)을 간단하게 작성해 보라.

02
역사적 관점

역사에 나타난 하나님의 이야기

✚ 하나님의 이야기는 역사와 어떻게 연관되는가?

첫 장에서 존 스토트는 이렇게 말했다.

> 역사는 무작위로 펼쳐지는 사건의 흐름이 아니다. 하나님은 영원한 과거로부터 생각하셨고, 영원한 미래에 완성될 하나의 계획을 정확한 시간에 이루어 가고 계시다. 이 역사의 과정에서 … 우리는 4천 년 전에 아브라함에게 주신 약속의 축복들을 오늘날 받는 자들이다.

하나님의 이야기는 역사와 어떤 식으로 연관되어 있는가? 저녁 뉴스에서 보는 재난들과는 어떤 관련이 있을까? 왜 아브라함과 맺은 언약이 지금 세대에, 우리 주위에서 소용돌이치는 사건들에까지 영향을 끼치는가? 이 과를 공부하면서, 하나님의 이야기가 역사의 수레바퀴를 움직여 간다는 사실을 알게 될 것이다.

✚ 역사를 어떻게 공부할 것인가?

역사를 공부할 때는 선택을 하고 판단 기준을 정해야 한다. 각각의 문화 속에 살고 있는 사람들의 행동을 다 연구할 수는 없기 때문에, 우리는 일종의 여과기(관점)를 설정하고, 알고자 하는 내용을 걸러내 분류하게 될 것이다. 그리고 적절하게 질문도 던져야 한다.

✚ 역사에서 여러 이야기들을 볼 수 있다

육군 사관학교에 다니는 학생들이라면, 아마 이런 류의 질문들을 자주 할 것이다.

- 어떤 전투에서 이겼고, 어떤 전투에서 졌는가?
- 그 전투에 영향을 미친 조건들은 무엇인가?
- 어느 장군이 이겼으며, 어떻게 이겼는가?
- 어떤 전략을 사용했는가?

그들은 그들만의 '관점'이나 질문에 따라 특정한 방식으로 역사를 공부하고, 독특한 대답들을 찾아 활용할 것이다.

반면 과학자들이 흥미를 느끼는 분야는 전혀 다를 것이다.

- 과학은 어떻게 시작되었는가?
- 과학에 중대한 진보를 이룬 사람들은 누구인가?
- 과학자들은 연구를 위해 어떤 지침들을 계발했는가?
- 그들은 결론에 이르기 위해 어떤 걸림돌들을 극복해야 했는가?

원료(역사의 기록)가 같더라도, 그 자료에 서로 다른 질문을 던지게 되면 다른 이야기와 결론을 얻게 된다.

✚ 교회사에는 어떤 이야기가 있는가?

교회사에 대해서는 책도 많고 강좌도 많이 열린다. 하지만 우리의 연구는 그런 강좌들과는 다르다. 원료(오순절부터 현재에 이르기까지 교회가 어떻게 발전되었는지에 대한 기록)는 같아도 던지는 질문이 다르기 때문이다.

교회사 강좌에서는 다양한 질문들이 나온다.

- 교회 교리는 어떻게 발전되었는가?
- 교회 구조는 어떻게 발전되었는가?
- 교회 전통과 관습은 어떻게 발전되었는가?

랄프 윈터 박사는 선교학자의 눈으로 역사를 보며 매우 독특한 질문들을 던졌다.

- 문화마다 어떻게 복음이 자라났는가?
- 어떤 걸림돌 때문에 복음이 다른 문화로 전해지지 못했는가?
- 걸림돌을 극복하기 위해 어떤 전략이 필요했는가?

이런 질문들은 교회사를 완전히 새로운 관점에서 보게 할 것이다. 그런 질문들은 역사와 하나님의 이야기가 어떤 독특한 관계에 있는지 설명해 준다. 그것은 하나님이 계속 일하시는 (윈터 박사가 말하듯 "하나님의 백성이 기꺼이 순종하든지 말든지") 단순하지만 심오한 방식들이 무엇인지 보여 준다.

이런 통찰력 있는 질문들은 완전히 새로운 각도에서 역사를 보게 해준다. 실제로 우리는 성경에서 관찰한 원리들에 신기한 방법으로 '살이 입혀지는' 광경을 보면서, 더 많은 것을 배우게 된다. '마른 뼈'처럼 생명력 없어 보이던 역사의 사건들이 바로 어제 일어난 일처럼 생생한 실체로 살아날 것이다.

학교 다닐 때 역사를 좋아한 적이 없었다 해도, 이 이야기들이 펼쳐지는 것을 보면서 당신의 생각은 곧 바뀌게 될 것이다.

물이 바다 덮음 같이: 하나님의 영광이 열방에 펼쳐지다

로버트 블링코(Robert A. Blincoe)

로버트 블링코는 무슬림을 대상으로 사역하는 프런티어(Frontiers) 선교회 미국 책임자다. *Ethnic Realities and the Church: Lessons from Kurdistan*의 저자이며, 터키와 북부 이라크의 쿠르드족을 위해 9년 동안 일했다.

아브라함에서 예수님까지, 예수님에서 지금까지. 예수님은 아브라함과 우리 시대 중간에 계신다. 하나님은 사람들을 구원하시려는 목적을 쉼 없이 추구하셨고, 하나님의 백성은 하나님의 메시지를 다양한 사람들과 장소에 전해 주었다. 기독교 확장의 역사는 하나님의 영광이 어떻게 열방에 이르게 되었는지에 대한 기록이다.

이 일은 어떻게 일어났는가? 기독교가 지속적으로 확장된 원인 가운데 하나는 타고난 '전달 가능성'(transferability)에 있다. 기독교는 한때 유대 민족과 완전히 동일한 것처럼 보였으나, 이제 어느 종교보다도 확실하게 민족적 제한에서 벗어났다. 기독교는 전혀 예기치 않은 방식으로 멀리 떨어진 문화권에까지 이식된다. 랄프 윈터의 말처럼, "기독교는 민족주의를 근간으로 하지 않은 종교다."[1]

본래 복음은, 다른 문화에서 살던 누군가가 전해 준 것이다. 스리랑카의 나일스(D. T. Niles)는 "이것은 반드시 외부에서 오는 믿음이다"[2]고 말했다. 누군가가 당신의 문화로, 혹은 당신 조상들의 문화로 부활하신 주님의 복음을 가지고 왔다. 불과 얼마 전에 전해들은 사람들도 있을 것이다. 연약한 전달자와 취약한 선교 구조 속에서도, 하나님은 끊임없이 믿음을 전달해오셨다. 이것은 역사상 가장 위대한 이야기다. 영광스럽게도 우리 시대에는 그 이야기에 속도가 더해지고 있다.

50년 전, 오늘날 나이지리아에 있는 영국 국교회 감독이 영국보다 더 많아질 것이라고 그 누가 상상이나 했겠는가? 중국에 기독교 시대의 첫 3세기와 같이 믿는 사람이 더하리라고 그

---

1. Winter, Ralph, and Steven C. Hawthorne, ed., *Perspectives on the World Christian Movement: A Reader* (Pasadena: William Carey Library, 1981, 1992, 1999), p. 201.
2. Niles, Daniel T., *Upon the Earth* (New York: McGraw-Hill, 1962), p 170.

누가 예견했던가? 식민지 통치 때 남미와 필리핀, 인도에서 다른 문화권을 향해 수많은 선교사들을 파송하리라고 그 누가 예견할 수 있었던가? 오늘날에도 이 글을 읽는 누군가는 미전도 종족들에게 복음을 전하고 있다. 바로 "우리가 은혜와 사도의 직분을 받아 … 모든 이방인(에스네) 중에서 믿어 순종하게 하"(롬 1:5)기 때문이다.

【AD 0~AD 400년: 예루살렘에서 로마 제국의 국경까지】
From Jerusalem to Rome's Imperial Borders

복음이 어떻게 수많은 문화권에 들어갔는지, 땅의 모든 족속을 축복하는 일에 있어 자신의 역할이 무엇인지를 발견하려면 먼저 선교사가 유대인이었던 때부터 살펴보아야 한다.

선교사가 유대인이었을 때 When the Missionaries Were Jews

한 우주인 방문자가 몇 세기마다 한 번씩 현지 조사를 위해 지구를 방문한다고 생각해 보자. 또한 그가 기독교를 연구하고 싶어 한다고 가정해 보자.[3]

> 그는 AD 37년 경 최초의 예루살렘 그리스도인 공동체를 방문한다. 그는 그들이 모두 유대인이라는 사실을 알아차린다. 그들은 성전에서 모이는데, 그곳에는 유대인들만 들어갈 수 있다. 그들은 짐승을 제물로 드린다. 일곱 째 날에는 일을 하지 않고 쉰다. 사내아이들에게 할례를 행한다. 의식을 철저하게 지키며, 예로부터 내려온 율법 책을 즐겨 읽는다. 그들을 다른 유대인들과 구분해 주는 것은 메시아에 대한 표현들 곧 인자, 고난 받는 종(모두 그 책에 나와 있는 표현들이) 등을 최근에 나타난 선지자이자 선생인 나사렛 예수에게 적용한다는 것뿐이다. 그들은 이 나사렛 예수가 죽음에서 살아났고 종말을 열었다고 믿는다.[4]
>
> 우주인 방문자는 이런 초기의 믿음과 관행에 대한 모습을 마음에 담고, 고향으로 돌아가서 "AD 37년 예수 종교의 일반적 관행"에 관한 글을 쓴다.

초기 기독교 믿음과 관행이 유대적이었다는 사실을 잊지 마라. 오순절 이후, 베드로와 야고보와 요한은 계속해서 성전에서 예배를 드렸다. "유대인 중에 믿는 자 수만 명이 있으니 다 율법에 열성을 가진 자라"(행 21:20). 예루살렘 교부들은 유대인이라는 사실에 만족했고, 유대 신자들이 율법을 지킬 것을 기대했으며, 심지어 강요하기도 했다(행 21:21-24).

---

3. Ralph Winter가 "우리 시대의 제일가는 선교학자"라고 부른 Andrew Walls가 말한 지구의 기독교를 연구하기 위해 온 우주인 방문자 이야기에서 힌트를 얻었다. Walls가 쓴 *The Missionary Movement in Christian History*(Maryknoll, N.Y.: Orbis Press: 1996) 첫 번째 장을 보라.
4. Walls, 앞의 책, pp. 3-4.

하지만 다른 유대인들(바울과 바나바)은 이방인들에게 믿음을 전하면서 유대인이 되라고 요구하지 않았다. 바울과 바나바는 복음을 비유대화(de-Judaizing)하고 있었다. 사람들이 이의를 제기하자, 바울은 이 문제로 "적지 아니한 다툼과 변론"을 했다. 그 결과 예루살렘 공의회에서 획기적인 결정을 내린다(행 15장). 바울의 소수파 운동을 계속 허용하기로 결정한 것이다. "이방인(에스네) 중에서 하나님께로 돌아오는 자들을 괴롭게 하지 말고"(행 15:19).

바로 이것이 바울과 그의 작은 선교단(band)이 바라던 시작이었다. 그들은 복음에 입혀진 유대 문화의 옷을 조심스럽게 벗겨내고 새로운 말과 개념으로 다시 옷을 입혔다. 바울은 베드로였다면 할 수 없었을 법한 말을 썼다. "율법 없는 자에게는 내가 … 율법 없는 자와 같이 된 것은 율법 없는 자들을 얻고자 함이라 … 내가 복음을 위하여 모든 것을 행함은"(고전 9:21, 23).

베드로와 야고보와 요한은 아마도 이를 시작으로 수십만의 비유대인들이 몰려올 것을 결코 예측하지 못했을 것이다. 유대 신자들은 결국에는 라틴어와 헬라어를 말하며, 할례도 받지 않고, 돼지고기를 먹는 지중해 회심자들의 무리 속에서 소수 집단이 될 것이다. 그리고 그 회심자들은 로마 제국의 다양한 사람들에게 복음을 전할 것이다.

무엇이 이방인들을 끌어당겼는가? What Attracted Gentiles?

무엇이 이 수십만 명의 이방인들을 기독교로 끌어당겼는가? 바로 예수님이다. 예수님은 사람들이 이 세상에서 의미 있게 살고 내세를 소망하며 살도록 복과 능력을 주셨다. 예수님은 모든 그리스도인의 모임 가운데 살아 계셨다. 따라서 어떠한 위협도 예수님의 백성들이 그 메시지를 선포하고, 예수님만이 '주'(헬라어로 퀴리오스, 황제가 자신에게만 사용하도록 명한 용어)라고 주장하는 것을 막을 수 없었다.

기독교의 미덕들이 펼쳐졌던 당시 세상은 정말 잔인했다! 황제의 아들이 생일을 맞아 투기장에서 짐승들이 사람을 잡아 찢는 것을 구경하던 세상이었다. 수많은 사람들의 결혼생활이 실패로 끝나고, 난잡한 성행위, 신전 매음, 동성애가 흔하게 이뤄지며, 기독교 시대의 처음 3세기 동안 인구가 줄어들었고(세상이 자녀를 키우기에 너무나 비참한 곳이라는 이유 때문에), 갓 태어난 여자아이들이 너무나 많이 버려져 남자가 여자보다 훨씬 더 많았으며, 피정복민들을 무정하게 노예로 만들어 소수 엘리트의 생활을 뒷받침하던 그런 세상이었다. 그들의 종교 관행은 혐오스러웠고, 로마의 신들은 추종자들에게 추잡한 비밀 의식과 비용이 많이 드는 예식을 요구했다.

【4세기: 복음이 널리 보급되다】
The Fourth Century-The Good News Prevails

콘스탄티누스 황제가 313년 신앙의 자유를 명하는 칙령을 선포하면서 핍박은 끝났다. 그가 개인적으로 회심을 했든 아니든, 콘스탄티누스는 당시의 가장 강력한 믿음 체계를 중심으로 자신의 제국을 공고히 했다. 기독교가 황제의 보호를 받게 되자 공공 정책에도 교회의 영향력이 커졌을 뿐 아니라(예를 들어, 콘스탄티누스는 투기장에서 검투사들이 결투하는 것을 폐지했다), 일반 대중들이 교회에 들어오는 경우도 크게 늘었다. 하지만 안타깝게도 기독교가 국교가 되면서, 이교도들이 명목상의 교인이 되어 버렸다.

앞에서 말했던 그 우주인 방문자는 325년에 두 번째로 지구를 방문한다. 하지만 이번에는 예루살렘으로 가지 않았다(로마인들은 사도들이 살아 있던 때에 그 도시를 돌무더기로 만들어 버리고 말았다). 사람들에게 그리스도인들이 전부 어디 있는지 묻자, 로마 제국의 새로운 수도인 콘스탄티노플에 가 보라고 했기 때문이다.

그는 교회 지도자들의 최고 모임인 니케아 종교회의에 참석한다. 참석자들은 지중해 전역과 그 너머에서 왔다.[5] 하지만 유대인은 한 명도 없다. 사실 전체적으로 유대인들에 대해 적대적인 분위기였다.[6] 그들은 짐승의 제물만 생각해도 혐오감을 느낀다. 그들이 제물을 드린다는 말은 가정에서 식사할 때 떡과 포도주를 사용한다는 말이다. 교회 지도자들은 결혼하지 않으며, 사실상 결혼을 열등한 제도로 생각한다. 그들은 결혼한 사람들이 자기 자녀에게 할례를 주는 모습을 보고 믿음을 배반했다고 생각한다. 그들은 보통 일곱째 날(안식일인 토요일)을 일하는 날로 여긴다. 그들이 특별히 종교적으로 지키는 날은 매주 첫 번째 날이다. 그들은 예루살렘 그리스도인들이 사용하는 번역된 율법 책을 사용하며, 예루살렘의 그리스도인들이 제대로 책으로 엮지 않은 다른 기록들에도 동일한 가치를 부여한다.[7]

우주인 방문자는 그들 믿음의 중심에 여전히 예수가 있는 것을 보지만, 그 관행이 극적으로 바뀌고 확장된 것에 놀란다. 교회 지도자들은 복음의 메시지를 비유대화해 로마 사회에 맞게 각색했다. 그들은 팍스 로마나가 제공한 도로들과 안전한 여행 길, 그리고 라틴어와 헬라어라는 두 주요 언어가 널리 사용되는 것을 이용해, 스페인과 바벨론 사이에 있는 로마 제국 대도시들에 복음을 전했다. 기독교가 로마 제국의 국교로 선포되긴 했지만, 로마 제국 바깥에 있는 나라들을 복음화하기 위한 공식적인 계획은 전혀 세워져 있지 않다. 한 번도 로마화된 적이 없

---

5. Constantine이 AD 314년에 소집한 Arles 공의회에 영국에서 세 명의 감독이 참석했는데, 이는 기독교 운동이 로마 제국의 먼 지역까지 퍼져나갔음을 나타낸다.
6. Rodney Stark는 초대교회가 유대인들에게 적대적이었다는 것이 과연 사실인가에 대해 의문을 제기한다. 그는 많은 디아스포라 유대인들이 기독교에 끌렸다는 사실을 증명한다. 그들을 유대 의식 율법(고국이 아닌 곳에서는 유지하기 어려운)의 힘든 요구로부터 해방시키면서, 한편으로는 그들이 성경에 뿌리를 둘 수 있게 해주었기 때문이다. Stark는 족히 5세기까지 유대적 배경을 가진 신자들이 기독교 공동체에 상당히 유입되었을 것이라고 생각한다. 그의 책에 나오는 "The Mission to the Jews: Why It Probably Succeeded", in *The Rise of Christianity: How the Obscure, Marginal Jesus Movement Became the Dominant Religious Force in the Western World in a Few Centuries* (Princeton, New Jersey: Princeton University Press, 1996) pp. 49-72장을 보라.
7. Walls, 앞의 책, pp. 3-4.

었던 사람들을 위한 새로운 형태의 교회를 세울 선견지명 있는 선교사들이 필요했다.

그리스도인=로마인: 기독교 선교의 불행 Christian=Roman: Calamity for the Mission of Christ

4세기 로마 제국은 로마인과 그리스도인이라는 용어를 혼용할 정도로 기독교와 가까웠다.

> 정체성은 뒤섞였고, 믿지 않는 사람들에게 다가가는 문제는 안중에도 없었다. 현대 권위자의 말을 빌면, "로마 역사상, 완전히 이교적인 지역에 사는 야만인들을 회심시키기 위해 국경을 넘어가라는 명확한 임무를 띠고 감독으로 임명된 예는 한 번도 없었다."[8]

로마 제국 전역에 퍼진 기독교(로마 제국 기독교)는 국경까지만 확장되었을 뿐이다. 더 멀리 퍼져나가기 위해서는 복음을 비로마화(de-Romanized)해야 했다. 믿음이 로마 문화의 정체성에서 벗어나야 다른 나라들을 축복할 수 있을 터였다.

하지만 (그 이전의 초기 유대인 추종자들이 그랬듯이), 로마 교회 지도자들은 전 세계가 그들의 교회 관행에 적응해야 한다고 생각했다. 북아프리카 히포(오늘날의 튀니지)의 베르베르인 감독이었던 어거스틴은 동료 베르베르인들이 예수님을 믿기 위해 문화적으로 로마화되어야 한다고 믿었다. 베르베르인들은 대부분 교황에게 문화적으로 정복당하는 것을 싫어했다. 그들의 카르타고인 조상들이 카이사르에게 저항했던 것과 마찬가지였다. 프리데릭 노리스(Frederick Norris)는 이렇게 쓰고 있다. "복음을 베르베르인의 방식으로 상황화하기 위해서는 강력한 목회 지도가 필요했는데, 어거스틴 자신이 라틴 문화에 젖어 있었던 까닭에 그 가능성들을 볼 수 없었다."[9]

교회의 선교 활동이 로마 제국의 경계선에서 멈추었기 때문에, 성경의 열방을 축복하라는 명령 또한 거의 멈추고 말았다. 이것이 로마의 쇠퇴와 멸망의 한 이유가 될 수 있을까? 과연 AD 430년, '야만인들'이 히포를 포위 공략할 때, 어거스틴은 임종을 맞이하고 있었다.

그의 교회가 국경 너머에 있는 사람들에게 복음을 전파했더라면 역사가 달라지지 않았을까? 로마 제국의 절반인 라틴의 빛이 꺼져가고 있었다. 하지만 성경의 저항할 수 없는 메시지는 로마화된 그리스도인들이 상상하지 못한 곳에서 뿌리를 내려 무성하게 자라고 있었.

고트족에 뻗어나간 복음 Reaching the Goths

고트족이라고 하는 게르만 부족은 AD 3세기에 로마 제국으로 건너오기 시작했다. 그들은 많은 로마인들을 사로잡았는데, 거기에는 젊은 울필라스와 그의 가족도 있었다. 그들은 포로들을 갑바도기아(현재의 중앙 터키)에서 다뉴브 강 북쪽으로 데려갔다. 울필라스는 그들과 함께

---

8. Fletcher, Richard, *The Barbarian Conversion* (New York: Henry Holt and Co., 1997), p. 25.
9. Anderson, Gerald H., *Biographical Dictionary of Christian Missions* (New York: Simon & Schuster MacMillan, 1998), p. 33.

자라면서 바울처럼 '이중 문화'를 경험한다. 그는 아마도 고트족 가운데서 소수의 그리스도인들을 발견했을 것이다. 그는 콘스탄티노플에서 공부한 후 감독으로 임명되었고, 고트족을 복음화하기 위해 북쪽으로 되돌아갔다. 그가 온건한 아리우스주의를 가르쳤기 때문에, 고트 부족들은 그의 메시지에 관심을 보였다. 아리우스주의자들은 로마 신학과 사이가 좋지 않았는데, 그것이 로마를 두려워하던 고트족을 구원하는 데 긍정적인 역할을 했던 것 같다.

울필라스는 지금의 루마니아에서 담대하게 복음을 전파하여, 사역하는 40년 동안 많은 사람들을 회심시켰다. 그의 가장 큰 사랑의 수고는 고트족에게 문자를 만들어 주고, 그들을 위해 성경의 많은 부분을 번역해 준 것이다. 그것은 게르만어로 쓰인 최초의 기록이다. 그는 그들의 생활방식에 맞는 메시지를 전했으며, 그들과 함께 짐마차를 타고 다녔다. 그래서 사람들은 "짐마차를 집으로 삼던 사람들이 지금은 교회로 사용한다"[10]고 말했다.

다른 고트족들은 울필라스가 로마의 첩자일지 모른다고 의심하면서 그의 메시지에 저항했다. 7년간 복음을 전파한 후 울필라스는 348년, 그가 회심시킨 사람들과 함께 다뉴브 강 남쪽, 로마 군대의 보호를 받는 곳으로 이동했다. 그는 죽기 전까지 계속 복음을 전파했으며, 많은 사람들을 소위 '야만인' 가운데서 사역하도록 훈련시켰다. 그가 죽은 지 30년이 채 안 된 410년, 고트족은 로마의 도시들에 있는 축복들을 보고 로마 제국을 침략했다.

랄프 윈터는 그들이 기독교를 약간이나마 접했기 때문에 침략의 방식이 상당히 달라졌다고 지적한다.

> 로마가 물리적으로 황폐화되지 않는 유일한 이유는 … 고트족 야만인들이 생명과 재산, 그리고 특히 교회를 존중했기 때문이다. 선교의 수고로 인해 이들이 기독교 신앙을 조금이나마 알게 된 것은 로마 시민들에게 엄청난 유익이 되었다. 세속 로마인들조차 침략자들이 기독교 도덕의 높은 기준을 지니고 있는 것이 다행이라고 말할 정도였다.[11]

짧은 시간에, 복음의 능력이 정복자들을 정복했다. 침략자 야만인 중 많은 사람들이 자신들이 타도한 사람들의 믿음을 받아들이기로 결정한 것이다!

【400년~800년: 야만인 선교】
400 TO 800 – WINNING THE BARBARIANS

제도 교회의 영향력은 5세기에 들어 힘을 잃기 시작했다. 중앙아시아로부터 밀려들어온 사

---

10. Tucker, Ruth, *Ambrose of Milan, From Jerusalem to Irian Jaya* (Grand Rapids: Zondervan Publishing House, 1983), p. 37에서 인용.
11. Winter, 앞의 책., p. 202. Winter는 앵글로족, 색슨족, 브리튼의 프리슬란트족의 관행과 달리, 고트족 침략군은 사제들을 죽이거나 여자들을 약탈하거나 교회를 파괴하지 않았다고 주장한다.

나은 백성의 물결은 고트족과 반달족을 더 먼 곳, 무너지고 있는 로마 제국의 비교적 안전한 곳으로 밀어내면서, 로마 제국의 쇠락을 가속화했다. 믿음과 학문의 빛은 수도원을 제외하고는 거의 사라져버렸다.

개신교도들은 베네딕트와 그를 따르던 사람들의 공헌을 인정하기 시작했다.

> 수도원 제도가 일어난 것은 그리스도가 제자들에게 명한 지상명령 이래 기독교 역사에서 가장 중요한(그리고 여러 면에서 가장 유익한) 제도적 사건이었다. 콘스탄티누스 치세와 개신교 종교 개혁 사이의 일천 년 남짓 동안, 복음의 가장 높고, 가장 고상하며, 가장 참된 이상에 접근했던 거의 모든 것은 수도원적 방식을 택한 사람들, 혹은 수도사의 영감을 받아 그리스도인으로 살아간 사람들이 만들어 냈다.[12]

우리가 문헌 면에서나 기술(염색, 석공술, 직조, 교량 건설) 면에서 고대 사회에 대해 알고 있는 대부분의 것들은 수도사들의 학식이 없었다면 불가능했을 것이다. 수도원 운동은 교회를 부흥시켰으며, '암흑시대' 내내 선교 활동의 원천이 되었다.

켈트족이 암흑시대를 밝히다 Celts Light Up the Dark Ages

암흑 속에서도, 하나님은 활발하게 움직이고 계셨다. 로마 제국이 아닌, 예상치 않았던 한 모퉁이에서 또 다른 형태의 기독교가 뿌리를 내린 것이다. 그 모퉁이는 아일랜드, 그곳의 주민은 켈트족이었다. 이들은 매우 냉혹한 사람들이었고, 인두(人頭) 사냥과 식인 풍습 때문에 줄리어스 시저도, 제롬 성인도 이들을 멀리 했다.

세 번째로, 그 우주 방문자는 폐허가 된 로마를 방문했다. 그런데 로마 제국의 경계로부터 멀리 떨어져 있던 아일랜드에서 또 다시 믿음이 약동하고 있는 것을 발견한다.

> 바위로 뒤덮인 해안선에 수도사들이 모여 있다. 한 무리는 십자가 모양으로 팔을 뻗은 채 기도하고 있다. 그리고 다른 한 무리는 좋지 않은 날씨에도 사본 한 상자를 작은 배에 싣고(다른 것은 그리 많이 싣지 않았다) 떠나려는 참이었다. 클라이드 하구(Firth of Clyde)에 있는 섬에 가서, 사람들에게 자연 신을 섬기는 것을 그만두고 앞으로 올 하늘 나라에서 기쁨을 찾으라고 말해 주려는 것이다.[13]

패트릭은 이교의 드루이드교 의식에 빠져 있던 켈트족을 살아 계신 하나님께로 돌이키는 데 큰 공헌을 한 선교사다. 아일랜드가 아닌 브리튼(Britain)에서 태어난 패트릭의 아버지는

---

12. Noll, Mark A., *Turning Points: Decisive Moments in the History of Christianity* (Grand Rapids: Baker Books, 1997), p. 84.
13. Walls, 앞의 책, p. 4.

집사였다. 패트릭의 할아버지 또한 목사였다. 그가 십대였을 때, 켈트족 침략자들이 그를 유괴해 아일랜드에 종으로 팔았다. 패트릭은 후에 이런 불운에 감사했다. 하나님이 그 일을 사용하셔서 그가 믿음을 갖게 되었기 때문이다. 종으로 수년을 지낸 후 패트릭은 꿈에서 하나님의 지시를 받아 도망쳐 집으로 돌아갔다. 그리고 성직자가 되기 위해 공부했다. 후에 한 환상에서 그는 아일랜드로 돌아가라는 부르심을 받는다. 목숨을 잃을 수도 있었지만, 그는 순종하기로 했다. 그리고 그의 사역의 열매로 수십만 명이 세례를 받고 수백 개의 교회가 세워졌다.

그는 콜롬바(Colomba)와 콜럼바누스(Columbanus) 같은 지도자들에게 영감을 불어넣었다. 그들은 아이오나(Iona)와 린디스판(Lindisfarne) 같은 선교 훈련 센터를 건립해서, 복음을 땅끝까지 전하기로 맹세한 많은 페레그리니(유랑 전도자)를 선교사로 보냈다.

켈틱 선교사들에게는 자발성, 비전통주의, 엄격한 개인주의 성향이 있다. 그들은 다른 사람들이 가지 않으려 하는 곳에, 자격 증명서나 물질적 후원 없이 하나님만 신뢰하고 나갔으며, 숫자에 비해 많은 것을 성취했다. 그들은 대단히 선교적인 수도원주의를 추구했는데, 세상으로부터 은둔할 장소를 찾는 것이 아니라 선교를 위해 준비할 장소를 찾았다.[14]

켈틱 교회는 영국과 유럽 대륙을 다시 복음화하는 데 성공했다. 켈트족은 기독교를 소개받은 지 두 세대 만에 헬라어, 라틴어, 히브리어를 깨쳤다. 그들은 성경과 고전적 주석들을 번역했고 손으로 필사하는 헌신적인 수고를 했다. 사실상 650년에서 850년 사이에 쓰인 주석의 절반은 아일랜드 사람들이 만든 것이다.

벨기에, 알프스, 모라비아, 멀리 키예프에 이르기까지 켈틱 수도원이 있었다는 증거가 발견되고 있다. 여자 페레그리니들도 있었으며, 자신들의 후원자인 브리기드(Brigid)에게 봉헌한 교회가 프랑스, 독일, 오스트리아, 이태리 등지에 아직까지 존재한다. 세속 역사가 토마스 캐힐(Thomas Cahill)까지 그들의 사역을 칭찬할 정도로 그들의 헌신은 대단했다.

> 아일랜드 사람들은 늘 책을 가지고 다녔다. 대부분 유럽에서는 볼 수 없는 책이었는데, 승리의 표시로 허리에 묶어 놓았다. 아일랜드 영웅들이 한때 적군의 머리를 허리에 묶어 놓았던 것과 마찬가지였다. 추방당해 머물렀던 어떤 곳에서라도, 문맹을 타파하고 유럽의 지친 문필 문화에 생명을 불어 넣었다. 아일랜드는 바로 이렇게 문명을 구했다.[15]

패트릭과 아일랜드 사람들은 켈트인에게 더 친숙한 방법과 관행으로 복음을 비로마화했다. 켈틱 그리스도인 사제들(그들은 결혼할 수 있었다)은 켈틱 드루이드 사제들의 흰 옷을 그대로 입었다. 주교 관구와 감독은 수도원과 대수도원장이 대신했다. 교회 지도력은 켈틱 부족의 규칙에 따라 친척에게서 다른 젊은 친척에게로 계승되었다. 윈터는 이렇게 말한다.

---

14. Pierson, Paul. "The Celtic Missionary Movement" in *The Evangelical Dictionary of World Mission*, A. Scott Moreau, ed. (Grand Rapids: Baker Books, 2000), p. 170.
15. Winter, 앞의 책, p. 204.

묘하게도, 제3세계라는 단어는 북쪽 야만인들을 가리킬 때 쓰던 말이다. 헬라와 라틴이 처음 두 세계고 나머지가 제3세계인 것이다. 이 단어를 사용하자면, 야만 유럽은 이태리나 고올(Gaul) 출신 선교사들의 노력보다 '제3세계'(켈트족과 켈트족에 의해 회심한 앵글로 색슨족) 선교사들의 증거와 노력 때문에 더 많이 복음화되었다.[16]

【8세기: 서유럽 전역에 복음이 퍼지다】
8th Century-The Gospel Throughout Western Europe

기독교 신앙은 8세기에 들어 팽창 속도가 빨라졌다. 영국의 가장 위대한 선교사 윈프리드(Winfrid)는 독일 내 색슨족과 지금의 네덜란드에 있는 프리슬란트 사람들에게 30년 이상 복음을 전했다. 그는 거대한 토르 신(북유럽 신화에 나오는 천둥·전쟁·농업을 주관하는 신 - 편집자 주)을 극적으로 넘어뜨리고 많은 회심자들을 얻었다. 하지만 후에 색슨족의 철천지원수인 샤를마뉴의 첩자라는 의심을 받아 754년에 순교했다.

게르만 프랑크족의 샤를마뉴 왕은 신성 로마 제국 400년간 가장 강력한 통치자였다. 그는 도로의 안전을 재확립하고, 서유럽 전체를 자신의 통치 하에 통합시켰으며, 게르만 부족들을 기독교화했다. 평화가 확립되자 문화의 르네상스가 샤를마뉴 제국 전역에서 꽃피웠다.

> 제국 전역의 종교, 도덕, 정의를 향상시키기 위한 노력이 이루어졌다. … '카롤링거 르네상스'라고 불리는 영적, 문학적 운동은 센터가 많았는데, 제국의 수도원들 안에 많이 있었다. … (게다가) 샤를마뉴는 자기 치하에 있는 여러 종족들과 부족들의 전통적 권리를 존중하는 정책을 폈다.[17]

하지만 또 다시 선교사들의 손길이 미치지 못하는 곳에 있던 한 종족이 기독교 세계를 밀고 들어왔고, 문화적 번영은 갑자기 중단되었다.

【800년~1200년: 바이킹 전도】
800 to 1200-Winning the Vikings

우주인 방문자가 900년 초에 다시 지구로 돌아온다고 하자. 유명했던 아일랜드 수도원들은 다 어디로 사라졌을까? 이제 그 수도원들은 폐허가 되어 버렸다. 페레그리니들이 거의 가지 않던 북쪽의 한 민족이 쳐들어와 보물들을 약탈해 갔다. 793년, 한 섬에 본부를 두고 있던 켈틱 선교

---

16. Encyclopedia Brittanica, (Chicago, 1991), p. 743.
17. *National Geographic*, (March, 1987), p. 404.

센터 린디스판이 약탈을 당했을 때는 기독교계 전체에 충격과 공포의 여파가 울려 퍼졌다.

잔인한 침략자들, 사나운 개들을 풀어 사람들을 공포에 떨게 하는 자들이 도처에 있었다. 바이킹의 배들은 강 위쪽 런던, 요크, 루앙, 함부르크까지 항해했다. "하나님이 우리를 스칸디나비아 사람과 덴마크 개들로부터 보호하소서"는 것이 사람들의 주된 기도였다. 자신들을 '광포한 전사들'이라고 당당하게 칭하는 이들은 무지막지한 파도처럼 밀려들어와 아이오나, 린디스판, 그 외 수십 개의 다른 수도원을 공격했다. 수도원들은 대개 부의 중심지였기 때문에 공격의 대상이 되었다.

이번에도 하나님의 백성이 하나님의 진리에 수반되는 축복들을 나누지 않았을 때, 다른 사람들이 와서 축복을 억지로 빼앗았다. 바이킹들은 복음에 대해 들어보지 못했기 때문에 그들의 침략은 잔인하고 피비린내 났다.

그러나 역사의 가장 큰 역전이 기다리고 있었다. 복음의 능력이 이 전사들의 문화를 변화시키기 시작한 것이다. 전사들은 사제들과 여자들을 북쪽으로 끌고 갔는데, 그들은 기독교 신앙도 함께 가지고 갔다. 복음은 이들을 잡아간 사람들 가운데 조금씩 뿌리를 내렸다. 아마 이들이 정치적으로 위협적이지 않았기 때문에, 복음이 바이킹 문화에 더 쉽게 침투했을 것이다.

10-12세기에 걸쳐, 기독교 신앙은 스칸디나비아 반도(덴마크, 노르웨이, 스웨덴)에 퍼졌다. 덴마크 수렁에서 발굴한 시체들을 보면 스칸디나비아 사람들이 천 년 이상 사람을 제물로 바치는 의식을 행했다는 것을 알 수 있다. 하지만 "기독교가 등장하면서, 수렁에서 사람을 바치는 일이 중단되었다."[18] 기독교의 영향으로 그들의 삶은 많이 바뀌었다. 노르웨이의 올라프(Olaf) 왕은 '신생아 유기'를 금하고, 매년 봄 전국 총회가 시작될 때 "종을 이전처럼 죽이지 말고 자유롭게 풀어 주라"고 명했다.[19]

믿음은 여러 방향으로 확장되었다. 수도승 키릴루스(Cyril)와 메토디오(Methodius)는 슬라브족에게 문자를 만들어 주었다(그것은 키릴 알파벳의 기초가 되었다). 그들이 번역한 성경은 슬라브족 사회의 문맹 퇴치를 도왔다. 키예프 통치자였던 블라디미르(Vladimir)는 동방정교회의 믿음을 받아들여 러시아 동방정교회(Russian Orthodox Church)를 시작했다. 마자르 사람들은 헝가리를 침략해 그리스도인들을 죽이고 교회를 불태웠지만 10세기에는 기독교로 회심했다. 드디어 "유럽과 기독교가 동의어가 되어 가고 있었다."[20]

대부분 회심은 공동체적으로 일어났다. 추장이나 왕들이 백성을 이끌어 세례를 받고 믿음을 갖도록 일종의 운동을 일으켰다. "이 시기 서구 유럽에서는 공동체의 종교로서 믿음이 채택되었다. 보통 군주의 명령으로 혹은 적어도 강력한 도움으로 그렇게 된 것이다."[21] 이 같은 상명하달식의 세상적 방법은 900년부터 시작하여 리투아니아가 유럽에서 마지막으로 기독

---

18. Latourette, Kenneth Scott, *A History of Christianity*, vol. 1 (New York: Harper and Row), p. 558.
19. Latourette, 앞의 책, p. 401.
20. Latourette, 앞의 책, p. 351.
21. Latourette, 앞의 책, p. 289.

교를 받아들였던 1386년까지 기독교를 크게 확장시켰다.

이슬람의 대두 The Rise of Islam

7세기에 세 번째 유일신 종교가 생겨났다. 무함마드는 유대인과 그리스도인에게 영향을 받아 아라비아 전역에서 알라를 한 분 하나님으로 예배하라고 선포했다. 이슬람은 북아프리카를 거쳐 스페인과 지중해 국가 절반에까지 퍼졌다. 그리스도인들은 시칠리아로, 스페인으로, 그리스로, 골로, 심지어 독일까지 도망갔다. 그들의 집단적 대이동은 북아프리카 기독교에 치명타를 가했다. 다른 곳에서는 명목상의 그리스도인들이 이슬람으로 개종했다. 추가 세금 부담을 피하기 위해, 또는 그들의 군사적 승리가 너무나 대단해 보였기 때문이다. "그 승리는 이슬람이 하나님의 특별한 은총을 입었음을 입증하는 것처럼 보였다."[22]

무슬림 통치자들은 기독교 교회에 더 많은 제한을 가했고, 기독교로 개종하는 것은 거의 불가능했다. 이슬람 통치 때 교회들은 주로 집안 대대로 이어져 내려왔다. 그들은 조금이라도 혁신을 일으키면 자신들의 생활방식이 무너질까 두려워했다. 따라서 아랍과 페르시아 지역의 교회들은 극도로 보수적이 되어 갔다.

【1200년~1600년: 사라센 선교?】
1200 to 1600-Winning the Saracens?

우주인 방문자는 이제 수많은 사람들이 이동하고 있는 모습을 본다. 길에는 십자군으로 가득 차 있다. 십자가의 기치 아래, 감히 그리스도께서 바라시는 바를 성취한다고 말하면서, 그들의 마음은 '성지를 이교도들에게서 구하려는' 열심과 열정으로 넘쳐흘렀다.

그들은 기독교 선교를 역사상 가장 크게 왜곡시켰다. 1095년에 시작되어 1350년까지 계속된 여덟 번의 십자군 전쟁은 중동 전역 사람들의 마음을 닫아버리는 끔찍한 유산을 남겼다. 그곳 사람들은 오늘날까지도 '그리스도인'이라는 말을 끔찍하게 싫어한다. "이전의 어떤 … 집단이나 국가도 그리스도의 이름으로 다른 영토를 그렇게 강력하고 끊임없이 침공한 적은 없다."[23]

사람들은 야망, 탐욕, 광신 때문에 자신들이 그리스도를 높인다고 믿으면서 무자비하게 다른 사람의 피를 흘렸다. 무슬림들은 십자군 전쟁 때문에 큰 대가를 치렀다. 하지만 희생자는 그들만이 아니었다. 약탈품과 땅을 위해 광포하게 날뛰는 가운데 유럽 전역의 유대인들과 비잔틴 동쪽의 정교회 그리스도인들 역시 약탈을 당했다. 윈터는 이렇게 지적한다. "묘하게도 십자군 운동이 비열한 기독교적 헌신이라는 요소에 깊이 관여되지 않았더라면 그렇게 지독하게 부정적으로 변질되지는 않았을 것이다. 십자군의 큰 교훈은 선의, 심지어 하나님께 대한 희생적인 헌신이라도 하나님의 뜻에 대한 분명한 이해를 대신하지는 못한다는 것이다."[24]

---

22. Winter, 앞의 책, p. 20.
23. Winter, 앞의 책.

【1600년~2000년: 침묵과 대 약진의 시대】
1600 to 2000-The Silent Age And The Age of Great Advance

하나님의 영광이 어떻게 여러 나라들에 임했는지에 대해 이야기할 때, 대부분의 서구 그리스도인들은 마르틴 루터부터 거론한다. 그들은 개신교 종교 개혁에서 문화적 이슈들이 담당한 역할에 대해 거의 알지 못한다. 같은 기간, 가톨릭에서도 영적 개혁들이 많이 일어났다. 성경으로 돌아감, 거룩한 삶에 대한 열망, 복음적인 설교에 이르기까지. 그렇다면 북유럽 국가들은 왜 가톨릭에서 이탈해 나갔는가? 변동의 근본 원인은 라틴 문화와 게르만 문화 간의 차이와 관련이 있었다.

북유럽 국가들의 반란은 부분적으로는 게르만 전통과 문화에 맞는 예배와 신학을 경험하려는 바람에서 일어났다. 예를 들어, 루터는 독일어로 글을 썼으며 성경을 일반인들의 언어로 번역해 복음을 비라틴화했다. '라틴계 언어'를 사용하는 사람들 혹은 라틴 문화에 영향을 받은 사람들은 대체로 라틴 식의 예배 의식과 관행을 준수하는 가톨릭의 틀 안에 머물러 있었다. 게르만 사람들은 종교 개혁의 메시지에 공감할 가능성이 더 많았다.

하지만 개신교의 선교는 어떻게 되었는가? 루터와 칼빈은 인류에 대한 예수 그리스도의 우주적 왕권을 믿었다. 그런데 왜 개신교 종교 개혁은 선교에 크게 기여하지 못했는가? 가톨릭 선교사들이 땅끝까지 계속해서 나가던 350년간(마테오리치가 중국에, 프란시스 사비에르가 인도, 중국, 일본에, 후니페로 세라와 바톨로뮤 데 라스 카사스가 신세계에, 알렉산더 데 로데스가 베트남에) 이 당혹스러운 문제는 해결되지 않고 있었다.

루터가 수도원들을 몰수해 문을 닫아 버렸을 때, 그는 성령께서 천 년간 선교사들을 보내는 데 사용하셨던 돛을 내린 것이다. 개신교도들은 선교 조직 없이 자신들이 이미 가지고 있는 기반만 점하고 있을 뿐이었다. 그들은 일꾼들을 세워 그리스도의 이름을 부르지 않는 곳에 복음을 전할 준비가 되어 있지 않았다(롬 15:20). 비텐베르크(Wittenberg)의 루터 교단은 실제로 평신도인 유스티니안 벨츠(Justinian Welz)가 선교사들을 해외에 보내기 위해 새로운 단체를 만들자고 제안했다는 이유로 그를 유죄로 판결했다.

【예외: 모라비안 교도】
The Moravian Exception

한 가지 빛나는 예외가 음울한 개신교 기록을 비춰 준다. 니콜라우스 폰 진젠도르프(Nikolaus Von Zinzendorf) 백작은 1722년 모라비아에서 온 난민 한 무리를 자신의 사유지에 정착하도록 허락했다. 1727년 성령의 독특한 기름 부으심이 있은 후 기도 운동이 시작되었는데, 밤

---

24. Tucker, 앞의 책, p. 71.

이나 낮이나 100년 이상 지속되었다. 진젠도르프는 "그린란드 원주민 두 명과 서 인도 출신의 흑인 노예 한 명을 만났다. 선교사를 보내 달라는 그들의 호소에 너무나 감명을 받은 나머지 … 집에 돌아왔을 때 강력한 절박함을 느꼈다."25 그리고 일 년도 안 되어 최초의 두 선교사가 버진 아일랜드로 갔다.

모라비안 식 선교는 숙련 노동자 집단을 보내 비 그리스도인들 사이에 살면서 그들을 가르치도록 하는 것이었다. 그 선교사들은 신학이 아니라 전도 훈련을 받은 평신도들이었다. 그들은 후원을 받지 않고, 가서 자신들이 복음을 전하고자 하는 사람들과 함께 일했다. 겨우 20년만에 이 작은 집단은 개신교 전체가 2백 년 동안 보낸 것보다 더 많은 선교사들을 파송했다.

【윌리엄 캐리와 현대 선교의 수단들】
William Carey and The Means of Modern Mission

모라비안 교도들은 한 영국 침례교 평신도 설교자에게 영향을 끼쳤고, 그는 그리스도의 지상명령에 순종하는 급진적인 방법을 제안한다. 그가 바로 윌리엄 캐리다. 그는 "만일 복음이 모든 사람이 받아들일 만한 것이라면, 왜 모든 사람에게 전파하지 않는가?"라고 물었다. 그의 제안은 개신교 선교에 빠져 있던 부분을 채워 주었는데, 바로 '조직'이다.

캐리는 개신교도들에게 전 세계 비 그리스도인 복음화를 이행할 동기와 수단을 제공해 주었다. 그의 작은 책은 현대 선교 확장을 시작하는 '빅뱅'과도 같았다.

【20세기: 식민지 시대가 끝나다】
The Twenty Century: Colonial Era Ends

그리스도인들이 수백만의 그리스도인들을 살상했던 두 번의 세계대전은 많은 국가들에게 충격을 주었고 행동하게 만들었다. 그들은 자기 나라를 식민지로 다스렸던 나라들에게서 독립하려고 애썼다. 윈터가 "믿을 수 없는 25년"(1945-1969)이라고 이름 붙인 시기에, 서구 여러 나라들은 비서구 세계의 5%를 제외한 모든 나라에 대한 통제권을 잃어버렸다.26 20세기 후반부에 수십 개 국이 독립을 선언하고, 정부를 수립했으며, 유엔에 가입했다.

1990년대 초, 러시아 식민지들은 모스크바의 강력한 손아귀에서 벗어났다. 사실상 접근이 불가능했던 중앙아시아의 여러 나라들도 이제는 복음을 증언할 수 있게 되었다. 그렇다면 식민지 지배국들의 종교에 대한 저항은 이제 줄어들 것인가? 이런 변화를 낳은 민족주의적 열정은 비서구 사회 교회 안에서도 복음 전파의 욕구를 자극할 것인가?

---

25. Carey, William.
26. Winter, 앞의 책.

【21세기: 복음의 비서구화?】
The Twenty-First Century: De-Westernizing The Gospel

예루살렘 공의회가 허용한 문화적 융통성 때문에 복음의 메시지가 땅끝까지 이르면서 기독교적 관행은 점점 더 다양해진다. 우리의 우주인 방문자가 오늘날로 다시 돌아온다.

이번에는 나이지리아의 라고스다. 흰 옷을 입은 한 무리가 교회로 가는 길에 춤을 추면서 노래를 부르고 있다. 그들은 사람들에게 '와서 하나님의 능력을 경험하라'고 초청하고 있다. 또한 하나님은 모든 사람을 위한 특별한 메시지를 갖고 계시며, 그분의 능력은 치유를 통해 드러난다고 주장한다. 그들은 모든 시대 그리스도인들에게 있는 것과 똑같은 책을 가지고 있다. 설교에서 나타난 그들의 주요 관심사는 치유와 개인적 환상이다.[27]

우주인 방문자가 관찰한 시대별 장면들 가운데서 어느 것이 진짜 기독교인가? 전부 다. 우리는 사도행전 15장의 정신에 입각해, 우리 자신의 문화적 관념들을 복음에 첨부해 그것을 진리라고 단언하지 말아야 한다. 복음은 문화 속에서 뿌리를 내리며 메신저가 경험한 것과는 매우 다른 방식으로 토착화된다. 복음은 모든 문화를 해방시킨다. 예수님의 인격과 가르침에 끌리는 사람들이라도 그것이 이국적인 가치관과 얽혀 있으면 저항하게 된다. 이제 성경적인 방법은 복음의 메시지를 비서구화(de-Westernize)하는 것이다. 우리의 메시지는 '예수님'이 되어야 한다. 예수님에 대한 모든 것, 예수님에 대한 더 많은 것, 오직 예수님, 모든 민족과 나라들을 모으시는 구원자, 그분이 되어야 한다.

하나님의 열정은 어떤 방해 앞에서도 꺼지지 않는다. 메신저들은 분명하게 예수님과 십자가를 전할 것이며, 사람이 만든 규칙들을 덧붙임으로 "이방인 중에서 하나님께로 돌아오는 자들을 괴롭게 말아야 할" 것이다. "기독교는 인류의 다른 어떤 믿음들보다 더, 다양한 여러 문화들보다 더 오래 생존하는 힘을 보여 주었다. 때로 그 문화들과 동일시되기도 하고 때로 새로운 문화들을 창조하기도 하면서 그렇게 해왔다."[28]

40세기 전, 하나님이 갈대아의 달 숭배자(수 24:2)였던 아브람과 언약을 맺으신 이래, 세상은 수없이 바뀌었다. 세대마다, 예루살렘에서 땅끝까지, 하나님은 반역하는 인류를 설득하시고, 나라들을 죄와 사탄과 죽음에서 구하셨다. 하나님은 사람들을 하나님의 잔치에 초청하신다. 그것이 바로 하나님이 아브라함의 자녀들에게 주신 사명이다. 또한 오늘날 우리에게 주신 과업이기도 하다. 하나님의 쉼 없는 추구에 합류하기로 마음을 연 사람들은 자신에게 임한 축복이 세상의 모든 사람에게 임하기를 기도한다. 🙶

---

27. Walls, 앞의 책, p. 5.
28. Latourette. 앞의 책. p. 271.

■ 선교 메카니즘

	구약 시대	신약 시대	초대교회 (1800)	현대 선교
자발적으로 **가다**	• 아브라함이 가나안으로 • 히브리 선지자들이 이스라엘 부근의 나라들에게 설교하고 글을 씀 • 바리새인들이 회심자들을 얻기 위해 "땅과 바다를 건너" 가다	• 사마리아에서의 예수님 • 빌립이 이디오피아 내시를 만남 • 베드로가 고넬료에게 감 • 그리스도인들이 구브로, 로마, 안디옥에서 증거함 • 바울과 바나바가 선교 팀을 이끔	• 켈트족인 성 페트릭이 아일랜드 야만인들에게 감 • 켈트족 페레그리니들이 영국과 유럽으로 감 • 탁발수사가 중국, 인도, 일본, 미국으로 감 • 모라비안 교도들이 무역을 이용해 자비량 선교사들을 보냄	• 윌리엄 캐리와 1기 선교사들 • 허드슨 테일러와 2기 선교사들 • 제3세계가 광범위한 선교사 집단을 개발함
비자발적으로 **가다**	• 요셉이 종으로 팔려 애굽에서 증거함 • 나오미가 룻에게 증거함 • 요나-마지못해 니느웨로 간 선교사 • 히브리 소녀가 수리아 나아만의 집에 잡혀감 • 바벨론의 히브리인들이 그들을 잡아온 사람들에게 증거하다 • 에스더, 다니엘 같은 사람들이 메대인들과 바사인들에게 영향을 끼침	• 핍박으로 인해 신자들이 강제로 성지를 떠나 로마제국 전역과 그 너머로 감	• 울필라스와 추방당한 아리안족이 고트족에게 감 • 그리스도인 병사들이 로마에 의해 영국과 스페인으로 추방당함 • 바이킹들에게 잡혀 간 그리스도인들이 바이킹들을 개종시킴 • 순례자들과 청교도들이 미대륙으로 추방되어 인디언들에게 선교함	• 제 2차 세계대전에서 그리스도인 병사들이 돌아와 새로운 선교기관들을 세움 • 우간다의 그리스도인들이 아프리카 다른 지역으로 도피함 • 북한 신자들이 북쪽보다 덜 기독교화된 남쪽으로 도피함
자발적으로 **오다**	• 수리아 사람 나아만이 엘리사를 찾음 • 스바 여왕이 솔로몬의 궁정으로 옴 • 룻이 모압을 떠나 유다로 가기로 선택함	• 동방박사들이 유대 왕을 찾음 • 헬라인들이 예수를 찾음 • 고넬료가 베드로를 부르러 보냄 • 마게도냐 사람이 바울에게 도움을 청함	• 고트족이 기독교 국가인 로마를 침범해, 기독교 신앙에 대해 더 배움 • 바이킹들이 포로들을 통해 그리스도를 믿게 됨	• 외국 유학생과 사업가들이 기독교적인 서구로 유입됨 • 식민 통치를 받던 사람들이 유럽으로 들어감
비자발적으로 **오다**	• 이방인들이 고레스 대제에 의해 강제적으로 이스라엘에 다시 정착함(왕하 17장)	• 로마 군대가 "이방인들의 갈릴리" 지역을 점령하고 침투함	• 아프리카에서 미국으로 노예들을 데려옴	• 전쟁, 자연재해, 억압적 체제의 난민들이 자유 혹은 도움을 구함

축복으로 **나아오라** **열방**으로 **나아가라**

■ 현대 선교의 구분

	제 1기 (1792-1910)	제 2기 (1865-1980)	제 3기 (1934-현재)
선교 중심지	복음이 전해지지 않은 대륙의 해안 지방	복음이 전해지지 않은 대륙의 내지	복음이 전해지지 않은 미전도 종족
대표 선교사	윌리엄 캐리	허드슨 테일러	카메룬 타운센드 도널드 맥가브란
저서	이교도들의 개종을 위해 적절한 매체를 사용할 그리스도인들의 의무에 관한 연구	섬김의 부르심 중국의 영적인 필요와 요구들	부족과 언어와 번역가 하나님의 다리

티베트인Tibetan: 세계의 지붕으로 불리는 히말라야 산맥에는 2백2십만 명의 티베트 사람들이 끊임없는 압제에 시달리고 있다. 다름 아닌 중국인과 어둠의 영의 압제다. 1950년에 티베트를 침략한 중국은 체계적으로 그들의 종교와 문화를 짓밟기 시작했다. 그리하여 달라이 라마를 포함한 십만 명에 달하는 사람들이 해외로 도피했다.
티베트의 토속 종교인 본(Bon)교는 미신과 주술을 행하는 종교다. 7세기에 인도에서 불교가 전해졌고 미신 또한 여전히 성행하고 있으며, 의식도 매우 미개하고 사악하다. 압제를 은폐하려는 목적으로 중국은 외부인들이 티베트에 들어가는 것을 금지하고 있어 자비량 선교사만이 들어갈 수 있다.
티베트에서 불교를 신봉하는 종족들은 60개가 넘는 것으로 알려져 있다. 그중에는 몽골에서 온 터반족, 중국의 나시족(納西族), 네팔의 라르카족, 부탄의 드룩파 족이 있다. 인도 곳곳에는 20개가 넘는 티베트인 피난민 촌이 있다. 라디오 방송도 없고, 그동안 성경을 번역하던 선교사 여러 명이 세상을 떠났다. 어둠의 영에 사로잡혀 있는 티베트를 위한 기도가 절실하다.

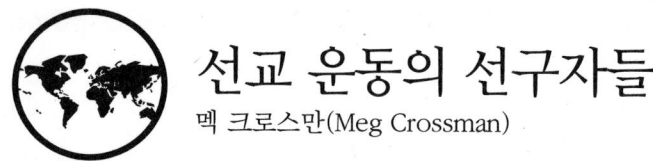
선교 운동의 선구자들
멕 크로스만(Meg Crossman)

【윌리엄 캐리: 현대 선교의 제1기】
WILLIAM CAREY: First Era of Modern Mission

가망 없는 목소리 An Unlikely Voice

1792년 영국 사람들은 (동인도 회사를 통해) 150년 이상 인도에 있었다. 그 기간 내내 단 한 구절의 성경도 인도 토착어로 번역되지 않았다. 그런데 영국 시골의 한 비천한 구두 수선공이 인도의 식민지 백성들에게 관심을 보이기 시작했다. 쿠크 선장의 탐험 이야기를 읽으면서 그의 마음은 뜨거워졌다. 그는 다른 나라들에 대해 배울 수 있는 모든 것을 배웠다. 복음화되지 않은 대륙들의 어려움이 그에게 너무 큰 영적 부담이 되어, 그는 벽을 지도로 도배해 놓고, 구두를 수선하면서 기도했다.

그 구두 수선공은 바로 '현대 선교의 아버지' 윌리엄 캐리다. 그는 공식 교육은 거의 받지 못했지만, 일찍부터 언어에 재능을 보였다. 그는 신약 주석을 보면서 헬라어를 독학했다. 또 몇 주 만에 프랑스어와 네덜란드어를 배웠다. 무엇보다 그는 구원받지 못한 사람들에게 하나님의 말씀을 전해 주어야 할 그리스도인의 책임에 대해 깊이 생각하기 시작했다.

• 윌리엄 캐리는 구원받지 못한 사람들에게 하나님의 말씀을 전해 주어야 할 그리스도인의 책임에 대해 깊이 생각하기 시작했다.

윌리엄 캐리의 글은 신기하게도 현대적이다. 이 가난한 파트타임 목사는 미약한 자기 교단이 다른 민족에게 복음을 전하기 바라는 마음으로 작은 소책자를 썼다. 「이교도들의 개종을 위해 그리스도인들이 여러 수단을 사용해야 하는 의무에 관한 탐구」라는 책이다. 이 '긴 이름의 작은 책'은 기독교계 전체를 뒤흔들었다. 그 책에서 뽑아낸 다음 내용들은 몇 가지 중요한 개념들을 요약해 준다.¹

> 복 되신 우리 주님은 그분의 나라가 임하고, 그분의 뜻이 하늘에서 이루어진 것처럼 땅에서도 이루어지도록 기도하라 하셨으므로, 우리는 말로만 그런 일이 일어나기를 바란다고 할 것이 아니라, 하나님의 이름을 온 세상에 알리기 위해 모든 적법한 방법을 사용해야 한다.

> • 캐리는 기도에는 순종이 따라야 하며, 교회가 반드시 현실을 자각해야 한다고 확신했다.

캐리는 기도에는 순종이 따라야 하며, 하나님나라의 책임을 수행하기 위해서는 교회가 반드시 현실을 자각해야 한다고 확신했다.

'행동하라'는 외침 A Call to Action

캐리는 이런 생각을 마음에 품고 당시 미전도 지역을 샅샅이 연구했다. 그는 각 대륙에 대한 상세한 정보를 담은 표를 스무 개 이상 만들어, 각 나라의 인구와 그들이 복음에 어느 정도 노출되어 있는지 비교했다. 그 결과는 선교의 필요성을 설득력 있게 보여 주었다. 이 감탄할 만한 정보를 정확하게 평가한 후, 그는 교회에게 촉구하면서 방해가 되는 것이 무엇인지 함께 토론했다.

복음을 이교도들에게 전하는 데 걸림돌이 생기는 원인은 다음 중 하나다.

- 그들이 거리상 우리와 멀리 떨어져 있다는 것
- 그들의 야만적이고 미개한 생활방식
- 그들에게 살해될 위험
- 생필품을 얻기 어렵다는 것, 혹은 그들의 언어를 이해할 수 없다는 것

캐리는 상업적으로 이익을 얻으려 하는 사람들은 이런 어려움에 전혀 개의치 않는다는 점을 지적했다. 돈을 벌기 위해서는 갈 수 있는데, 왜 하나님을 위해서는 갈 수 없는가? 그는 반어적인 표현을 사용해 자신이 지적한 문제들이 사실은 전혀 문제가 되지 않는다고 말했다. "초대교회 사도들과 그 뒤를 이은 선교사들은 야만인이었던 게르만족과 갈리아 족에게 갔으며, 그들보다 더 미개하고 야만인이었던 우리 영국인에게도 왔습니다!"

---

1. Carey, William. *An Enquiry into the Obligation of Christians to Use Means for the Conversion of the Heathens*. (New Facsimile ed.) London: Carey Kingsgate Press(초판은 1792년에 출판됨).

> • 캐리는 상업적으로 이익을 얻으려 하는 사람들은 이런 어려움에 전혀 개의치 않는다는 점을 지적했다. 돈을 벌기 위해서는 갈 수 있는데, 왜 하나님을 위해서는 갈 수 없는가?

그는 살해될 위험에 대해서, 보통 야만적 행위는 상대에 대한 적대감으로 때문에 생기며 모라비안 선교사들은 그런 위협을 받은 적이 거의 없다고 지적한다. 생계를 유지하는 문제(생필품을 구입하는 문제)는 그 지역의 현지인들과 동일하게 생활하는 것이 현명하며, 그렇게 사는 것이 불가능한 일이 아니라고 주장했다. 언어에 대해서는, 현지 사람들과 함께 있다면 누구든 2년 내에 충분히 의사소통할 만큼 배울 수 있다고 했다.

고국의 반대를 극복함 Overcoming Resistance at Home

캐리가 맞닥뜨린 가장 큰 걸림돌은 당시 널리 퍼져 있던 신학적 편견, 즉 지상명령이 사도들에게만 구속력을 지닌다는 것이었다. 이런 개념을 일소하기 위한 논증에서, 캐리는 다음과 같은 점을 지적했다.

> 모든 열방을 가르치라는 그리스도의 명령이 사도들 혹은 성령의 직접적 영감을 받은 사람들에게만 국한된다면, 세례를 주라는 명령 역시 그래야 할 것이다. 그리고 퀘이커 교도를 제외한 모든 기독교 교단이 물로 세례를 주는데, 그렇다면 이것 역시 완전히 잘못된 관례다.

마지막으로, 캐리는 지금까지도 여전히 제기되는 문제를 다뤘다. 바로 "국내에도 할 일이 너무 많다!"는 것이다. 다음 주장은 지나쳐 보일 수도 있지만, 지금의 현실에도 잘 들어맞는다.

> 어떤 사람들은 우리 나라 안에도 그리고 우리의 직접적인 행동반경 안에도 남태평양의 야만인들과 마찬가지로 무지한 사람들이 수없이 많고, 그렇기 때문에 다른 나라에 가지 않아도 고국에 할 일이 충분히 있다며 선교를 반대한다. 우리 나라 안에도 하나님에게서 아득히 떨어져 사람들이 수없이 많다는 것은 나도 인정하며, 이 때문에 우리는 열 배나 더 부지런히 일해야 한다. 그리고 이들에게도 하나님을 알려 주어야 한다. 하지만 그런 이유들이 외국에 복음을 전하려는 모든 시도를 대신할 수는 없다. 우리 고국 동포들에게는 은혜의 수단이 있으며, 원한다면 말씀에 귀를 기울일 수 있는 기회가 있다. 이들에게는 진리를 알 수 있는 성경이 있고, 온 나라 거의 모든 곳에 신실한 목사들이 있다. 회중들이 좀 더 열심을 가지고 활발하게 움직인다면 활동 범위도 많이 늘어날 것이다. 하지만 그들은 다르다. 그들에게는 성경도 없고, 기록된 언어도 없으며(많은 종족들에게 문자가 없다), 목사도 없고, 좋은 문민정부도 없으며, 우리가 누리고 있는 어떤 혜택

도 받지 못한다. 그러므로 그들에 대한 인간적 동정심과 기독교적 사랑으로, 모든 방법을 동원해 복음을 소개해야 한다.

수단을 사용함 The Use of Means

캐리의 제안 중에 특히 눈에 띄는 것은 '수단'을 사용해야 한다는 개념이다.

> 목회자와 평신도들을 포함한 진지한 그리스도인들이 모여 하나의 단체를 만들고, 사역 계획에 대한 규정과 누구를 선교사로 임명하고, 비용을 어떻게 지불할 것인가 등에 관해 규칙을 만든다고 생각해 보자. 이 단체는 그 일에 헌신한 사람들, 진지한 신앙인, 끈기를 가진 사람들로 구성되어야 한다. 그렇지 못한 사람들은 받아들이지 않고, 또 그런 마음을 가지고 있었다가 변심했다면 그런 사람들은 붙잡지 않기로 굳게 결심해야 한다.
>
> 그런 단체는 위원회를 지정해야 한다. 그들은 그 주제에 대해 자신들이 입수할 수 있는 모든 정보를 모으고, 후원금을 받고, 선교사들의 성품과 기질과 재능과 종교관을 연구하고, 또한 그들이 일하는 데 필요한 것을 공급하는 일을 해야 한다.

캐리, 자신의 제안에 따라 행동하다 Carey Acts on His Own Proposal

이런 제안에 따라, 비슷한 교단 선교기관 중 첫 번째로 침례교 선교회(BMS, Baptist Missionary Society)가 만들어졌다. 캐리는 자신은 하려고 하지 않으면서 다른 사람에게만 일을 맡기는 사람이 아니었다. 1793년, 그는 BMS 선교사가 되겠다고 결심한다. 이같이 현대 개신교 선교 운동은 미미하게 시작되었다.

캐리가 선교지에 가기 위해 넘어야 했던 걸림돌들은 오늘날 선교사들이 넘어야 하는 것들과 비슷하다. 첫째, 그는 보편 구원설이나 다른 신학적 반대들과 싸워야 했다. 그리고 그가 내놓은 '위원회' 혹은 오늘날 '선교기관'이라 할 만한 새로운 개념이 격렬한 저항에 부딪혔다. 또한 그는 당시로서는 엄청난 금액이었던 경비를 모금하느라 고생해야 했다.

• 캐리는 자신은 하려고 하지 않으면서 다른 사람에게만 맡기는 사람이 아니었다.

선교지에 도착하자, 약속된 후원은 점차 끊겼고, 일반 직장에 취직하지 않으면 안 되었다. 오늘날의 자비량 선교사(자비량 선교사란 시장성 있는 직업 기술을 가지고 해외에서 일하면서 예수 그리스도에 대한 그들의 믿음을 효과적으로 나누는 헌신된 그리스도인들이다. 이 용어는 바울이 선교 여행을 하는 동안 자급자족하기 위해 장막을 지었던 관행에서 나온 말이다 – 편집자 주)들과 아주 비슷한 처지였다. 그의 선교 대상국인 인도는 영국 동인도 회사의 반대 때문에 굳게 '닫혀' 있었다. 그가 복음을 전하고자 했던 사람들은 복음에 대단히 저항적이었다. 고국의 선교 본부는 언제나 최소한의 후원만 해주면서 그의 사역을 좌지우지하려 했다. 또한

> • 그는 보편 구원설이나 다른 신학적 반대들과 싸워야 했다. 다음에, 그가 내놓은 '위원회' 혹은 오늘날 '선교기관'이라 할 만한 새로운 개념은 격렬한 저항에 부딪혔다. 또한 그는 당시로서는 엄청난 금액이었던 경비를 모금하느라 고생해야 했다.

심한 개인적, 가정적 스트레스까지 견뎌야 했다.

캐리는 인도에서 8년간 일했는데, 적대적인 상업 세력들에게 계속 괴롭힘을 당했다. 마침내 그는 캘커타 부근에 있는 덴마크령 세람포어에 본부를 세우라는 권유를 받았다. 그는 조력자인 조슈아 마시맨(Joshua Marshman), 윌리엄 와드(William Ward)(그들은 캐리와 함께 세람포어 삼총사로 알려졌다)와 팀을 이뤄 오랫동안 함께 섬겼다. 그러는 동안에도 캐리는 캘커타의 포트 윌리엄 대학(Fort William College)에서 동양어과 교수직을 맡으며, 거기서 받는 고액의 보수로 사역을 거의 전적으로 지원했다. 팀의 출판 사역 재정은 주로 출판된 서적을 판매한 수익으로 충당했다.

개인적 비극(캐리의 아내는 정신 질환으로 사망했고, 몇몇 자녀들도 사망했다)과 사역의 좌절(1812년에 일어난 화재로 귀중한 원고들과 번역본 전체가 소실되었다) 속에서도, 캐리는 집요하게 사역을 계속해 나갔다. 그는 이렇게 말했다. "나는 끈기 있게 해 나갈 수 있다. 나는 명확하게 할 일이 있으면 참고 견딜 수 있다. 모든 것은 이런 끈기의 덕이다."[2]

캐리는 "하나님으로부터 위대한 일을 기대하라. 하나님을 위해 위대한 일을 시도하라"는 자신의 위대한 표어를 몸으로 보여 주었다. 그는 성경 전체를 벵갈어, 산스크리트어, 마라티어로 번역했다. 팀과 함께 신약과 성경 일부분을 46개의 다양한 언어와 방언으로 번역했다. 또한 자국인 지도자들과 교회 설립자들을 훈련하기 위해 세람포어 대학도 세웠다.

캐리는 1834년에 사망했다. 루스 터커(Ruth Tucker) 박사가 말하듯이, "그는 인도와 선교에 길이 남을 발자취를 남겼다. 인도에 남긴 그의 영향력은 엄청난 언어학적 성취 그 이상이었다. … 그는 또한 과부 불태우기와 유아 살해에 맞서 오랜 세월 투쟁하면서 인도의 해로운 풍습을 타파하는 데도 큰 공을 세웠다. 하지만 그 외에는 인도 문화를 보존하려 애썼다."[3]

> • 캐리는 "하나님으로부터 위대한 일들을 기대하라. 하나님을 위해 위대한 일들을 시도하라"는 자신의 위대한 표어를 몸으로 보여 주었다.

---

2. Tucker, Ruth. *From Jerusalem to Irian Jaya*. Grand Rapids, Mich.: Zondervan. P. 120.
3. Tucker, 앞의 책. P. 120.

【허드슨 테일러: 현대 선교의 제2기】
HUDSON TAYLOR: Second Era of Modern Missions

캐리와 마찬가지로, 내륙 지방에서 선교 운동을 시작한 이 영국 젊은이의 출발 역시 그리 순조롭지 못했다. 허드슨 테일러의 생각은 동료 선교사들에게 감명을 주지 못했다. 고국의 교회는 그가 과연 계획을 수행하기에 적합한 인물인지 의심했다. 하지만 하나님은 새로운 선교 운동을 시작하기 위해 한 명의 이름 없는 비전가를 사용하고 계셨다.

섬김으로의 부르심 The Call to Service

허드슨 테일러는 열여섯 살이 되기 전에 중국에 가지 않으면 안 될 것 같은 부르심을 체험했다.

> 내가 나 자신, 나의 생명, 나의 친구들, 나의 모든 것을 제단에 바쳤을 때, 제물이 받아들여졌다는 확신과 함께 장엄한 느낌이 나를 감쌌던 것을 분명히 기억한다. 하나님의 임재는 이루 말할 수 없이 생생하고 복되었다. 그리고 열여섯 살도 안 된 어린아이였지만, 표현할 수 없는 경외감과 기쁨에 잠겨 그분 앞에 고요히 엎드려 있었던 기억이 난다.[4]

그는 중국에 대해 배우기 시작했으며, 거기서 사역할 준비를 했다. 테일러는 의학 공부를 하면서, 선교 사역을 위해 체계적으로 준비를 갖춰나가기 시작했다. 먼저 그는 검소하고 소박하게 사는 훈련을 했다. 그는 실제적인 모든 것을 하나님께 의뢰하고 공급받는 훈련을 했다. 그래서 다른 사람들에게 요구할 수 있을 때도 주님이 필요한 것을 공급하시기를 기다렸다. "하나님을 통해 오직 기도로만 사람들을 움직이라"는 것이 그의 표어가 되었으며, 이것은 그의 사역 철학에 깊은 영향을 미쳤다.

> 나는 육체를 단련시키기 위해 야외에서 더 많이 운동하기 시작했다. 푹신한 침대는 치워버렸고, 좀 더 거친 생활에 준비하기 위해 고국에서 누릴 수 있는 편안한 것들 없이 지내려고 애썼다. 또한 전도지를 나눠 주는 일이라든지, 주일학교에서 가르치는 일, 가난하고 병든 자를 심방하는 일 같은 기독교 사역을 하기 시작했다.
>
> 홀로 하나님의 말씀을 연구하고, 가난한 사람들을 심방하고, 여름 저녁에 전도 사역을 하는 일에 더 많은 시간을 들였다. 이런 식으로 곤경에 처한 많은 사람들을 만나다 보니, 절약하는 것이 얼마나 큰 특권인지 곧 알게 되었으며, 처음에 생각했던 것보다 훨씬 더 많은 부분을 나눠 주는 것이 그리 어렵지 않다는 것을 알게 되었다.[5]

---

4. Taylor, J. H. (n.d.) *A Retrospect. Philadelphia: China Inland Mission.* P. 10-14.
5. Taylor, 앞의 책.

테일러는 아주 초라한 숙소에서 살았고, 정기적으로 자신의 책들과 옷장을 살펴 사람들에게 줄 것이 있는지 찾아보았다. 스스로 정한 지침에 따라, 주님이 다시 오신다면 가지고 있어서 부끄러울 만한 것이 무엇인지 늘 자문했다.

새로운 선교기관의 필요성 A New Agency Needed

1854년, 그는 중국 상해에 도착해 몇몇 선교사들과 함께 일했다. 그는 선교사가 한 명도 들어가지 않은 내륙으로 여행을 다니기 시작했다. 그리고 중국인들이 자신을 더 잘 받아들일 수 있도록 중국 학자풍의 옷을 입고, 머리는 검게 물들이고 변발을 했다. 영국인 동료들은 기겁을 했지만, 현지인들에게 더 효과적으로 복음을 전할 수 있게 되자 테일러는 자신의 행동이 지혜로웠음을 확신했다. 건강상의 이유로 고국에 가게 되었을 때도 겉으로 보기엔 실패한 것처럼 보였지만 하나님은 궁극적으로는 이 기간을 선하게 사용하셨다.

이전 어느 때보다 더 많은 결실을 맺을 수 있는 시기에 건강이 안 좋아 중국 내 사역을 포기해야 한다는 것은 큰 재앙인 것만 같았다. … 당시 나는 중국에서 오랫동안 떨어져 있는 것이 하나님이 축복하실 중국내지선교회를 만드는 데 필요한 과정이라는 것을 까맣게 몰랐다.

몇 달 간 열심히 기도하고, 몇 번의 노력이 실패한 끝에 중국 내지를 복음화하기 위해서는 특별한 선교기관이 필요하다는 사실을 깊이 확신하게 되었다. … 고국에 있는 선교기관이 반대할지도 모른다는 어려움이 예견되었지만, 하나님만 의지함으로, 기존의 사역에 전혀 해를 끼치지 않고 선교기관을 세우고 유지할 수 있으리라는 결론을 내리게 되었다. 또한 하나님이 필요한 일꾼들을 주시고 그들과 함께 일하게 하시리라고 점차 더 확신하게 되었다. 하지만 오랜 불신 때문에 쉽게 첫 발을 내딛지 못했다.[6]

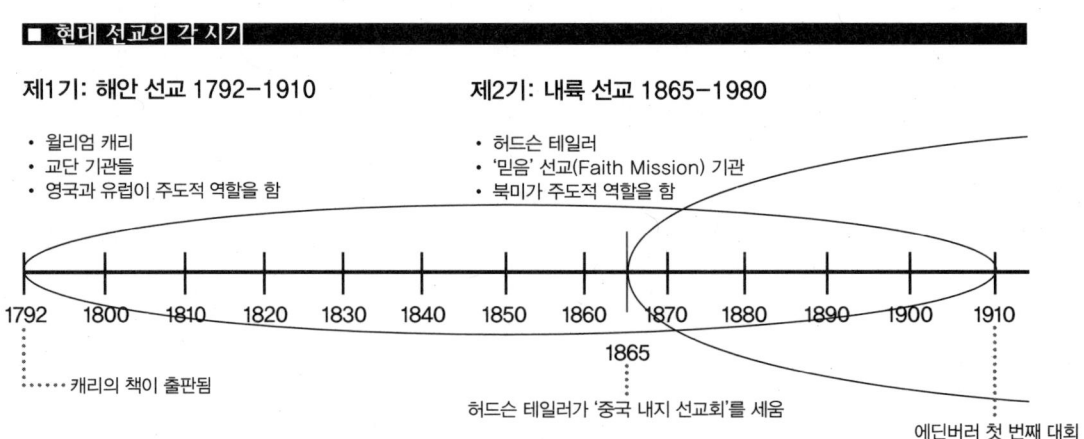

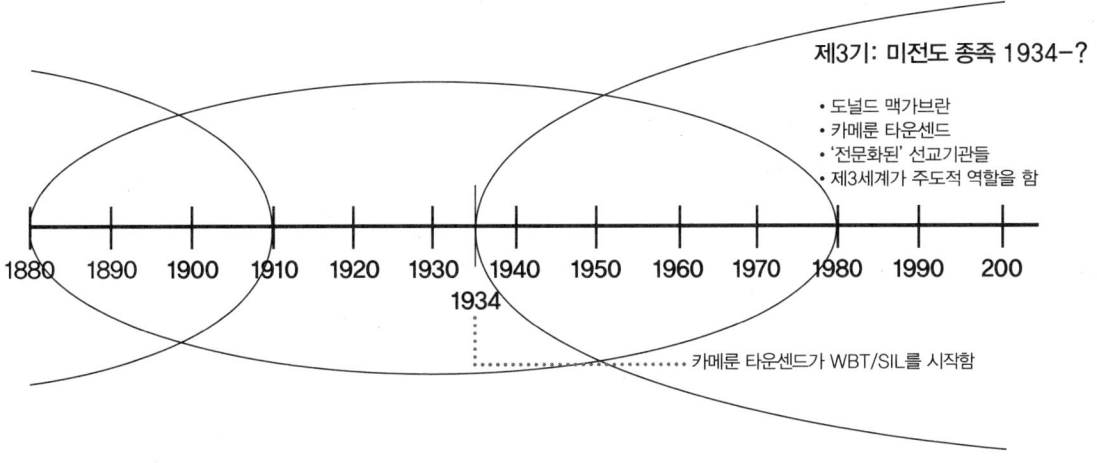

존 루이스(John Lewis), 월드 미션(World Mission)

그가 기도하면서 매우 힘들어했던 문제의 핵심은 하나님께 일꾼들을 보내 주실 능력이 있는가, 없는가가 아니라 그들이 선교지에서 부딪혀야 할 위험과 어려움, 시련들에 대한 것이었다. 그의 내적 갈등은 영국 브라이튼 해변에서 절정에 달했다.

1865년 6월 25일 일요일, 수많은 사람들이 하나님을 알지 못해 죽어가고 있는데, 천 명이 넘는 그리스도인들이 모여 태평스럽게 기뻐하는 모습을 보았다. 더는 견딜 수 없어서 무거운 영적 고뇌를 느끼며 홀로 모래밭으로 나갔다. 거기에서 주님은 나의 불신을 타파하셨고 나는 이 사역을 위해 자신을 하나님께 내어 드렸다. 나는 하나님께 모든 문제와 결과에 대한 책임은 하나님께 달렸고, 나는 하나님의 종으로서 순종하고 따를 뿐이라고 말씀드렸다. 그분이 하실 일은 나를(또한 나와 함께 일할 사람들을) 지도하시고, 돌보시며, 인도하시는 것이었다. 그 순간 내 마음에 흘러넘치던 평안을 표현할 수 있을까? 바로 거기에서 나는 하나님께 24명의 일꾼들을 보내 달라고 구했다. 선교사가 없는 내륙 11개 주에 각각 두 명씩, 그리고 몽고에 두 명이었다.[7]

테일러의 선교회는 설립자의 경험과 인격을 중심으로 발전된 독특한 단체였으며, 교단에 소속되지 않았다. 그는 수년간의 연구나 훈련을 요구하는 대신 근로자 계층에 호소했다. 그리고 본부가 영국이 아니라 중국에 있었기 때문에 현장 상황에 더 잘 반응하고 이해할 수 있었다. 테일러와 마찬가지로 함께 일하는 선교사들도 중국식 옷을 입었다.

테일러는 독신 여성들을 기꺼이 받아들였으며, 선교사 아내들도 선교 사역에 동등한 자격으로 동참하게 했다. 가장 독특한 것은, 모든 선교사는 재정을 요청해서는 안 되고, "하나님

---

6. Taylor, 앞의 책, P. 105-109.
7. Taylor, 앞의 책.

의 방법으로 행해지는 하나님의 일에는 결코 하나님의 공급이 부족하지 않을 것이다"라는 믿음에 따라 필요한 것을 하나님께 전적으로 의지하는 것이다. 이런 원리에서 '믿음 선교'(faith mission)라는 말이 나왔다.

중국에 하나님나라를 확장함 Extending the Kingdom to China

• 캐리와 마찬가지로, 테일러는 자신의 주장을 제시하면서 성경적 증거뿐 아니라 연구하고 조사한 내용들과 표를 사용했다.

테일러는 수많은 설교 외에도 아내 마리아(Maria)와 함께 쓴 「중국의 영적 필요와 요구들」(*China's Spiritual Needs and Claims*)이라는 책을 통해 많은 사람들을 결집시켰다. 캐리와 마찬가지로, 그는 자신의 주장을 제기하면서 성경적 증거뿐 아니라 연구하고 조사한 내용들과 표를 사용했다.

선교사들이 가장 오랫동안 사역했던 7개 주에서 아직도 8천만 이상의 사람들이 복음을 듣지 못하고 있는 실정을 생각해 보라. 중국 본토의 11개 주에는 소수의 선교사들이 일하고 있으며, 아직도 1억 명 이상이 복음을 듣지 못하고 있다. 유럽 전체보다 큰 만주, 몽골, 티베트, 북서부 속국들에 사는 2천만 명이 넘는 사람들을 생각해 보라. 이들을 다 합하면 기존 선교기관의 손이 미치지 않는 사람들은 2억 명이 넘는다. 어떻게 하면 하나님의 이름이 그들에게 거룩함을 받으며, 그들 가운데 하나님의 나라가 임하며, 그들에 의해 하나님의 뜻이 이루어질 것인가.

하나님의 이름, 하나님의 성품에 대해 그들은 한 번도 들어본 적이 없다. 하나님의 나라가 그들에게 선포되지 않았다. 하나님의 뜻이 그들에게 알려지지 않았다![8]

캐리와 마찬가지로, 허드슨과 마리아도 하나님의 나라가 중국에 임해야 한다고 생각했다.

중국의 상태와 필요에 대해 간략하게나마 말씀드렸습니다. 각 성을 자세히 살펴보려면 중국 전체를 살펴보는 데 들였던 것 이상의 시간과 지면이 필요할 것입니다. 우리는 그 동안 쏟은 노력에 하나님이 어떻게 축복하셨는지 보여 드렸습니다. 또한 이 나라를 더 널리 복음화하기 위해 현재 어떤 시설들이 있는지도 보여 드리려 애썼습니다. 우리는 부활하신 우리 주님의 위대한 명령, "온 세상에 가서 모든 사람에게 복음을 전하라"는 명령을 역설하려고 애썼습니다. 그리고 마태복음 25장에 나타난 우리 주님의 비유에서, 바깥 어두움에 던져져 슬피 울며 이를 가는 사람이 이방인이 아니라 주인의 종이었다는 것, 부도덕한 사람이 아니라 무익한 사람이었다는 것을 지적하고 싶습니다.

… 우리는 이런 엄숙한 사실들을 깊이 묵상함으로 많은 사람들이 각성하여 다음과 같은

---

8. Taylor, J. H. *China's Spiritual Needs and Claims*. 1895 Philadelphia: China Inland Mission. P. 38.

진심 어린 기도를 드리게 되었다는 사실을 믿습니다. "주님, 중국에서 주님의 이름이 거룩하게 되고, 주님의 나라가 임하고, 주님의 뜻이 이루어지도록 하기 위해 내가 무엇을 하기 원하시나이까?"[9]

1865년, 테일러에 의해 공식적으로 '중국내지선교회'(지금은 OMF[Overseas Missionary Fellowship]로 이름을 바꾸었다)가 조직되었다. 이듬해에는 그의 아내 마리아와 네 자녀, 15명의 신입 선교사들이 함께 중국으로 떠났다. 광범위한 사역을 하고 일꾼은 늘었지만, 그는 많은 문제들을 극복해야 했고, 위험에 직면해야 했다. 아마도 최악의 사건은 1900년에 일어난 사건일 것이다. 당시 153명의 선교사와 53명의 선교사 자녀들이 살기등등한 의화단에게 살해되었다. 그들을 지도하던 노년의 선교사에게는 너무나 비통한 일이었다.

테일러는 생전에 1,500명 이상의 일꾼들이 중국 내지 복음화에 헌신하는 것을 지켜보았다. 그의 선교기관은 40개 이상의 새로운 '믿음 선교' 기관의 모델이 되었다. 내륙 선교에 대한 그의 비전은 중국뿐 아니라 아프리카, 아시아, 남미 등지의 수많은 내륙 지방을 복음화하려는 새로운 열심을 불러일으켰다.

> • 내륙 선교에 대한 테일러의 비전은 중국뿐 아니라 아프리카, 아시아, 남미 등지의 수많은 내륙 지방을 복음화하려는 새로운 열심을 불러일으켰다.

【타운센드와 맥가브란: 현대 선교 제3기】
TOWNSEND and MCGAVRAN: Third Era of Modern Mission

매우 다른 두 사람이 현대 선교 제3기의 막을 올렸다. 카메룬 타운센드는 선교 현장으로 가기 위해 대학을 그만뒀다. 2대 째 선교사 집안의 아들인 도널드 맥가브란은 세속 직업을 찾기 위해 부모님이 사역하던 선교지를 떠났다. 타운센드는 자신이 학위를 받지 않았다는 사실을 자랑으로 여겼다. 맥가브란은 삼십대에 박사 과정을 마쳤다. 타운센드는 과테말라에서 섬겼다. 맥가브란은 인도에서 일하기 위해 돌아왔다. 다시 한 번, 제도 교회가 아니라 그 외 지역에서 새로운 운동이 시작되었다.

> • 타운센드가 세운 선교회는 개신교계에서 가장 큰 선교회가 되었다. 맥가브란은 선교기관을 설립하지는 않았지만, 그의 글은 많은 교회에 영향을 끼쳤다.

그들은 선교에 지대한 영향을 끼쳤다. 타운센드가 세운 선교회는 개신교계에서 가장 큰 선

---

9. Taylor, 앞의 책, P. 47-48.

교회가 되었다. 맥가브란은 선교기관을 설립하지는 않았지만, 그의 글은 많은 교회에 영향을 끼쳤다. 서로 매우 다른 이 두 사람(도전적 통찰력에 사로잡히고, 현장 경험에 의해 잘 단련된) 이 세계 선교의 모습을 영원히 바꿔놓았다.

카메룬 타운센드: 부족들과 성경 번역에 비전을 품은 사람 Cameron Townsend: Visionary for Tribes and Translation

'엉클 캠'이라는 애칭으로 불렸던 타운센드는 청각장애인 아버지 윌(Will)의 인도로 주님을 영접했다. 학생자원자운동(Student Volunteer Movement)의 영향을 받은 그는 졸업도 하기 전에 과테말라에서 성경을 팔기 시작했다.

어느 날, 스페인어 성경을 읽을 수 없었던 한 인디언이 타운센드에게 "당신의 하나님의 그렇게 위대하다면서, 어떻게 우리말도 못하는 거요?"라고 따지듯 물었다고 한다. 그 질문은 타운센드의 마음을 심히 괴롭게 했다. 그는 언어학적 지식은 없었지만, 20만 명의 칵치켈(Cakchiquel) 원주민들에게 문자와 자신들의 방언으로 된 성경을 주리라 결심했다. 그리고 10년 동안 힘겹게 그 일을 했다. 그는 자신의 결심이 점차 더 굳어진 것에 대해 이렇게 말한다.

"바보 같은 짓 하지 말게." 친구들은 내가 50년 전 중앙아메리카에 있는 칵치켈 인디언들을 위해 하나님의 말씀을 번역하기로 했을 때 그렇게 말했다. "인디언들의 이상한 언어를 배우고 그들을 위해 성경을 번역한다는 건 쓸데없는 일일세. 어쨌든 그 사람들은 글을 읽지 못하지 않나. 그 인디언들이 스페인어를 배우게 하게나."

내 친구들은 14년 후 하나님의 말씀이 칵치켈 족에게 가져온 변혁을 보고 내가 다른 모든 부족들에게 가려고 했을 때도 같은 논리를 폈다. 내가 선교 계획에 아마존의 작은 원시 부족까지 포함시켰을 때도, 친구들은 또 다른 주장을 덧붙였다. 경험과 연륜이 풍부한 한 선교사는 이렇게 말했다. "그 사람들은 자네를 죽일 걸세. 그 정글 부족들은 어쨌거나 멸종할 거란 말일세. 그들은 창이나 화살로 외부인들뿐 아니라 서로 죽이기도 한다네. 그들이 자네를 죽이지 않는다면, 말라리아에 걸리거나 카누가 급류에 전복되거나 보급품을 받기 위해 기지까지 가는 데 한 달 이상 걸리거나 하는 일도 생길 걸세. 다른 부족은 잊어버리고, 칵치켈 부족들과 함께 있도록 하게."

하지만 나는 그들을 잊어버릴 수가 없었다. 어느 날 하나님이 내게 말씀 한 구절을 주셨고, 그 구절이 문제를 해결해 주었다. "너희 생각에는 어떠하냐 만일 어떤 사람이 양 백 마리가 있는데 그중의 하나가 길을 잃었으면 그 아흔아홉 마리를 산에 두고 가서 길 잃은 양을 찾지 않겠느냐"(마 18:12). 나는 "한 마리의 잃어버린 양"을 찾아갔으며, 4천 명의 젊은이들이 내 뒤를 따랐다.[10]

새로운 관점의 선교기관이 필요하다 A New Agency Focus Required

타운센드는 각 부족과 언어 집단에 맞는 독특한 사역을 계발할 필요가 있고, 새로운 선교기관이 필요하다는 사실을 깨달았다. 성경 번역이라는 복잡한 사역은 고도의 전문성과 지원을 요했다.

> 우리는 영어 사용자들에게 최초로 성경 전체를 갖게 해주었던 존 위클리프(John Wycliffe)를 기념해 스스로 '위클리프 성경 번역자'라고 불렀다. 회원 중 절반은 부족민들 사이에서 언어를 연구하고 성경을 번역하여 그들에게 하나님의 말씀을 보여 주는 일에 헌신했다. 다른 절반은 지원 인력으로 교사, 비서, 비행기 조종사, 기계공, 인쇄공, 의사, 간호사, 회계사, 그 외 보급 라인에 배치된 사람들이었다. … 우리의 도구는 언어학과 말씀이다. 그것은 모든 사람에게 차별 없이 사랑과 섬김의 정신으로 주어지는 것이었다.
>
> 전에는 주류에 끼지 못하던 부족민들이 이제 하나님의 말씀으로 변화되고 있다. 그리고 그 변화가 남부 멕시코 산지에서 일어나든, 아마존 정글에서 일어나든, 호주의 사막 평야에서 일어나든 간에 그것은 옛 것에서 새 것으로의 눈부신 도약이다.[11]

> • 타운센드는 각 부족과 언어 집단에게 맞는 독특한 사역을 개발할 필요가 있고, 새로운 선교기관이 필요하다는 사실을 깨달았다.

> • 타운센드는 "가장 위대한 선교사는 모국어로 된 성경이다. 그것은 휴가도 필요 없고, 외국인으로 여겨지는 일도 전혀 없다"고 주장했다.

타운센드는 칵치켈 부족과 13년을 보낸 후 페루에서 17년을 보냈으며, 그 후 콜롬비아에서 개척 사역을 시작했다. 50년간 활발하게 사역을 한 이후에도, 소비에트 카프카스 산맥에서 성경 번역을 할 수 있다는 가능성에 들뜬 마음으로 탐사하고 있었다. 하지만 안타깝게도 그 꿈은 그가 죽을 때까지 이루어지지 않았다. 하지만 러시아에 새로이 문이 열리면서, 이제 젊은 성경 번역가들이 그 일을 완수하기 위해 일하고 있다.

타운센드는 "가장 위대한 선교사는 모국어로 된 성경이다. 성경은 휴가도 필요 없고, 외국인으로 치부되는 일도 없다"[12]고 주장했다. 그의 지도력과 추진력으로 위클리프 성경번역

---

10. Townsend, Wm. Cameron, (1963). "Tribes, tongues, and translators." In Wycliffe Bible Translators, Inc., in cooperation with the summer Institute of Linguistics, *Who Brought the Word*. Santa, And, Calif.: Wycliffe. P. 7.
11. Townsend, 앞의 책, P. 8.
12. Hefley, J., & Hefley, M. (1974). *Uncle Cam*. Waco, Tex.: Word. P. 182.

선교회(Wycliffe Bible Translators)와 여름언어학연구소(Summer Institute of Linguistics)가 세워졌다. JAARS(Jungle Aviation and Radio Service: 정글 비행과 무선통신 지원단)가 항공 지원을 해주었다. 그들의 공동 사역을 통해 이 기관들은 각각의 부족이나 언어 집단을 위한 400개 이상의 성경 번역을 완수했다. 위클리프 성경 번역가들은 현재 700개 이상의 언어 집단에서 일하면서 해마다 30개 이상의 언어로 된 성경을 번역하고 있다.

30여 개국 이상에서 모여 든 위클리프 선교사들은 현재 80개국에서 6천 명 이상의 종족들을 대상으로 일한다. 타운센드는 번역 선교 사역에는 학위를 받지 않은 사람들도 귀하게 쓰임 받을 수 있다고 주장하지만, 오늘날 위클리프에는 다른 어떤 선교기관보다 박사학위를 가진 사람이 많다. 루스 터커는 그를 "20세기 성경 번역의 큰 물결이 일어나는 데 가장 큰 공헌을 한 사람"[13]이라고 평한다. 그러한 큰 물결은 그의 기관뿐 아니라 전 세계적으로 약 20개의 사역들을 만들어 냈다.

도널드 맥가브란: 숨겨진 종족들의 대변인 Voice for Hidden Peoples

동시에, 지구 반대편에서는 도널드 맥가브란이 약간 다른 질문을 던지고 있었다. 그의 대답은 선교에 대한 교회의 사고방식을 바꾸어 놓았다.

인도에서 태어난 맥가브란은 조부모와 부모님의 뒤를 이어 3대째 선교사가 되지는 않기로 했다. 하지만 하나님은 다른 생각을 품고 계셨다. 맥가브란은 법조계에 진출할 계획이었지만, 대학 시절에 학생자원운동을 통해 그리스도께 헌신했다. 결국 그는 인도로 돌아와 부모님이 속한 선교 단체에서 일했다. 그는 선교사 학교 교장으로 시작하여, 의료 사역, 전도 프로그램 등을 수행했으며, 사복음서를 치하티스가리어로 번역했다.

선교를 보는 또 다른 시각 Another Way of Looking at Missions

맥가브란은 끊임없이 보고, 듣고, 무엇보다도 질문을 던졌다. 실제 경험과 다른 선교사들에게서 배우려는 지칠 줄 모르는 욕구 때문에, 그는 건전하고 온당한 선교 신학의 필요성을 인식하게 되었으며, 그 일에 자신의 열정을 바치기 시작했다. 그는 선교사들이 수행하고 있는 사역 중 많은 부분이 세계 복음화의 목표를 이루는 데 그리 효과가 없다는 사실을 오래전부터 깨닫고 있었다.[14]

맥가브란은 철저한 연구 자료를 토대로, 선교 기지(Mission station: 선교사들과 그들이 회심시킨 사람들이 함께 살고 일하는 지역. 이것은 보통 그들을 복음이 필요한 사람들에게서 분리시켰다 - 편집자 주) 접근 방식에 이의를 제기하기 시작했다. 그는 "사람들은 어떻게 그리스도인이 되는가?"라는 도발적인 질문을 던졌다. 그는 전도 캠페인이나 한 명씩 회심시키

---

13. Tucker, Ruth A. 「선교사 열전」(*From Jerusalem to Irian Jaya*, 크리스찬 다이제스트사 역간). Grand Rapids, Mich.: Zondervan. P. 351.
14. Tucker, 앞의 책. P. 476.

는 것 등 일반적으로 인정된 방법들이 과연 논리적으로 옳은지 의문을 품기 시작했다. 그는 사회학적 연구 방법을 사용해 실제 결과를 증명하기 위해 확실한 사실들을 뒤졌다.

해답의 실마리가 풀린 것은 사회의 다양한 계층들이 지닌 독특성과 맞닥뜨리고 나서다. 신분제도인 카스트 제도가 있는 인도야말로 다른 어느 곳보다 이 문제를 명확하게 볼 수 있는 곳이었다. 복음을 한 계층에서 다른 계층으로 전해 주면서 생기는 어려움들 때문에 그는 아무도 연구하지 않은 영역에서 결론을 이끌어낼 수 있었다. 그

- 맥가브란은 문화적 차이가, 제대로 이해하기만 하면, 하나님나라를 진척시키기 위해 더 지혜로운 전략들을 세우는 데 도움이 된다고 주장했다. 각 집단이 지닌 독특성이 사역을 방해하는 대신 촉진시킬 수 있다는 것이다.

는 문화적 차이가, 제대로 이해하기만 하면 하나님나라를 진척시키기 위해 더 지혜로운 전략들을 세우는 데 도움이 된다고 주장했다. 각 집단이 지닌 독특성이 오히려 사역을 촉진시킬 수 있다는 것이다.

맥가브란은 복음을 전할 때 사람들이 스스로를 어떻게 하나의 집단으로 보는지(그는 거기서 '종족 집단'[people group]이라는 말을 만들어 냈다) 고려해야 한다고 주장했다. 그들의 자연적 관계망, 친족 관계 등을 깨뜨리기보다 잘 이용하면 더 많은 사람들이 회심하고 더 강한 교회가 세워질 것이다. 이런 통찰들은 또 다른 놀라운 결론에 이르게 했다.

의사결정에 대한 또 다른 사고방식 Another Way of Thinking about Decisions

맥가브란은 문화 속에서 결정을 내리는 나름의 방식이 선교의 핵심 열쇠라는 것을 깨달았다. 그는 서구식으로 각 개인이 결정을 내리는 방식이 동양인들에게는 받아들여지지 않았으며, 그들을 구원하는 데도 별 성과가 없다고 했다. 이런 '집단적 사고'에 대한 연구를 통해 그는 다음과 같은 눈길을 끄는 제안들을 하게 되었다.

> 비 기독교 국가들의 기저에 있는 집단 심리를 이해하기 위해, 교회와 선교회 지도자들은 그들의 삶을 종족의 관점에서 보아야 한다. 그들에게 개인 행동은 배신행위나 다름없다. 공동으로 사고하는 사람들 가운데 다른 사람들과 상의하지 않고 독자적으로 활동하는 이들은 반역자들뿐이다. 그들은 개인을 자급자족할 수 있는 한 인격체가 아니라 집단의 일부라고 생각한다. 일, 자녀의 결혼, 개인적 문제들, 아내와의 갈등 등은 집단적 사고에 의해서만 제대로 해결된다. 종족 집단들은 그들의 집단적 사고(group mind)가 주님이신 예수님과 생명력 있는 관계를 맺게 될 때 비로소 그리스도인이 된다.
>
> 집단적 결정이 한 사람 한 사람이 내린 결정의 총합이 아님을 유의하는 것이 중요하다. 지도자는 추종자들이 자신의 결정을 따를지 확인한다. 추종자들은 서로 자기들이 다른

사람보다 앞서지 않는지 살핀다. 남편들은 아내의 의중을 떠 보며 아들은 아버지에게 서약한다. 사람들은 결정을 내리기에 앞서 "아무개가 없는데 이런 결정을 해도 되겠는가?"라고 생각한다. 한 집단이 그리스도인이 될지 말지 고려하게 되면, 긴장과 흥분이 고조된다. 사실상 장기간 비공식적 투표가 진행되고 있다. 종교를 바꾸면 공동체에 변화가 오게 마련이다. 그러므로 공동체 구성원들이 함께 움직여야만 그 변화가 건강하고 건설적인 결과를 낳는다.

- 서구식으로 각 개인이 결정을 내리는 방식은 동양인들에게는 받아들여지지 않았으며, 그들을 구원하는 데도 별 성과가 없다.

종족 집단들은 그리스도를 믿겠다는 결단의 물결이 집단적 사고를 휩쓸고 지나갈 때 그리스도인이 된다. 여기에는 여러 개인들의 결단이 포함되지만, 그런 결단들의 총 합계를 훨씬 넘는다. 연쇄반응이라고도 할 수 있는데, 각 결정은 다른 결정을 유발시키고, 그 결정들의 총합은 모든 개인에게 강력한 영향을 미친다. 조건만 맞으면, 각 소수 종족뿐 아니라 해당 집단 전체가 함께 결단을 내린다.[15]

말할 필요도 없이, 이런 분석은 흥미를 돋우는 동시에 논란을 불러일으켰다. 그것은 많은 전략들을 재고하게 했으며, 전 종족을 그리스도께로 돌아오게 하자는 고무적 운동을 제안했다.

연구 센터 A Center for Research

이런 질문들과 그 질문들을 탐구하는 것에서 출발해서 맥가브란은 현재 '선교학'이라고 불리는 학문을 발전시키기 시작했다. 1961년에 그는 교회성장연구소(Institute of Church Growth)를 시작했는데, 거기서 "선교학적 연구는 기독교 역사상 그 어디에서보다 그리고 그 어느 때보다 더 발전되었다."[16] 1965년에 맥가브란은 풀러 신학교(Fuller Theological Seminary) 선교대학원(School of World Mission)의 설립 학장이 되었다.

- 맥가브란은 선교기관을 설립하지는 않았지만, 그의 연구는 많은 사람들에게 영향을 미쳤다.

그는 수많은 글을 썼기 때문에 선교계 전체가 그의 연구와 이론을 접할 수 있었다. 맥가브란은 선교기관을 설립하지는 않았지만, 그의 연구는 많은 사람들에게 영향을 미쳤다. 그의 두 가지 주된 연구 결과는 교회성장운동(Church Growth Movement, 오늘날 교회가 이미 존재하는 집단들 안에서 어떻게 확장이 일어나는지를 연구하는 것)과 개척선교운동(Frontier

---

15. McGavran, Donald. (1955). 『하나님의 선교전략』(*The Bridges of God: a study in the strategy of missions*, 한국장로교출판사 역간). New York: Friendship Press. P. 13.
16. Tucker, Ruth. 앞의 책. P. 477.

Mission Movement, 교회가 존재하지 않는 집단들에게 복음을 전할 수 있는 방법들을 계발하는 것)이다.

완전히 새로운 시대 A Whole New Era

다시 한번, 한 시대가 절정에 이르렀을 때 새로운 시대가 시작되었다. 타운센드와 맥가브란(한 명은 대학 중퇴생이고, 또 한 명은 박사학위 소지자)은 각각 선교에 대해 완전히 새로운 사고방식을 제안했다. 이유는 서로 달랐지만, 이 두 사람은 거의 동시에 비슷한 결론에 도달했다. 효과적으로 사역하기 위해, 선교사들은 그들의 과업을 인종 집단(지금은 종족 집단이라고 부른다)이라는 견지에서 생각할 필요가 있다는 것이다. 그 같은 통찰력을 가지고, 이 두 개척자는 선교 과업을 더 이상 지리적 장소에 국한되지 않는 개념으로 분명하게 정리했고, 그러한 개념은 2, 3세계 선교를 계발하는 초석이 되었다. 타운센드와 맥가브란을 통해, 하나님은 그의 교회를 현대 선교 제3기로 인도하셨다. 🌏

라다키 Ladakhi: 북부 인도의 라다키족은 티베트 이민자의 후예다. 그들은 광대한 카슈미르(Kashmir) 지역에 사는데, 그곳은 인도에서 유일하게 무슬림이 다수 집단을 이루고 있는 주다. 카슈미르를 놓고 인도와 파키스탄이 계속적으로 분쟁이 일어나, 이미 두 번 전쟁을 치렀고 세 번째 전쟁이 임박해 있다. 6만 명의 라다키 사람 중 약 절반은 라마교적 불교에 사로잡혀 있다. 두 종파 회원들은 머리 장식으로 구분되는데 일부는 노란 모자를 쓰고, 일부는 붉은 모자를 쓴다. 그들은 과거에 일처다부제를 시행했으나, 지금은 많은 사람들이 무슬림이 되었다. 무슬림이 된 일부 사람들은 일부다처제를 따르며, 인구는 증가하고 있다.
모라비안 교도들이 오래전에 티베트어로 된 신약 성경을 라다크어로 번역했지만, 그에 따른 열매는 거의 없었다. 카슈미르에는 그리스도인이 거의 없을 뿐 아니라, 전쟁이 계속되고 있기 때문에 전도가 어려운 실정이다. 인도 교회는 이 종족들에게 복음을 전하기 위해 전략을 개발하는 중이다.

애틀랜타 출신의 존 로웰(John Rowell) 목사는 "역사는 하나님의 약속들이 펼쳐지는 무대다!"라고 가르친다. 우리가 다룬 역사의 범위는 어마어마하면서도 동시에 도전적이고 고무적이다. 역사가 계속되는 이유는 하나님의 계획들이 여전히 성취되고 있기 때문이다.

✚ 각 시대의 원리들
Principle of the Epochs

블랑코의 연구는 2천 년간 기독교의 확장을 추적하면서, 새로운 통찰을 제시한다. 400년을 한 시대로 나누는 이 틀은 어떤 면에서는 제한되어 있지만, 역사 전체에 걸친 하나님의 사역을 잘 보여 주고 있다.

각 시대는 기독교가 새로운 문화권으로 이동하면서 시작된다. 기독교는 친족과 친구 관계를 통해 흘러간다. 결국 복음은 무수한 방식으로 전체 문화에 영향을 끼친다. 복음이 새로운 문화권들을 향해 효과적으로 전해지느냐 마느냐는 각 시대의 역사에 깊은 영향을 미친다.

✚ 복음 진보의 세 시대
Three Eras of Gospel Advance

제5기의 마지막 2백 년 동안은 선교 활동의 세 시대가 중복되어 있다. 제1기는 윌리엄 캐리가 열방에게 복음을 전할 필요에 대해 글을 쓰고 모범을 보이는 것으로 시작되었다. 제2기는 내륙 지역에 복음을 전하려는 허드슨 테일러의 관심에서 생겨났다. 제3기는 캠 타운센드와 도널드 맥가브란이 각 종족 그룹을 독특한 표적으로 삼을 필요가 있다고 주장하면서 발전되었다.

새로운 진보들이 일어날 때, 젊은 비전가들이 선봉에 서서 연구와 기도로 고무되어 교회가 새로운 방식으로 생각할 것을 도전했다. 이제는 서구의 선교사들만 문화적 장벽을 넘기 위해 나가고 있는 것이 아니다. 많은 제3세계 교회들 역시 선교 사역에 동참하고 있다.

이제 어떤 일을 해야 하는가?
새 천년에 들어선 지금, 하나님의 백성들은 이렇게 물어야 한다.

- 아직 남아 있는 일은 무엇이며, 어떻게 그 일에 착수할 것인가?
- 이 세대가 특별하게 기여할 만한 것은 무엇인가?
- 예수님이 우리에게 남겨 주신 일을 완수하려면 무엇을 해야 하는가?

조지 엘돈 래드(George Eldon Ladd)는 이렇게 도전한다.

> 현대 문명의 궁극적 의미와 인간 역사의 운명을 위해서라면, 여러분과 내가 유엔보다 더 중요하다. 영원의 관점에서 본다면, 군대의 진격이나 세계 자본의 활약보다 교회의 선교가 더 중요하다. 이 선교가 완수될 때 인간 역사를 위한 하나님의 목적이 완수되기 때문이다(Ladd, *The Gospel of the Kingdom*. Grand Rapids, Mich.: Eerdmans. P. 135).

캐리, 테일러, 타운센드, 맥가브란과 마찬가지로, 우리 역시 연구해야 하고 기도에 전념해야 한다. 그들과 마찬가지로, 우리도 아는 바에 근거해서 행동해야 하며 모든 자원을 사용해야 한다. 어느 누구도 혼자서 이 일을 할 수는 없다. 우리는 세계 곳곳에 있는 형제자매들과 함께, 하나님의 막을 수 없는 목적들에 함께 참여할 수 있고 참여해야만 한다.

역사를 공부하는 이유

성경 전체에 계시되어 있는 하나님의 목적은 하나님나라의 도래로 완성된다. 그리고 이렇게 자신의 목적을 이루어 가시는 하나님의 구체적인 손길을 찾는 가장 좋은 방법은 역사를 살펴보는 것이다.

역사를 공부하면, 하나님의 복이 한 지역과 종족을 통해 다른 지역과 종족으로 흘러가는 것을 확인할 수 있고, 오랜 세월 계속되어 온 하나님의 일을 깨닫고 뜻을 이해하며, 그분의 열정에 동참하는 특권을 누릴 수 있다.

이번 과에서 당신은…

- 복음이 각 지역과 문화권에 어떻게 침투하고 성장했는지 보았다.
- 다른 나라와 종족에게 복음을 전하는 데 장애가 된 것들이 무엇인지 보았다.
- 이런 장애를 극복하기 위해 하나님이 사용하신 전략이 무엇인지 보았다.
- 하나님의 복된 소식을 다른 나라와 종족들에게 나누지 않을 때 어떤 일이 일어나는지 보았다.
- 악하고 혼란스러운 역사 속에 나타난 복음의 불가항력적인 능력과 승리를 살펴보았다.
- 이방 민족과 타문화 지역으로 나아가 복된 소식을 전했던 하나님의 사람들을 만나보았다.
- 현대 선교의 부흥을 가져온 세 번의 시기와 각 시대의 선구자들에 대해서 알아보았다.

핵심 단어: '열정'

하나님의 이야기는 전혀 새로운 관점으로 역사를 보게 한다. '하나님의 백성들이 순종하든 순종하지 않든 간에' 하나님은 자신의 목적을 이루기 위해 열정적으로 일하셨다. 성경적 관점으로 깨닫게 된 주요 영적 원리들에 '살이 입혀지기' 시작하면서, 역사 속에서 많은 것들이 실제가 되는 것을 보았다. '마른 뼈'처럼 생명력 없어 보이던 역사의 사건들이 바로 어제 일어난 일처럼 생생한 실체로 살아날 것이다.

기독교 성장의 역사는 하나님의 영광이 열방에 이르게 되는 과정을 잘 보여 준다. 우리는 복음이 어떻게 모든 걸림돌을 넘어 수많은 나라들과 문화 속으로 들어갔는지 살펴보았다. 또한 땅의 모든 족속을 축복하기 위해 하나님의 사람들이 어떻게 열정적으로 개척자의 삶을 살아갔는지도 살펴보았다.

I. 선교 역사의 다섯 시대: '물이 바다 덮음 같이'

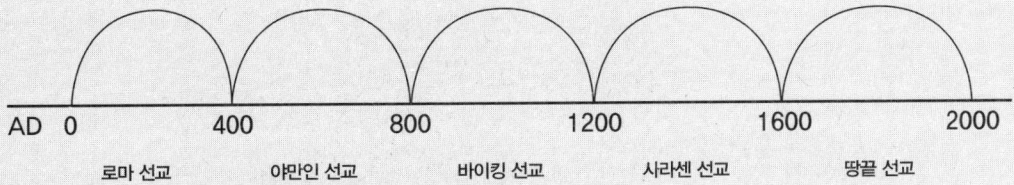

1. 0년 – 400년: 예루살렘에서 로마 제국의 국경까지

- **유대인 선교사들** – 유대인들로 구성된 예루살렘 교회는 유대의 문화와 관습을 따르고 있었다. 그러나 바울과 바나바는 이방인(에스네: 족속들)에게 복음을 전하면서 유대인이 될 것을 요구하지 않았다(예루살렘 공의회). 그들은 복음을 비 유대화했다. 복음의 메시지에 입혀진 유대 문화의 옷을 조심스럽게 벗겨내고 비유대적인 말과 개념을 다시 입힌 것이다.
- **4세기에 복음이 널리 전파되다** – 로마의 콘스탄틴 황제가 신앙의 자유를 허락하는 칙령을 발표하면서 기독교에 대한 핍박은 끝이 났다(AD 313). 하지만 문제가 있었다. 기독교를 국교로 삼으면서 이교도들이 명목상의 그리스도인으로 모습만 바꾸게 된 것이다. 기독교는 팍스 로마나가 제공하는 편리하고 안전한 여행길(도로)과 당시 공용어였던 라틴어와 헬라어를 통해 제국의 여러 대도시에 복음을 전할 수 있었다.
- **그리스도인 = 로마인: 기독교 선교의 걸림돌** – 교회는 로마 외의 나라에 복음을 전하려 하지 않았고, 선교 활동은 제국의 국경선에서 멈춰버렸다. 열방에 복을 전하라는 하나님의 명령이 로마 제국 안에 갇혀버린 셈이다.
- **고트족에게 복음이 전해짐** – 지금의 루마니아 지방에서 40년간 사역한 울필라스 덕분에 많은 사람들이 회심했고, 그 후 고트족은 부요한 도시 지역을 노리고 로마 제국을 침략했다 (AD 410).

랄프 윈터는 고트족이 기독교의 영향을 조금이라도 받았기 때문에 상당히 다른 방식으로 로마를 침략했다고 설명한다. 야만스러운 고트족이 로마 시를 초토화하지 않은 유일한 이유는, 기독교 가치를 따라 생명과 재산, 특히 교회를 소중하게 여겼기 때문이다. 놀랍게도 얼마 가지 않아 정복자들은 복음의 능력에 정복당한다. 고트족 침략자들 중 많은 사람이 자신들이 정복한 민족의 기독교 신앙을 받아들인 것이다.

2. 400–800년: 야만인 선교
제도권 교회는 5세기에 들어서면서 힘을 잃어가고 있었다. 믿음과 학문의 빛은 수도원 안으로 숨어버렸다.

- **암흑시대를 밝힌 켈트족** - 로마 제국이 아닌 전혀 다른 곳, 아일랜드의 켈트족에 의해 새로운 형태의 기독교가 시작되었다. 켈트족을 이방 종교에서 돌이키기 위해 하나님은 패트릭을 선교사로 크게 사용하셨다. 그 사역의 열매로 켈트족 수십만 명이 세례를 받았고 수백 개의 교회가 세워졌다. 또한 땅끝까지 복음을 전하기로 맹세한 페레그리니(유랑 전도자)들도 파송되었다. 결국 켈틱 교회는 영국과 유럽 대륙을 다시 복음화하는 데 성공했다.
- **복음이 서구 유럽 전역에 퍼진 8세기** - 8세기에 이르러 기독교 신앙은 빠르게 팽창하기 시작했다. 당시 게르만 프랑크족의 왕이었던 샤를마뉴는 도로를 재정비하고 서부 유럽 전체를 통합하면서 동족들을 기독교화했다. 평화가 찾아오면서 문화의 르네상스가 샤를마뉴 제국 전역에서 꽃피웠다.

3. 800년-1200년: 바이킹 선교

페레그리니들의 활동이 거의 없었던 북쪽 지역에서 바이킹들의 침략과 약탈이 시작되었다. 하나님의 백성들이 하나님의 진리와 함께 받은 복을 나누지 않음으로 또 다시 이방 민족에게 그 축복을 강제로 빼앗기게 된 것이다. 게다가 4세기 때의 야만인들과 달리 바이킹들은 복음을 전혀 접해보지 않은 민족이었다. 그들의 침략은 너무나 잔인하고 피비린내 나는 살육과 파괴를 가져왔다.

그러나 또 한 번의 놀라운 역전이 일어났다. 구원의 복음에는 난폭한 바이킹 전사들의 문화마저 바꿔버릴 능력이 있었던 것이다! 그들이 강제로 끌고 간 포로들 - 사제들(글을 읽고 쓸 수 있었기 때문에)과 여인들(아내, 종 혹은 첩으로 삼기 위해) - 에 의해 북쪽 지방에 기독교 신앙이 전해졌다. 복음은 포로들에 의해 그들을 잡아간 사람들 가운데 뿌리를 내렸다.

○ 이슬람의 대두

7세기에 유대교와 기독교에 이어 유일신을 믿는 세 번째 종교인 이슬람이 시작되었다. 이슬람은 북아프리카를 거쳐 스페인과 지중해 연안의 국가들 절반에까지 확장되었다.

4. 1200년-1600년: 사라센 선교?

역사상 기독교 선교를 가장 심각하게 왜곡한 것은 십자군 원정이다. AD 1095년에서 AD 1350년 사이에 일어난 여덟 번의 십자군 원정은 중동 전 지역 사람들의 마음을 닫는 엄청난 결과를 남겼다. 오늘날까지도 이 지역 사람들은 '그리스도인'이라는 말을 혐오하고 있다. 십자군의 야망, 탐욕, 광신으로 수많은 사람들이 피를 흘렸다.

5. 1600-2000년: 침묵의 시대와 대 약진의 시대

루터의 종교 개혁이 성공한 것은 게르만 문화를 기초로 복음을 비 라틴화했기 때문이다. 하지만 이 개혁 세력들도 세계 선교에 대해서는 침묵하고 있었다. 왜 그랬을까?

종교 개혁을 위해 마르틴 루터가 수도원들을 몰수하고 문을 닫으면서, 개신교 선교 활동을 위한 조직적인 구조가 무너지고 말았기 때문이다. 지난 천 년 동안 하나님이 선교사들을 보내기 위해 사용해오신 돛이 접힌 셈이다.

- **예외: 모라비안 교도** – 그럼에도 개신교 안에 세계 선교 운동이 일어났다. 진젠도르프 백작은 모라비아에서 온 기독교 난민들을 자기 영지에 정착시킨 뒤(1722년) 성령의 역사로 기도 모임을 시작했다(1727년). 하루 24시간 내내 진행된 기도 모임은 100년 이상이나 지속되었는데, 이것이 바로 모라비안 선교 운동이다.

  이 선교 운동은 숙련된 전문인 선교사들이 비 그리스도인들과 함께 생활하며 기술과 복음을 전하는 것으로서, 신학 대신 전도 훈련을 받은 평신도들을 중심으로 이루어졌다. 처음에는 작은 모임이었지만 이 운동은 이십 년 만에 당시의 개신교 교회들이 200년 동안 보낸 것보다 더 많은 선교사들을 파송하게 되었다.

- **윌리엄 캐리와 현대 선교의 수단들** – "만일 복음이 모두에게 가치가 있다면 왜 모두에게 전하지 않는가?"라고 물었던 윌리엄 캐리. 그의 제안은 개신교 선교에 있어 부족한 요소, 즉 선교를 수행할 조직들을 세우는 데 큰 영향을 주었다. 캐리의 책 「탐구」(Enquiry)는 개신교인들에게 세계 복음화를 성취할 수 있는 동기와 수단을 제공함으로써 현대 선교를 확장시키는 '빅뱅'이 되었다.

- **20세기–식민 시대가 끝나다** – '믿을 수 없는 25년'(1945-1969) 동안 서구 열강은 5%를 제외한 모든 비서구 국가에 대한 식민 통치권을 잃었다. 그리고 수십 개의 나라들이 독립을 선언하고 자신들의 정부를 수립해 유엔에 가입했다.

- **21세기–복음의 비 서구화?** – 예루살렘 공의회(행 15장)에서 '문화적 융통성'을 허용한 이래, 기독교 관습의 다양성은 복음 전파의 가속화와 함께 점점 더 많아졌다. 예루살렘 공의회의 정신을 지켜가려면 복음 안에서 자신의 문화적 관습들을 허용하되 그것이 절대적인 것처럼 선포하지 말아야 한다.

  복음은 모든 문화의 해방자다. 예수님의 인격과 가르침에 매력을 느낀다 하더라도 그것이 자신의 문화와 전혀 다른 가치관과 얽혀 있다면, 대부분의 사람들은 메시지까지 거부하게 될 것이다. 이에 대한 성경적 대안은 메시지를 비 서구화하는 것이다. 우리의 메시지는 '예수, 모든 것 되신 예수, 오직 예수, 모든 민족의 구세주이며 모든 나라를 모으시는 예수'만 드러내야 한다.

  하나님은 각 세대마다 예루살렘에서부터 땅끝까지 반역하는 인류를 설득하시고, 죄와 사단과 죽음에서 모든 나라를 구원하신다. 하나님은 장차 있게 될 하나님의 잔치에 사람들을 초청하신다. 이것이 바로 하나님이 아브라함의 자녀들에게 주신 사명이다. 역사 속에서 끊임없이 추구해오신 이 목적에 동참하는 사람들은 자신에게 임한 하나님나라의 복이 속히 세상 모든 사람에게도 임하기를 간절히 소망한다.

* 세계 기독교 운동 – 400년을 한 주기로 복음이 여러 지역과 문화권에 점차적으로 확장되어 전파된 것을 나타낸다.

시대	연도	메카니즘	복음의 진보 (문화적 유역/지역)	특징	주요 인물
로마 선교	AD 0-400	VG(바울의 선교단) IG(흩어진 제자들)	로마	• 예루살렘 중심 사역 • 오순절(로마 동편 사람들의 방문, 회심 후 교회 형성) • 핍박으로 인해 제자들이 흩어짐 • 예루살렘 종교 회의 • 바울과 사도들의 선교 활동 • 예루살렘 함락 • 기독교 핍박 • 제자들의 흩어짐	• 콘스탄틴 대제(기독교를 국교로 인정)
야만인 선교	400-800	VC(야만인의 침략) VG(수도원)	서유럽, 중부 유럽	• 야만인들의 로마 침략으로 인한 기독교화 • 수도원이 세워지고 선교 수행 • 복음을 가진 로마인들이 중부 유럽으로 흩어지게 됨, 후에 북유럽으로 확산 *북아프리카, 아시아 지역에 모슬렘 확산	• 패트릭, 보니페이스, 콜롬반 • 샬마뉴 대제(게르만 야만족의 후예, 기독교 공식화 지지, 수도원 강화, 문예 부흥)
바이킹 선교	800-1200	VC(바이킹의 침략)	스칸디나비아, 북유럽	• 스칸디나비아반도에 거주하던 바이킹의 침략 때 붙잡혀 간 수도사들과 여인들을 통해 그 지역이 신앙에 정복당함	• 이노센트 3세(그레고리 개혁 추진, 최초의 이동 선교단인 탁발수도사 공인)
사라센 선교	1200-1600	VG	복음의 진보를 막음(십자군 전쟁: 왜곡된 선교)	• 십자군 전쟁(영적 영향력의 침체와 부패, 육로를 통한 세력 확장 시도, 모슬렘들과의 전투를 통해 도덕성 상실, 무슬림들에게 상처) • 프라이어즈(탁발수도사) 운동 • 식민지 확장을 통한 카톨릭 기독교의 진척 • 르네상스와 종교 개혁	• 프란시스 아시시, 레이먼드 럴
땅끝 선교	1600-2000	VG	식민지 확장, 연안 선교, 내륙 선교, 모든 종족 선교	• 카톨릭 선교 활동 주춤 • 개신교 선교 운동 활성화	• 예수회(카톨릭)의 선교 • 모라비안(개신교 첫 선교사들) • 윌리엄 캐리, 허드슨 테일러 카메룬 타운젠트 도날드 맥가브란

열방으로 나아감 – VG(Voluntary Go: 자발적으로 가다), IG(Involuntary Go: 비자발적으로 가다)

축복에로 나아옴 – VC(Voluntary Come: 자발적으로 오다), IC(Involuntary Come: 비자발적으로 오다)

II. 세계 기독교 운동의 개척자들

1. 윌리엄 캐리 : 현대 선교 제 1기, '해안선 선교의 개척자'

① 선교 준비
- 영국의 가난한 구두 제조공
- 복음이 전해지지 않은 대륙의 지도를 벽에 붙여놓고 기도함.

② 선교 동원
- 「이교도들의 개종을 위해 그리스도인들이 여러 수단을 사용해야 하는 의무에 관한 탐구」라는 책자를 통해 전문 선교단체와 선교위원회의 필요성을 역설함(1792).
- 미전도 지역을 세밀하게 조사해 만든 통계 자료로 지역 교회들에게 선교에 동참할 것을 촉구함.
- 세계 선교에 대한 당시의 신학적 반대들(지상명령 종료설, 고국 사역 우선론)을 반박함.

③ 선교 사역과 업적
- 침례교 선교회의 초대 선교사로 자원, '개신교 선교의 아버지'라 불릴 만큼 큰 역할을 함.
- 자비량 선교사로 활동하던 중에 가정의 불행(아내의 정신병, 자녀들의 병사)과 동인도 회사의 방해를 겪음.
- 두 동료와 함께 '세람포어 삼총사'라 불림: 언어학 교수, 성경 번역, 인쇄 사역
- 화재로 성경 번역본이 소실되는 사고를 당하면서도 "인내하지 않으면 어떤 목표도 달성할 수 없다"라며 포기하지 않음.
- 신구약 성경을 3개 언어로 번역. 성경 일부분을 46개 방언으로 번역. 세람포어 대학 설립.
- 1834년 사망. 인도 선교에 획기적인 업적을 남김(번역 사역, 싸투 악습 폐지 등).
- "하나님으로부터 위대한 일들을 기대하라! 하나님을 위해 위대한 일들을 시도하라!"는 유명한 말을 남김.

2. 허드슨 테일러: 현대 선교의 제 2기, '내지 선교의 승리자'

① 선교 준비
- 16살 때 중국 선교에 대한 충동을 느낌(소명): 중국에 대한 공부와 의학 공부 시작
- 믿음으로 살아가는 재정 훈련: "오직 기도로 하나님이 사람들을 움직이시게 하자!"
- 청빈하고 소박한 삶의 훈련, 전도, 빈민 구제와 환자 방문, 절약과 기부 생활화, "만약 예수님이 오늘 재림하신다면, 버리지 못해 부끄러워 할 물건이 있는가?"

② 선교 사역
- 중국 상해에 도착해(1854년) 내지로 들어가 중국옷과 변발 차림을 함.
- 건강 악화로 귀국(1860년).
- 중국내지선교회 설립: 1865년. 초교파 선교 단체로서 길지 않은 훈련 과정에 선교회 본부를 중국 현지에 두고, 중국식 복장을 권장하고 여 선교사를 환영하며 믿음으로 살아가는 재정 원칙을 추구함.
- 선교사들이 선교지 현장에서 당하는 위험과 고난의 문제로 깊은 고뇌를 경험함. 수억 명의 사람이 복음 없이 죽어 가는 상황: "모든 문제와 결과의 책임은 주님께 순종하고 따르는 것에 있다."
- 중국 복귀(1866년).
- 문제와 위험들 경험: 의화단 사건으로 153명의 선교사와 53명의 자녀들 사망(1900년).

③ 선교 업적
- 사망할 즈음 1,500명의 사역자들이 중국 내지에서 일하게 됨: 그의 '믿음 선교'를 따르는 40여 개의 새로운 선교 단체들이 탄생함.
- '사역으로의 부르심': 중국 선교사로 일하기 위해 영적, 학문적, 실제적으로 어떻게 준비했는지 소개함.
- "중국의 영적인 필요와 요구"(China's Spiritual Needs and Claims)라는 글을 통해 중국내지선교회에서 일할 일꾼들을 모집함(선교적인 필요에 대한 통계 조사와 성경 인용: 유럽 전체 인구보다 많은 중국인들에게 복음을 전해야 할 긴급성, 중국인들에 대한 그의 열정, 중국의 모든 지방에 복음을 전하기 위해 그리스도인들을 동원하기 원하는 명확한 비전과 결단을 담음).

3. 카메룬 타운센드: 현대 선교의 제 3기, '부족들과 성경 번역에 비전을 품은 사람'

① 선교 사역
- 학생자원운동(SVM)에 감동하여 대학 중퇴 후 과테말라에서 성경 판매원으로 일함.
- 한 과테말라 인디언의 질문에 도전을 받음. "당신의 하나님의 그렇게 위대하다면서, 어떻게 우리말도 못하는 거요?"(그들의 언어로 된 성경이 없음을 의미함)
- 50년간 성경 번역 사역을 함.

② 선교 업적
- 소외된 사람들을 위해 새로운 선교를 시작하려는 놀라운 결단을 보여 줌. '잃어버린 한 마리 양을 찾아갔으며'(마 18:12), 모든 부족과 방언들에 복음을 전하려고 선교회를 조

직했는데, 4천 명의 청년들이 그의 뒤를 따름.
- "가장 위대한 선교사는 모국어로 쓰여진 성경이다. 성경은 휴가도 필요 없고, 외국인으로 여겨지는 일도 전혀 없다."
- 스스로를 '위클리프 성경 번역 선교사'로 부르면서 개신교에서 가장 큰 선교 단체로 성장함. 현재 4백 개 언어의 성경이 번역되었고, 7백 개 언어가 번역 중임. 또한 매년 30명의 신입 선교사들이 헌신해 전 세계 80여개 국에서 6천 개 이상의 종족들을 섬기고 있음.

4. 도널드 맥가브란 : '숨겨진 종족의 대변인'

① 선교 사역
- 3대 째 선교사 집안, 30대에 박사 학위를 받고 학생자원운동의 영향으로 인도에 헌신함.
- 실제 선교 사역들이 세계 복음화에 효과적이지 않다는 것을 발견하고, 효과적인 선교 이론 정립에 관심을 둠.
- 전통적인 '선교 기지' 방식에 문제를 제기하고 한 종족(집단) 전체를 그리스도께 인도하는 새로운 선교 전략을 제시함. 각 종족만의 독특성/민족의식이 복음 전파의 걸림돌이 아니라 디딤돌이 될 수 있으며, 지도자의 의견과 집단적 합의 과정을 통해 집단 개종이 일어날 수 있다는 가능성을 발견함.

② 선교 업적
- 많은 책을 써서, 전통적인 선교 개념을 혁신함.
- 학문으로서의 '선교학' 분야를 개척하고 교회성장연구소를 설립하는 한편, 풀러 신학교 선교대학원 초대 학장을 역임함.

III. 역사적 관점의 결론

1. 역사적 관점의 의미와 중요성

"역사는 하나님의 약속들이 펼쳐지는 무대다!"(존 로웰) 역사는 성경에 계시되어 있는 하나님의 목적(열방을 구원하고 복 주시려는 계획)이 다양한 문화권 속에서 어떻게 실현되고 있는지 보여 준다. 또한 하나님의 나라가 역사의 현장 속에서 구체적으로 확장되고 있음을 감격스럽게 증거하고 있다.

선교 역사는 총 다섯 시기로 나뉘며, 하나님이 인류 역사를 어떻게 이끌어 가시는지 일목요연하게 보여 준다. 각 시대는 새로운 문화권에 기독교 운동이 침투하는 것에서부터 시작되었다. 각 문화 속에 자연스럽게 퍼져나간 복음은 다양한 영역에 영향을 미치고 능력 있게 역사하며 각 사람들에게 축복을 선물해 주었다. 이 축복을 신실하게 나눈 사람과 공동체에는 하나님의 보호와 축복이 임했고, 이기적인 욕심으로 축복을 나누지 않고 불순종한 이들에는 이웃 나라들을 통한 심판이 임했다. 그래서 각 시대의 마지막은 그들이 새로운 문화권에 복음을 전해 주었는지에 달렸다.

불가항력적인 복음의 능력은 각 시대마다 승리의 개가를 올렸다. 각 시대 말에는 언제나 복음으로 말미암은 번영의 시기가 있었다. 신실한 하나님의 사람들은 복을 누리지 못한 새로운 민족들에게 나아가 낯선 문화의 장벽을 뚫고 그 복을 전해 주었다.

2. 마지막 2백 년은 현대 선교의 세 시대로 구분할 수 있다

윌리엄 캐리에게서 시작된 제 1기의 중심에 다른 나라를 복음화해야 한다는 그의 책과 삶이었다면, 제 2기는 중국 내지를 복음화하려는 허드슨 테일러의 열정으로 막이 올랐다. 제 3기의 카메론 타운센드와 도널드 맥가브란은 선교의 초점을 '종족' 개념에 맞추었다. 이렇게 믿음의 선구자들은 각 시기마다 기도와 말씀 연구를 토대로 교회에 새로운 방향을 제시해 왔다.

3. 그러면 우리는 무엇을 해야 하는가?

조지 엘돈 래드(George Eldon Ladd)는 이렇게 말했다.

"현대 문명의 궁극적 의미와 인간 역사의 운명을 위해서라면, 여러분과 내가 유엔보다 더 중요하다. 영원의 관점에서 본다면, 군대의 진격이나 세계 자본의 활약보다 교회의 선교가 더 중요하다. 이 선교가 완수될 때 인간 역사를 위한 하나님의 목적이 완수되기 때문이다."

캐리, 테일러, 타운센드, 맥가브란처럼 우리도 주어진 능력과 자원을 총동원해, 하나님나라의 확장에 '반드시' 동참하고 '모두가' 동참하게 하자.

[적용을 위한 질문]

1. 성경의 주제인 '선교하는 하나님'이 선교 역사의 다섯 시대 가운데 어떻게 일하셨는지 설명해 보라. 아니면 하나님나라의 지리적·문화적 확장 가운데 복음의 능력과 승리가 어떻게 드러났는지 예를 들어 보라.

2. 랄프 윈터는 선교 역사를 통해 '복음의 축복은 다른 사람들에게 나누어지지 않으면 위험하다'는 교훈을 발견한다. 오늘날 우리 시대에 이것을 어떻게 적용할 수 있을지 나눠 보라 (개인, 단체/교회, 국가에 대한 적용).

3. 사람들은 여러 가지 이유로 해외 선교를 준비하던 윌리엄 캐리에게 반기를 들었다. 세계 선교에 헌신하겠다고 할 때, 당신이나 당신 친구가 겪게 될 반대에는 어떤 것들이 있을까?

4. 현대 선교의 문을 연 개척 선교사들의 삶이 주는 가장 큰 도전과 교훈은 무엇인가? 당신이 속한 삶의 자리에서 구체적으로 적용하고 싶은 것을 나눠 보라.

5. 존 로웰은 "역사는 하나님의 약속들이 펼쳐지는 무대다", 조지 래드는 "선교의 과업을 완수하는 것은 인간 역사에 대한 하나님의 목적을 달성하는 것이다"라고 고백한다. 이번 장의 내용을 참고로 당신의 역사의식을 정리해 보라.

03
전략적 관점

이 세대를 위한 하나님의 이야기

✚ 지금은 어떤 세대인가?

역사 가운데서 하나님이 하신 일에 대한 이야기는 감동적인 예들과 우리 죄를 깨닫게 하는 도전으로 가득 차 있다. 이제 우리는 앞으로 해야 할 일을 철저하게 파악해야 한다. 하나님은 우리 시대에 그분의 목적들을 어떻게 성취하실 것인가? 주님이 지금 하시는 일에 협력하기 위해 우리는 어떻게 자신을 내어드려야 하는가?

성경은 "다윗은 당시에 하나님의 뜻을 따라 섬기다가"(행 13:36)라고 말한다. 우리는 오로지 우리가 태어나 살고 있는 한 세대만 섬길 수 있을 뿐이다. 각 세대에는 독특한 특성이 있다. 하나님은 그 시대에 맞게 특별하고 창의적인 방식으로 일하고 계신다. 하나님은 우리를 우리가 살고 있는 그 순간을 위해 창조하셨다.

우리가 어디에 있으며 무엇을 해야 하는지 알 때, 우리도 "시세를 알고 이스라엘이 마땅히 행할 것을 아는"(대상 12:32) 잇사갈 사람들처럼 될 수 있다. 앞서 간 개척자들처럼 연구하고 기도할 때, 우리 세대를 섬길 준비를 할 수 있다. 항상 깨어서 하나님이 무엇을 하고 계신지, 어떻게 그 일에 참여할 수 있는지 발견하도록 하자.

✚ 무엇을 알아야 하는가?

이 장에서 대답할 몇 가지 전략적 질문들은 다음과 같다.

- '미전도 종족'은 누구며, 그들을 이해하는 것이 왜 중요한가?

- 그들은 어디에 있으며 어떻게 복음을 전할 수 있는가?
- 타문화 선교사들이 섬기고 있는 곳은 어디며, 그런 선교사들이 필요한 곳은 어디인가?
- 온 땅에 하나님나라를 확장하기 위해 반드시 필요한 전략은 무엇인가?
- '선교의 종결'이란 무엇이며 어떻게 이룰 수 있는가?

✚ 전략은 성경적인가?

어떤 사람들은 전략을 짜는 것이 하나님이 우리를 인도하신다고 믿지 못하기 때문에 나오는 결과라고 생각한다. 하지만 성경에는 하나님이 주신 전략의 예가 많다. 하나님은 광야에서 이스라엘을 하나의 공동체로 형성하시며 그들을 조직하고 인도할 수 있는 전략들을 모세에게 주셨다. 바울에게는 열방에 복음을 전하고, 로마 제국 전역에 든든한 교회들을 세우기 위한 전략이 있었다.

바울은 젊은 선교 지도자 디모데에게 보낸 두 번째 편지에서 전략을 사용하는 직업(군사, 농부, 운동선수)을 통해 교훈을 얻으라고 촉구한다. 이런 일을 하는 사람이라면 계획을 세우지 않고는 목적을 달성할 수 없다. 군사와 농부와 운동선수는 정보를 수집하고, 지혜롭게 분류한다. 그리고 자신의 목적을 달성하기 위해 가장 유리한 방법을 찾는다.

이 장에 나오는 자료를 살펴보면서 하나님이 열방에 복음을 전하기 위해 우리에게 어떤 전략들을 보여 주고 있는지 찾아보자.

당면한 과제: 세계 복음화
에드워드 데이튼(Edward R. Dayton)

에드워드 데이튼은 월드 비전의 부총재(VP-at-large)를 역임했고, 월드 비전의 선교 연구 분과인 MARC를 설립했으며, 로잔 운동의 지도자로 활약했다. 「삶을 위한 전략」(Strategies for Living)과 「세계 복음화 전략」(Strategies for World Evangelization)을 썼다.

현재 세계 인구는 60억이 넘는다. 그중 거의 삼분의 일이 그리스도인이라 자처한다. 하지만 41억이 넘는 사람들은 그리스도를 따르지 않는다. 세계를 그리스도인이라 칭하는 사람들과 그렇지 않은 사람들로 나누면, 다음 페이지에 있는 〈표 1〉과 같이 될 것이다.

세계적으로 그리스도인의 숫자는 늘고 있지만, 그리스도인 대 비 그리스도인의 비율은 지난 50년간 그대로다. 하지만 세계 41억 이상이 예수 그리스도의 구원의 능력을 알아야 한다는 것에 대해서는 어떻게 생각하는가?

> 예수께서 나아와 말씀하여 이르시되 하늘과 땅의 모든 권세를 내게 주셨으니 그러므로 너희는 가서 모든 민족을 제자로 삼아 아버지와 아들과 성령의 이름으로 세례를 베풀고 내가 너희에게 분부한 모든 것을 가르쳐 지키게 하라 볼지어다 내가 세상 끝날까지 너희와 항상 함께 있으리라(마 28:18-20).

주 예수 그리스도는 모든 민족을 제자로 삼으라고 교회에 명하셨다. 이 책임은 그의 몸인 교회에 주어졌다. 세계 모든 교회의 그리스도인은 누구나 예수 그리스도의 구원의 능력을 증언하도록 부름 받는다. 우리가 누구든, 어디에 있든 예수님을 주님이라고 주장한다면, 하나님은 우리가 하는 말과 삶의 방식으로 믿음을 선포하라고 명하신다.

그래서 하나님은 몇몇 사람들을 따로 세워서 그들이 살던 곳과 문화적으로 다르고, 복음이 전해지지 않은 시골 마을과 도시로 가서 복음을 전하게 하셨다. 그들은 성령께서 부르신 사역

Dayton, E. R. (1990). *The Task at Hand: World Evangelization*, Monronvia, Calif.: Missions Advanced Research & Communication Center.

> • 세계가 복음화되려면, 교회는 반드시 현지 문화에 맞게 하나님의 사랑을 나눔으로써 그분의 이름을 영광스럽게 해야 한다.

을 위해 따로 세워졌던 초대 사도들의 발자취를 따른다.

안디옥 교회에 선지자들과 교사들이 있으니 곧 바나바와 니게르라 하는 시므온과 구레네 사람 루기오와 분봉왕 헤롯의 젖동생 마나엔과 및 사울이라 주를 섬겨 금식할 때에 성령이 이르시되 내가 불러 시키는 일을 위하여 바나바와 사울을 따로 세우라 하시니(행 13:1-2).

하나님은 안디옥 교회의 두 목사를 따로 세워 타문화 사역을 하도록 하셨다. 하지만 오늘날 세계가 복음화되려면, 그리고 세계 모든 사람이 예수 그리스도를 주님과 구세주로 알 기회를 누리려면 교회는 반드시 현지 문화에 맞게 하나님의 사랑을 나눔으로써 그분의 이름을 영광스럽게 해야 한다.

전체 교회는 하나님이 우리에게 복음 전파의 책임을 주셨음을 알아야 한다. 그리고 우리는 사람들에게 복음을 전하기 위해 하나님의 접근법과 방법을 찾아내야 한다.

〈표 1〉

【세계 복음화의 정의】
Defining World Evangelization

세계 복음화란 무슨 뜻인가? 다음의 정의는 세계 복음화를 위한 로잔위원회(Lausanne Committee for World Evangelization: 전 세계 그리스도인과 교회가 세계 복음화를 위해 기도하고, 연구하고, 계획을 수립하고, 일하도록 격려하기 위한 국제적 운동 – 편집자 주)가 채택한 것이다.

본질: 복음화의 본질은 복된 소식을 전하는 것이다.
목적: 복음화의 목적은 각 개인과 집단에게 예수 그리스도를 받아들일 확실한 기회를 주는 것이다.
목표: 복음화의 목표는 사람들이 예수 그리스도를 주님과 구세주로 받아들이고 그분의 교회 공동체 안에서 그리스도를 섬기는 것이다.

그 사람이 진정으로 예수 그리스도를 영접했는지의 여부는 오직 예수님만이 아실 것이다. 다만 복음화의 본질은 복된 소식을 그 사람에게 전해 주는 것이다.

세계의 모든 개인과 종족이 예수 그리스도를 주님과 구세주로 받아들이거나 거부할 기회를 갖도록 하는 것이 복음화의 목적이다. 하지만 이 일이 의미 있게 수행되기 위해서는 측정 가능한 목표가 있어야 한다. 그 때문에 세계 복음화의 목표를 사람들이 예수 그리스도를 주님과 구세주로 영접할 뿐 아니라, 교회 공동체 내에서 그리스도를 섬기는 것이라고 정한 것이다. 여기에는 모든 민족과 부족, 종족, 언어권 안에 그 문화에 맞는 교회를 세우는 것도 포함된다.

> • 세계 복음화의 목표에는 모든 민족과 부족, 종족, 언어권 안에 그 문화에 맞는 교회를 세우는 것도 포함된다.

【모든 사람이 듣도록】
That Everyone May Hear

전 세계를 복음화한다는 목표에 대해 어떻게 생각하는가? 날마다 더 복잡해지고, 곳곳에 재앙이 덮치고, 정치 불안과 기근에 시달리는 요즘 세상을 보면 세계 복음화가 부담스럽고, 과중한 책임이라는 생각이 들 수도 있다.

도대체 이 세계를 어떻게 생각해야 할까?

세계의 나라들 The Counturies of the World
세계를 보는 한 가지 방식은 국가의 견지에서 생각하는 것이다. 이 국가들은 장소적 개념이긴 하지만, 성경이 말하는 민족과는 다르다. 지리적 영토인 국가로 세계를 보게 되면 언어 집단과 문화가 쪼개져 버린다. 예를 들어, 쿠르드 민족은 이란, 이라크, 터키, 구소련 등지에 살고 있다. 쿠르디스탄이라는 나라는 없지만, 하나님이 함께하기 원하시는 쿠르드족들로 가득 찬 민족은 있다.

2000년에 미국 정부가 발간한 「세계의 현황」(*World Factbook*)을 보면 세계에는 267개의 국가가 있다. 국가들의 크기는 제각각이다. 제일 인구가 많은 나라는 중국으로 12억 명이며, 제일 적은 나라는 남태평양의 니우에(Niue)로 겨우 1,876명[1]이다. 이런 엄청난 차이 때문에 세계 복음화를 국가라는 견지에서 말하는 것은 어려운 일이다. 니우에를 복음화하는 것과 중국의 12억 인구에게 복음을 전하는 것은 상당히 다른 문제다.

세계의 종교 The Religion of the World
세계를 보는 또 한 가지 방식은 종교라는 견지에서 생각하는 것이다. 〈표 2〉는 2000년도 세

---

1. 2006년 World Factbook 통계에 따르면, 세계에는 272개의 국가가 있다(중국은 13억, 니우에는 2,166명이다). 세계 인구는 65억이다.

■ 세계 : 60억 인구

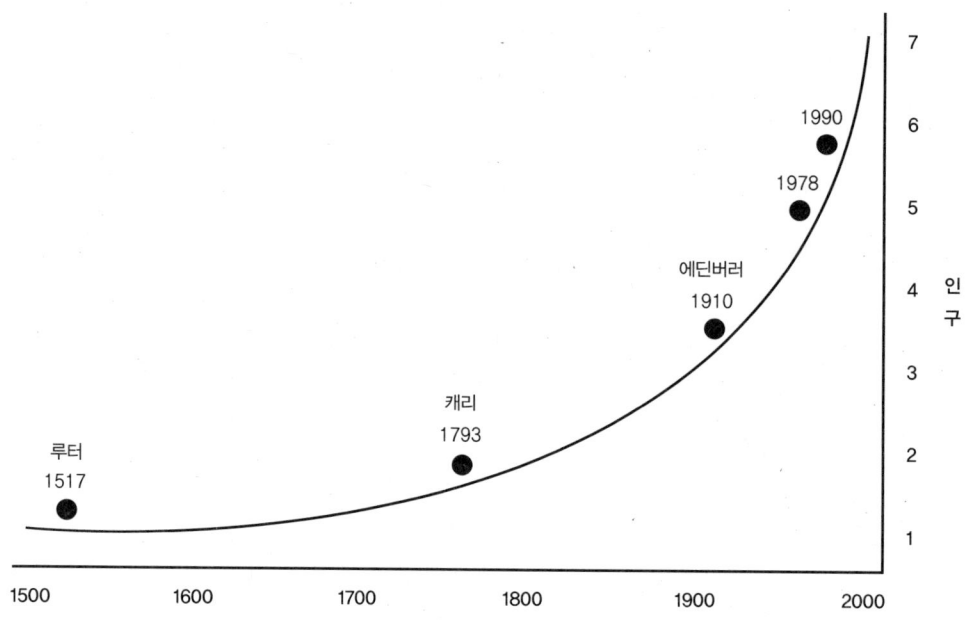

계 인구의 개략적인 종교 분포를 보여 준다.

예수 그리스도를 인정하는 사람들의 숫자는 약 19억이다(일 년에 한 번만 교회에 나가며 실제로는 그리스도를 전혀 모르는 명목상의 그리스도인들도 포함되어 있다).

세계에서 두 번째로 큰 종교는 이슬람으로 무슬림 인구는 약 12억으로 추산된다. 힌두교도는 대부분 인도에 있으나, 전 세계적으로 8억 2천만에 달한다.

세속 종교(공산주의, 인본주의, 불가지론, 무신론 같은)의 인구는 9억 3800명 정도다. 중국 민속 종교를 믿는 사람들은 3억 8300만 정도로 추산되며, 불교도들은 4억 명(주로 일본, 태국, 티베트, 이전에 버마였던 미얀마 등지에 있다), 자연이나 정령을 숭배하는 부족 종교(주로 남태평양에 있다) 신봉자는 1억 7600만 명이다. 그 외 다른 종교들은 기타로 분류되었다.[2]

이 숫자들이 얼마나 정확한지는 그리 중요하지 않다. 비율과 크기 면에서 볼 때, 이 숫자는 세계 인구의 약 68%가 예수 그리스도를 주로 인정하지 않는다는 도전을 주기에 충분할 만큼 정확하다. 하지만 아쉬운 점은 이런 분류가 도움이 되긴 하지만, 세계에 복음을 전하기 위한 적절한 전략적 기초는 여전히 제공하지 못한다는 것이다.

---

2. 2006년 통계에 따른 세계 종교는 기독교 21억 5천만, 무슬림 13억, 세속 종교 9억 2천만, 힌두교 8억 7천만, 중국 민속 종교 4억, 불교 3억 8천만, 부족 종교 2억 5천만, 기타 1억 4천만이다. 출처-IBMR(International Bulletin of Missionary Research, January 2006. David B. Barrett & Todd M. Johnson.)

■ 세계의 종교 현황

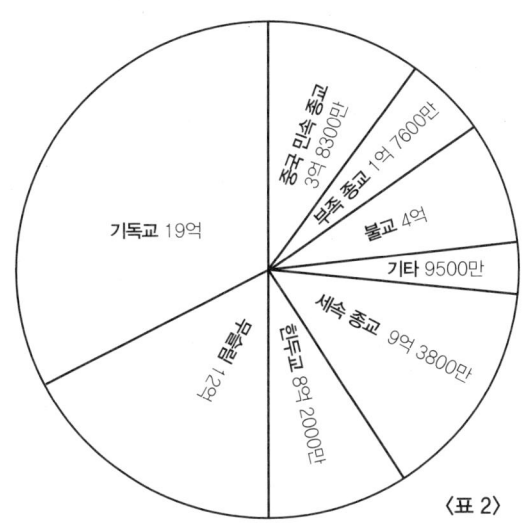

〈표 2〉

【세 가지 주요 과업】
Three Major Tasks

그리스도의 지상명령을 성취하려면 교회는 세 가지 주요 과업을 수행해야 한다. 복잡성과 난이도는 다르지만, 셋 다 매우 중요하다.

1. 19억의 그리스도인에 포함된 수많은 명목상의 그리스도인들을 복음화해야 한다. 전 세계, 특히 서구 여러 나라에는 세례를 받고 교회에도 다니지만 예수 그리스도의 구원의 능력을 거의 알지 못하고, 하물며 예수님을 섬긴다는 것이 무엇인지 모르는 사람들도 있다.
2. 우리가 직접 접촉할 수 있는 22억의 비 그리스도인들을 복음화해야 한다. 비 그리스도인 친구들과 이웃들에게 하늘 아버지의 은혜로우신 사랑과 그들을 하나님나라의 시민으로 만들고자 하시는 하나님의 마음을 전할 방법들을 찾아내야 한다.
3. 기독교가 전해지지 않은 곳에 사는 20억 이상의 사람들을 찾아내고, 그들에게 복음을 전할 전략을 계발해야 한다. 이것이 교회의 주요 과업이다. 오늘날 선교사의 10% 이하만이 이 20억의 사람들에게 복음을 전하려 하고 있다. 우리는 이 20억의 사람들 속에 같은 언어를 말하는 사람들, '그들과 똑같은' 사람들을 복음화할 책임을 수행하는 교회를 세워야 한다.

■ 지상명령을 이루기 위한 세 가지 주요 과제

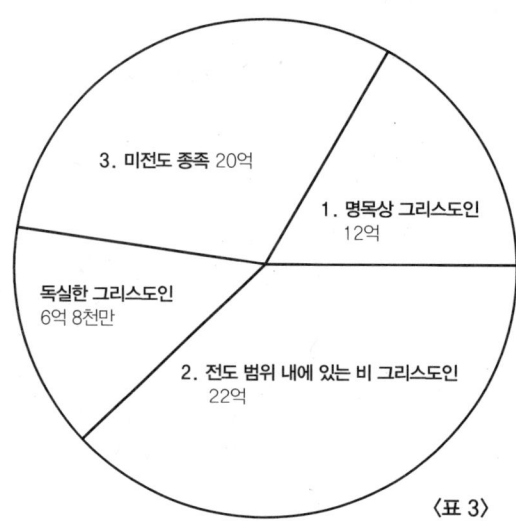

〈표 3〉

【미전도 종족들의 도전】
The Challenge of Unreached Peoples

약 42억 명의 비 그리스도인 중에서 22억이 조금 넘는 사람들만이 예수님을 알고 그 사랑을 전하는 그리스도인들이 있는 문화권 안에 살고 있다. 다시 말해, 세계 모든 교회가 아무리 진지하게 이웃(그들과 같은 종족들)에게 복음을 전한다 해도, 42억 중 3분의 1만이 그들의 언어를 말하고 그들의 문화를 이해하는 그리스도인들에게 복음을 전해들을 수 있다는 것이다.

나머지 사람들은 주변에 교회도 없을 뿐 아니라, 그들 자신의 말이나 문화 속에서 그리스도를 소개받지 못하고 살고 있는 것이다. 그들은 그리스도를 알지도, 듣지도 못했다. 예수 그리스도의 구원의 능력에 대한 어떤 실제적인 증거도 경험하지 못한 채 살아간다. 다음의 말씀을 몇 번이고 반복해서 읽어 보라.

• 비 그리스도인 중 3분의 2는 그들 자신의 말이나 문화 속에서 그리스도를 소개해 줄 그리스도인이 아무도 없는 곳에서 살고 있다.

그런즉 그들이 믿지 아니하는 이를 어찌 부르리요 듣지도 못한 이를 어찌 믿으리요 전파하는 자가 없이 어찌 들으리요 보내심을 받지 아니하였으면 어찌 전파하리요 기록된 바 아름답도다 좋은 소식을 전하는 자들의 발이여 함과 같으니라(롬 10:14-15).

【어떻게 세계를 복음화할 것인가?】
How Do You Evangelize the World?

하나님은 이 세상을 구원하는 일을 끊임없이 하고 계시다. 이것은 하나님의 일이다. 우리의 책임은 세상을 위한 하나님의 선한 목적을 수행하는 데 함께 참여하는 것이다.

복음이 세상으로 뻗어나가기 위해 우리가 취해야 할 하나의 사고방식은 한 번에 한 나라가 아닌 한 번에 한 종족을 복음화하는 것이다. 나라들은 가지각색이기 때문이다. 인구 10억이 넘는 인도에는 공식적인 언어가 18개나 되며 수천 가지 신분, 부족, 사회 집단들이 있다. 분명 인도에 복음을 전하는 것은 인구 1,867명의 니우에 복음을 전하는 것과는 분명히 다른 일이다.

한 번에 한 종교를 복음화한다는 것도 사실 현실성이 없다. 세계 대부분의 주요 종교는 신자 수가 엄청나게 많을 뿐 아니라, 또한 대단히 많은 종족에 퍼져 있다. 오늘날 세계의 불교 인구는 예수님이 살던 때의 세계 인구보다 많다!

【종족이란 무엇인가?】
What Is a People Group?

종족(종족 집단)이 무슨 의미인지 그림으로 설명해 보자. 잠시 이 페이지에 나오는 그림들이 미국에 살고 있는 모든 사람을 나타낸다고 생각해 보자.

먼저, 당신이 사용하는 언어는 영어다. 당신이 영어로 자연스럽게 의사소통해 온 사람들은 누구인가? 영어를 말하지 못하는 사람들은 누구인가? 언어권을 나타내는 '범주'를 표시해 보자.

당신은 어떤 인종 사이에서 살고 있는가? □ 남미계인가? □ 인디언인가? □ 백인인가? □ 흑인인가? □ 아시아인인가? 〈표 4〉에서 보듯이 인종 집단을 고려하면 또다시 범주가 줄어든다.

당신이 시카고 남부에 살고 있다고 해보자. 많은 사람

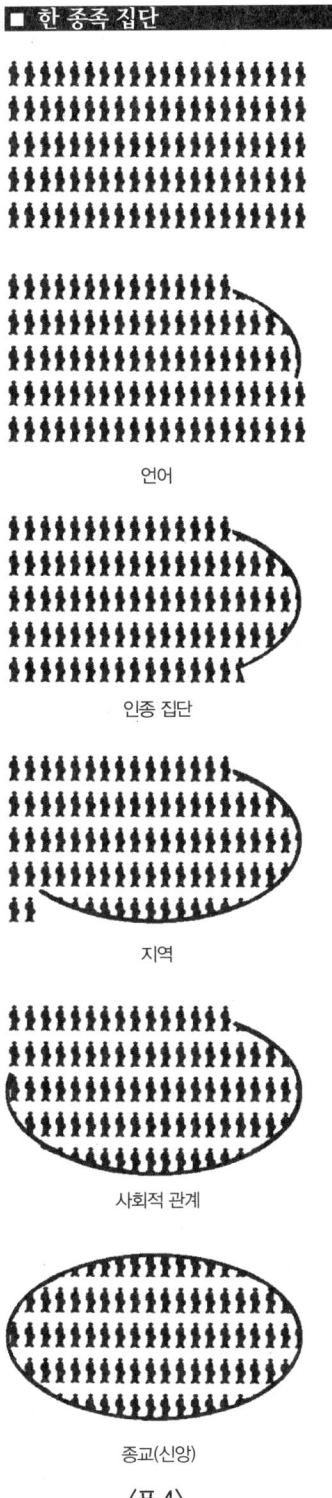

■ 한 종족 집단

언어

인종 집단

지역

사회적 관계

종교(신앙)

〈표 4〉

들은 자신들이 어디에 살고 어떤 사람들과 가까이 지내는지에 따라 소속 집단을 결정한다. 앞의 표를 보면, 나라 혹은 지역에 따라 당신이 속한 집단을 더 잘 규정할 수 있다.

당신이 흑인이라면, 특별히 더 잘 관계를 맺는 사람들은 누구인가? 자신이 특정 계층에 속해 있다고 생각하는가? 아마 당신은 자신이 특정 직업에 종사하고 있다고 생각할 것이다. 당신 부모가 북아프리카 리비아에서 미국으로 왔다면, 당신은 북아프리카 사람들과 관계를 가장 잘 맺을 수 있다. 사회적 관계로 인해 또 하나의 범주가 생긴다.

당신은 어떤 사람들과 함께 예배를 드리고 싶은가? 즉, 당신은 어떤 종교를 믿는가? 많은 사람들에게 있어 종교는 자신을 어떤 집단과 동일화하는 주요 방식이다. 당신이 부모를 따라 무슬림이라면 최종적인 종교의 범주가 형성된다.

이 모든 범주들은 수용적이기도 하고 배타적이기도 하다. 그것은 특정한 종족을 규정한다. 그리고 그 종족 집단에 속하지 않은 사람들을 배제시킨다.

모든 나라는 종족 집단들로 채워져 있다. 첫눈에 볼 때는 나라 안에 있는 모든 사람이 "우리와 똑같다"고 생각할지 모르겠다. 하지만 좀 더 자세히 살펴보면, 서로 다른 사람들이 모여 있는 거대한 모자이크다. 로스앤젤레스 시를 예로 들어보자. 아시아인, 남미인, 흑인들의 숫자가 급속도로 증가해, 2천 년에는 백인종이 다수 집단에서 밀려날 것이라고 한다. 그렇게 되면 도시의 모습 전체가 달라질 것이다. 로스앤젤레스에는 한국인, 일본인, 중국인 등 수많은 동양인 거주 지역이 형성되어 있다. 남미에서 온 학생들과 의사소통을 하기 위해 스페인어를 따로 배우는 교사들도 있다. 전 세계 도시와 농촌에서도 로스앤젤레스와 똑같은 상황이 펼쳐진다.

【미전도 종족이란 무엇인가?】
What Is an Unreached People Group?

지금까지 종족이 무엇인지 살펴보았다. 앞에 나온 표를 통해서, 특정한 종족을 목표로 전도하는 것이 그 종족 안에 교회를 세우는 데 도움이 된다는 것을 살펴보았다. 그리고 우리의 전도 노력에는 예수 그리스도의 복음을 한 번도 듣지 못한 종족 곧 미전도 종족에게 복음을 전하기 위한 전략적 계획이 반드시 포함되어야 한다.

다시 말해, 미전도 종족에는 수에 있어서나 능력 면에서나 자기 종족에게 복음을 전할 만한 교회가 없다. 이 집단 안에 그리스도인이 없다면, 그들에게 복음을 전할 사람도 없을 것이다. 세계 22억의 사람들이 바로 이런 상황에 처해 있는 것이다. 그들은 자신들에게 예수 그리스도의 복된 소식을 전해 줄 교회가 없는 종족들이다.

우리가 관심을 가져야 할 세계는 미전도 종족의 세계다. 어떤 집단은 크고 어떤 집단은 작다.

【세계 복음화의 가능성】
World Evangelization in Sight

세계 41억 명에게 복음을 전한다고 하면 대부분의 사람들은 피부로 느끼지 못할 것이다. 약 12억의 무슬림들에게 복음을 전한다는 것도 수행 불가능한 책임처럼 보인다. 인도 전체를 복음화한다는 생각 역시 이해할 수 없다.

하지만 하나님이 우리를 하나의 특정한 종족에 복음을 전하는 자로 부르고 계신다고 생각하면 능히 이해할 수 있고 현실성 있다. 그것은 지금 우리가 속한 집단일 수 있다. 또한 우리와는 다소 다르지만 가까운 곳에 있는 종족일 수도 있다. 지리, 문화, 언어적 경계 때문에 우리와 떨어져 있는 미전도 종족인 것이다. 아니면 여러 요소들이 결합되어 있을 수도 있다.

22억 명 미전도 종족들은 그리스도인들이 타문화 장벽을 넘어 장기적으로 사역하면서 각 민족, 부족, 종족, 언어권 안에서 그 문화에 맞는 교회들을 설립할 때 복음을 듣게 될 것이다.

세계를 종족 집단들로 구분해서 생각할 때, 현실적인 전략이 나온다. 그러면 성령의 도우심으로 전 세계 복음화가 가능하다는 사실을 믿게 될 것이다.

【복음화의 신비】*
Mystery of Evangelization

복음화를 위해 전략을 세우는 것은 성령의 능력과 역사를 대체하려는 것이 아니다. 특정 종족을 위해 기도하면서 전략을 짜다보면 더욱 하나님을 의지해야 할 필요성을 느끼기 마련이다.

복음화는 신비롭다. 성령님은 자신이 원하는 대로 움직이신다(요 3:8). 하나님은 우리가 이해할 수 없는 방식으로, 불완전하고 죄 많은 사람들을 사용해, 하나님의 사랑과 사랑하는 아들을 통한 구원의 기쁜 소식을 모든 사람에게 전하신다.

성령님이 개인과 민족의 삶을 변화시킬 때 무슨 일이 일어났는지를 보면 거의 신비에 가깝다. 우리는 성령님이 하신 일들의 결과만 보게 될 때가 많다. 하나님의 손가락이 역사의 페이지를 기록하시고, 우리는 그분이 하신 일만 볼 수 있는 것이다. 하지만 일어난 일에 대해서도 충분히 이해할 수 없을 때가 많다.

또 하나의 신비가 있는데, 하나님이 교회를 향해 온 세상에 나가 말씀을 전하고 제자를 삼으라고 하시면서, 결과

> • 하나님은 불완전하고 죄 많은 사람들을 사용해 당신의 사랑과 구원을 모든 사람들에게 전하신다.

---

* Dayton, E. R. (1978). "To Reach the Unreached." In C. P. Wagner & E. R. Dayton (Eds.), *Unreached Peoples '79* (pp.25-31). Elgin, Ill.: David C. Cook.

에 대해서는 하나님께 맡기지만 동시에 기도하고 꿈꾸고, 기대하고, 미래를 바라라고 하셨다는 사실이다. 하나님의 말씀이 주는 명령과 우리 안에서 일어나는 성령님의 감동에 대한 바른 반응은, 우리 앞에 놓인 과제에 온 존재를 다해 집중하고, 생각하고, 기도하고, 계획을 세우는 것이다. 사람이 먼저 결과들을 생각하지 않고, 망대를 세우거나 적군과 싸워서는 안 된다는 예수님의 말씀은 바로 이런 의미다(눅 14:28).

하나님이 사회에서 행하시는 활동에도 신비가 있다. 하나님은 사람들이 하나님의 말씀을 받아들이도록 준비시키기 위해서 사회 내의 변화들을 사용하신다.

마지막으로, 전도자의 인격에 신비가 있다. 하나님의 말씀은 우리가 하는 일만큼이나 우리의 인격에 대해서도 많은 것을 말한다. 복음은 말을 통해 선포된다. 만약 사람들이 구세주에 대해 듣거나 읽지 못했다면 그분을 알 수 없을 것이다. 그런데 그들 가운데 많은 사람들은 주님의 제자들이 보여 주는 사랑 때문에 주님께 이끌렸다.

우리가 기억해야 할 것은 제자들이 모두 교회라는 더 큰 몸의 일부로 자신을 바라볼 수 있었다는 것이다(고전 12:12). 그 몸 안에서 각자는 특별한 위치에 있으며, 사람들을 복음화하는 과정에서 각 사람은 각기 다른 때에 특별한 역할을 담당한다. "나는 심었고 아볼로는 물을 주었으되 오직 하나님께서 자라나게 하셨나니"(고전 3:6).

하나님이 개인적으로나 공동체적으로 우리에게 주신 모든 은사를 사용하자. 하나님을 좇아 그분의 생각을 이해하도록 애쓰자. 하나님의 전략을 발견하려 해보자. 우리가 부르심 받은 대상에 대해 생각하고, 그들의 필요를 진지하게 생각해 보며, 하나님이 그들에게 복음을 전하기 위해 하실 만한 모든 것을 고려하는 것이다. 우리가 하나님이 사용하시기에 적합한 깨끗한 그릇인지도 점검해 보자. 그리고 그분의 신실하심을 믿고 나아가 주님께 영광을 돌리자.

타이Thai: 아시아 죄의 중심지로 알려진 방콕에는 70만 명의 여성과 10만 명의 남성들이 매춘에 종사하고 있다. 많은 사람들은 유괴를 당하거나 팔려서 매춘 노예가 된다. 매춘은 태국의 주요 산업으로, 2백 만이 넘는 사람들이 이 비열한 거래로 수입을 얻는다. 그리고 에이즈가 만연해 이제 어린이들까지 매춘의 대상이 되고 있다.

타이(태국) 사람들은 주위 모든 나라들이 식민지화되고 침략을 당했지만 입헌군주국인 자기 나라에는 자유가 있었다는 것을 자랑으로 여긴다. 하지만 불교 국가인 타이의 국민들은 그리스도 안에서 구원의 자유를 맛본 적이 없다. 퇴폐적인 성매매뿐 아니라 정령 숭배와 점성술 같은 문화도 이 나라를 속박하고 있다. 이 나라를 복음으로 돌파하기 위해서는 기도와 상황에 맞는 사역이 필요하다.

새 마게도냐: 선교의 혁명적 새 시대가 시작되다
랄프 윈터(Ralph D. Winter)

도널드 맥가브란은 "세계복음화국제대회(International Congress on World Evangelization)에서 랄프 윈터 박사는 오늘날 세계 27억의 사람들이 '이웃 전도'(near neighbor evangelism)로는 복음을 들을 수 없다는 사실을 확실하게 입증했다. 이들은 E-2, E-3 전도자들에 의해서만 복음을 들을 수 있을 뿐이다. E-2, E-3 전도자들은 문화적, 언어적, 지리학적인 장벽을 뛰어넘어 꾸준히 다른 나라의 문화와 언어를 배우고, 수십 년간 말과 행동으로 복음을 전했으며, 다른 사람들에게 복음을 전하는 책임감 있는 교회들을 배가시켰다"고 논평했다. 다음 글은 1974년 7월 로잔 대회에서 윈터가 강연한 내용이다.

최근 많은 복음주의자들의 생각 안에 심각한 오해가 스며들었다. 그것은 흥미롭게도 다음 몇 가지 놀라운 사실에 기반을 두고 있다. 곧 복음은 땅끝까지 전파되었고, 그리스도인들은 최소한 지리적인 측면에서는 지상명령을 성취했다. 그리고 우리는 이전에 활동한 여러 나라 지도자들의 희생적인 노력과 영웅적인 성취를 통해 전 대륙과 거의 모든 국가에 교회를 세웠다. 기독교가 현 세계에서 가장 규모가 크고 가장 널리 퍼진 종교가 되었다는 사실 앞에서 전 세계 복음주의자들에 대한 존경과 자부심을 느낀다. 이것은 결코 허울 좋은 승리가 아니다. 그렇기 때문에 예수님이 갈릴리 해변을 거니셨던 이래 그 어느 때보다 지금 우리는 복음이 모든 사람을 위한 것이며, 어떤 언어로나 이해될 수 있고, 더는 단순히 지중해나 서양의 종교로만 인식되고 있지 않다는 사실을 확실히 안다.

Winter, R. D. (1992) *The New Macedonia*. In R. D. Winter & S. C. Hawthorne (Eds.) *Perspectives on the World Christian Movement: A Reader* (rev. ed.)(pp.157-175). Pasadena: William Carey Library.

E-1 전도는 자신과 같은 언어와 문화권 내의 사람에게 복음을 전하는 것이다. 극복해야 할 주요 장벽은 '색안경(Stained-Glass) 장벽'인데, 곧 메시지를 목표 집단에 맞게 만드는 법을 찾아내야 하는 것이다. E-1 전도는 언제나 가장 강력하다. 복음을 전하는 사람이 메시지를 받는 사람들의 문화를 잘 이해하고 있기 때문이다.

하지만 한편으로 많은 그리스도인들은 이제 지상명령이 거의 성취되었고, 그 일을 완수하기 위해서 세계 각처에 세워진 교회가 그곳에서 지역 복음화를 감당하도록 독려하기만 하면 된다는 생각을 하게 되었다. 그로 인해 세계교회협의회(WCC: World Council of Churches)를 비롯한 많은 미국의 교단들, 심지어 몇몇 복음주의 단체들까지도 전통적인 선교 전략을 철회하고 지역 교회들이 그 외의 과업을 완수하면 된다는 성급한 결론을 내렸다.

바로 이런 이유로 '전도'라는 말은 오늘날 복음주의자들을 연합시키는 하나의 위대한 암호가 되었다. 사람들은 해외 선교 전략들에 대해서는 가끔씩 이의를 제기하기도 하지만, 전도에 대해서는 그 어느 때보다도 의견의 일치를 본다. 전도야말로 우리가 해야 할 분명한 일로 보이기 때문이다. 옳은 말이다! 전도는 전혀 잘못된 것이 아니다. 많은 사람들이 가까운 이웃에게 복음을 듣고 하나님께로 돌아오고 있다.

다만 두려운 문제는 대부분의 비 그리스도인들 주변에 동일한 문화권에 있는 그리스도인이 없다는 것이다. 그들에게 복음을 전하려면 특별한 '타문화권' 전도가 이루어져야 한다.

- 두려운 문제는 대부분의 비 그리스도인들 주변에 동일한 문화권에 있는 그리스도인이 없다는 것이다. 그들에게 복음을 전하려면 특별한 '타문화권' 전도가 이루어져야 한다.

【타문화권 전도: 결정적으로 필요한 일】
Cross-Cultural Evangelism: The Crucial Need

필요를 보여 주는 실례들 Examples of the Need

몇 가지 생생한 예를 통해 이 주제에 접근해 보자. 먼저 파키스탄이라는 나라에 사는 그리스도인들을 예로 들겠다. 대부분의 파키스탄 그리스도인들은 무슬림 개종자들이 아니고 기독교 집안에서 태어난 사람들이다. 더욱이 이웃에 사는 무슬림들과는 전도할 만큼 가깝지도 않고, 전도의 필요성도 별로 느끼지 못한다. 그렇지만 인구의 97%가 무슬림인 나라 안에서 살고 있다! 한편 파키스탄의 무슬림들은 그리스도인들로 대표되는 사회 계층에 대해 부정적이다. 그리스도인들 중 일부는 대담하게도 자신들을 '파키스탄 교회'라고 칭했다. 또 어떤 그리스도인들은 '파키스탄 장로교회'라는 이름을 사용한다. 그들이 그 나라에 속해 있다는 의미에서는 '민족(national) 교회'라고 부를 수 있을지 몰라도, 그 말이 그 나라의 나머지 97%를 차지하는 거대한 집단, 곧 광대한 숫자의 무슬림들과 문화적으로 관련되는 것을 의미한다면 도저히 그렇게 부를 수 없을 것이다. 이와 같이 무슬림들은 지리적으로는 이 그리스도인들과 가까운 이웃일지 몰라도, 문화적으로는 전혀 가깝지 않다. 따라서 통상적인 전도는 별로 효과가 없다.

> • 파키스탄 무슬림들이 지리적으로는 파키스탄 그리스도인들과 가까운 이웃일지 몰라도, 문화적으로는 그렇지 않다. 따라서 통상적인 전도는 별로 효과가 없다.

이번에는 남인도 교회(Church of South India)를 예로 들어 보자. 그 교회는 19세기에 여러 교회들이 함께 상당한 노력을 기울여 만든 큰 교회다. 남인도 교회라고 불리고는 있지만 남인도에 있는 100개 이상의 사회 계급(카스트) 중 단 5개의 계급이 교인의 95%를 차지하고 있다. 따라서 일반적인 전도를 통해 동일한 5개 사회 계급에 속한 사람들에게는 쉽게 복음을 전할 수 있지만, 남인도의 대다수를 차지하는 95개 사회 계층에 전도하기 위해서는 다른 전도 방식을 취하지 않으면 안 된다.

수마트라 북부에 있는 바탁(Batak) 교회를 예로 들어 보자. 이 교회는 인도네시아에서 유명한 교회다. 이 교회는 예수님을 모르는 바탁 사람들에게 대대적으로 복음을 전했다. 따로 언어를 배우지 않고도 복음을 전할 수 있고, 직접 접촉하고 이해하면서 최대한 효과적으로 사역할 수 있기 때문이다. 그러나 동시에 대다수 인도네시아 사람들은 언어가 다른 여러 종족으로 구성되어 있다. 그러므로 북부 수마트라의 바탁 그리스도인들이 인도네시아 다른 지역에 있는 사람들에게 그리스도를 전하려면 다른 형태의 노력과 전도 방식이 필요하다.

이번에는 인도 북동부 나가랜드(Nagaland)의 대형 교회를 살펴보자. 오래전에 아셈(Assam) 평원에서 온 미국인 선교사들이 나가(Naga) 산지에 살고 있는 사람들에게 복음을 전했다. 그리하여 몇 명의 아오 나가인들(Ao Nagas)이 회심을 했다. 그러자 이들 몇몇의 나가인들은 사실상 부족 전체를 복음화했다. 그 다음에 아오 나가인들은 그들과 유사한 언어를 사용하는 이웃의 산트담 나가(Santdam Naga) 부족 사람 몇 명을 회심시켰다. 그러자 새로 그리스도인이 된 이들 산트담 나가인들은 자기 부족 사람들을 거의 전부 그리스도께 돌아오게 했다. 이런 일이 계속되면서 나가랜드의 14개에 이르는 부족 사람들이 거의 그리스도인이 되었고, 그 지역의 정부 관료들까지 그리스도인들이 되었다. 이제 이들은 인도의 다른 지역에도 복음을 전하고자 하는 열망을 품게 되었다. 그러나 나가인들이 인도의 다른 지역을 복음화하는 것은 영국인이나 한국인, 또는 브라질인이 인도에 복음을 전하는 것과 마찬가지로 해외 선교의 영역이다. 바로 이 때문에 나가인들이 인도의 다른 지역에 복음을 전하는 일은 새롭고 전례 없는 과제다. 외국인과 비교해 나가인들에게 있는 이점은 인도 시민권을 소유했다는 것뿐이다. 하지만 그렇다고 해서 그들이 인도의 다른 지역에서 사용되는 수백 개의 언어를 더 쉽게 배우는 것도 아니다.

E-2 전도는 다소 다르긴 하지만 약간 유사성이 있는 문화에 복음을 전하는 것이다. 전도를 위해 새로운 언어를 배워야 하며 언제나 문화적 특성을 고려해야 한다. 메시지는 상황화되어야 하며, 교회는 그 문화에 맞게 세워져야 한다.

다시 말해, 나가인들이 인도의 다른 지역 사람들에게 복음을 전하기 위해서는 완전히 다른 전략을 사용해야 한다. 자기 부족에게 복음을 전하는 방법은 가장 쉬운 전도법으로, 주로 과거의 방법이다. 나가어와 유사한 언어를 사용하는 이웃 부족들에게 복음을 전했던 두 번째 전도 방법 역시 그다지 어렵지 않았다. 그러나 인도의 다른 지역에 있는 사람들에게 복음을 전하는 세 번째 방법은 훨씬 더 어렵다.

다양한 전도 방법들 Different Kind of Evangelism

이와 같은 다양한 전도 방법들에 명칭을 붙여 보자. 아오 나가인이 또 다른 아오 나가인에게 복음을 전하는 것을 E-1 전도라고 부르자. 그리고 아오 나가인이 부족의 경계를 넘어 유사한 언어를 사용하는 산트담 부족에게 복음을 전하는 것을 E-2라고 부를 것이다(E-2 전도는 E-1처럼 쉽지 않기 때문에 다른 전략이 필요하다). 하지만 아오 나가인이 인도의 다른 지역, 예를 들어 완전히 다른 언어인 텔레구(Telegu)나 코르후(KMorhu), 혹은 브힐리(Bhili)어를 사용하는 지역에 간다면, 그것은 E-1이나 심지어 E-2보다 상당히 더 어려워질 것이다. 그것을 E-3 전도라 부를 것이다.

이 용어를 다른 나라에 적용해 보자. 대만을 예로 들어 보겠다. 그곳 역시 다양한 사람들이 살고 있다. 주류를 이루는 사람들은 민난족(Minnnans)인데, 이들은 중국 본토에서 만다린(Mandarin, 중국 표준어)을 사용하는 사람들이 대만에 밀려들어오기 전에 그곳에 살고 있던 종족이다. 그리고 훨씬 이전에 중국 본토에서 이 나라로 흘러 들어온 하카어(Hakka)를 말하는 종족이 있다. 하지만 산간 지방에는 중국어와는 전혀 다른 말인 말라요 폴리네시안(Malayo-Polynesian) 방언을 말하는 수십만 명의 원주민들이 있다. 따라서 중국 본토 출신의 중국인 그리스도인이 본토 출신의 다른 사람들에게 복음을 전한다면 그것은 E-1 전도다. 그리고 민난 대만족이나 하카족에게 복음을 전한다면 그것은 E-2 전도이다. 그리고 산지족들에게 복음을 전한다면 그것은 E-3 전도다. E-3 전도는 문화적으로 훨씬 더 먼 곳에서 행해지는 훨씬 복잡한 과업임을 기억해야 한다.

이제까지는 언어의 차이에 관해서만 언급했지만, 전도 전략을 세우려면 전도에 영향을 끼치는 모든 걸림돌, 곧 모든 의사소통 장벽을 고려해야 한다. 일본을 예로 든다면, 일본은 모든 사람이 같은 언어를 사용하기 때문에, 중국처럼 완전히 다른 일본어 방언은 없다. 하지만 사회적인 계층 차이가 존재하기 때문에, 다른 계층의 사람들에게 복음을 전하는 것은 매우 어렵다. 그래서 인도와 마찬가지로 일본에서도 언어 장벽보다 사회적 차이가 더 중요할 때가 많다. 따라서 일본인 그리스도인들에게는 E-1 선교 영역뿐 아니라 좀 더 접근하기 어려운 E-2 선교 영역도 있다. 그들이 세계의 다른 지역에 가서 전혀 다른 언어를 사용하는 사람들을 대상으로 사역하고 있다면 E-3 선교를 하고 있는 것이다.

마지막으로 필자의 경험을 예로 들어 보겠다. 필자의 모국어는 영어다. 10년 동안 필자는 중앙아메리카에서 사역했는데, 대부분 과테말라에서 지냈다. 과테말라의 공식 언어는 스페인어지만, 대다수 사람들은 토착 언어인 마야 계통의 몇 가지 방언을 사용한다. 그래서 필자는 두 가지 언어를 배워야 했다. 스페인어 어휘는 60%가 영어와 중복되기 때문에 배우기가 그다지 어렵지 않았다. 더구나 스페인어를 배우면서 필자는 신대륙에 들어온 유럽 문화를 잘 알게 되었다. 그들의 생활방식을 이해하는 것도 그리 어렵지 않았다. 하지만 스페인어를 배우는 것이 비교적 쉬웠기 때문에, 필자가 사역하는 지역의 마야어를 배우는 것은 엄청나게 어려웠다. 매일 영어와 스페인어와 마야어를 교대로 사용하면서, 세 가지 서로 다른 '문화적 차이'를 경험했다. 필자가 만약 영어로 평화봉사단에게 그리스도에 대해 말한다면 그것은 E-1 전도다. 그리고 스페인어로 과테말라 사람들에게 복음을 전한다면 E-2 전도를 하는 것이다. 그러나 마야어로 인디언에게 복음을 전한다면 그것은 훨씬 더 어려운 E-3 전도를 하는 것이다.

현재 필자가 사는 남부 캘리포니아에서는 대부분 E-1 전도를 통해 사람들에게 접근할 수 있지만, 스페인어를 사용하는 수많은 사람들에게 복음을 전하려면 E-2 전도를 해야 한다. 필자가 만일 나바호어를 배워서 로스앤젤레스에 살고 있는 3만 명의 나바호 인디언들에게 그리스도에 대해 말한다면 E-3 전도를 하는 셈이 될 것이다. 또한 홍콩 출신의, 광동어를 사용하는 난민들에게 복음을 전하려 한다면 그것 역시 E-3 전도가 될 것이다. 하지만 나에게는 E-3 전도인 것이 다른 사람에게는 E-2일 수도 있다는 것을 유의하라. 미국에서 태어난 중국인이 홍콩 출신 난민들에게 전도하는 것은 E-2 전도다.

E-1이 효과적이지만, E-3는 매우 중요하다 E-1 Powerful, but E-3 Essential

기독교 운동을 확장시키는 유형은 주로 이렇다. 먼저 특별한 노력이 필요한 E-2와 E-3 전도를 통해 문화적 장벽을 넘어 새로운 공동체를 만든다. 그 후 강하고 지속적으로 복음을 전하는 교단을 설립하고, 그 다음에는 현지 교회가 효과적인 E-1 차원에서 그 일을 계속 수행해 나가도록 하는 것이다. 따라서 우리는 모든 종족과 언어 안에 효과적으로 복음을 전하는 교회가 세워질 때까지, 그래서 그 안에 E-1 전도가 실행될 때까지 여전히 외부에서 E-2, E-3 전도를 하는 것이 필수적이고 매우 시급하다는 사실을 명심해야 한다. 이런 관점에서 본다면, 남은 과업은 얼마나 큰 것인가?

【타문화 전도: 방대한 과업】
Cross-Cultural Evangelism: The Immensity of the Task

안타깝게도, 대부분의 그리스도인들은 이 세계에 E-1 전도가 행해지지 않고 있는 종족들이 얼마나 되는지에 대해 막연하게만 알고 있다. 다행히 로잔 집회의 사전 모임에서는 이 문제를 심각하게 다루었다. 아직도 복음이 들어가지 못한 부족 방언들과 언어학적 집단이 있는가? 만일 있다면 어디에 있고, 얼마나 되고, 누가 그들에게 접근할 수 있는가? 이런 사전 연구만으로도 여전히 타문화권 전도가 최우선이 되어야 함을 알 수 있다. 이 과업은 시대에 뒤떨어진 것이 결코 아니다. 놀라운 사실은 오늘날 비 그리스도인들 중 적어도 5분의 4 이상에게 E-1 전도가 이루어지지 않고 있다는 것이다.

> • 오늘날 이 세상의 비 그리스도인들 가운데 적어도 5분의 4 이상에게는 E-1 전도가 이루어지고 있지 않다.

종족에 대한 무지 People Blindness

그렇다면 왜 이런 사실이 제대로 알려지지 않았는가? 그 원인은 아마도 모든 나라에 복음이 전해졌다는 것을, 모든 문화권이 복음화되었다는 것으로 착각했기 때문일 것이다. 그리고 이런 오해는 질병처럼 널리 퍼져 있어서 특별한 이름을 붙일 만하다. 그것을 '종족에 대한 무지'라고 부르자. 이것은 나라들 안에 독립된 종족들이 존재한다는 것에 대한 무지로서, 덧붙여 말하면 다른 어느 곳보다 미국 그리고 미국 선교사들 사이에 많이 퍼져 있는 것 같다. 성경을 제대로 번역했다면 이 점을 분명하게 알 수 있었을 것이다. 예수님이 자주 언급하신 '민족들'(nations)이란 단어는 주로 로마 정부라는 단일한 정치 체제 안에 있는 종족 집단들을 말하는 것이었다. 오순절에 모였던 민족들은 대부분 국가(countries)가 아니라 종족(peoples)이었다. 마태복음에 나오는 지상명령의 "모든 족속(peoples, 헬라어로 *ethne*)을 제자로 삼아"라는 문구는 각 국가에 교회 하나씩만 세우면 끝난다는 의미가 아니다. 하나님은 모든 종족 안에 강한 교회가 세워지기를 원하신다!

'종족에 대한 무지' 때문에 우리는 한 나라 안의 소수 민족들을 제대로 인식하지 못한다. 그들은 효과적인 복음 전략을 계발하는 데 매우 중요하다. 종족에 대한 무지에서 벗어난다면, 사회가 하나의 복합적인 모자이크(맥가브란의 표현에 따르면)로 보일 것이다. 그러나 우리 모두가 이 무지에서 벗어나기 전까지는, 교회 또는 민족적 연합이라는 합당한 목표와 획일성이라는 비합리적인 목표를 혼동할 수도 있다. 하나님은 분명 다양함을 사랑하신다. 그러나 이런 다양성 때문에 전도자들은 더 많이 수고해야 한다. 인간 사회라는 복잡한 모자이크의 작은 인종적, 문화적 조각들 때문에 비 그리스도인의 5분의 4 이상에게 E-1 전도로는 접근할 수 없다. 따라서 한 추산치에 따르면, 아시아와 아프리카에만도 한 사람의 복음 증거자도 없는 문화권에 속한 사람들이 19억 9천 3백만 명이나 된다고 한다. 이 사실은 타문화 선교 과업이 얼마나 엄청난지를 보여 준다. 하지만 이 과업이 엄청난 이유는 단지 선교 대상자의 숫자가 많기 때문만은 아니다.

> • 종족에 대한 무지 때문에 우리는 한 나라 안의 소수 민족들을 제대로 인식하지 못한다. 그들은 효과적인 복음 전략을 계발하는 데 매우 중요하다.

미국 내 E-2 전도의 필요성 Need for E-2 Evangelism in the United States

우리의 문제는 지상명령의 대상을 '나라들'이 아닌 '종족들'이라고 재해석하는 일보다 좀 더 심각하다. 그 과업이 엄청나다는 사실은 E-2와 E-3 전도가 훨씬 더 복잡하다는 뜻이다. 예를 들어, 미국 그리스도인들은 그리스도께로 인도해야 할 대부분의 비 그리스도인들(심지어 미국 안에 있는)이 지금 미국에 있는 여러 교회에 쉽게 어울리지 못할 것이라는 사실에 준비가 되어 있지 않다. 북부에 있는 대다수 미국 교회는 중산층 교회이며, 육체노동자들은 그런 교회에 가지 않을 것이다. 대규모 전도 집회를 열어 수천 명의 사람들을 큰 집회장에 끌어 모으고, 텔레비전을 통해 사람들에게 복음을 전할 수는 있지만, 새로 회심한 사람들 중 많은 수는 단지 자신들이 편안하게 느끼는 교회가 없다는 이유 때문에 제대로 정착하지

> • 그리스도께로 인도해야 할 대부분의 비 그리스도인들이 교회에 쉽게 어울리지 못한다는 사실에 준비가 되어 있는가?

못한다. 오늘날 미국 그리스도인들은 편안한 의자에 앉아 세상 사람들이 그리스도께 나아와 그들과 합류하기만을 끊임없이 기다리고 있다. E-2 방식을 채택해서 사람들을 찾아 나선다거나 그들 자신의 교회를 세우도록 돕지 않는다. 이런 현상이 계속된다면, 아마 미국의 전도는 꾸준히 쇠퇴하게 될 것이며, 사실상 이미 쇠퇴하고 있다. 미국의 중산층 중에도 교회에 나오지 않는 불신자들이 얼마든지 있지 않느냐고 반박할지 모른다. 물론 그것도 사실이다. 하지만 문화적 배경이 다른 사람들은 숫자적으로도 많을 뿐 아니라, 그들이 설령 그리스도인이 된다고 해도 편안한 마음으로 예배 드릴 교회가 없다는 건 큰 문제다.

미국은 차로 5천km를 달려도 여전히 같은 언어가 통용되는 나라지만, 그럼에도 전도라는 관점에서 보았을 때는 갖가지 문화가 섞여 있는 문화적 모자이크다. 그렇다면 분명 대부분의 다른 나라들도 비슷한 상황에 처해 있을 것이다. 심지어 미국의 지방 방송국에서는 40개 이상의 언어를 사용한다. 이런 언어의 차이뿐 아니라 사회 문화적 차이도 매우 크다. 결코 언어의 차이만이 의사소통의 최대 장벽은 아닌 것이다.

E-3 전도는 가장 어렵지만 가장 시급하다. E-3 전도를 하려면 복음을 전하는 사람의 문화와 매우 멀고, 지리적으로 가깝다 해도 대단히 다른 문화에 관여해야 한다. 언어(어쩌면 서너 개의 언어)를 배워야 하고 얽히고설킨 문화를 이해해야 한다. 팀워크, 민감성, 인내, 시간, 기도 모두 필요하다. 누군가가 E-2 혹은 E-3 전도를 하지 않는다면 어떤 미전도 종족도 복음을 접할 기회가 없을 것이다.

E-2 전도에서 완전히 새로운 예배 공동체를 만들 필요가 있다는 것은 수많은 새로운 회중교회를 세웠던 '예수운동 참가자들'(Jesus people)이 강조한 바 있다. 미국 내의 수많은 예수운동 참가자들이 사용하는 언어는 별다르지 않았지만 생활방식은 대단히 달랐으며, 그래서 예배 스타일도 매우 달랐다. 많은 미국 교회들은 예배 때 여러 악기를 사용하고, 예수운동처럼 형식에 얽매이지 않으려 했다. 하지만 한 교회가 여러 언어를 사용하고 여러 생활방식을 허용하는 것에는 한계가 있다. 빌리 그레이엄이 런던에서 전도 집회를

• E-2 전도에 필요한 것은 완전히 새로운 예배 공동체다.

했을 때 예수님께 나아왔던 많은 '갱단'과 '폭주족'들이 그 후 어떻게 되었는지는 아무도 모른다. 기존 교회들은 당연히 그런 사람들과 문화적으로 거리가 있었으며, 다른 한편으로 이 회심자들이 완전히 새로운 교회를 형성할 만한 적절한 E-2 방법도 없었을 것이다. E-2? 전도의 이런 측면 때문에 타문화적 과업은 엄청나게 더 어려워진다. 하지만 그것은 반드시 필요하다. 잘 알려진 예를 하나 더 들어보자.

존 웨슬리가 영국 광부들에게 전도했을 때 완전히 새로운 예배 공동체가 탄생했다. 이 하층민들이 그들만의 그리스도인 모임을 만들고, 그들에게 맞는 노래를 부르고, 같은 부류의 사람들끼리 어울리도록 하지 않았다면 감리교 운동은 절대 생겨나지 않았을 것이다. 게다가 E-2 전도가 없었다면, 그들이 다른 사람들에게 복음을 전하여 이 새로운 사회 계층 내에서 그처럼 놀라운 속도로 기독교 운동을 확장시키지도 못했을 것이다. 그 결과는 영국을 흔들었고 영원토록 그들을 변화시켰다. 또한 기존 교회까지 흔들었다. 웨슬리가 광부들과 접촉하는 것을 좋아하는 사람들은 그리 많지 않았다. 그리고 광부들이 그들만의 교회를 가져야 한다는 데 동의하는 사람들은 더 적었다!

【불균형이 너무 심하다!】*

우리의 과업은 불가능해 보인다. 대부분의 선교사들이 현재 이 과업에 집중하지 않고 있다는 사실은 문제를 더 복잡하게 만든다. 많은 선교사들과 기독교 사역자들은 미전도 종족을 복음화하는 것보다 오히려 교회가 잘 서 있는 곳에서 명목상의 그리스도인들이 믿음을 회복하는 데 더 힘을 쓰는 것처럼 보인다.

내가 인도에서 조지 사무엘(George Samuel)을 만났을 때, 그는 이 사실을 날카롭게 지적했다. 조지는 핵물리학자였으며, 두뇌가 명석한 과학자다. 따라서 숫자 면에서 실수를 할 사람이 아니라는 사실을 유념해 달라. 그는 눈물을 글썽이며 내게 말했다. "랄프, 나는 외국인 선교사와 현지인 사역자들이 인도에서 했던 모든 전도 활동에 대해 철저하게 조사했다네. 그런데 인도에서 이루어지는 전도의 98%는 명목상의 그리스도인들을 다시 교회로 데려오는 것에 초점을 맞추고 있었네. 심지어 교회가 세워진 바로 그 문화권 내에 있는 비 그리스도인에게조차 별로 신경을 쓰지 않더군."

나는 깜짝 놀라 더듬거리며 물었다. "그럼, 나머지 2%는 어떻습니까? 적어도 그 사람들은 미전도 종족을 대상으로 일하고 있겠지요?"

"그렇지 않네. 그 2%는 같은 사회 내에서 E-1 사역을 하고 있다네."

"설마 인도에서 미개척지로 가는 사람이 없다는 말은 아니지요?" 나는 다시 한번 물었다.

---

*Ralph Winter, B-181 *Perspectives Reader*에서 다듬은 것

"물론 미국 선교사들은 이미 타문화권에 들어와 있는 셈이지."

난 이렇게 대답했다. "하지만 타문화권 선교사들이 어떻게 선교 현장에서 타문화 선교를 하지 않는다는 말입니까? 그들이 문화의 장벽을 넘으려고 인도 언어를 배우면서 이미 교회가 세워진 곳에서만 일한다면, 진짜 전방 개척 선교라고 볼 수 없잖습니까?" 그는 내 말에 고개를 끄덕였다.

【더 많은 선교사를 모집해야 한다!】

우리의 과업은 생각만큼 불가능하지 않다. 기존의 관점을 바꾸어 미전도 종족에게 초점을 맞추고 각 종족 안에 토착화된 교회를 세우겠다는 목표를 세우면 된다. 어떤 종족은 수천만을 헤아리기 때문에 더 많은 선교사가 들어가야 한다. 지금은 세계 어느 교회에서나 선교사를 파송할 인력을 갖추고 있다.

이 과업은 큰일이기는 하지만 전 세계 교회가 감당할 수 없을 정도로 큰일은 아니다. 우리는 새로운 시대를 살고 있다. 이제 세계 모든 교회는 전방 개척 선교에 참여해야 한다. 새로운 선교사들은 서구에서만 나올 수도 없고 아시아, 아프리카, 남미에서만 나올 수도 없다. 우리는 이 일을 위해 모두 힘을 합해 일해야 한다.

자기 백성을 위한 하나님의 목적, 이 세상 나라에 빛이 되는 것,
이것은 또한 우리에 대한 하나님의 명령, 땅끝까지 구원을 전하는 것이다

– 데이비드 필벡(David Filbeck)

■ 일반 선교와 전방 개척 선교

전도 유형(및 사례들)	전도자의 대상 집단	
	전도된 종족 집단	미전도 종족 집단
E-3 1. 앵글로족이 애리조나의 전통적 호피족에게 복음을 전함 2. 인도의 브라만 그리스도인이 파키스탄 무슬림에게 복음을 전함	II. 일반 선교	III. 전방 개척 선교
E-2 1. 나바호 그리스도인들이 몽골 사람들에게 사역함 2. 미국인들이 브라질 중산층에게 사역함		
E-1 1. 구원받지 않은 이웃들에게 그리스도를 전함 2. 군목이 사우디아라비아의 미군들에게 사역함	I. 복음 전도	(미전도 종족 집단에 처음으로 생겨난 신자들이 행하는 복음 전도)
E-0 1. 부흥사가 교회 내의 불신자들에게 말씀을 전함 2. 주일학교 교사가 반 학생들에게 복음을 전함		

(세로축) 전도자와 전도 대상자와의 문화 차이: 가깝다 ↔ 멀다

(가로축) 가깝다 ← 전도 대상자와 가장 가까운 교회와의 문화적 거리 → 멀다

I. 복음 전도: 이미 건강한 토착 교회를 갖고 있는 자신의(혹은 매우 유사한) 종족을 대상으로 한 전도 사역

II. 일반 선교: 이미 건강한 토착 교회를 갖고 있는 종족을 대상으로 한 타 문화권 전도(대상 문화권의 그리스도인들과 협력하는 것이 이상적이다)

III. 전방 개척 선교: 건강한 토착 교회가 없는 종족을 대상으로 한 타 문화권 전도

교회의 본질적 요소
조지 패터슨(George Patterson)

조지 패터슨은 오리건 주 포틀랜드에 있는 웨스턴 신학교(Western Seminary)의 타문화 연구부에서 학생들을 가르치고 있다. 21년간 북부 온두라스에서 신학 교육과 전도 통신 프로그램을 운영했고, 세계 여러 곳에 교회를 증식시키도록 선교사들을 지도하고 훈련시키고 있다.

【예수님의 명령에 사랑으로 순종하라고 가르치고 또 실천하라】
Teach and Practice Obedience to Jesus' Commands in Love, Above and Before All Else

예수님은 자신이 하늘과 땅의 모든 권세를 가지고 있음을 단언하신 후, 당신의 모든 명령에 순종하는 제자들을 만들라고 교회에 위임하셨다(마 28:18-20). 그래서 예수님의 명령은 다른 모든 제도적 규칙보다 우선시된다. 이런 순종은 언제나 사랑 가운데 이루어진다. 우리가 다른 어떤 이유로 하나님께 순종한다면, 그것이 바로 율법주의이며 하나님은 그것을 싫어하신다.

【예수님의 기본적인 명령에 대한 순종에서 시작하라】
Start Right Out with Obedience to Jesus' Basic Commands

개척지에 교회를 세우기 위해서는 각 지역에 그리스도께 순종하기로 헌신한 그룹을 만들겠다는 목표를 세우라. 교회를 이런 식으로 정의하면 신학교에서는 D⁻ 학점을 받을지 모르겠지만, 여기에 무언가를 더할수록 사실상 교회는 성장하기 어려워진다. 우리는 회심자들에게 다음과 같은 그리스도의 기본 명령 목록을 외우도록 했다.

Patterson, G. (1999). "The Spontaneous Multiplication of Churches." In R. D. Winter & S. C. Hawthorne (Eds.) *Perspectives on the World Christian Movement: A Reader* (rev. ed.). (P. 601-602, 604). Pasadena: William Carey Library에서.

1. 회개하고 믿으라(막 1:15)
2. 세례를 받으라(그리고 여기서 시작된 새 삶을 지속해 나가라, 마 28:18-20; 행 2:38; 롬 6:1-11)
3. 하나님과 이웃을 실제적으로 사랑하라(마 22:37-40)
4. 성만찬을 행하라(눅 22:17-20)
5. 기도하라(마 6:5-15)
6. 주라(마 6:19-21; 눅 6:38)
7. 다른 사람들을 제자로 삼으라(마 28:18-20)

• 순종은 언제나 사랑 가운데 이루어진다. 우리가 다른 어떤 이유로 하나님께 순종한다면, 그것이 바로 율법주의이며 하나님은 그것을 싫어하신다.

이 목록을 외우라. 그리스도인으로서 이것을 기본적으로 실천하지 못한다면, 스스로 순종하는 제자가 될 수도 없고 그런 제자를 만들 수도 없다. 이는 제자 삼기와 교회 설립의 기본이다.

【전도의 목표를 순종으로 정하라】
Define Evangelism Objectives in Terms of Obedience

무작정 '결단'을 내리라고 설교하지 말라. 순종하는 제자를 만들어라. 제자만이 한 문화권 내에서 자발적으로 증식하는 교회를 만들 수 있다. '회개하고 믿으라', '세례를 받으라'는 두 명령을 생각해 보라. 서구 문화에서는 어떤 사람이 하나님 앞에 홀로 서서, 그리스도를 믿기로 '결단한다.' 하지만 다른 문화권에서는, 진지한 회심이 일어나려면 가족들이나 친구들과 상의를 해야 한다. 그런 곳에서는 결단을 내리라는 초청을 받고 믿게 되는 것이 아니라, 전 가족 혹은 집단이 믿고, 회개하고, 즉시 세례를 받는 것이 보통이다(행 2:36-41; 8:11; 10:44-48; 16:13-15; 29-34; 18:8). 회개는 결단보다 더 심오하다. 그것은 성령의 역사로 인한 영구적 변화이며, 완전히 거듭난다. 어떤 문화권에서든 지적인 결단만으로 순종하는 제자가 되는 예는 거의 없다.

우리는 회개하는 신자들에게 먼저 긴 교리 과정을 요구하지 않고 되도록 빨리 세례를 주었을 때, 대다수가 순종적 제자도 훈련에 응한다는 것을 알게 되었다. 자세한 교리는 후에 가르쳤다. 사랑하는 법, 어린아이 같은 순종을 배우기 전에 심각한 신학을 가르치는 것은 위험하다. 그렇게 되면 그들은 기독교를 곧 성경적으로 정확한 교리를 갖는 것이라고 생각하게 되며, 성장은 거기서 멈춘다. 그 사람은 능동적인 제자가 되기보다는 수동적으로 말씀을 배우는 자가 된다. 균형 잡힌 제자 훈련은 머리와 가슴과 손을 움직이게 만든다. 또한 말씀과 보살핌과 과업을 통합시킨다. 배우고, 사랑하고, 섬긴다. 다른 것들을 희생하면서 어느 하나를 강조하면, 제자가 아니라 영적으로 균형 잡히지 않은 신자가 된다.

예루살렘에 있던 최초의 신약 교회에 새로 들어온 교인들은 처음부터 그리스도의 기본 명령에 모두 순종했다. 그들은 회개하고 세례를 받은 후, 사도들의 교리를 배우고(말씀), 떡을

> • 그리스도 안에서 새 생명을 얻게 된 처음 몇 주간은 가장 은혜로운 때다. 바로 그때가 참 제자가 되라는 가르침에 귀 기울여 듣고 따를 때다. 말씀을 중심으로 헌신적이고 사랑하는 삶을 살라고 가르치라.

떼고, 기도하고, 교제를 나누었으며(보살핌), 주고, 증거함으로, 날마다 새신자들이 더했다(과업). 사도행전 2장 41-47절을 보라. 우리 역시 새로 회심한 각 사람에게 처음부터 사랑으로 이 모든 계명에 순종하라고 가르쳐야 한다(요 15:15). 나중에 가르치려고 하지 마라! 그들이 그리스도 안에서 새 생명을 얻게 된 처음 몇 주간은 가장 은혜로운 때다. 바로 그때가 참 제자가 되라는 가르침에 귀 기울여 듣고 따를 때다. 말씀을 중심으로 헌신적이고 사랑하는 삶을 살라고 가르치라.

【사랑으로 순종하라고 가르치라】
Orient Your Teaching to Loving Obedience

우리는 목회자들에게 신약 명령을 모든 교회 활동의 중심에 두라고 가르쳤다. 그래서 교인들이 무엇을 하든 다음 세 가지 권위 체계를 분별해서 살도록 가르치라고 했다.

1. **신약의 명령.** 이 명령들은 하늘의 모든 권세를 지니고 있다. 이 명령에는 서신서에 나오는 사도들의 명령뿐 아니라 예수님의 명령도 포함된다. 이는 세례 받고 교인이 된 성숙한 그리스도인들에게만 적용된다. 우리는 그 명령들을 행하는 것에 대해서는 투표도, 토론도 하지 않는다. 그 명령들은 어떤 인간 조직의 규칙보다 우선한다.

   > • 예수님의 명령들은 어떠한 인간 조직의 규칙보다 우선한다.

2. **사도들의 관행**(명령은 아님). 이것을 법으로 시행할 수는 없다. 그리스도께만 그분의 교회 곧 그분의 몸을 위한 법을 만들 권위가 있기 때문이다. 또한 사도적 전례가 있는 관행들을 금할 수도 없다. 이를테면, 재산을 공동으로 소유하는 것, 회심자들에게 안수하는 것, 각 가정에서 하나의 잔으로 자주 성만찬을 나누는 것, 회심한 그날 세례를 주는 것, 주일 예배를 드리는 것 등이다.
3. **인간적 관습.** 신약에 언급되지 않은 관행들은 한 집단이 자발적으로 동의할 때만 권위가 있다. 징계도 포함되며, 합의된 사항은 하늘에서도 인정된다(하지만 그것은 이 회중에게만 해당되며, 우리의 관습으로 다른 회중을 판단해서는 안 된다. 마 18:15-20).

거의 모든 교회의 분열과 분쟁은 권력에 굶주려 추종자들을 구하려 애쓰는 사람이 사도적 관행이나 인간적 관습(2, 3단계)을 가장 위에 올려놓고 법으로 만들려는 데서 비롯된다.

【각 새로운 교회가 스스로 증식하도록 도우라】
Help Each New Church to Reproduce

새로 세워진 교회들은 성경에 나오는 안디옥 교회처럼 전도하는 사역자들을 보내어 자(子) 교회를 개척하도록 해야 한다(행 13:1-3). 전도를 늦게 가르칠수록 새신자들의 의식을 바꾸기가 힘들어진다. 안디옥 교회가 성령의 능력으로 전도자들을 파송했듯이 교회 장로들이 헌신된 일꾼들을 세우고 교회 예산을 따로 떼어서 하나님의 나라를 확장하는 일에 보람을 느끼도록 하라. 그리고 파송한 사람들을 위해 기도해 주고, 원한다면 금식까지 한 후에 별도의 파송예배를 드리면서 그들의 머리에 안수하여 정식으로 위임하는 자리를 마련하라. 전도자는 위임받은 사람들만이 아니라 기도하면서 후원하는 교회의 모든 교인도 포함한다. 새로 세워진 교회마다 이런 연속적인 움직임이 일어나도록 하자. 파송된 전도자들은 단지 파송된 교회의 손이 되어 실제적인 일을 수행할 뿐이다.

【친구들과 친척들에게 전도하는 법을 가르치라】
Show Each New Believer How to Witness to Friends and Relatives

성령님은 가족들과 친구들 간에 존재하는 관계를 통해 역사하신다(행 10:24, 44). 새신자가 가족과 친구들과 좋은 관계를 유지하도록 하라. 기독교 분위기 속에 보호한다는 이유로 새신자를 가족이나 친구들과 멀어지게 하지 마라. 그렇게 되면 복음을 전할 기회마저 빼앗는 꼴이 된다.

우리는 문맹자라도 새로 갖게 된 믿음을 즉시 나누는 데 사용할 수 있도록 복음에 관한 간단한 자료(주로 성경 이야기)를 준비해 어떻게 사용하는지 보여 주고, 그들이 즉시 따라할 수 있도록 본을 보여 주었다.

【전도의 능력을 달라고 기도하라】
Pray for Reproduction Power

기존 교회와 연결된 새 교회들에는 배가할 수 있는 잠재력이 있다. 마태복음 13장, 마가복음 4장, 요한복음 15장에 나오는 그리스도의 비유들은 교회가 성장하고 번식하는 것을 식물의 성장과 번식에 비유한다. 순종하고 성령 충만한 교회는 국내에서나 국외에서나 풍성한 열매를 맺는다. 그것이 바로 교회의 본질이다. 교회는 부활하시고 생명을 주시는 하나님의 아들의 몸이다.

선교는 현실을 있는 그대로 받아들이기를 거부하고
그 현실을 변화시키는 것을 목표로 하는 믿음의 영역이다.

– 데이비드 보쉬(David Bosch)

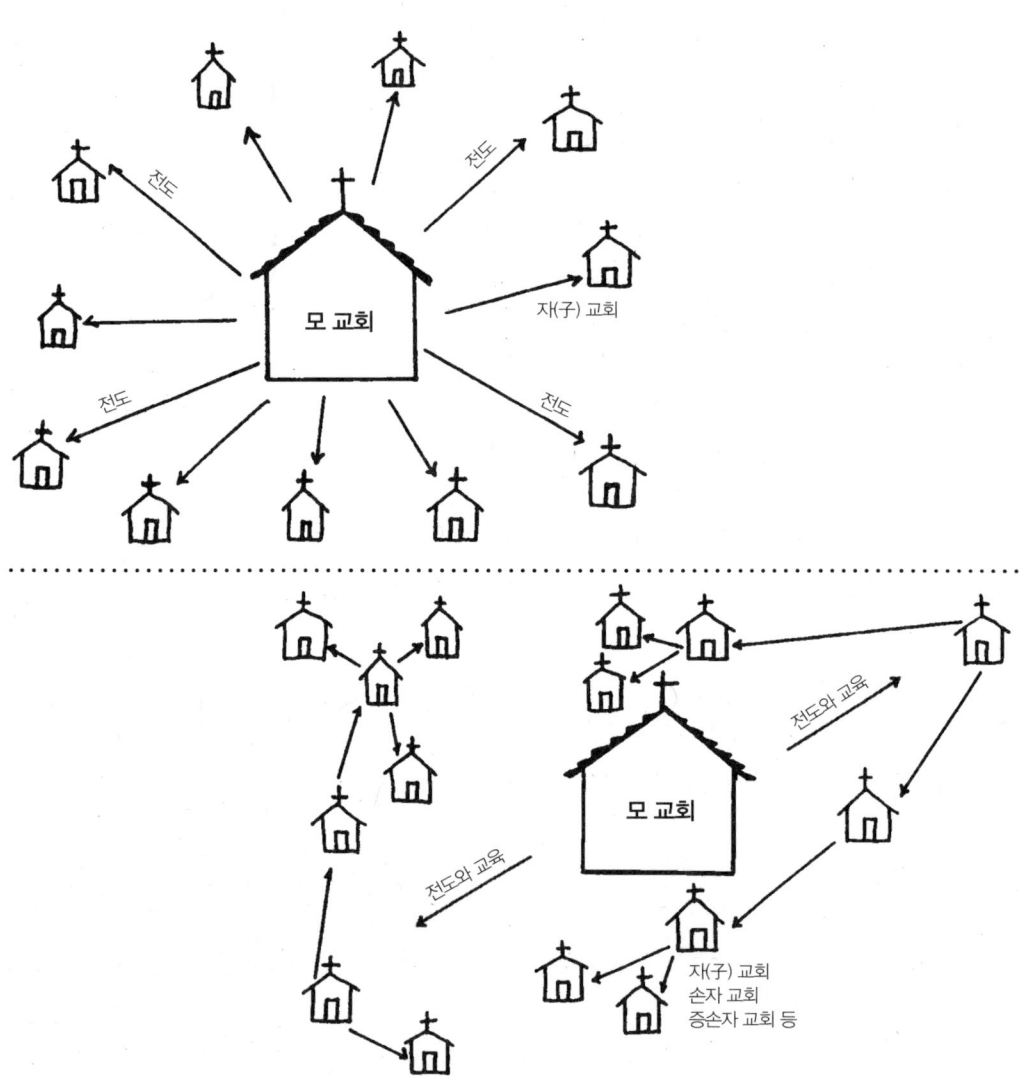

온두라스에서 우리가 개척한 교회들은 20개의 자 교회, 손자 교회, 증손자 교회로 증식했다.

하나님이 이루시는 성장
스티븐 호돈(Steven C. Hawthorne) & 랄프 윈터(Ralph D. Winter)

스티브 호돈은 텍사스 오스틴의 웨이메이커(WayMakers)의 설립자이자 책임자다. 그는 1981년 *Perspectives on the World Christian Movement* 과정을 공동 편집한 후, '여호수아 프로젝트'를 시작했다. 그 사역은 세계 수준급 도시들에 사는 미전도 종족들을 연구하고 탐험하는 것이다. 그는 그레이엄 켄드릭(Graham Kendrick)과 함께 『땅 밟기 기도: 통찰력을 가지고 현장에서 기도하기』(*Prayerwalking: Praying On-Site with Insight*)를 썼다.

전도는 새로운 제자들을 역동적인 지역 교회 모임에 불러들이는 것으로 완성된다. 선교사의 과업은 외국의 토양에 교회(a church)를 조직하는 것이 아니라 전체 문화(그리고 궁극적으로는 다른 문화에도) 구석구석에 복음을 전파할 그리스도 운동(a Christ-ward movement)을 시작하게 만드는 것이다.

【하나님이 일으키시는 성장】
Growth Which Is of God

교회는 어떻게 성장하는가? 교회는 살아 있는 유기체로서, 하나님의 주권에 따라 성장한다(고전 3:6-7). 교회는 다음 네 가지 방식으로 성장할 수 있고 성장해야 한다.

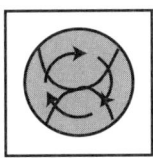

(1) 내적 성장 Internal Growth

교회는 성숙함과 내적 힘이라는 면에서 성장해야 한다. 내적 성장에는 상당히 다른 세 과정이 포함된다.

Hawthorne, S. C. & Winter, R. D. (1992). *Perspectives on the World Christian Movement: Study Guide* (1992 ed.) (P. 9-2). Pasadena: William Carey Library에서.

① 구조적 성장: 내적 구조의 성장. 예를 들어, 청년부 조직
② 교회 공동체의 영적 혹은 질적 성장
③ E-0 회심 성장: 명목상의 교인이 진정한 믿음을 갖고 회심하는 것

이런 성장은 교회가 수적으로 성장하는 데는 별로 기여하지 못하지만, 참으로 거듭난 교인들이 증가함으로써 교회에 활력을 주고 전도 능력에 엄청난 변화를 일으킬 수 있다. 이 과정을 '복음적(evangelical) 경험' 혹은 '교회 갱신'(renewal)이라고 부른다.

 **(2) 팽창 성장 Expansion Growth**

지역 교회에는 계속해서 새신자들이 생겨나야 한다. 팽창 성장을 통해, 교회는 몇 가지 명확한 방식을 사용해 수적으로 성장한다.

① 생물학적 성장: 교인들의 자녀는 어른이 되어도 교인이 되는 경향이 있다(그런 성장이 반드시 건강한 교회의 표시는 아니다).
② 이동 성장: 교인들이 특정한 교회로 이동한다. 이런 유형의 성장은 건강하고 매력적인 교회임을 나타낼 수는 있으나, 믿지 않는 공동체에 별 영향을 미치지 못하기 때문에, 그 성장 과정은 사실상 하나님나라를 확장시키는 것이 아니다.
③ 회심 성장: 건강한 교회는 믿지 않는 사람들에게 복음을 전해 그들을 주께 인도한다.

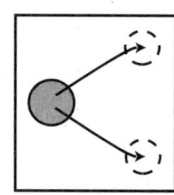 **(3) 확장 성장 Extension Growth**

교회는 스스로 증식해 자 교회를 만들어 내야 한다. 확장 성장은 지역 교회가 전도를 통해 새로운 교회들을 세우는 것이다. 하지만 확장 성장에 비전이 있는 목회자들은 별로 없으며, 어떤 곳에서는 거의 사라진 방법이다. 확장 성장은 내적 성장과는 매우 다른 기술을 요한다. 하지만 결정적으로, 거기에는 내적 성장과 팽창 성장의 모든 방법이 포함된다. 연구에 따르면 팽창 성장에만 의지하는(새로운 교회를 세울 수도 없고, 세울 생각도 없는) 교회는 성장률이 급속히 줄어든다.

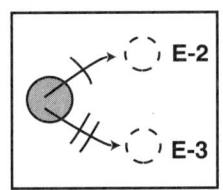

(4) 교량 성장 Bridging Growth

교회는 자신의 문화를 넘어서 복음을 증거하고, 또 다른 교회를 세워야 한다. 교량 성장은 특별한 확장 성장으로, 설립되고 있는 새 교회가 모 교회 사람들과 매우 다른 부류의 사람들로 구성되어 있어 자 교회를 전혀 다른 문화권에 세우고, 그 문화권 사람들이 스스로 교회를 이끌어 가도록 하는 것을 말한다. 이렇게 하려면 E-2 전도, 혹은 E-3 전도가 필요하다. 다시 말해 교량 성장은 내적, 팽창, 확장 성장에 포함된 모든 기술을 통해 복음을 타문화권에 전달할 것을 요구한다.

성장의 순서는 중요하다. 하지만 시기 역시 중요하다. 내적 성장의 초기에 교인들에게 전도하도록 가르치지 않으면 항상 구조적, 영적 성장에만 관심이 모아지고 전도와 외적 성장은 이루어지지 않을 것이다. 그러면 결국 침체에 빠져 구조적으로나 영적으로 성장이 멈추고 만다. 교회는 세워진 초기에 팽창과 교량적 성장까지 계획하는 진취성이 있어야 한다. 큰 교회가 되어야 자 교회를 세울 수 있는 것이 아니고, 성숙해야 미전도 종족을 전도할 수 있는 것도 아니다. 교회의 성장은 성장 자체가 목적이 아니라 하나님의 전 세계적 선교 계획에 동참하는 것이다.

■ **사도행전 1장 8절에 나오는 두 과업**

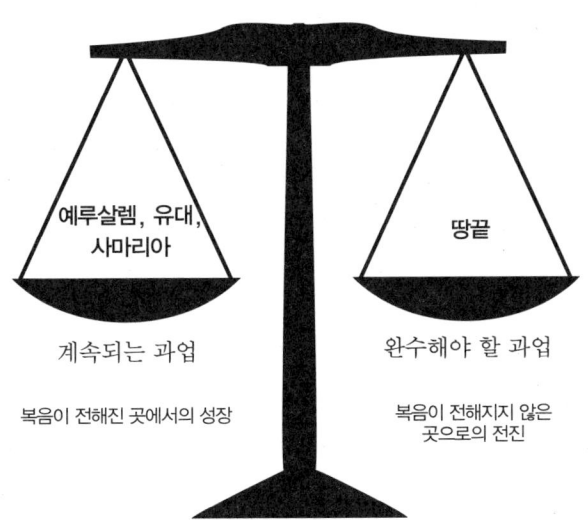

"너희가 … 예루살렘과 온 유대와 사마리아와 땅끝까지 이르러
내 증인이 되리라"(행 1:8)

사도행전의 과업은 둘 중 하나가 아니다. 어느 하나가 다른 것을 앞서는 것도 아니다.
그것은 한 쪽에서 다른 한 쪽으로 나아가는 것도 아니다. 그것은 '둘 다'이다.

교회개척운동
데이비드 개리슨(David Garrison)

데이비드 개리슨은 남침례교 총회 국제 선교 위원회의 전략 조정 및 동원 담당 부총재이며「비거주 선교사」(*The Nonresidential Missionary*), 「해 아래 새로운 것」(*Something New Under the Sun*), 「교회개척운동」(*Church Planting Movements*)의 저자이기도 하다.

【교회개척운동의 핵심 요소들】
Key Components of a Church Planting Movement

교회개척운동이란 무엇인가? 교회개척운동(CPM: Church Planting Movement)은 종족이나 집단 안에 교회를 개척하는 토착 교회를 급속하게 늘리는 운동이다.

이런 정의에는 몇 가지 핵심 요소들이 있다. 첫째는 '빠르게' 하라는 것이다. 교회개척운동은 새로운 교회가 빠르게 증가하는 운동이다. 수십 년 혹은 심지어 수세기에 걸쳐 이뤄지는 총력교회개척(saturation church planting)도 좋지만 그것을 교회개척운동이라고 볼 수는 없다.

> • 교회개척운동은 정해진 종족이나 집단 안에 교회를 개척하는 토착 교회를 급속하게 늘리는 운동이다.

둘째로, '기하급수적'으로 늘어나는 것이다. 교회 수가 해마다 몇 개씩 점진적으로 늘어나는 것이 아니라, 두 개의 교회가 네 개가 되고, 네 개의 교회가 열여섯 개가 되는 식이다. 기하급수적인 증식은 전문적인 교회 개척자나 선교사들에 의해서 이뤄지기보다는 기존 교회에서 새로운 교회들이 증식해 나갈 때 가능하다.

마지막으로, 토착 교회여야 한다. 이는 외부 사람이 아닌 교인들이 자체적으로 세운 교회를 말한다. 복음은 사람들 속에서 저절로 생겨나 전파되지 않는다. 복음은 언제나 외부에서

Garrison, David. (1999) *Church Planting Movements*. P. 7-10; 16-17; 21-24. 이것은 International Mission Board, Southern Baptist Convention, Richmond, Va.에서 나온 소책자다. 주문하려면 1-800-866-3621로 연락하기 바란다.

들어오며, 이는 선교사들의 과업이다. 하지만 교회개척운동은 복음을 최대한 빨리 토착화시켜 외부가 아닌 종족 집단 내부에서 운동의 주도권과 추진력이 나오게 하는 데 목표가 있다.

【교회개척운동이 아닌 것은 무엇인가?】
What Is NOT a Church Planting Movement?

이런 정의가 충분치 않다면, 교회개척운동이 아닌 것이 무엇인지 살펴보면 개념이 더욱 명확해질 것이다. 교회개척운동의 목표는 '전도를 통해 교회를 세우는 것' 그 이상이다. 그것은 교회개척운동의 일부일 뿐이다. 이 '제한된 비전'은 확장에 대해서는 생각지 않는다. 교회 개척가는 하나 혹은 몇 개의 교회를 개척하는 것을 목표로 그것에 만족할지 모르지만, 종족 전체에 복음을 전하려면 교회를 개척하는 교회들의 운동이 필요하다.

교회개척운동은 또한 이미 존재하던 교회의 부흥 그 이상을 의미한다. 물론 부흥을 고대하지만 그것이 교회개척운동은 아니다. 대규모 전도 집회와 간증 프로그램들이 유익하고 많은 사람들을 그리스도께 인도할 수 있지만, 그것 또한 교회개척운동은 아니다. 교회개척운동의 특징은 빠르게 증식되는 교회들이다.

지역 교회 일꾼이 교회 개척의 전문적인 훈련을 받아 자국 내에 여러 교회를 개척하는 것은 교회개척운동과 비슷하지만 실제로는 아니다. 한 종족과 나라 안에 교회들을 세우는 데는 효과적일지 모르나 증식의 추진력이 몇몇 교회 개척 전문가들의 손에 있고 새로 세워진 교회의 자발적인 노력에 있지 않기 때문이다.

마지막으로, 교회개척운동 그 자체가 목적이 될 수는 없다. 우리가 하는 모든 노력의 목적은 하나님이 영광을 받으시는 것이다. 그것은 개인이 예수 그리스도를 통해 하나님과 올바른 관계를 맺을 때마다 일어난다. 그럴 때 그들은 같은 마음을 가진 신자들과 함께 은혜를 나누며 자라갈 수 있는 교회에 들어온다. 사람들이 예수 그리스도 안에 있는 새로운 생명을 얻을 때마다 하나님은 영광을 받으신다. 그러므로 교회가 세워지면 누가 세웠느냐에 상관없이 축하할 일이다.

> • 교회개척운동은 그 자체가 목적이 아니다. 우리의 모든 노력의 목적은 하나님이 영광을 받으시는 것이다.

그렇다면 왜 교회개척운동이 그처럼 특별한가? 그 이유는 교회개척운동이 잃어버린 자를 그리스도께 인도하여 그 안에 있는 생명을 누리고 믿음의 공동체 안으로 들어와 하나님을 영광스럽게 할 만한 잠재력을 가장 많이 갖고 있는 것으로 보이기 때문이다.

하지만 교회개척운동은 교회 숫자가 증가하는 것만을 목표로 하지 않는다. 숫자가 늘어난다는 긍정적인 측면이 있긴 하지만 말이다. 교회개척운동은 교회를 개척하는 비전이 선교사와 교회 개척 전문가에게서 교회 속으로 퍼져 들어와, 교회 스스로가 잃어버린 자들을 구원

> • 교회개척운동은 교회를 개척하는 비전이 교회 속으로 퍼져 들어올 때 일어난다.

하고 또 다른 교회들을 증식할 때 일어난다.

몇 가지 핵심 사항을 재검토해 보자. 선교사는 유능한 교회 개척가지만 그들은 언제나 수적으로 제한되어 있다. 반면 지역 교회 개척가는 수적으로 더 많기 때문에 전략적으로 좀 더 유리하다. 교회개척운동은 많은 잠재력을 지니고 있다. 교회 자체에서 개척 활동이 이루어져 가능한 한 많은 교회가 시작될 수 있기 때문이다.

【배경: 중국의 한 지역】
The Setting: A Region in China

1990년대 초 중국은 엄청난 사회적 격변으로 요동하고 있었다. 경제의 급속한 발전으로 가진 자와 못 가진 자 간에 엄청난 차이가 생겨났고, 급속한 도시화로 가족과 공동체 내의 관계가 해체되었다. 중국은 지난 40년간 마오쩌둥의 공산사상으로 똘똘 뭉쳐 있었으며, 이제는 그 사상을 이어나갈 후계자가 나오기를 간절히 바라는 실정이다.

새로운 사상들이 나라를 휩쓸고 있었으며, 어떤 사람들은 그런 사상에 열심을 내고, 어떤 사람들은 거부했다. 민주주의 학생 운동은 1989년 천안문 광장에서 절정을 이루었지만 정부 세력과 충돌했고, 이 사건에 대한 정부의 대응을 본 많은 젊은이들은 정치 개혁을 단념했다. 하지만 그들은 여전히 더 나은 미래를 위해 새로운 소망을 찾아 헤매고 있다.

무슨 일이 일어났는가 What Happened

이런 상황에서 국제선교회(International Mission Board)는 1991년 한 지역에 전략 조정가(a strategy coordinator)를 보냈다. 그 지역을 '옌닌'(Yanyin)이라고 부르겠다. 1년간 언어와 문화를 배운 후, 그 선교사는 옌닌을 철저하게 분석했다. 인구는 약 700만 명으로, 농촌과 도시 지역에 살고 있는 다섯 개의 종족으로 구성되어 있었다. 그는 인구 중심 지역들을 알아내 몇 번에 걸쳐 상세하게 조사하기 시작했다. 서너 번의 시행착오를 거쳐, 전략 조정가는 토착 교회 개척이라는 증식 모델을 개발했으며, 큰 효과를 보았다.

첫 번째 조사에서 전략 조정가는 약 85명의 한족 중국인 그리스도인(한족은 중국의 다수 종족이다)으로 구성된 가정 교회 세 곳을 찾아냈다. 교인들은 주로 노인들이었으며 오랜 세월에 걸쳐 서서히 줄어들고 있었다. 성장에 대한 비전이나 가망성은 없었다. 그 다음 4년간, 그는 하나님의 은혜로 이 종족 안에 복음이 새롭게 뿌리를 내리고 옌닌 지역 전역에 급속히 퍼져나가는 것을 도왔다.

지역 일꾼 동원 Mobilizing local workers

그 선교사는 그와 옌닌 사람들 사이를 가로막고 있는 엄청난 문화적, 언어적 장벽들을 깨달았다. 그래서 아시아 전역에 퍼진 중국인 그리스도인 동역자들을 동원하기 시작했다. 그 후 이 그룹은 중국인 교회 개척자들과 협력해, 1994년에는 6개의 새 교회를 개척했다. 그 다음 해에는 17개의 교회가 더 생겼다. 그 다음 해에는 50개가 더 늘었다. 시작한 지 3년 만인 1997년에는, 195개로 늘어났다. 교회들은 그 지역 전역에 퍼져나가 다섯 개의 종족에 뿌리를 내렸다.

> • 그 선교사는 그와 옌닌 사람들 사이를 가로막고 있는 엄청난 문화적, 언어적 장벽들을 깨달았다. 그래서 아시아 전역에 퍼진 중국인 그리스도인 동역자들을 동원하기 시작했다.

그 운동이 매우 급속도로 퍼져나가자, 그는 이제 자신은 손을 떼도 괜찮겠다고 결정했다. 다음 해, 그가 없이도 그 운동은 거의 세 배로 늘어나 교회는 총 550개로, 신자들은 55,000명 이상으로 성장했다.

【배경: 인도의 볼다리】
The Setting: The Bholdari of India

인구가 밀집한 인도 내지에 한 종족이 살고 있다. 그들을 볼다리족이라고 부르겠다. 인도의 4개 주 안에 1만 7천 개 이상의 마을에 사는 9천만 명의 사람이 볼다리어(가칭)를 사용한다고 한다. 그 사람들 중에는 네 개의 카스트 계층과 분류에서 빠진 불가촉(不可觸: 접촉하지 못할 사람들이라는 뜻) 천민이 포함되어 있다. 그 종족 대다수는 극도로 가난하고, 문맹이며, 자급적 농업과 물물교환 경제에 의존해 삶을 꾸려 간다.

그 지역에는 또한 중요한 힌두교 성지들이 있다. 따라서 볼다리족 가운데는 브라만족, 혹은 성직자 계층도 꽤 있다. 볼다리족의 85% 이상은 힌두교도이며, 나머지는 무슬림이나 정령숭배자들이다. 이 지역 내에는 네 개의 대도시가 있는데, 각 도시의 인구는 백만 명 이상이다.

무슨 일이 일어났는가 What Happened

1989년 남침례교에서는 볼다리 종족에게 전략 조정가를 보냈다. 1년간 언어와 문화를 습득한 후, 그는 비전이 맞는 몇몇 지역 교회를 통해 새로운 교회를 개척하려는 전략을 펴기 시작했다. 하지만 끔찍하게도, 처음 교회 개척을 시도했던 여섯 사람이 복음 전파가 비교적 쉬운 남인도에서 흔히 사용하는 방법으로 교회 개척을 시도하다가, 잔인하게 살해되었다.

'평화의 사람' 찾기 Finding the 'Man of Peace'

하지만 1992년 그 선교 전략가가 교회 개척에 대한 새로운 접근법을 시행하자 형세는 일변했다. 그는 누가복음 10장에 나오는 예수님의 가르침 곧 예수님이 갈릴리 마을에 제자들을 둘씩 보내시고 "평화의 사람"(평안의 축복을 받을 만한 사람, 현대인의 성경 – 편집자 주)을 찾아내라고 명하신 것에 의지하여, 볼다리에서 복음을 전하기 시작했다. 입을 열어 복음을 선포하기 전에, 볼다리 선교사들은 평화의 사람의 집에 들어가 성경을 연대기적으로 이야기해 주면서(예수님에 대한 특정한 교리들을 가르치는 것과는 달리, 창조부터 시간의 흐름에 따라 성경 이야기를 해줌으로 예수님을 소개하는 것 – 편집자 주) 그 가족을 제자 훈련했다(그들이 신자가 되기도 전에). 이 최초의 회심자들이 믿음을 갖게 됨에 따라, 그들은 자기 가족들을 주님께 인도하고, 그들에게 세례를 주었으며, 그들을 각 마을에 새로 세워진 교회의 핵심으로 삼았다.

1993년에 교회는 28개에서 36개로 늘었다. 그 다음 해에는 42개의 교회가 더 세워졌다. 훈련 센터에서는 말씀을 전파하는 전도자와 교회 개척자의 끊임없는 흐름이 확실하게 이어지도록 했다. 그러는 중에 교회들이 스스로 배가되기 시작했다. 1996년 교회의 숫자는 547개에 이르렀으며, 1997년에는 1,200개에 이르렀다. 1998년 무렵에는 볼다리 종족 안에 2,000개의 교회가 자리를 잡았다. 7년 만에 55,000명 이상의 볼다리족이 예수 그리스도를 믿게 된 것이다.

발루치Baluch: 파키스탄의 발루치족은 다수 집단인 시아파 무슬림이 지배하는 나라에 살고 있는 수니파 무슬림이다. 이 유목민들은 오랜 세월 동안 위대한 전사들이라고 알려졌다. 450만에 달하는 발루치족의 약 75%는 발루치스탄 주에 산다. 하지만 매우 척박해서 가장 큰 도시인 카라치로 많이 이주하고 있다.

다른 발루치들은 이란 남동부, 투르크메니스탄, 페르시아 만 연안 제국에 살고 있으며, 스웨덴에도 수천 명이 살고 있다. 1900년에 신약 성경이 발루치어로 번역되긴 했지만 개정이 필요한 실정이다. 이 종족들 가운데서는 거의 아무런 역사도 일어나고 있지 않으며, 전 세계에 발루치 그리스도인은 열 명뿐이다.

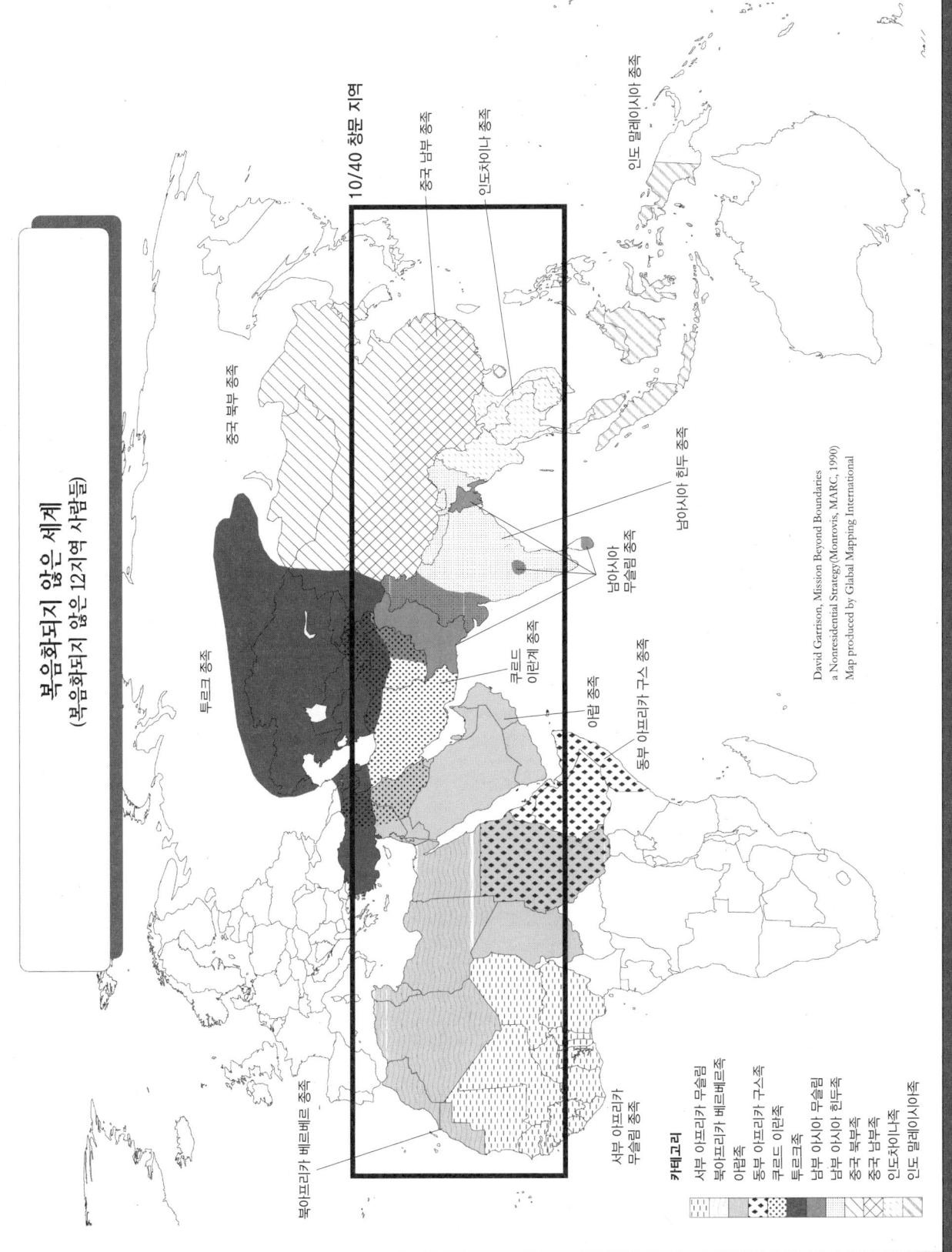

전방 개척 선교의 전략적 무기, 기도
존 롭(John D. Robb)

존 롭은 해외선교회(Overseas Missionary Fellowship) 선교사로 말레이시아에서 섬겼다. MARC(Missions Advanced Research and Communications Center of World Vision)의 미전도 종족 프로그램 책임자인 그는 제3세계를 두루 여행하면서 하나님이 미전도 종족들 안에서 어떤 일을 하고 있는지 발견하고 자민족 지도자들에게 연구, 전략, 기도를 훈련시키고 있다.

【기도의 능력을 보여 주는 사례 연구】
A Revealing Case Study

기도가 전방 개척 선교(Frontier Missions)의 전략적 무기임을 가장 잘 보여 주는 한 가지 예는 중국 남서부 리수 부족 개척 선교사였던 프레이저(J. O. Fraser)의 경험이다. 그는 1900년대 초 이 종족이 사는 외딴 산골 마을에서 수년간 그리스도를 전했다. 하지만 겉으로 드러난 결과는 거의 없었다. 프레이저의 설교를 듣고 회심한 몇 안 되는 사람들은 다시 귀신 숭배의 손아귀로 빠져 들어갔고, 프레이저는 심한 우울증과 자살 충동 때문에 선교를 거의 포기하기에 이르렀다. 그런데 돌파구가 되는 두 가지 사건이 일어났다.

1. 하나님의 영은 그에게 수백 명의 리수 가족들이 그리스도께 나오도록 '믿음의 기도'를 하게 하셨다.
2. 그의 사역을 지속적인 기도로 후원할 수 있는 8-10명의 기도 후원 그룹을 고국에 조직했다.

그의 아내는 후에 이런 기도의 노력이 프레이저의 사역에 어떤 영향을 주었는지를 기록해 놓았다.

Robb, J. D. (1991). "Prayer as a Strategic Weapon in Frontier Missions." *International Journal of Frontier Missions*, B. (1), 23-31.

사역 초기, 그는 주위를 둘러싼 어둠의 세력에 번번이 패하기만 하는 자신 때문에 절망했다. … 그래서 아무런 열매도 없이 애만 쓰느니 차라리 자기 생명을 가져가 달라고 울부짖는 지경에까지 이르렀다. 하지만 그 후 남편은 자신의 짐을 벗겨 준 고국 사람들의 기도의 힘, 그의 영혼에 드리운 어두운 구름이 일거에 제거된 것, 그에게 주어진 믿음의 은사, 어떻게 하나님이 갑자기 개입하사 어둠의 세력을 물리쳐 버리고, 전투를 시작하셨는지에 대해 나에게 말해 주었다.[1]

프레이저는 이렇게 말했다.

무릎으로 일하라. 나는 결국 사역에 축복이 임하는 것은 하나님 백성들의 기도라는 것(그들이 사역에 직접 관여하든 하지 않든)을 점점 더 절감하고 있다. 바울은 심고 아볼로는 물을 주었지만, 자라게 하시는 분은 하나님이시며, 이렇게 자라게 하는 것은 중국에서든 영국에서든 믿음으로 드리는 기도다. … 그렇다면, 국내의 그리스도인들도 실제로 현장에 있는 사람들과 마찬가지로 해외 선교를 위해 많은 일을 할 수 있다. 국내에 있는 진지한 신자들의 기도로 선교 사역의 얼마나 많은 부분들이 성취되었는지는 마지막 날이 되면 알 수 있을 것이다. …

우리와 싸우는 적군은 대포를 머리에 겨누고 우리 사고를 공격해서 깨닫지 못하게 하는 것으로 그치지 않는다. 독가스를 살포해 사람들을 서서히 죽음으로 몰아가지만 그것마저 감지하기 어렵도록 교묘하게 공격한다. … 우리가 이런 보이지 않는 세력들에 억눌려 있는 동안은 리수족에게 가르치거나 설교해도 아무런 소용이 없을 것이다. … 하지만 당신이 기도하면 그에 대한 응답으로 하나님의 숨결이 대기에 깔린 모든 독가스를 날려버릴 수 있다.[2]

그 다음 수년간 수백 가정이 그리스도를 영접했으며, 종족 운동이 잇따라 일어나 수십만 명의 리수족이 돌아오게 되었다. 오늘날 리수족들은 중국 남서부와 북부 미얀마에서 복음을 전하고 있다.

【기도는 연결시키는 활동이다】
Prayer as a Linking Activity

기도의 핵심은 연결하는 것이다. 기도는 먼저 우리를 하나님과 연결해 준다. 그래서 우리가

---

1. Mrs. J. O. Fraser, *Fraser and Prayer*, (London Missionary Fellowship, 1963), pp.11-12.
2. 앞의 책, p. 26.

• 기도는 우리의 노력을 전능하신 하나님께 연결시켜 준다. 그분의 도우심이 없으면 그런 모든 노력은 아무 소용이 없다.

세상을 위해 기도하고 사역할 때 하나님의 능력과 지시를 받도록 해준다. 둘째, 우리가 복음이 전파되지 않은 땅을 위해 기도할 때, 우리를 특정한 미전도 집단과 그 안에서 사역하고 있는 기독교 사역자들과 연결해 준다. 즉, 기도는 우리의 노력과 그들의 노력을 전능하신 하나님께 연결시켜 주는 것이다. 그분의 도움이 없으면 모든 노력은 아무 소용이 없다.

하지만 말은 그렇게 하면서도, 우리가 선교지를 위해 무언가를 할 때는 기도가 빠질 때가 많다. 세계 복음화에서 기도는 훌륭한 조직, 전략만큼이나 중요하다. 하지만 우리는 하나님을 위해 분주하게 일하느라, 정작 하나님이 우리에게 주신 그분의 권능과 지시를 소홀히 할 때가 있다. 정말 중대한 것을 빠뜨리는 것이다! 세계 복음화는 무엇보다도 영적 권능, 하나님의 백성의 기도에 대한 응답으로 나오는 성령의 권능에 달렸다.

중국내지선교회 선교사였던 고(故) 아더 매튜스(Arthur Matthews)는 우리가 기도를 충분히 강조하지 않는 이유를 이렇게 지적한다.

> 기도를 어떤 프로젝트를 궤도에 올려놓는 보조 추진 장치 같은 것으로 취급하면 프로젝트는 일차적인 것으로, 기도는 이차적인 것으로 여기게 된다. 기도는 하나님의 역사에서 덜 중요한, 부차적인 것이었던 때가 한 번도 없었다. 기도가 곧 사역이다.[3]

【하나님은 중보기도를 요구하신다】
God Requires Intercession

하나님은 왜 당신의 백성들이 중보기도할 것을 바라고 요구하시는가? 아마도 처음부터 사람으로 온 땅을 다스리게 하셨기 때문일 것이다. 하나님은 그 다스림을 거두신 적이 한 번도 없다. 사탄이 창조주께 반역하여 획득한 지배는 거짓되고, 불법적이며, 강탈해 간 것이다. 그리스도를 통해 구속받은 우리는 중보기도를 통해 하나님이 주신 권리, 이 세상에 영향을 미칠 권리를 행사할 수 있다. 쿠웨이트가 이라크의 불법적 지배에 대항해 다국적 연합군을 요청한

• 하나님은 인류가 온 땅을 다스리도록 하셨다. 우리는 중보기도를 통해 하나님이 우리에게 주신 권리, 곧 이 세상에 영향을 미칠 수 있는 권리를 행사할 수 있다.

---

3. Arthur Mathews, *Born for Battle*, (Robesonia, Pennsylvania: Overseas Missionary Fellowship, 1978), p.42.

것처럼, 우리는 하나님께 구속받은 자녀로서 하나님의 뜻이 이루어지고, 그분의 나라가 이 땅에 임하도록 기도할 수 있다. 성령의 능력으로 기도하면 원수의 지배가 깨지고, 하나님의 평강과 해방이 임한다.

동유럽에서 일어난 극적인 사건을 보면, 하나님은 자기 백성들의 기도를 통해 여러 나라를 흔드셨다. 그분은 지금도 그렇게 하실 수 있다. 하나님은 2천 개의 주요 미전도 종족, 1천 개의 복음화되지 않은 도시들, 그리고 30개의 복음화되지 않은 나라들을 위해 무너진 데를 막아 설 사람을 찾고 계신다.

【영적 세계의 승리가 가장 중요하다】
Victory in the Spiritual Realm Is Primary

여호사밧 왕은 연합된 기도와 금식, 공적 예배, 찬양을 주 무기로 삼았다. 때문에 하나님은 이스라엘을 침략해 들어오는 적군에 대해 간섭하지 않을 수 없었다. 성경 교사인 데렉 프린스(Derek Prince)는 이렇게 말한다.

> 오늘날 그리스도인들이 성경적으로 사용하는 이 무기들은 여호사밧 시대 유다 백성들이 누렸던 능력 있고 극적인 승리를 우리도 누리게 해줄 것이다. … 영적 영역의 승리가 가장 중요하다. 그 승리는 영적 무기로 쟁취하는 것이다. 그 후에 자연적이고 물질적인 영역에까지 그 승리가 드러날 것이다.[4]

【기도는 교회의 전도 범위를 확장시킨다】
Prayer Extends the Outreach of the Church

기도는 사도행전에서만 30번 넘게 언급된다. 초대 기독교 운동의 외적 팽창에서 중대한 돌파구가 있을 때마다, 기도가 선행했다. 사도들이 한 마음으로 기도하고 함께 하나님을 기다리는 것은 선교의 주축이었다.

현대 개신교 선교 중 유럽에서 일어난 운동은 전부 경건주의에서 나왔다. 경건주의는 진지한 기도에 몰두했던 부흥 운동이다. 그 영향을 받아 데니쉬 홀 인도 선교회(Danish-Halle Mission to India)가 세워지고, 진젠도르프 백작이 이끄는 모라비안 운동이 일어났다. 모라

> • 모라비안 교도들이 1727년에 시작한 기도회는 100년 동안 계속되었다! 이 기도 운동은 불신자들에게 그리스도를 전하고자 하는 그들의 열정에 불을 붙였다. 이 조그만 마을에서 25년간 100명이 넘는 선교사가 나왔다.

비안 교도들이 1727년에 시작한 이 기도회는 100년 동안 계속되었다! 이 기도 운동은 불신자들에게 그리스도를 전하고자 하는 그들의 열정에 불을 붙였다. 그리고 이 조그만 마을에서 25년간 100명이 넘는 선교사가 나왔다.

【부흥 운동은 전방 개척 선교에 영향을 미친다】
Revival Impact Frontier Mission

"선교 역사의 최정상에 오른 모든 능력 있는 영적 부흥 운동의 뿌리는 기도에 있다."[5] 금세기 초 극동의 부흥 선교사였던 조나단 고포스(Jonathan Goforth)는 한국과 중국에서 일어난 강력한 부흥과 각성에 대해 기록했다. 그것은 교회에 부흥을 일으켰을 뿐만 아니라 수십만 명의 믿지 않는 사람들을 그리스도께 인도했다. 그 부흥은 하나님의 성령이 자신들과 믿지 않는 사람들에게 부어지도록 계속적으로 함께 기도한 몇몇 신자들에게서 시작되었다.

고포스는 후에 선교사들뿐만 아니라 고국에서도 누군가 기도하고 있다는 사실을 발견했다.

> 영국에 왔을 때, 나는 한 성도를 만났다. 우리는 중국의 부흥에 대해 이야기를 나누었고, 그녀는 하나님이 특별히 간절하게 기도하게 하셨던 날에 대해 이야기해 주었다. 나는 그때가 언제였는지 듣고는 거의 경악했다. 그것은 하나님이 만주와 중국에서 가장 능력 있는 역사를 행하시던 바로 그때였다. … 나는 그 부흥의 내적인 역사가 전부 드러났을 때, 가장 크게 공헌한 사람은 지금 여러분에게 말하고 있는 사람이 아니라 멀리 숨어서 기도로 하나님과 교통했던 몇몇 성도들이었다는 사실이 밝혀질 날이 오리라 믿는다.[6]

하와이에서 일어난 '대 각성'이라고 알려진 부흥(1837-1843)은 기도에 대해 강한 감동을 느낀 선교사들에게서 시작되었다. 1835년과 1836년의 연례 모임에서,

> 그들은 기도해야겠다는 강력한 감동과 성령 충만의 필요성을 깊이 느꼈다. 그들은 고국에 있는 교회에 보낼 강력한 호소의 글을 준비했다. 모든 곳에 있는 그리스도인들이 그들과 합심하여 하늘에서 오는 세례를 위해 기도해 달라고 촉구하는 글이었다.[7]

곧 비 그리스도인들 사이에서 영적인 것에 대한 관심이 점차 커지고 있다는 표시가 나타

---

4. Derek Prince, *Shaping History through Prayer and Fasting* (Old Tappan, N. J.: Flemming Revell Company, 1973), pp.93, 95.
5. Robert H. Glover, *The Bible Basis of Missions*, (Chicago: Moody Press, 1946), p.180.
6. Johnathan Goforth, *By My Spirit*, (New York: Harper and Brothers, 1930), p.182.
7. 앞의 책, pp.180-181.

났다. 그리고 1837년에 영적 대 각성이 일어나 선교사들은 구원의 확신을 간절히 구하는 무리들을 상대하느라 밤낮으로 수고해야 했다. 어느 날은 1,700명 이상의 회심자가 세례를 받았으며, 6년 만에 2만 7천 명의 열매가 맺혔다.

작고한 부흥 역사가 에드윈 오어(J. Edwin Orr)는 19세기의 영적 각성 운동들을 이렇게 평가했다. "그것은 기존의 모든 선교회에 부흥을 일으켰고 그들이 다른 선교지로 들어갈 수 있게 해주었다. … (그리고) 사실상 모든 선교 활동은 대 각성 때 부흥을 경험하거나 회심한 사람들에게서 시작되었다."[8]

【하나님 자녀들이 받을 유업은 종족들이다】
God's Children Possess Their Inheritance, the Peoples

선교 역사를 보면 놀라운 부흥이 일어날 때마다 헌신적이고 열정적인 기도가 뒷받침되었음을 볼 수 있다. 북부 인도 선교사였던 존 하이드(John Hyde)는 '기도의 사도'로 알려져 있다. 하나님이 그의 기도에 대한 응답으로 수많은 현지 일꾼들을 세우셨기 때문이다.

인도 다른 곳에서도 기도가 미전도 종족들을 대규모로 모아들이는 열쇠라는 것이 입증되었다. 텔루구(Telugu)의 부랑자들을 대상으로 사역하던 선교사들은 사람들의 반응이 없어서 사역을 포기할 지경에 이르렀다. 그러다 1853년 마지막 밤, 한 선교사 부부와 세 명의 인도인 조력자들이 옹골(Ongole) 시가 내려다보이는 한 산에서 텔루구족을 위해 밤을 새워 기도했다. 첫 새벽이 밝았을 때, 그들은 자신들의 기도가 응답될 것이라는 확신을 느꼈다고 나누었다. 그 후 몇 년간 점진적으로 반대가 사라지고, 강력한 성령의 부으심으로 6주 동안 8천 명의 텔루구족이 그리스도께 돌아왔다. 하루에 2천 2백 명이 넘는 사람이 세례를 받았으며, 이 교회는 세계에서 가장 큰 교회가 되었다![9]

1902년 카시아 힐 선교회(Khassia Hills Mission) 소속의 두 여자 선교사가 기도에 대한 도전을 받았으며, 카시아 그리스도인들 역시 회심하지 않은 동족을 위해 기도하기 시작했다. 몇 달 만에 그 지역에 믿는 자 8천 명이 더해졌다.[10]

【효과적인 전략은 연구와 기도를 통해 세워진다】
Effective Strategies Come from Research and Prayer

여호수아는 민수기 13장에서 약속의 땅을 정탐했던 사람이다. 그는 그 땅과 그곳 사람들에

---

8. J. Edwin Orr, *The Flaming Tongue: The Impact of 20th Century Revivals*, (Chicago: Moody Press, 1973), p.xiii.
9. Glover, p.181.
10. Goforth, p.184.

대해 매우 잘 알았기 때문에, 위대한 군사 전략가가 될 준비가 되어 있었다. 하지만 여호수아서에서 우리는 그가 효과적인 전략 계발을 위해 끊임없이 하나님의 인도를 구하는 모습을 보게 된다. 그는 자신의 지식에 의지하지 않고 기도를 통해 주어지는 하나님의 지시에 의지했다.

지금도 원리는 같다. 나는 우리가 복음을 전하려 하는 종족에 관한 연구 조사 결과를 지속적으로 기도와 결합시켜야 한다고 생각한다. 이것이야말로 효과적인 선교 전략 계발 과정에서 반드시 필요한 결합이라는 사실을 점점 더 확신하게 된다. 존 도우슨(John Dawson)은 자신의 책,「하나님을 위하여 도시를 점령하라」(Taking Our Cities for God: How to Break Spiritual Strongholds, 예수전도단 역간)에서 사역과 관련된 연구 조사와 중보기도를 통찰력 있게 결합시킨다.

【기도는 사역자들을 일으켜 파송하는 초자연적인 방식이다】
Prayer Is the Supernatural Way of Sending Out Workers

예수님은 제자들에게 가능하면 많은 그리스도인 일꾼들을 모아 오라거나 선교를 위해 몇 십억을 모금하라고 말씀하지 않으셨다. 대신 추수의 주인이신 하나님께 기도하는 것이 우선이라고 말씀하셨다. 그분만이 추수하기에 가장 적합한 일꾼들을 부르시고, 준비시키시고, 보내실 수 있기 때문이다.

언젠가는 무슬림들을 개종시킬 능력 있는 선교사들이 나올 것이다. 지금 그 미래의 선교사들은 아직 개종하지 않은 불신자일지도 모른다. 하지만 하나님은 "사도 바울이 변화된 것처럼 무슬림 열심당들이 완전히 변화되어, 자기 동족의 선교사가 되게 해 달라"는 우리의 기도를 기다리고 계신다. 특정 종족, 도시, 나라를 겨냥한 기도 네트워크가 형성될 때, 하나님이 새로운 일꾼들의 군대를 일으키시는 것을 볼 수 있으리라 확신한다.

> • 하나님은 "사도 바울이 변한 것처럼 무슬림 열심당들이 완전히 변화되어, 자기 동족의 선교사가 되게 해 달라"는 우리의 기도를 기다리고 계신다.

1880년 중국 내지 선교회에 일꾼이 100명밖에 없었을 때, 그리고 추가로 일꾼들이 필요했던 1887년에, 허드슨 테일러(Hudson Taylor)와 그의 조력자들은 필요한 일꾼이 채워지리라는 믿음의 확신이 올 때까지 오랜 시간 기도했다. 결국 1880년에는 70명, 1887년에는 100명의 새로운 선교사가 정해진 시간에 후원금까지 다 모아서 중국에 도착했다.[11]

---

11. Glover, p.183.

【기도는 그리스도인이 들어갈 수 없는 닫힌 곳의 문을 열어 준다】
Prayer Opens Closed Doors for Christian Presence

국제무슬림선교회(Ministries to Muslims International)의 돈 매커리(Don McCurry)는 최근 이와 관련해 인상적인 예를 말해 주었다. 몇 년 전 그는 서아프리카에 있는 기니를 방문했다. 마르크스주의 지도자인 세쿠 투르(Sekou Toure)는 두 명을 제외한 모든 선교사를 추방했으며, 정치범들을 고문하느라 바빴다. 그때부터 남은 두 선교사와 매커리, 그리고 12명의 자국인 목사들이 모여서 나라를 위해 중보기도를 했다.

그들은 먼저 선교 사역의 문을 닫아버린 독재정권이 물러나기를 간구했다. 그 다음에 모임이 열리는 방에 사방으로 지도를 걸어놓고 그리스도인들이 없는 지역과 종족에 손을 얹고 기도했다. 그들은 그 종족 안에 영적 돌파가 이루어지고 기독교 사역이 자리를 잡도록 한 마음으로 기도했다. 일 년이 안 되어 세쿠 투르가 물러나고, 덕 있는 지도자가 집권을 했다. 다시 한 번 선교의 문이 열린 것이다. 그들이 기도했던 모든 종족에는 이제 자국인들이나 선교사들이 사역을 하고 있다!

【영적 전쟁이 어둠의 지배를 깨뜨린다】
Spiritual Warfare Breaks the Control of Darkness

영적 어둠과 속박의 사슬은 미전도 종족, 도시, 나라들을 인간사를 통제하려는 영적 정사, 권세와 연결시킨다. 현재, 선교계에서는 미전도 종족에게 복음을 전하는 데 있어 영적 권세의 존재를 재발견하고 있다. 종족과 도시와 나라 안에서 선교적인 돌파가 일어나는 것을 보려면, 어둠의 권세를 몰아내기 위해 기도라는 무기를 사용하는 법을 배워야 한다.

프랜시스 프랜지팬(Francis Frangipane)은 사람들을 붙잡고 있는 이 강력한 어둠의 권세의 진에 대해 이렇게 말했다.

> 나라들과 공동체들을 붙잡고 있는 사탄의 강력한 진이 있다. 교회와 개인들에게 영향을 미치는 강력한 진이 있다. … 이런 요새들은 개인들 … 그리고 공동체와 나라들을 지배하는 사고 유형과 사상들 안에 존재한다. 승리를 주장하기에 앞서 이 강력한 진들을 파해야 하며 사탄의 갑주를 제거해야 한다. 그리고 나면 말씀과 성령이라는 강력한 무기로 사탄의 집을 효과적으로 약탈할 수 있다.[12]

이교도들의 신앙 체계에 대한 연구는 에베소서 6장, 다니엘서, 그 외 다른 곳에서 묘사되

---

12. Francis Frangipane, *The Three Battle-grounds*, (Marion, Iowa: River of Life Ministries, 1989), pp.15, 21.

고 있는 영적 존재들의 실체를 입증한다. 미얀마 사람들은 나트(nat)라는 초자연적 존재를 믿는데, 나트에게는 계급에 따라 자연 현상, 마을, 지역, 나라들에 대한 통제권이 있다. 사람들은 각 마을에 있는 무당이나 영매를 통해 이런 존재들과 접촉한다.[13]

아프리카 짐바브웨에 대한 책에는 모든 지역, 도시, 마을이 지역의 영(territorial spirits)에게 지배를 받는다고 나와 있다.[14] 나이지리아 하나님의 성회의 한 지도자는 회심하기 전 고위직 주술사였는데, 사탄이 그에게 12 영들에 대한 통제권을 주었으며, 각 영은 600 마귀를 통제했다고 말했다. 그는 이렇게 간증했다. "나는 나이지리아의 각 성읍을 관장하는 모든 영들과 접촉하고 있었습니다. 그리고 주요 도시마다 신전이 있었습니다."[15]

우리가 '저항적'이라고 단정하면서 단념했던 그 모든 종족들은 사실 그들 자체로는 전혀 저항적이지 않다. 그들은 저항의 원천인 영적 존재의 손아귀에 붙잡혀 있다.

【기도가 동원되어야 한다】
Prayer Must Be Mobilized

그리스도의 몸 안에는 엄청난 기도 자원이 있지만, 우리는 이 자원들을 잘 사용하고 있지 못하다. 우리가 이 자원들을 사람들의 필요와 연결시키는 실제적 장치를 계발하지 못했기 때문이다. 아마도 전방 개척 선교를 위해 우리가 할 수 있는 가장 전략적인 일은 특정한 미전도 종족, 도시, 나라들에 초점을 맞춘 지속적인 기도와 영적 전쟁 네트워크를 구성하도록 활성화하는 일일 것이다.

> 아마도 전방 개척 선교를 위해 우리가 할 수 있는 가장 전략적인 일은 특정한 미전도 종족, 도시, 나라들에 초점을 맞춘 지속적인 기도와 영적 전쟁 네트워크를 구성하도록 활성화하는 일일 것이다.

---

13. Melford Spiro, *Burmese Supernaturalism*.
14. DAWN Ministries의 Jim Montgomery와 나눈 대화에서.
15. Peter Wagner, "Territorial Spirits," Academic Symposium on Power Evangelism, Fuller Seminary, December 13-15, 1988, p.10.

우즈베크Uzbek: 칭기즈칸의 후예인 우즈베크 족은 70년간 공산주의 치하에서 살았던 수니파 무슬림들이다. 이제 타지크족(Tadjiks), 키르기즈족(Khygyz), 카작족(Kazakhs), 투르크멘족(Turkmen)을 포함한 중앙아시아 다른 종족들과 마찬가지로, 그들도 독립 공화국을 세웠다. 이 사람들 중 일부는 구소련에게 억눌려 있었던 이슬람 신앙에 새로이 관심을 보이고 있다. 다른 우즈베크 사람들은 새로운 사상들에 마음이 열려 있다.

1천 6백 만의 우즈베크 사람들이 우즈베키스탄에 산다. 다른 사람들은 사우디아라비아, 아프가니스탄, 파키스탄, 터키 등지에 살며, 유럽과 미국에도 소수가 살고 있다. 지금은 민족주의적 열정이 강하므로, 우즈베크 문화 내에 잘 맞는 교회 운동을 개발하는 것이 중요하다.

✚ 실전을 위해 계획을 변경하다

전략은 우리가 총체적인 작전을 세울 수 있게 해준다. 전략을 세우면 우리가 어디로 가고 있는지, 실제로 거기에 도착했는지 아닌지를 결정하는 데 도움을 얻을 수 있다. 일단 전략이 수립되면, 그것을 수행하기 위한 전술을 만들 수 있다. 종족 단위의 복음화가 제시된 이후에 세계 복음화의 전통적인 개념이 많이 달라졌다.

잔디를 심는다고 가정해 보자. 먼저 땅을 고르고 물을 준다. 그 다음에 작은 잔디 조각을 땅에 옮겨 심는다. 우리가 잘 돌보기만 한다면 잔디 자체에 생명이 있어서 온 땅을 덮을 수 있다.

마찬가지로, 하나님의 새로운 생명을 각 종족에 심고 양분을 공급한다면 힘 있게 성장하는 교회가 각 집단의 변두리까지 급속도로 퍼져나갈 것이다. 그러면 지구상에 살고 있는 모든 사람을 일일이 찾아가 전도해야만 하는 불가능한 과업에서 벗어나게 된다. 우리가 던져야 할 전략적 질문은 바로 이것이다. "어떻게 하면 각 집단 내에 복음을 심을 수 있을까?"

✚ 새로운 사고방식

이런 전략적 연구는 우리의 사고를 개조하도록 도와준다.

- 교회는 거의 모든 지정학적 국가에 어떤 형태로든 존재한다.
- '구원받지 않는' 사람들(people)과 '복음이 전파되지 않은' 종족들(peoples) 간에는 큰 차이가 있다.
- 우리의 초점을 지역 차원에서 종족 차원으로 바꾸어야 한다.
- 타문화권 사역은 새로운 전략적 사고방식을 수립해야 한다.
- 교회개척운동은 과업을 완수하는 데 매우 중요하다.
- 기도는 이 일을 끝마치기 위한 중대한 토대다.

주요 미전도 종족권(각각이 수천 개 종족들을 포함하며, 그 중 많은 종족들은 수백만 명 이상으로 이루어져 있다)을 볼 때, 우리 눈에는 우리가 메뚜기 같아 보일 수도 있다(민 13:33). 우리가 사는 세계는 지리적으로나 영적으로나 거인들로 가득 찬 것처럼 보인다. 우리가 가진 자원 또한 유한하다.

✚ 새로운 일꾼 공급원

막대한 과업이 앞에 놓여 있기 때문에 우리는 전 세계의 인력을 동원해야 한다. 모든 나라의 교회와 선교기관들이 미전도 종족에게 복음의 축복을 전해 주기 위해 전략적으로 협력하고 있다. 연구 결과에 따르면 일꾼들이 들어갈 수 있는 예상치 못한 길들이 열리고 있다. 완전히 새로운 기도 네트워크가 형성되고 있다. 무엇보다도, 여호수아와 갈렙처럼, 우리는 하나님의 위대하심과 그분의 목적의 불가항력적 승리를 본다. "우리가 곧 올라가서 그 땅을 취하자 능히 이기리라"(민 13:30).

이 세상은 변화의 소용돌이 속에 있기 때문에 과거의 선교 전략들을 재평가할 필요가 있다. 도시화, 사람들의 이주, 세계화, 현대화 등이 모두 우리 전략에 영향을 미친다. 과거에 효과적이었던 것이 현재와 미래에는 아무 효과가 없을 수도 있다. 하나님은 계속 움직이고 계시며, 하나님의 백성들 또한 그분과 함께 움직여야 한다.

✚ 그 일은 이루어질 수 있다

우리 앞에는 거인들이 버티고 있다. 하지만 이 상황은 하나님이 자신의 능력과 사랑을 나타내실 가장 좋은 기회이기도 하다. 하나님은 종살이하던 오합지졸 같은 백성을 취해 모든 열방에 복음을 전하는 나라로 만드셨다. 하나님은 오늘날에도 똑같은 일을 하실 수 있다. 우리 세대가 여호수아와 갈렙처럼 주님을 믿고 순종하려는 의지만 있다면 말이다.

전략적 관점에 대해 살펴보면서, 성경적이고 역사적인 기반에서 한 걸음 나아가 사람들에게 복음이 효과적으로 전해지지 못하게 방해하는 요인들을 살펴보았다. 다음 장에서는 문화 차이가 주는 문제점들을 살펴보고 우리가 하나님의 이야기를 전파하는 데 문화가 어떤 영향을 끼치는지 살펴보자.

남은 과업

지금까지 우리는 역사를 통해 자신의 나라를 확장해 오신 하나님의 이야기를 살펴보았다. 또한 자신의 세대에 하나님의 목적을 성취하기 위해 세계 선교에 헌신한 이들의 감동적인 이야기도 살펴보았다. 그렇다면 지금 우리 세대에 이루어야 할 남겨진 과업은 무엇인가?

이번 과에서 당신은…

- 세계 복음화의 현황과 오늘날의 교회들에게 남겨진 주요 과업들을 알게 되었다.
- '미전도 종족'의 의미와 미전도 종족 선교의 중요성을 알게 되었다.
- 타문화권 선교에 필요한 전도 방법과 그 중요성을 알게 되었다.
- 선교사들이 지금 일하고 있는 지역과 앞으로 더 많은 선교사가 들어가야 할 지역에 대해 알게 되었다.
- 하나님의 나라가 온 세상에 확장되기 위해 어떤 전략이 필요한지 알게 되었다.
- 선교지에 세워지는 교회가 본질적으로 어떤 특징을 가져야 하는지 알게 되었다.
- '교회개척운동'의 의미를 알게 되었다.
- 전방 개척 선교를 성취하는 데 기도가 어떤 역할을 감당하는지 알게 되었다.
- '선교 종결'의 의미와 그것을 성취하는 길을 알게 되었다.

'전략'은 성경적 방법인가?

성경에는 하나님이 전략을 주시는 장면들이 기록되어 있다. 광야에서 이스라엘 백성을 조직하고 인도하기 위해 모세는 하나님이 주신 전략을 사용했다. 바울은 열방에 복음을 전하고 로마 제국 전역에 교회를 개척하기 위해 전략을 사용했다.

이제 우리도 바울이 권면하는 것처럼 '좋은 군사, 농부, 운동선수'(딤후 2장)가 되기 위해, 정보를 수집하고 계획을 수립해 효과적으로 목적을 성취하는 방법을 배워야 한다.

세계 복음화를 성취하기 위해 하나님이 우리 세대에 어떤 전략들을 계시해 주시는지 살펴보자.

핵심 단어: '지혜'

어떻게 하면 한 번뿐인 인생을 '그리스도의 제자'로 가장 값지게 살 수 있을까? 우리 세대에 하나님이 이루시고자 하시는 가장 중요한 일은 무엇이며, 거기에 내가 어떻게 동참할 수 있을까? 하나님의 나라와 의를 구하기 위해 매일 어떤 것에 우선순위를 두어야 할까?

이번 장에서 세계 선교를 위한 전략을 공부하면서 이 질문들에 대한 지혜를 얻었기를 바란다. 다윗은 "당시에 하나님의 뜻을 따라 섬기는"(행 13:36) 지혜로운 삶을 살았다. 우리도 이 시대에 필요한 삶의 초점과 방향을 알고 신실한 청지기답게 살 수 있었으면 좋겠다. 지혜롭고 전략적인 삶을 통해 예수님처럼 더 큰 기쁨과 확신 가운데로 나아가길 소망한다(요 4:34; 15:11; 17:4).

I. 세계 선교의 현황과 남은 과업

에드워드 데이튼은 지금까지 진행된 세계 복음화의 주요 현황 정보들을 일목요연하게 정리해 놓았다("당면한 과제: 세계 복음화" 참고). 이는 현재 남겨진 과업과 오늘날 교회들이 힘써야 할 선교의 주된 목표가 무엇인지 명확하게 보여 준다.

1. 세계 복음화의 정의

세계 복음화는 사람들이 예수 그리스도를 구주로 영접하고 주님의 교회에서 교제하며 함께 하나님을 섬기게 하는 것이다. 이 목표를 이루기 위해서는 각 나라와 민족과 종족과 언어권, 그리고 그 안에 살고 있는 사람들의 문화적 특성에 맞는 교회를 세워야 한다.

2. 세계의 현황

① 전 세계 나라들

전 세계에는 267개의 나라가 있는데 그 크기는 천차만별이다. 인구 12억을 자랑하는 중국이 있는가 하면, 인구가 1,876명뿐인 남태평양의 니우에(Niue)도 있다. 이런 차이점 때문에 세계 복음화 전략을 각 나라의 단위로 구상할 때 어려움에 봉착한다.

② 세계의 종교 현황

: 기독교 19억, 이슬람 12억, 세속 종교(공산주의, 인본주의, 불가지론, 무신론 등) 9억 3천 8백만, 힌두교 8억 2천만, 불교 4억, 중국 민속 종교 3억 8천 3백만, 부족 종교(주로 남태평양) 1억 7천 6백만 명

세계 인구의 68% 정도가 예수 그리스도를 주로 인정하지 않고 있다는 사실은 놀라운 도전이 아닐 수 없다!

3. 지상명령을 이루기 위한 세 가지 주요 과업
오늘날 교회들이 지상명령을 이루기 위해 복음화해야 할 대상은 이와 같다.
- 명목상의 그리스도인 – 12억
- 전도의 범위 내에 있는 비 그리스도인 – 22억
- 미전도 종족 – 20억

4. 미전도 종족의 도전
미전도 종족 선교는 교회들이 해결해야 할 가장 중요한 과제다(롬 15:20). 미전도 종족은 고유의 문화와 언어를 가진, 교회가 없는 지역에 살고 있는 사람들이다.

현재 전체 선교사의 10% 미만이 미전도 종족들을 대상으로 사역하고 있다. 22억의 미전도 종족들에게는 그들의 언어로 복음을 전할 수 있는 자생력을 가진 교회가 필요하다.

5. 세계 복음화의 방법
세계 복음화를 성취하는 가장 효과적인 방법은 '한 번에 한 종족씩' 복음화하는 것이다. 예를 들어, 10억의 인구에 18개의 공식어와 수천 가지의 카스트(사회 계급)가 존재하는 인도를 단번에 복음화하겠다는 소리는 현실성이 없다. 하지만 '종족'이라는 관점에서 세계를 바라보면 현실적인 전략을 얻을 수 있다. 그 전략은 측정할 수 있고 계획할 수 있는 과업이다. 성령님은 무엇을 통해 우리로 세계 복음화가 가능하다는 사실을 믿게 하실 것인가?

6. 복음화의 신비
세계 복음화 전략을 세우는 것만큼이나 성령님의 강한 임재와 역사도 중요하다. 복음 전도, 변화의 과정, 교회의 선교적 책임, 사회적 준비의 측면, 전도자의 인격 등의 모든 차원에서 우리의 이해를 뛰어넘는 하나님의 신비가 역사한다는 사실을 깨달아야 한다. 그리하여 그리스도의 제자들은 성령을 의지해 그리스도의 몸 안에서 각자에게 주신 역할과 은사를 최대한 활용해야 한다.

II. 타문화권 전도의 과제

랄프 윈터는 미전도 종족의 복음화를 성취하기 위해 문화와 언어의 벽을 뛰어넘는 타 문화권 전도가 일어나야 한다고 설명한다("새 마게도냐: 선교의 혁명적 새 시대가 시작되다" 참고). 지리적인 관점으로 볼 때, 전 세계에 복음을 전하라는 주님의 지상명령은 완수되었다. 지난 세대의 선교 활동을 통해 거의 모든 '나라'에 교회가 세워졌기 때문이다. 그래서 세계 선교를 멈추고 지역 전도에 집중해야 한다고 생각하는 지역 교회들이 실제로 생기고 있다.

하지만 문제는 아직 복음을 듣지 못한 대부분의 비 그리스도인들이 '타 문화권' 전도라는 특별한 방식으로만 접근할 수 있는 '먼' 곳의 사람들이라는 것이다.

1. 타문화권 전도의 필요성

① 실례들
- 파키스탄 교회
- 남인도 교회
- 북부 수마트라의 '바탁 교회'
- 인도 '나가랜드 교회'

② 복음 전도의 다양한 유형들

복음 전도자와 전도 대상자간의 문화적 거리(차이)를 고려할 때, 다음 3가지 형태로 복음 전도를 구분할 수 있다.

- **E-1 전도:** 전도자 자신과 동일한 언어와 문화를 사용하는 사람들에게 전도하는 것이다. 여기서 가장 큰 장벽은 '색안경 장벽'으로, 대상 그룹의 특성과 관심사에 맞춰 메시지를 적절하게 전달할 방법을 찾아야 한다. 이 방법은 전도자가 복음을 전할 곳의 문화를 잘 이해하기 때문에 가장 큰 효과를 거둘 수 있다.
- **E-2 전도:** 동일하지는 않지만 유사점이 많은 문화권 사람들에게 복음을 전하는 형태로서, 서로 다른 문화적 독특성들을 고려해서 이루어져야 하며 새로운 언어를 배워야 할 때도 있다. 또한 복음의 내용을 상황화해야 하며 교회 개척 역시 현지의 문화에 적합한 형태로 이루어져야 한다.
- **E-3 전도:** 가장 어려우면서도 가장 긴급한 전도 방법으로, 이질적이고 (지리적으로는 인접해 있다 해도) 문화적 거리가 먼 곳의 사람들을 대상으로 한다. 여러 언어를 배우고 다양한 문화 특징들을 이해해야 하며 팀 사역과 민감성, 인내, 시간, 기도 등이 필요하다. E-2와 E-3 전도 방법 외에는 미전도 종족의 복음화를 성취할 수 없다.

③ E-1이 효과적이지만 E-3는 반드시 필요하다

세계 복음화의 기본 형태는 선교사가 문화적인 장벽을 넘어 새로운 문화권에 들어가 E-2와 E-3 방법으로 복음을 전하는 것이다. 또한 이를 통해 견실하고 헌신적이며 복음 전도에 열정적인 현지 교회를 세워 E-1 전도를 통해 지속적으로 성장하도록 도와야 한다. 성장하고 부흥하는 현지 교회가 모든 종족과 언어권에 세워져 E-1 전도를 하게 되기까지, E-2와 E-3

전도에 헌신할 선교사들이 절실히 필요한 상황이다.

2. 타 문화권 전도: 방대한 과업

① 종족에 대한 무지

'종족에 대한 무지'는 한 나라 안에 독립된 여러 종족이 존재한다는 사실을 모르는 상태를 말한다. 자신이 속한 사회가 여러 종족으로 구성된 하나의 복합적인 모자이크임을 깨닫기 위해서는 '종족에 대한 무지'에서 벗어나야 한다. 하나의 사회 안에 모자이크처럼 섞여 있는 소수 민족은, E-1 전도로 접근할 수 없는 불신자들로서 세계 인구의 5분의 4에 해당할 만큼 많다. 타문화 선교가 얼마나 절실하게 필요한지 잘 보여 주는 대목이다.

② E-2 전도의 필요성

오늘날 우리에게 주어진 과업이 얼마나 광범위한 것인지 알려면, E-2와 E-3 전도에 관해 더 세부적으로 살펴봐야 한다. 다음은 자국 내에서 실시할 수 있는 E-2 전도의 실례들이다.
- 예수 운동(Jesus People, 미국): 히피족과 마약중독자들을 위한 새로운 형태의 예배와 부흥 운동.
- 존 웨슬리의 하층민 광부 전도(영국)

3. 심각한 불균형

세계 복음화의 성취를 어렵게 만드는 문제들은 무엇인가. 이 시대 대부분의 선교사들이 당면한 과업에 집중하지 않고 있다는 것이다. 선교사와 현지인 사역자들은 미전도 종족의 복음화(E-2, E-3 전도)보다 교회가 세워진 곳에 가서 명목상의 그리스도인들을 가르치고 양육하는 일(E-0 전도)에 더 열중하고 있다.

4. 더 많은 선교사가 필요함

우리에게 주어진 과업은 불가능한 것이 아니다. 기존의 관점을 바꿔서 '종족 선교'에 초점을 맞추고, 모든 미전도 종족 안에 토착화된 교회를 세우는 '개척 선교'를 목표로 세우면 된다. 세계의 모든 교회가 힘을 합칠 수만 있다면 그리 큰 문제는 아니다. 서양과 아시아와 아프리카와 남미의 온 교회가 힘을 합쳐 전방 개척 선교의 과업에 동참해야 한다.

*일반 선교와 전방 개척 선교
① 복음 전도: 건강한 토착 교회가 존재하는 종족 집단에서 전도자가 자신의(혹은 문화적으로 유사점이 많은) 종족에게 전도하는 것.
② 일반 선교: 건강한 토착 교회가 존재하는 종족 집단에서 선교사가 행하는 타 문화권 전도 (대상 문화권의 그리스도인들과 협력하는 것이 이상적이다).

③ 전방 개척 선교: 건강한 토착 교회가 존재하지 않는 종족 집단(미전도 종족)에서 선교사가 행하는 타 문화권 전도.

III. 교회의 본질

우리에게 남겨진 과업의 핵심은, 미전도 종족들 안에 건강한 토착 교회를 세우는 것이다. 조지 패터슨은 교회의 본질을 단순 명료하게 정의하고 순종과 재생산의 중요성을 강조한다.

① 예수님의 명령을 최우선적으로, 그리고 사랑으로 순종할 것을 가르치고 실천하라.
② 예수님의 기본 명령에 순종하는 것으로부터 출발하라.
③ 순종을 전도의 목표로 정하라.
④ 사랑으로 순종하라고 가르쳐라.
⑤ 새로운 교회가 재생산되도록 도와라.
⑥ 새신자에게 친구와 친척을 전도하는 방법을 보여줘라.
⑦ 재생산하는 능력을 가진 교회가 될 수 있게 기도하라.

IV. 교회 성장의 유형들

스티브 호돈과 랄프 윈터는 교회를 살아있는 유기체로 바라볼 때, 하나님이 교회를 성장시키시는 네 가지 방법이 있다고 설명한다(고전 3:6-7, 하나님이 이루시는 성장).

① 내적 성장(Internal Growth)
② 팽창 성장(Expansion Growth)
③ 확장 성장(Extension Growth)
④ 교량 성장(Bridging Growth): 교회는 전도의 영역을 넓혀 타 문화권에 교회를 개척하기 위해 노력해야 한다. 교량 성장은 전혀 다른 문화권에 새로운 교회를 세우고 그 문화권의 사람들 스스로 교회를 이끌어가도록 돕는 것을 말한다. 이 경우에는 E-2와 E-3 전도가 필요하다.

V. 교회개척운동

데이비드 개리슨은 세계 복음화를 앞당기는 가장 효과적인 전략으로 교회개척운동을 제안한다(교회개척운동). 이것은 선교지에서 가능한 한 빨리, 최대한 많은 수의 잃어버린 영혼들을 구원하고 교회를 개척할 수 있는 최선의 방법이다.

1. 교회개척운동의 핵심 요소
교회개척운동이란, "한 종족이나 집단 안에 교회를 개척하는 토착 교회를 급속하게 늘리는 운동이다."
- '빠르게' – 새로운 교회의 개척 사역이 빠르게 진척된다.
- '기하급수적으로' – 점진적인 증가가 아니라 2개의 교회가 4개로 늘어나고, 4개의 교회가 다시 16개로 늘어나는 식의 기하급수적 배가가 일어난다.
- '토착 교회' – 선교지의 교회는 외국(선교사)의 문화가 아니라 자신들의 문화에 맞는 형태를 취해야 한다. 이것을 통해 교회 개척의 추진력이 빠른 시간 안에 토착화되어야만 이 운동의 주도권과 추진력이 외부인이 아니라 종족 집단 내부에서 생겨나게 된다.

2. 교회개척운동이 아닌 것은 무엇인가?
- '교회를 세우기 위한 전도' 그 이상의 것이다.
- 기존 교회의 부흥을 목표로 삼지 않는다.
- 교회 개척 전문가들을 중심으로 교회를 개척하는 것이 아니다.
- 그 자체가 목적이 될 수 없다. 최종적인 목적은 하나님이 영광을 받으시는 것이다.

3. 교회개척운동의 실례
- 중국
- 인도의 볼다리 종족

VI. 전방 개척 선교와 기도 전략

존 롭은 선교의 남은 과업을 성취하는 데 기도가 얼마나 중요하고 효과적인 역할을 감당하는지 설명한다("전방 개척 선교의 전략적 무기, 기도" 참고).

① 기도의 능력을 보여 주는 사례
② 기도는 연결시키는 활동이다.
③ 하나님은 중보기도를 요구하신다.
④ 영적 세계의 승리가 가장 중요하다.
⑤ 기도는 교회의 전도 범위를 확장시킨다.
⑥ 부흥 운동은 전방 개척 선교에 영향을 미친다.
⑦ 하나님의 자녀들이 받을 유업은 종족들이다.
⑧ 효과적인 전략은 연구와 기도를 통해 세워진다.
⑨ 기도는 사역자들을 일으켜 파송하는 초자연적인 방식이다.

⑩ 기도는 그리스도인이 들어갈 수 없는 닫힌 곳의 문을 열어 준다.
⑪ 영적 전쟁이 어둠의 지배를 깨뜨린다.
⑫ 기도가 동원되어야 한다.

VII. 결론

1. 행동 계획의 변화
종족 단위의 복음화가 제시되면서 세계 선교에 대한 관점이 많이 바뀌었다. 하나님의 새로운 생명이 각 종족들 안에 심겨져야 한다. 성장하고 활성화된 현지인 교회가 세워지면 복음이 그 종족 전체로 퍼져나갈 수 있다. 그렇게 되면 선교사들이 일일이 지구상의 모든 사람들을 찾아가 전도해야 할 필요가 없어진다. 그러므로 이 시점에서 가장 전략적인 질문은 "각 종족들 안에 어떻게 복음을 심을 것인가?"이다.

2. 새로운 사고방식
우리에게 필요한 것은 새로운 사고방식이다.
- 세계 대부분의 나라에는 어떤 형태로든 교회가 존재한다.
- '구원받지 않은' 사람들(people)과 '복음이 전파되지 않은'(미전도) 종족들(peoples) 사이에는 커다란 차이가 있다.
- 우리는 '지역'에서 '종족'으로 초점을 바꿔야 한다.
- 타 문화권 사역에는 새로운 전략적 사고방식이 필요하다.
- 교회개척운동은 세계 복음화의 과업을 완수하는 데 매우 중요하다.
- 기도는 남은 과업을 이루기 위한 중요한 토대다.

3. 일꾼 동원하기
선교는 방대한 과업이다. 하지만 우리가 활용할 수 있는 인력들이 전 세계에 엄청나게 많다는 것도 사실이다. 현재 전 세계의 교회와 선교단체들이 미전도 종족을 복음으로 축복하기 위해 연합 작전을 펼치고 있다.

오래전에 하나님은 노예였던 오합지졸들을 이끌어 열방에 축복을 전할 나라로 세우셨고, 그것을 통해 자신의 위대한 권능과 사랑을 온 세상에 증거하셨다. 하나님은 지금 이 시대에도 동일한 역사를 이루실 것이다. 이제 우리에게 필요한 것은 여호수아와 갈렙처럼 믿음으로 나아가는 것이다.

"우리가 곧 올라가서 그 땅을 취하자 능히 이기리라"(민 13:30).

[적용을 위한 질문]

1. 지상명령을 성취하기 위해 이 시대의 교회에게 남겨진 세계 선교의 주요 과업 세 가지는 무엇인가? 당신이 속한 교회(혹은 단체)는 그 중 어느 것에 초점을 맞추고 있는가? 앞으로 변화나 개선이 필요한 부분은 무엇이라고 보는가?

2. 미전도 종족 선교에 당신이 참여할 수 있는 구체적인 방법들은 무엇인가? 당신의 교회(혹은 단체)에서 미전도 종족을 위한 중보기도를 시작할 방법은 무엇인가?

3. 선교지에서 새로운 회심자들에게 지체하지 않고 주님의 명령에 순종하도록 가르치는 것이 왜 중요한가? 오늘날 우리 교회(혹은 단체)에서 이런 일들을 효율적으로 하고 있는지 점검해 보자. 또한 예수님의 명령에 대한 즉각적인 순종이 당신의 삶에 주는 교훈은 무엇인지 나눠 보라.

4. 교회개척운동은 무엇인가? 이것을 위해 선교사(혹은 후원 교회)는 어떤 결정들을 내려야 하는가?

5. 전략적 관점을 통해 하나님이 당신과 당신의 교회(혹은 단체)에게 실제적으로 가르치시는 것은 무엇인가? 세계 선교에 지혜롭게 동참하기 위해서 필요한 전략들을 나름대로 정리해 보라.

04

문화적 관점

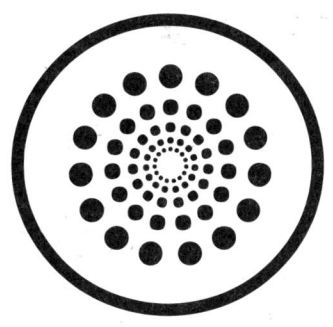

이야기를 어떻게 들려 줄 것인가?

✚ 모든 종족을 복음화함

우리는 하나님이 복음을 열방에 전파하기 원하신다는 사실과 이를 위해 하나님이 오랜 세월에 걸쳐 어떻게 역사해 오셨는지 알고 있다. 그리고 미전도 종족을 복음화하기 위해 특별한 계획과 전략이 필요하다는 점도 이해했다. 그렇다면 이제 문화에 대한 문제들을 살펴보자.

복음을 필요로 하는 종족들에게는 독특한 생활방식, 특별한 사상과 이야기가 있다. 각 종족은 그들의 환경과 경험 안에서 역사적으로 독특한 문화를 계발하기 때문에, 간략하게 성경을 번역하거나 요한복음 3장 16절을 그들의 언어로 옮겨놓는 것만으로는 충분치 않다. 전도자는 반드시 그 문화에 적절한 방식으로 복음을 전하는 법을 배워야 한다.

✚ 각 문화 이해하기

우리는 대부분 자신들의 문화를 제대로 이해하지 못한다. 깊이 생각하지 않고 그냥 받아들이기 때문이다. 문화는 대체로 무의식적이고, 우리는 우리가 행동하는 방식이 올바르다고 가정한다. 이것이 '자문화 중심주의'의 기초가 되며, 어떤 문화도 거기서 벗어날 수 없다. 그러므로 효과적으로 전도하기 위해서는 문화적 행동을 판단하려는 자연적 성향을 극복해야 한다.

우리 자신의 문화적 편견들을 극복하는 일이 첫 번째 과제다. 그 다음에 이렇게 물어보라.

● 사람들이 하나님의 이야기를 듣게 하려면, 어떻게 말해야 할까?

- 어떤 요소들 때문에 하나님의 이야기를 이해하기 어려울까?
- 하나님 이야기의 어떤 부분이 특정한 종족에게 가장 잘 이해될까?
- 하나님의 선하심을 그들에게 알리려면 어떤 장벽들을 넘어야 하는가?

✚ 문화의 여러 층

문화는 여러 층으로 존재한다. 그것은 각 종족의 모든 것을 총망라하며 그중 일부는 겉으로 드러난다. 하지만 훨씬 더 중요한 것은 그 밑에 있는 '세계관'이다. 이것은 문화의 가장 깊은 층이다. 세계관이 바뀌지 않으면 사람들은 바뀌지 않는다. 복음이 표면적 단계에만 영향을 미치면, '혼합주의'나 외적 변화들을 변화되지 않은 문화적 토대와 혼합시키는 꼴이 된다.

스페인이 남미를 식민지화했을 때, 많은 부족들은 개종하지 않으면 죽임을 당하기 때문에 어쩔 수 없이 개종을 했다. 이 집단들은 기독교적인 말과 의식들을 쓰기 시작하면서 겉으로 보기에는 변화된 것 같았다. 하지만 속으로는 여전히 이전에 섬기던 신들을 숭배했으며 어둠의 영들을 두려워했다. 경건의 변화들은 일어나지 않았다. 이것이 혼합주의의 예다.

모든 문화(심지어 우리 자신의 문화)에는 아름다움과 가치가 있지만 동시에 하나님의 심판의 대상이 될 만한 불경한 요소들도 있다. 그리고 그냥 두어도 되는 중립적 요소들이 있다. 하나님의 메시지를 전할 때, 이런 상이한 문화적 층을 분별해야 한다.

✚ 메시지를 방해하는 장벽들

하나님의 메시지, 복음이 들어가지 못하도록 방해하는 두 가지 걸림돌이 있다. 수용의 장벽과 이해의 장벽이다. 때로는 복음을 전해도 사람들이 이해하지 못한다. 누군가 한 힌두 여성에게 "예수님이 당신에게 영생을 주러 오셨다"고 얘기했다. 그러자 끊임없는 윤회를 믿는 그녀는 이렇게 대답했다. "하지만 저는 영원한 삶에서 벗어나고 싶어요." 이것이 이해의 장벽이다.

어떤 사람들은 복음을 이해하기는 하지만 여러 가지 이유로 거부한다. 무슬림들은 그리스도인의 삶이 할리우드 영화에서 보는 것과 비슷하다고 믿는다. 미국 매체들을 통해 접하게 되는 부도덕한 생활방식이 기독교와 함께 들어오면 그들의 문화와 가치관들을 파괴할 거라고 믿는 것이다. 그들은 하나님의 메시지를 이질적으로 여기기 때문에 듣지 않으려고 한다. 그런 수용의 장벽은 하나님나라가 성장하는 것을 방해한다.

우리는 복음을 의미 있게 전하는 법이 무엇인지 이해함으로써, 타문화 선교사들에 대해 새롭게 공감하게 된다. 또한 그들이 얼마나 복잡한 대결의 양상을 경험하고 있는지 이해하게 된다. 동시에 그들이 생명을 주시는 하나님의 이야기를 전하고자 하는 종족들을 위해서 함께 기도할 때 더 통찰력 있게 기도할 수 있다.

라자스타니Rajasthani: 윌리엄 캐리가 선교 사역을 한 지 2백 년이 지난 지금, 인도는 기회와 도전이 뒤섞인 나라가 되었다. 구조상 세속 국가이며 민주주의 국가임에도, 호전적인 힌두교의 부상 등으로 오랫동안 누렸던 전도의 자유가 위협을 받고 있다.

몇 개 주에서 시행하는 반개종법과 개종자들에게 가해지는 극도의 압력 때문에 주로 하층 계급의 소수 집단인 그리스도인들은 어려움을 겪는다. 인도에는 가장 크고 접촉하기 쉬운 무슬림 공동체가 있지만, 그들에게 복음을 전하려는 노력은 극히 미미한 실정이다.

라자스탄에 사는 좀 더 신분 높은 힌두교도인 라지푸트족(Rajputs)은 하층민 부족 출신인 그리스도인들에게 별 반응을 보이지 않는다. 삶 전체가 힌두교식 생활방식과 얽혀 있는 자존심 강한 이 상류 계층에게 복음을 전하려면 특별한 전략을 고안해 내야 한다.

북인도 사람들을 에워싸고 있는 영적 권세의 지배를 끊어버려야 한다. 라디오 사역과 문서 사역이 활발하게 일어나고 있어 그것을 토대로 일하기는 좋다. 여전히 복음의 볼모지인 인도의 힌두교인들을 위해 가장 효과적으로 복음을 전할 수 있는 사람들은 다른 나라에 사는 인도 그리스도인들이다.

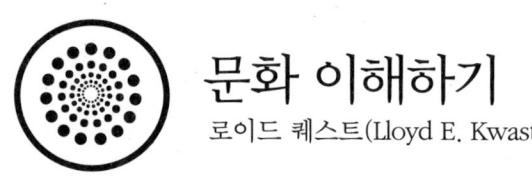

문화 이해하기
로이드 퀘스트(Lloyd E. Kwast)

로이드 퀘스트는 북미 침례교 일반 선교회(North American Baptist General Missionary Society) 소속으로 서아프리카 카메룬에 있는 대학과 신학교에서 8년간 가르쳤다. 그는 1972년부터 1996년 사망할 때까지 탈봇(Talbot) 신학교와 바이올라 대학 타문화 연구 학교(School of Intercultural Studies at Biola University)에서 선교학을 가르쳤다.

문화란 무엇인가? 선교 인류학을 공부하는 학생들이 보통 처음으로 받게 되는 과제는 문화를 정의하는 일이다. 그러면 온통 헛갈리는 묘사, 정의, 비교, 사례, 도표 등을 정리하느라 한바탕 부산을 떨곤 한다. 아마 '문화'보다 더 포괄적인 단어는 없을 것이며, 문화 인류학보다 더 복잡한 연구 분야도 없을 것이다. 하지만 문화의 의미를 철저하게 이해하는 것은 하나님의 복된 소식을 다른 종족에게 효과적으로 전달하기 위한 필수 조건이다.

문화 연구의 가장 기본적인 절차는 자기 문화에 정통하는 것이다. 모든 사람에게는 문화가 있다. 그리고 어느 누구도 자신의 문화와 분리될 수 없다. 한 사람이 여러 다른 문화속에서 자랄 수 있고 심지어 하나 이상의 문화권에서 효과적으로 의사소통할 수도 있지만, 자신의 문화나 다른 문화들을 초월해서 초문화적인 관점을 얻기는 불가능하다. 그래서 자신의 문화를 연구하거나 완전히 자신의 일부가 된 어떤 것을 객관적으로 보기도 거의 불가능하다.

문화를 공부하는 한 가지 좋은 방법은 문화를 '여러 단계'로 나누는 것이다. 문화의 핵심에 무엇이 있는지 한 단계씩 이해하는 방법이다. 이해를 돕기 위해 '화성에서 온 사람'이라는 기법을 사용하겠다. 이제부터 화성인이 우주선을 타고 지구에 도착했다고 상상해 보라.

【행동】
Behavior

지구를 방문한 화성인이 처음으로 인지하게 되는 것은 사람들의 행동이다. 이것은 바깥쪽의

Kwast, L. E. (1992). *Understanding Culture*. In R. D. Winter & S. C. Hawthorne (Eds.). *Perspectives on the World Christian Movement: A Reader* (rev. ed.) (pp.C3-C6). Pasadena: William Carey Library.

가장 피상적인 층으로 외계인이 관찰할 수 있는 층이다. 그는 어떤 행동들을 관찰하게 될까? 만약 그가 어느 학교 교실에 들어갔다면 몇 가지 흥미로운 점들을 보게 될 것이다. 사람들은 몇 개의 구멍을 통해 어떤 닫힌 공간으로 들어가고 있다. 그들은 방 여기저기로 흩어진다. 그리고 나머지 사람들과 매우 다른 옷차림을 한 사람이 들어와서 미리 정해진 듯 한 자리에 서서 사람들을 마주 하고 말하기 시작한다.

화성인은 "왜 이들은 닫힌 공간 안에 있는가? 왜 말하는 사람은 옷차림이 다른가? 왜 많은 사람들은 앉아 있고 한 사람은 서 있는가?" 같은 질문을 하고 싶을 것이다. 이는 '의미'에 대한 질문이다. 그 질문은 행동을 관찰함으로써 생겨난다. 그 상황에 참여하고 있는 몇몇 사람들에게 왜 그들이 그런 식으로 행동하고 있는지 물어본다면 흥미로울 것이다. 어떤 사람들은 이렇게 설명하고, 또 어떤 사람들은 저렇게 설명할 것이다.

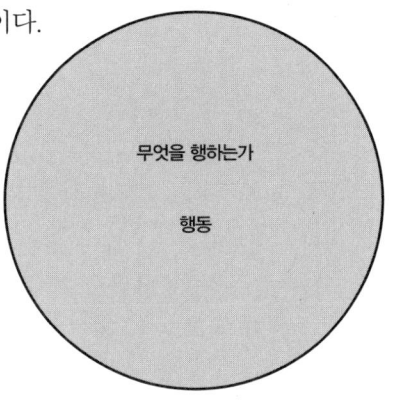

또 어떤 사람은 아마 어깨를 으쓱하고는 "여기서는 다들 그런 식으로 행동해요"라고 말할 것이다. 마지막 대답이 문화의 주요한 기능을 잘 보여 준다. 그것은 한 선교 인류학자 집단이 정의한 것처럼, "일을 행하는 유형화된 방식"이다. 문화는 사람들을 묶어 주고 그들에게 정체성과 연속성을 부여하는 '초강력 접착제'라고 부를 수 있을 것이다. 이런 정체성은 일을 행하는 방식(행동)에서 가장 분명하게 나타난다.

【가치관】
values

외계인은 자신이 관찰한 많은 행동이 분명 그 사회 구성원들이 내린 유사한 선택에서 비롯된 것임을 깨닫기 시작한다. 이런 선택들은 그 속성상 문화의 다음 층인 문화적 가치들을 반영하는 것이다. 여기서 이슈가 되는 것은 무엇이 '좋은지', 무엇이 '유익한지', 아니면 무엇이 '최선인지'에 관해서 사람들이 내리는 선택들에 대한 것이다.

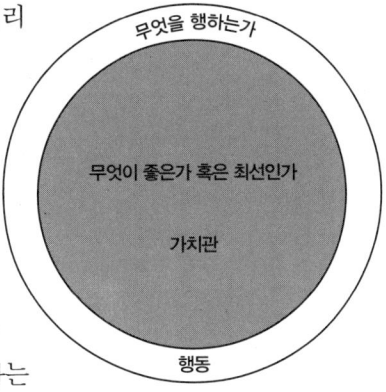

화성에서 온 사람이 계속해서 그 닫힌 공간에 있는 사람들에게 질문을 던진다면, 그는 그들이 거기서 시간을 보내는 대신 다른 일을 할 수도 있었다는 것을 알게 될 것이다. 공부 대신 일을 하거나 놀 수도 있었다는 것이다. 하지만 그들 가운데 많은 사람들은 공부가 노는 것이나 일보다 더 나은 선택이라고 믿기 때문에 공부하는 쪽을 선택했다. 그는 사람들이 다른 선택들도 했다는 것을 발견한다. 그들 대부분은 네 바퀴가 달린 작은 탈 것을 타고 그 닫힌 공간에 도착하는 방법을 선택했다. 빨리 이동하는 기동력이 이롭다고 생각했기 때문이다. 그리고 어떤 사람들은 다른 사람들이 그 공간에 다 들어간 후에 그곳으로 들어갔고, 모임이 끝나자 마자 재빨리 방에서 나왔다. 이 사람들은 시간을 효율적으로 사용하는 것이 대단히 중요하다고 말했다. '가치관'이란 어떤 문화가 보통 마주치는 여러 가지 선택들 가운데서 택하게 되는 '거의 통일된' 결정들을 말한다. 그것은 그 문화권 내에 사는 사람이 '조화를 이루기' 위해 혹은 그 삶의 유형에 따르기 위해 무엇을 해야만(ought to) 하는지를 알도록 도와준다.

【믿음】
Beliefs

행동과 가치관의 문제를 지나면 문화의 본질에 좀 더 가까운 근본적인 질문에 직면한다. 그것은 더 깊은 이해의 층 곧 문화적 믿음(신념들 beliefs)이라는 층에서 볼 수 있다. 이 믿음은 "무엇이 참인가?"(What is true) 라는 질문에 대한 그 문화의 답이다.

한 문화의 가치관은 아무렇게나 정해지는 것이 아니라, 언제나 기저에 있는 믿음 체계(system of beliefs)를 반영한다. 앞에서 예로 든 강의실에 대해 더 살펴보면, 그 닫힌 공간 내에서의 '교육'이 의미 있는 이유는 사람에 대한 그들의 인식과 사람의 추론 능력, 문제 해결 능력에 대한 그들의 인식 때문이다. 그런 의미에서 문화는 '학습에 의해 공유된 인식 방법' 혹은 '공유된 인식 성향'이라고 정의할 수 있다.

흥미롭게도, 그 질문자는 닫힌 공간 안에 있는 여러 사람들이 비슷한 행동과 가치관을 보이긴 하지만, 그것에 대해 전혀 다른 믿음을 고백할 수도 있다는 것을 발견한다. 더 나아가 그런 가치관과 행동들을 만들어 냈다고 생각했던 믿음과 그 결과물(가치관이나 행동)이 서로 상반되는 것을 발견하기도 한다. 문화 내에서 실제 통용되는 믿음(가치관과 행동에 영향을 미치는 믿음)과 이론적 믿음(가치관과 행동에 실제로 거의 영향을 미치지 못하는 형식적인 신조) 사이에 존재하는 혼란 때문에 이런 문제가 생겨난다.

【세계관】
Worldview

모든 문화의 가장 핵심에 존재하는 것은 세계관이다. 그것은 '무엇이 실재인가?'(What is

real)라는 가장 기본적인 질문에 대한 답이다. 가장 저변의 '궁극적'인 문제를 다루지만 실제로 이런 문제를 자주 거론하지는 않는다.

화성인이 질문을 던질 때, 삶에 대한 가장 심도 깊은 개념들에 대해 심각하게 생각하는 사람들은 거의 없었다. 결국 그런 개념들 때문에 지금 그 강의실에 앉아 있는데도 말이다. 그들은 누구인가? 그들은 어디에서 왔는가? 그들의 인생에서 반드시 고려해야 할 무엇, 혹은 누군가가 있는가? 그들이 보는 것이 존재하는 것의 전부인가? 아니면 다른 무엇 혹은 더 많은 무엇이 있는가? 바로 이 순간이 시간의 전부인가? 아니면 과거와 미래의 사건들이 그들의 현재 경험에 영향을 미치는가? 모든 문화는 이런 질문들에 대해 답을 가지고 있다. 그리고 그 답들이 문화의 모든 기능, 측면, 구성 요소들을 통제하고 통합한다.

이렇게 세계관을 문화의 핵으로 이해하면 믿음이라는 층에서 왜 많은 사람들이 혼란을 겪는지 알 수 있다. 한 사람의 세계관은 그의 실제 가치관과 행동에 반영되는 믿음 체계를 제공한다. 때로 새롭거나 경쟁적인 믿음 체계를 알게 되기도 하지만, 세계관은 여전히 변화되지 않은 채로 있으며, 그래서 가치관과 행동은 옛 믿음 체계를 반영한다. 세계관 문제를 고려하지 못한 타문화권 전도자들은 자신들의 노력이 진정한 변화를 가져오지 못하는 것에 실망하곤 한다.

문화에 대한 이 모델은 모든 문화의 수많은 요소들과 관계들을 설명하기에는 너무 단순하다. 하지만 이런 단순함 때문에 문화를 공부하는 모든 사람에게 기본적 개요로 추천할 만하다. ◉

■ 주요 미전도 종족의 종교 분포도

힌두교도 - 2,700집단

불교도 - 1,000집단

무슬림 - 3,700집단

부족민 - 2,000집단

USCWM

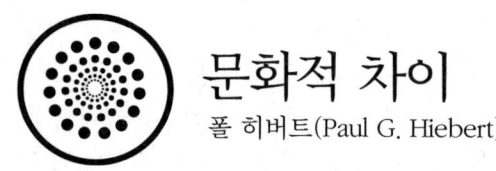

문화적 차이
폴 히버트(Paul G. Hiebert)

폴 히버트는 트리니티 신학교(Trinity Evangelical Divinity School)의 선교 및 전도학부의 학과장이며 선교학과 인류학을 가르치는 교수다. 또 풀러 신학교 세계선교대학원(Fuller Theological Seminary's School of World Mission)에서 인류학과 남아시아 연구 과정을 가르치기도 했다. 히버트는 메노나이트 형제회(Mennonite Brethren) 소속 선교사로 인도에서 사역했으며, 시애틀 워싱턴 대학에서 인류학을 가르치기도 했다. 「문화 인류학」(Cultural Anthropology), 「선교현장의 문화 이해」(Anthropological Insights for Missionaries)를 썼으며, 프랜시스 히버트(Frances H. Hiebert)와 함께 「선교 사례 연구」(Case Studies in Mission)를 썼다.

고국을 떠난 사람들이 처음 경험하게 되는 충격 중 하나는 그곳의 문화가 매우 이질적이라는 것이다. 그들은 이해할 수 없는 언어를 말할 뿐 아니라, 이상한 옷을 입고, 입에 맞지 않는 음식을 먹고, 가족 구성도 다르고, 이해하기 어려운 믿음과 가치관을 추구한다. 이런 차이점들은 다른 사회에서 복음을 전하고 교회를 설립하는 데 어떤 영향을 끼칠까?

【문화의 개념】
The concept of culture

보통 우리는 '문화'라는 말을 부자와 엘리트들의 행동을 가리키는 말로 사용한다. 그것은 바흐, 베토벤, 브람스의 음악을 듣는 것, 격식에 맞는 옷을 갖춰 입고, 연회 자리에서 어떤 매너를 갖춰야 할지 아는 것이다.

하지만 인류학자들은 세계 모든 곳, 모든 사회와 모든 계층의 인류를 연구하면서, 그 개념을 확장시켰다. 그래서 문화는 더 이상 그것이 좋은 것이냐, 나쁜 것이냐 하는 식의 가치 판단 대상이 아니다. 그 용어를 어떻게 정의할 것인지에 대해서는 상당히 많은 논의가 있었

> • 문화를 한 사회가 가지는 특유의 학습된 행동 양식과 개념과 산물들(products)이 서로 통합된 체계라고 정의하겠다.

Hiebert, P. G. (1992). *Culture and Cross-Cultural Differences*. In R. D. Winter & S. C. Hawthorne (Eds.) *Perspectives on the World Christian Movement: A Reader* (rev. ed.)(pp.C19-C23). Pasadena: William Carey Library.

다. 여기에서는 문화를 한 사회가 가지는 특유의 학습된 행동 양식과 개념과 산물들(products)이 서로 통합된 체계라고 정의하겠다.

학습된 행동 양식 Patterns of learned behavior
문화에 대한 정의에서 가장 먼저 살펴볼 부분은 '학습된 행동 양식'이다. 우리는 사람들의 행동을 관찰하고 행동 안에 있는 유형을 찾아봄으로써 문화에 대해 배우기 시작한다. 예를 들어, 미국 남자들은 인사할 때, 서로 상대방의 손을 잡고 흔들 것이다. 멕시코에서는 서로 얼싸안을 것이다. 인도에서는 함께 각자 두 손을 모으고 머리를 약간 숙이면서 모은 손을 이마까지 들어 올릴 것이다 – 이 동작은 많은 사람들에게 한번에 인사할 수 있어 능률적이며, 상대방과 접촉할 필요가 없기에 깨끗한 동작이다. 후자는 높은 신분의 사람이 불가촉 천민을 접촉하면 부정해져서 반드시 정결 목욕 의식을 해야 하는 사회에서는 특히 중요하다. 남미 시리아노(Siriano) 사람들은 인사할 때 상대방의 뺨에 침을 뱉는다.

아마 가장 이상한 인사는 제이콥 로웬(Jacob Loewen) 박사가 파나마에 갔을 때 보았던 것이리라. 원주민 추장과 함께 경비행기를 타고 정글을 떠날 때, 그는 추장이 모든 부족 사람들에게 가서 입을 맞추는 것을 보았다. 로웬 박사가 이 풍습에 대해 묻자, 추장은 이 풍습을 백인에게 배웠다고 설명했다. 그들은 백인이 비행기에 오를 때마다 안전한 여행을 보장해 주는 마술로 사람들에게 입을 맞춘다고 생각했던 것이다. 미국인들은 사실상 두 가지 인사법을 쓴다. 손을 흔드는 것과 입을 맞추는 것이다. 그리고 반드시 대상에 맞게 인사법을 사용하도록 주의해야 한다.

대부분의 문화 유형들과 마찬가지로, 키스 역시 보편적인 인간의 관습은 아니다. 원시 부족민들에게는 그런 풍습이 없었고, 중국인들은 그것이 식인 풍습을 연상시킨다고 해서 저속하고 혐오스러운 것으로 여겼다.

모든 행동 양식이 학습된 것은 아니다. 난로에 손을 댄 어린아이는 손을 확 떼면서 "앗, 뜨거워!"라고 말한다. 그런 행동은 본능이다. 하지만 그때 터져 나오는 감탄사는 문화적으로 학습된 것이다.

개념 Ideas
문화는 사람들이 그들의 세계에 대해 갖고 있는 개념이다. 사람들은 이 세상에 대한 경험을 통해, 마음속에 지도를 만든다. 예를 들어, 시카고에 사는 사람은 자기 집 주위의 거리들, 교회에 갈 때와 직장에 갈 때 지나가는 길들, 그리고 도시를 돌아다닐 때 사용하는 간선도로들에 대한 이미지를 마음속에 그리고 있다. 분명 그의 마음속 지도에 나와 있지 않은 거리들이 대단히 많겠지만, 그 지역에 가지 않는 한 알 필요가 없다. 이처럼 사람들은 자신의 세계에 대한 나름대로의 개념을 갖고 있다.

우리에게 있는 모든 개념이 외부 세계의 실재를 반영하는 것은 아니다. 많은 것은 우리 마음속에서 만들어 낸 것으로, 우리의 경험에 질서와 의미를 부여하기 위해 사용된다. 예를 들어, 우리는 평생 많은 나무들을 보는데, 나무들은 전부 각각이고 똑같지 않다. 아마 그것들 각각에, 그리고 각각의 수풀, 각각의 집, 각각의 차(간단히 말해 우리가 겪는 각각의 경험)에 하나하나 이름을 붙이는 것은 불가능할 것이다. 즉, 우리가 살면서 대하는 물건들은 저마다 다르지만 일일이 구별해서 기억할 수가 없기 때문에 일반화시켜서 기억할 수 있는 정도의 개념으로 축소시킨다. 이런 색깔들은 빨강, 저런 색깔들은 주황, 또 다른 색깔들은 노랑이라고 부른다. 이런 범주는 우리 마음속에서 만들어 낸 것이다. 다른 언어를 쓰는 사람들은 그 색조들을 하나의 색으로 뭉뚱그리든가 아니면 두 개 혹은 심지어 네 개의 색으로 분리한다. 이 사람들도 우리가 보는 것만큼 많은 색들을 보는가? 물론이다. 사실 우리는 마음속으로 원하는 만큼 많은 범주들을 만들어낼 수 있으며, 인간의 경험들을 묘사하고 설명하기 위해 그 범주들을 더 큰 단위로 체계화할 수 있다.

> • 문화는 자신이 사는 세계에 대한 사람들의 마음속 지도다. 그것은 그들에게 자신들의 결정과 행동에 대한 지침서를 제공해 준다.

그렇다면 어떤 의미에서 문화는 자신이 사는 세계에 대한 사람들의 마음속 지도다. 이것은 그들의 세계에 대한 지도일 뿐 아니라 행동을 결정하기 위한 지도다(Geertz, 1972:169). 자신들의 결정과 행동에 대한 지침을 보여 주는 것이다.

산물 Products

문화의 세 번째 정의는 '산물'이다. 인간의 생각과 행동은 물건과 도구를 생산해 낸다. 우리는 집, 길, 차, 가구를 만들고 그림, 옷, 보석, 동전 같은 수많은 물건들을 만들어 낸다.

우리의 물질 문화는 삶에 큰 영향을 미친다. 자동차도 제트기도 없었던 백 년 전 미국에서의 삶이 어땠을지 상상해 보라. 타자기와 컴퓨터의 발명으로 우리 삶은 엄청나게 바뀌었으며 앞으로도 그럴 것이다. 이런 것들 때문에 우리는 지난 세대의 문화적 지식을 축적할 수 있게 되었고, 그것을 기반으로 더 많이 발전할 수 있게 되었다.

형식과 의미 Form and meaning

행동 유형과 문화적 산물은 일반적으로 개념 혹은 의미와 연결되어 있다. 손을 흔드는 것은 "안녕하세요?"라는 의미다. 어떤 상황에서는 입맞춤도 마찬가지다. 우리는 또한 주먹을 쥐는 것, 눈살을 찌푸리는 것, 우는 것, 글자, 십자가, 그리고 다른 수많은 것들에 의미를 부여한다. 사실상 인간은 자신들이 행하고 만드는 거의 모든 것에 의미를 부여한다.

> • 문화는 언어, 의식, 동작, 물체 등 사람들이 생각하고 의사소통하기 위해 만들어 내는 상징 체계라고 볼 수 있다.

크메르Khmer: 농업에 대한 풍부한 잠재력을 가지고 있는 캄보디아에서는 크메르 루즈가 자행한 잔인한 학살로 수많은 사람들이 사망했다. 이 극단적 마르크스주의 반정부 운동가는 군사 요원, 공무원, 교육을 받거나 부유한 사람들을 거의 다 죽이고 나라를 거대한 강제노동수용소로 바꿔 버렸다. 그들은 1978년 베트남 군에 의해 쫓겨났지만, 크메르 루즈는 지금도 외국인을 살해하는 사람들에게 보상금을 주면서, 투표로 선출된 정부를 전복시키려 하고 있다.

캄보디아의 다수 집단인 크메르족은 15세기에 불교를 받아들였다. 대부분의 불교승이 '킬링필드'에서 학살당했지만, 불교는 오늘날에도 부흥하고 있다. 대부분의 그리스도인들 역시 순교했다. 그러나 다행히 일부는 살아남아 계속되는 정부의 여러 제약들 속에서도 교회를 세우려 애쓰고 있다.

많은 크메르인들은 난민촌으로 도망했는데, 거기에서 수많은 사람들이 그리스도께 돌아오는 수확이 있었다. 또 어떤 사람들은 해외에 있는 강제격리수용소에서 복음을 접했다. 이제 몇몇 사람들은 황폐화된 고국에서 자신들의 믿음을 나누기 위해 고국으로 돌아가고 있다. 기간 시설이 심각하게 파손되어 국외로 추방된 사람들의 도움 없이는 회복이 불가능하다. 따라서 직업을 가진 그리스도인들이 이 나라에 들어가면 선교할 기회를 얻을 수 있다.

경험할 수 있는 형식과 정신적 의미를 결합시킬 때 상징이 만들어진다. 국기는 나라의 개념을 담고 있다. 그 의미가 너무나 커서, 전쟁 때는 국기를 보존하기 위해 목숨을 내놓기도 한다. 문화는 언어, 의식, 동작, 물건 등 사람들이 생각하고 의사소통하기 위해 만들어 내는 상징체계(symbol systems)라고 볼 수 있다.

통합 Intergration

문화는 수없이 많은 행동과 개념과 산물의 유형들로 구성되어 있다. 하지만 문화는 그것의 총합 이상의 것이다. 이런 유형들은 통합되어 더 큰 문화적 복합체와 총체적인 문화 체계를 형성한다.

문화적 유형들이 어떻게 통합되었는지 보기 위해, 뮤지컬을 보러 간 평범한 미국인을 관찰해 보자. 먼저 뮤지컬 공연을 보기 위해 공연장에 들어갈 때, 자신이 앉을 좌석을 찾아본다. 빈 좌석이 없으면, 그는 공연장이 '가득 찼기' 때문에 떠난다. 분명 바닥에 앉을 수 있는 공간은 있지만 바닥에 앉는 것은 문화적으로 용납되지 않는다. 교향악단 공연 때는 더욱 그렇다.

집에 가면 미국인은 여러 가지 받침대들(platforms)을 가지고 있는데, 거실과 식당과 책상에 앉을 때 각기 다르게 사용한다. 잠을 자기 위해서도 커다란 받침대가 필요하다. 해외여행을 할 때, 그는 개인 방과 받침대가 없는 상태에서 밤을 맞이하게 될까봐 대단히 두려워한다.

그래서 호텔을 예약해 놓는다. 어떤 나라의 사람들은 모포 하나와 평평한 장소만 있으면 밤을 보낼 수 있다. 그리고 세상은 평평한 장소로 가득 차 있다. 공항에서, 새벽 3시에 그 미국인 여행자는 양탄자 바닥에 대자로 눕기보다는 의자에 불편하게 쭈그려 있다. 그는 편안한 것보다는 고상해 보이는 것을 더 선호한다.

미국인들은 받침대에 앉고 받침대 위에서 잠을 잘 뿐 아니라 받침대 위에 집을 세우고, 벽에 받침대를 만들어 걸며, 자녀들을 보호하기 위해 받침대 둘레에 울타리를 친다. 왜 이렇게 받침대에 집착하는가? 이 모든 행동 유형 배후에는 땅과 바닥은 더럽다는 기본적인 관념이 있다. 그래서 그들은 바닥에서 벗어나기 위해 그토록 애를 쓰는 것이다. 그 관념은 집에 들어갈 때 왜 신발을 계속 신고 있는지, 그리고 아이가 바닥에서 감자 칩을 주워 먹을 때 왜 야단을 치는지 설명해 준다. 바닥은 방금 닦았다 해도 '더러우며', 음식은 바닥에 닿는 순간 더러워지기 때문이다.

> • 문화의 한 면에서 변화가 일어날 때, 문화의 다른 측면에서도 예측하지 못하는 방식으로, 변화가 일어난다.

한편 일본 사람들은 바닥이 깨끗하다고 믿는다. 그래서 그들은 문 앞에서 신을 벗으며 바닥에 다다미를 깔고 그 위에서 자고 앉는다. 우리가 신발을 신고 그들의 집에 들어가면, 그들은 누군가 신발을 신고 소파에 걸어 올라갔을 때 우리가 느끼는 것과 똑같은 기분을 느낀다.

이처럼 문화의 한가운데에는 사람들이 실재의 본질과 옳고 그른 것의 본질에 대해 생각하는 기본 관념들이 있다. 그것들을 통합해 '세계관'이라고 부른다.

이같이 문화적 특성들을 연관시키고 그 특성들을 더 큰 체계에 통합시키는 것은 변화를 일으키려는 사람들에게 중요한 함축적 의미를 지닌다. 문화의 한 면에서 변화가 일어날 때, 문화의 다른 측면들에서도 예측하지 못하는 방식으로 변화가 일어난다. 최초의 변화가 좋은 것이라 해도, 주의를 기울이지 않으면 엄청나게 파괴적인 부작용들을 일으킬 수 있다.

【타문화적 차이들】
Cross-Cultural Differences

문화인류학자들은 다양한 문화들을 연구하면서 그 문화들 간의 깊은 차이들을 인식하게 되었다. 사람들이 먹고 입고 말하고 행동하는 것, 그리고 그들의 가치관이나 믿음에만 차이가 있는 것이 아니라, 세계에 대해 갖고 있는 근본 관념들에도 차이가 있었다. 에드워드 사피어(Edward Sapir)는 서로 다른 문화에서 사는 사람들은 같은 세계에서 서로 다른 분류표를 붙인 채 사는 것이 아니라, 전혀 다른 개념의 세계에서 사는 것이라고 지적했다.

에드워드 홀(Edward Hall)은 시간에 대한 연구에서 문화가 서로 얼마나 다를 수 있는지 지적한다(1959). 예를 들어, 두 미국인이 10시에 만나기로 했다면, 10시 5분 전후로 나왔을 때 '제시간에' 온 것이다. 15분 이상 지난 후에 나오면 그는 '늦은' 것이며, 우물우물 사과의 말을 늘어놓아야 할 것이다. 그는 자신이 늦었다는 사실을 순순히 인정한다. 30분이 넘어서 나온다면, 납득할 만한 변명거리가 있어야 하며, 11시가 되었다면 오지 않는 편이 나을 것이다. 그가 저지른 죄는 도저히 용서할 수 없다.

아랍 지역에 사는 어떤 사람들은 시간에 대해 다른 개념 혹은 지도를 가지고 있다. 모임 시간이 10시라면, 10시에 나타나는 사람은 주인의 말에 절대 복종해야 하는 종뿐이다. 다른 사람들은 보통 10시 45분부터 11시 15분 정도에 나오는 것이 적당하다고 생각한다. 자신이 독립적이고 평등한 존재임을 충분히 보여 줄 만큼 정해진 시간보다 늦게 나오는 것이다. 이런 약속은 나름대로 잘 돌아간다. 대등한 위치에 있는 두 사람이 10시에 만나기로 하면 둘 다 10시 45분경에 나오고, 상대방도 그러리라 생각하기 때문이다.

문제는 미국인이 아랍인을 10시에 만나기로 하는 때다. 미국인은 자기 기준에 '제시간'인 10시에 나온다. 아랍인은 자기 기준에 '제시간'인 10시 45분에 나온다. 미국인은 아랍인이 시간관념이 전혀 없다고 생각하며(그것은 잘못된 생각이다), 아랍인은 미국인이 종처럼 행동한다고 생각한다(이 역시 잘못된 생각이다).

타문화에 대한 오해들 Cross-Cultural misunderstanding

자이레에서 사역한 몇몇 선교사들은 현지 사람들과 관계를 맺는 데 어려움을 겪었다. 마침내 한 노인이 왜 사람들이 선교사들과 사귀는 것을 주저하는지 설명해 주었다. "처음 자네들이 왔을 때 좀 이상했네. 깡통에 든 음식들을 가져왔지 않나. 깡통에는 옥수수 그림이 있었고, 깡통을 여니 안에 옥수수가 있어서 자네들은 그걸 먹었지. 다른 깡통에는 고기 그림이 있었고, 안에는 고기가 들어 있었어. 그런데 당신들에게 아기가 생기더니 작은 깡통들을 가져왔지. 겉에는 아기 그림이 그려 있었는데, 자네들은 그걸 열더니 안에 있는 걸 아이에게 먹이더군."

사람들이 헷갈렸다는 것이 좀 우스워 보이기도 하지만, 사실 그 사고는 대단히 논리적이다. 다른 정보가 없는 상태에서 그들은 우리의 행동에 대해 그들 나름대로 결론을 내려야 했다. 하지만 우리도 그들에 대해 똑같이 행동한다. 우리는 우리의 문화적 기준에 따라 그들이 늦게 나타났을 때, 그들이 시간관념이 없다고 생각한다. 그들이 있는 그대로 말하기보다 우리를 기쁘게 하는 말을 하면 그들을 거짓말쟁이라고 비난한다(우리는 어떤 사람이 "잘 지내시나요?" 하고 물으면 "아, 네, 잘 지냅니다!"라고 쉽게 말하면서 말이다). 그 결과 문화적 오해가 생기며 의사소통도 제대로 안 되고 관계를 맺기도 어려워진다.

문화적 오해는 우리가 무의식적으로 하는 행동에서 생길 때가 많다. 홀(Hall)은 사람들이 서로 이야기할 때 물리적 공간을 사용하는 방식을 예로 들어 이것을 설명한다(1959). 북미인은 일반적인 문제를 토의할 때 1.2-1.5m 정도 떨어져서 이야기한다. 그들은 6m 정도 떨어져 있는 사람에게 소리를 지르면서 대화하는 것을 좋아하지 않는다. 한편, 개인적 문제를 논의할 때는 60-90cm 정도로 거리를 좁히고 목소리를 낮춘다. 남미인은 일상적 대화를 나눌 때

60-90cm 떨어져 이야기하고 개인적인 문제를 이야기할 때는 그보다 더 가까이 다가선다.

북미인이 남미인을 만날 때 오해가 생긴다. 남미인은 무의식적으로 90cm 정도로 다가선다. 북미인은 불편함을 느끼며 뒤로 물러선다. 그러면 남미인은 자신이 저 건너편에 있는 사람과 이야기하는 듯 한 느낌을 받아 한 걸음 더 다가선다. 그러면 북미인은 다시 헷갈린다. 그 정도 거리라면, 남미인은 뒷공론이나 은행 강도 모의 같은 개인적 문제를 논의해야 한다. 하지만 사실상 그는 날씨와 정치같은 일반적인 이야기를 하고 있다. 그 결과 북미인은 남미인들이 언제나 밀어붙이고 다른 사람의 기분은 개념치 않는다고 생각한다. 반면 남미인은 북미인들이 언제나 거리를 두고 쌀쌀맞게 군다고 생각한다.

• 문화적 오해는 우리가 무의식적으로 하는 행동에서 생길 때가 많다.

오해는 다른 문화에 대한 무지에서 온다. 이것은 지식의 문제다. 해결책은 다른 문화가 어떤 식으로 돌아가는지 배우는 것이다. 새로운 문화에 들어갈 때 첫 번째로 해야 할 일은 그 문화의 방식을 배우는 것이다. 뭔가 이상하다고 생각될 때마다, 그 문화권에서는 '그렇게 하는가 보다'라는 전제하에 그들의 문화를 재분석하려는 노력이 필요하다.

• 새로운 문화에 들어갈 때 첫 번째로 해야 할 일은 그 문화의 방식을 배우는 것이다. 뭔가 이상하다고 생각될 때마다, 그 문화권에서는 '그렇게 하는가 보다' 라는 전제하에 그들의 문화를 재분석하려는 노력이 필요하다.

자문화 중심주의 Enthnocentrism

대부분의 미국인들은 인도 식당에 들어가 사람들이 손으로 카레와 밥을 먹는 것을 볼 때 진저리를 친다. 추수감사절 만찬을 먹는데 으깬 감자와 소스에 손을 쑤셔 넣는다고 생각해 보라. 이런 반응은 우리에게는 자연스럽다. 어릴 때부터 우리는 자신의 세계를 중심으로 성장한다. 다시 말해 우리는 자기중심적이다. 나와 상대방 사이에 그어 놓은 경계선을 깨고 다른 사람들의 관점에서 사물을 바라보는 법을 배우는 건 상당히 어렵다. 우리는 또한 문화 안에서 자라며 그 문화의 방식이 올바르다고 배운다. 다르게 행동하는 사람은 '문명화되지' 않은 사람이다. 이런 자문화 중심주의는 다른 문화권 사람들의 행동을 우리 문화의 가치관과 관념으로 판단하려는 자연스런 성향 때문에 생겨난다.

하지만 다른 사람들은 그들의 가치관과 관념들로 우리 문화를 판단한다. 미국인들이 인도인과 함께 식당에 갔다. 누군가 너무나 당연한 질문을 던진다. "인도에서는 정말 손으로 음식을 먹나요?" 인도인의 대답은 이렇다. "그렇습니다. 하지만 우리는 그것을 좀 다르게 봅니다. 우리는 깨끗하게 손을 씻습니다. 그 손은 다른 사람의 입에 들어간 적이 한 번도 없지요. 하지만 이 숟가락과 포크들을 보세요. 얼마나 많은 사람들이 이걸 자기 입에 넣었다 뺐다 했을

지 한번 생각해 보세요!"

타문화에 대한 오해가 다른 문화에 대한 우리의 지식에 근거하고 있다면, 자문화 중심주의는 우리의 느낌과 가치관에 근거하고 있다. 우리는 다른 사람들과 관계를 맺으면서 그들을 이해할 뿐 아니라, 우리의 느낌 역시 다루어야 한다. 그것은 '우리' 및 '우리와 같은 종류의 사람들', '그들' 및 '그들과 같은 종류의 사람들'을 구분하려는 것이다. 동일화는 '그들'이 '우리와 같은 종류의 사람들'의 범주에 들어갈 때만 가능해진다.

성급한 판단 Premature judgments

인식적 차원에서 오해가 빚어지고 정서적 차원에서 자문화 중심주의가 생긴다면, 평가적 차원에서는 어떨까? 정답은 성급한 판단을 내릴 수 있다는 것이다. 다른 문화와 관계를 맺을 때 우리는 그 문화를 이해하거나 음미하기 전에 먼저 판단하는 경향이 있다. 그렇게 하면서 어떤 초문화적 틀이 아니라 우리 자신의 문화적 가치관을 사용한다. 결국 다른 문화들을 덜 문명화된 것으로 보는 것이다.

문화상대주의. 성급한 판단은 대부분 정확하지 못하다. 게다가 상대방을 이해하고 의사소통할 수 있는 문을 닫아 버린다. 그렇다면 어떻게 해야 하나?

인류학자들은 다른 문화들을 이해하고 음미하는 것을 배우면서, 문화가 인간의 삶을 조직하는 실용적 방식으로 통합되어 있다는 사실을 깊이 깨달았다. 어떤 문화는 과학기술 분야에 강하고, 어떤 문화는 가족간의 유대가 강하다. 하지만 모두 "제 몫을 한다." 즉, 그 문화들은 모두 삶을 가능하게, 그리고 어느 정도 의미 있는 것으로 만든다. 모든 문화가 통합성을 가지고 있다는 이런 인식에서 문화상대주의라는 개념이 나왔다. 모든 문화가 똑같이 선하다는 믿음, 어느 문화도 다른 문화를 판단할 권리가 없다는 것이다.

문화상대주의는 대단히 매력적이다. 그것은 다른 사람들과 그들의 문화를 존중하며 자문화 중심주의와 성급한 판단의 오류를 피한다. 또한 판단을 보류하고 각 문화가 스스로 자신의 대답에 도달할 권리가 있다고 단언함으로써 진리와 도덕이라는 난해한 철학적 질문들을 처리한다. 하지만 문화상대주의만을 채택할 때, 우리는 진리나 의 같은 개념들을 잃어버린다. 실재에 대한 모든 설명이 똑같이 타당하다면, 우리는 더 이상 어떤 것이 오류라고 말할 수 없다. 그리고 모든 행동이 자신의 문화적 맥락에 따라 정당하다면, 더 이상 죄라는 개념은 무의미하다. 그렇다면 복음은 전혀 필요 없는 것이 되며 선교 또한 마찬가지다.

우리에게는 대안이 있는가? 어떻게 하면 성급하고 자문화 중심적인 오류를 피하면서도 진리와 의를 확증할 수 있는가?

상대주의를 넘어서. 인간의 어떤 생각도 가치 판단에서 자유로울 수 없다는 인식이 대두되고 있다. 과학자들은 서로 솔직하고, 공개적으로 자신들이 발견한 바를 보고하며

> • 문화상대주의만을 채택할 때, 우리는 진리나 의 같은 개념들을 잃어버린다.

연구 주제를 주의 깊게 정할 것을 기대한다. 사회과학자들은 연구를 의뢰한 사람들과 연구 대상이 되는 사람들의 권리를 존중해야 할 것이다. 사업가나 정부 관리들, 다른 모든 사람도 나름대로 삶의 가치관을 가지고 있다. 우리는 판단을 피할 수 없으며 가치 판단 없이는 사회가 존재할 수도 없다.

그렇다면 어떤 근거로 자문화 중심주의에 빠지지 않으면서 다른 문화들을 판단할 수 있을까? 개인적으로는 우리 자신에 대해 판단을 내릴 권리가 있으며, 다른 문화들을 판단하는 것도 포함된다. 하지만 이런 판단은 충분한 정보에 근거해서 내려야 한다. 다른 문화들을 판단하기 전에 그 문화들을 이해하고 제대로 인식해야 한다. 우리는 모두 무지와 자문화 중심주의에 근거해서 성급한 판단을 내리는 경향이 있기 때문이다.

그리스도인들은 또 다른 평가 기준을 주장한다. 즉, 성경적 표준이다. 성경적 표준은 신적 계시로 모든 문화를 판단해 인간의 창의성에서 좋은 것을 긍정하고 악한 것을 정죄한다. 분명 비 그리스도인들은 성경적 표준을 거부하고 자신들의 표준을 사용할 것이다. 우리는 구속적 사랑의 정신으로 복음을 제시하고, 복음이 스스로 말하도록 할 수밖에 없다. 진리는 결국 우리가 생각하거나 말하는 것이 아니라 실재 자체에 좌우된다. 진리를 증언할 때 우리는 자신이 우월하다고 주장하는 것이 아니라 복음의 진리를 확증하는 것이다.

하지만 성경을 우리 자신의 문화적 관점에서 해석함으로써 다른 사람들에게 우리의 문화적 표준을 강요하지는 말아야 한다. 그러려면 먼저 성경을 해석할 때, 우리에게 편견이 있다는 사실을 인정하고 잘못된 것을 바로잡을 준비가 되어 있어야 한다. 또한 우리를 인도하시는 동일한 성령님이 그들 안에서도 일하시며 그들을 진리로 이끌고 계시다는 것을 인정해야 한다. 복음이 새로 그리스도인이 된 사람들 안에서 그리고 그들을 통해 그들의 문화 안에서 역사하시도록 해야 한다.

둘째, 우리가 사역하고 있는 곳의 문화적 가치관과 우리 자신의 문화적 가치관을 함께 연구해야 한다. 이런 접근을 통해 그 둘을 비교하고 평가할 수 있는 초문화적 틀(a metacultural framework)을 계발할 수 있다. 다른 가치 체계를 이해하려 애쓰는 것은 우리의 단일 문화적 관점을 극복하는 데 매우 효과적이다. 그것은 다른 체계 안에 있는 선을 인식하고, 우리의 문화를 좀 더 비판적으로 볼 수 있게 해준다.

그런데 초문화적 가치 체계를 형성하는 일에서마저 우리 자신의 문화적 편견이 작용하기 때문에, 그 과정에서 다른 문화권의 그리스도인 지도자들을 관여시켜야 한다. 그들은 우리의 문화적 맹점들을 우리보다 더 잘 간파할 수 있다. 우리가 그들의 문화적 속단을 그들보다 더 잘 볼 수 있는 것과 마찬가지다.

모든 문화 안에는 보존하고 권장해야 할 값진 것들이 많다. 예를 들어, 대부분의 문화는 미국 문화보다 인간관계와 사회적 관심 면에서 훨씬 더 나으며, 미국인들은 그 문화들에서 많은 것을 배울 수 있다. 또한 문화 안에는 중립적인 부분도 많은데 그런 요소들은 변화시킬 필요가 없다. 어떤 지역에는 벽돌이나 시멘트로 지은 집보다 통나무집이 더 유용하다. 사리나 사롱(말레이 열도의 전통 옷을 말함 – 역자 주)보다 양복이 더 좋다고 어떻게 말할 수 있는가? 하지만 모든 문화에는 잘못되고 악한 것들이 있다. 모든 사람은 죄인이기 때문에, 그들이 만들어 낸 사회적 구조와 문화는 죄의 영향을 받았다. 그리고 하나님이 변화시키고자 하시는 것에는 개인적인 죄뿐 아니라, 공동의 죄도 포함된다.

• 모든 문화 안에는 보존하고 권장해야 할 값진 것들이 많다. 또한 많은 것은 '중립적'이어서 변화시킬 필요가 없다.

이제 성경 번역에 대한 논의로 돌아가 보자. 창세기 첫머리에는 "태초에 하나님이"라는 구절이 나온다. 문제는 "하나님"이라는 말을 어떻게 번역하느냐는 것이다. 남인도어인 텔루구어에서는 '이스바루두', '데부두', '바가반투두' 혹은 다른 단어를 사용해 하나님을 표현한다. 그러나 문제는 이 단어들이 힌두교의 신들을 상징한다는 점이다. 그 신들은 인간보다 약간 나은 삶을 살 뿐이다. 더 엄밀하게 말하면 인간과 별로 다를 바가 없다. 텔루구어에는 성경에서 말하는 정확한 하나님의 개념을 나타내는 단어가 없다.

이로 인해 또한 '성육신'(incarnation)이라는 성경의 개념을 번역하는 데도 문제가 생긴다. 성경에서 말하는 성육신은 무한하신 하나님이 하나님 자신과 인간 간의 큰 간격을 넘어 사람이 되신 것이다. 다시 말해, 하나님은 한 범주에서 다른 범주로 건너오셨다. 인도 사상에서 신들은 같은 범주 내에서 인간의 수준까지 내려오면서 끊임없이 화육(incarnate)한다. 분명 이런 개념은 기독교적 개념과 근본적으로 다르다. 그런 개념을 사용하면 복음의 많은 부분을 잃어버리게 된다. 그렇다면 텔루구어 혹은 다른 인도 언어에서 하나님이라는 개념과 성육신이라는 성경적 개념을 어떻게 번역할 수 있는가?

우리는 '하나님' 혹은 '성육신'에 해당하는 새로운 단어를 만들어 낼 수는 있다. 하지만 그러면 사람들이 그 말을 이해하지 못할 수 있다. 그렇다고 텔루구어 가운데 하나를 사용하면 성경의 메시지가 심각하게 왜곡될 위험에 처한다. 가장 좋은 방법은 사람들에게 친숙한 단어를 사용하되 우리가 그 단어를 어떤 의미로 사용하는지 설명해 주는 것이다. 사람들이 새로운 의미와 그 의미들과 연관된 총체적인 성경적 세계관을 이해하는 데는 몇 년 혹은 몇 세대가 걸릴 수도 있다.

이 과정이 너무 길어 보이는가? 어느 저녁 예배 시간에 주님을 영접한 농부가 있다고 하자. 믿는 순간, 그가 가진 사고와 세계관이 즉시 변하는가? 물론 그렇지 않다. 그러나 구원은 그가 성경적 세계관을 가졌느냐 안 가졌느냐가 아니라 예수 그리스도의 구원을 믿느냐 안 믿느냐에 달렸다. 그가 구원의 의미를 제대로 알고 믿어서 주님을 따른다면 더욱 다행이다. 장기적인 안목에서 교회를 견실하게 세우고, 다음 세대로 계속 복음이 유지되기 위해서는 현지 신자들과 지도자들이 성경적 개념과 세계관을 알고 있어야 한다.

【문화 차이가 가져오는 선교 이슈들】
Implication of Cultural Differences for Missions

문화 차이는 문화 충격을 경험하고, 오해와 자민족 중심적인 감정을 극복하고, 복음을 지역 언어와 문화에서 이해하게끔 해야 하는 선교사들에게 분명 중요한 이슈다. 하지만 그 외에도 문화 차이의 중요성과 의의에는 여러 가지가 있다. 그것들에 대해 간단하게 다뤄 보겠다.

복음과 문화 The Gospel and culture

우리는 복음과 문화를 구분해야 한다. 그렇지 않으면 복음 대신 우리 문화를 전하는 우를 범할 것이다. 그렇게 되면 복음은 민주주의, 자본주의, 교회의 좌석과 강단, 로버트의 의사진행 규칙(Robert Rules of Order), 양복과 넥타이 같은 문화와 동일시된다. 선교지에서 전도가 잘 안 되는 이유 가운데 하나는 복음이 이국적이고 낯설다는 데 있다. 그리고 기독교에서 이국적인 냄새가 나는 이유는 엄밀하게 말해서 선교사들이 자신들의 문화적 요소를 너무 많이 가미했기 때문이다. 인도의 전도자 무르티(Murthi)는 이렇게 말했다. "복음을 화분에 심어서 가져오지 마시오. 복음의 씨앗을 가져와서 우리 땅에 심어 자라게 하시오."

• 선교지에서 전도가 잘 안 되는 이유 가운데 하나는 복음이 이국적이고 낯설다는 데 있다.

  이 구분이 쉽지는 않다. 복음도 여느 메시지와 마찬가지로 사람들을 이해시키기 위해 문화의 옷을 입어야 하기 때문이다. 어떤 개념이나 상징을 사용하지 않고 복음을 설명할 수 있겠는가? 하지만 복음에 선교사 자신의 문화를 섞어 넣지 않도록 주의해야 한다.
  성경의 메시지와 다른 메시지들을 구분하지 못하면 문화상대주의와 성경의 절대적인 진리를 혼동하게 된다. 예를 들어, 한때는 많은 교회에서 여자들이 머리를 자르거나 립스틱을 바르는 것, 혹은 영화를 보는 것을 죄로 여겼지만 지금은 이런 것들을 허용한다. 그렇기 때문에 어떤 사람들은 혼전 성관계와 간음 역시 조만간 받아들여질 것이라고 주장한다.
  우리가 한때 죄라고 여겼던 많은 것들이 지금 받아들여지고 있는 것은 사실이다. 그렇다면 절대적인 도덕은 없는가? 문화가 변함에 따라 죄에 대한 정의도 변한다. 하지만 우리가 절대적인 것이라고 주장하는 특정한 도덕적 원리들이 있다. 물론 여기에도 주의해야 할 점이 있다. 예를 들어 성경에는 7년마다 땅을 휴경하고 추수하지 말라고 했고, 거룩한 입맞춤으로 서로에게 문안하라고 했는데(살전 5:26) 이는 특정 문화권에만 해당하는 얘기다.

혼합주의 대 토착화 Syncretism versus indigenization

우리는 복음을 우리 문화와 구분해야 할 뿐 아니라, 선교지의 문화적 견지에서 표현하려고 애써야 한다. 사람들은 바닥에 앉을 수도 있고, 전통 운율과 가락에 맞춰 찬양을 부를 수도 있으며, 흑인이나 중국인처럼 그림으로 그린 그리스도를 벽에 걸 수도 있다. 교회는 지혜로운 장로들을 세우기 위해 민주주의를 거부할 수도 있고, 드라마로 복음을 전할 수도 있다.

하지만 앞에서 보았듯이, 성경 번역은 개념을 토착적 형식으로 바꾸는 것 이상이다. 이런 형식들은 기독교적 개념을 표현하기에 적절하지 않을 수도 있기 때문이다. 그래서 개념이 같은지 생각하지 않고 기독교 메시지를 토착 형태로 번역하면 결국 혼합주의(옛 의미를 새 의미와 혼합하여 각각의 본질을 잃어버리는 것)가 되어 버린다.

복음을 토착 형태로 표현하면서도 복음의 의미를 주의 깊게 보존하는 것이 '토착화'다. 그렇게 할 때 새로운 상징적 형태를 포함할 수도 있고 토착적 상징을 재해석할 수도 있다. 예를 들어, 지금은 보편화된 신부 들러리는 원래 비 그리스도인들이 신부를 뺏으러 온 마귀를 헷갈리게 하기 위해 만든 풍습이다.

개종과 예견치 못한 부작용들 Conversion and unforeseen side effects

문화적 특성들은 전체와 연결되어 있기 때문에, 어느 하나에 변화가 일어나면 문화의 다른 영역들에서도 예기치 못한 변화가 일어난다. 예를 들어, 아프리카 한 지역에서는 사람들이 그리스도인이 되면서 마을이 지저분해졌다. 그들은 악한 영들이 쓰레기 더미 속에 숨어 있다고 믿었는데, 이제 그 영들을 두려워할 필요가 없어졌기 때문에 쓰레기를 치우지 않은 것이다.

많은 문화적 특성들은 사람들의 삶에서 중요한 기능을 담당한다. 대안 없이 문화적 특성들을 제거해 버리면 비극적인 결과를 부를 수 있다. 어떤 곳에서는 여러 명의 아내를 거느리고 있던 남편들이 그리스도인이 되자 한 명만 빼고 나머지 아내들을 다 버렸다. 하지만 쫓겨난 아내들을 위한 배려나 대안은 전혀 없었다. 그 가운데 많은 사람들이 매춘을 하거나 노예가 되었다.

> • 많은 문화적 특성들은 사람들의 삶에서 중요한 기능을 담당한다. 대안을 제공하지 않은 채 이것들을 제거해 버리면 비극적인 결과를 부를 수 있다.

신학적 자율성과 세계 기독교 Theological autonomy and world Christianity

기독교가 세계 여러 문화권에서 토착화되면서, 교회 연합이라는 문제가 수면에 떠올랐다. 각 문화권마다 교회가 자립(自立), 자치(自治), 자전(自傳) 등 자율적인 부분들을 점차 강조하고 있다. 이런 신학적 다양성에 어떻게 대처해야 하는가? 만약 우리가 선교지에 개척한 교회가 신학적 자율성을 원하고 사회주의적인 심지어 마르크스주의적인 기독교를 요구할 때 어떻게 반응해야 하는가?

문화들은 서로 매우 다르다. 복음이 그들에게 토착적으로 뿌리내릴 때, 그들의 신학(복음에 대한 그들의 이해와 적용) 역시 다양할 것이다. 그렇다면 그리스도인이 된다는 것은 무슨 의미인가? 몇몇 신학적 부분에서 의견이 다른 그리스도인들은 어떻게 서로 참된 교제를 나눌 수 있는가?

여기서 두 가지를 기억해야 한다. 첫째, 인간 지식의 본질을 이해하고 그 한계를 인정해야 한다. 사람들은 무한히 다양한 주변 세상을 경험하며 그들의 경험 안에서 질서와 의미를 발견하려 애쓴다. 그들은 세상 안에 존재하는 질서를 발견하며, 또한 자신의 마음 안에 질서를 부여한다. 그들은 자신들이 일반화할 수 있는, 많은 경험을 하나로 총괄할 수 있는 개념들을 만들어 낸다. 그들은 또한 영화 편집자처럼 특정한 경험들을 이해하기 위해 다른 경험들과 그것을 연결시킨다. 예를 들면, 강의 날짜가 전부 다른데도 같은 교실에서 행해지는 어떤 수업을 '인류학 입문'이라는 과목으로 부르는 경우다. 교회 안에서 일어나는 여러 가지 활동을

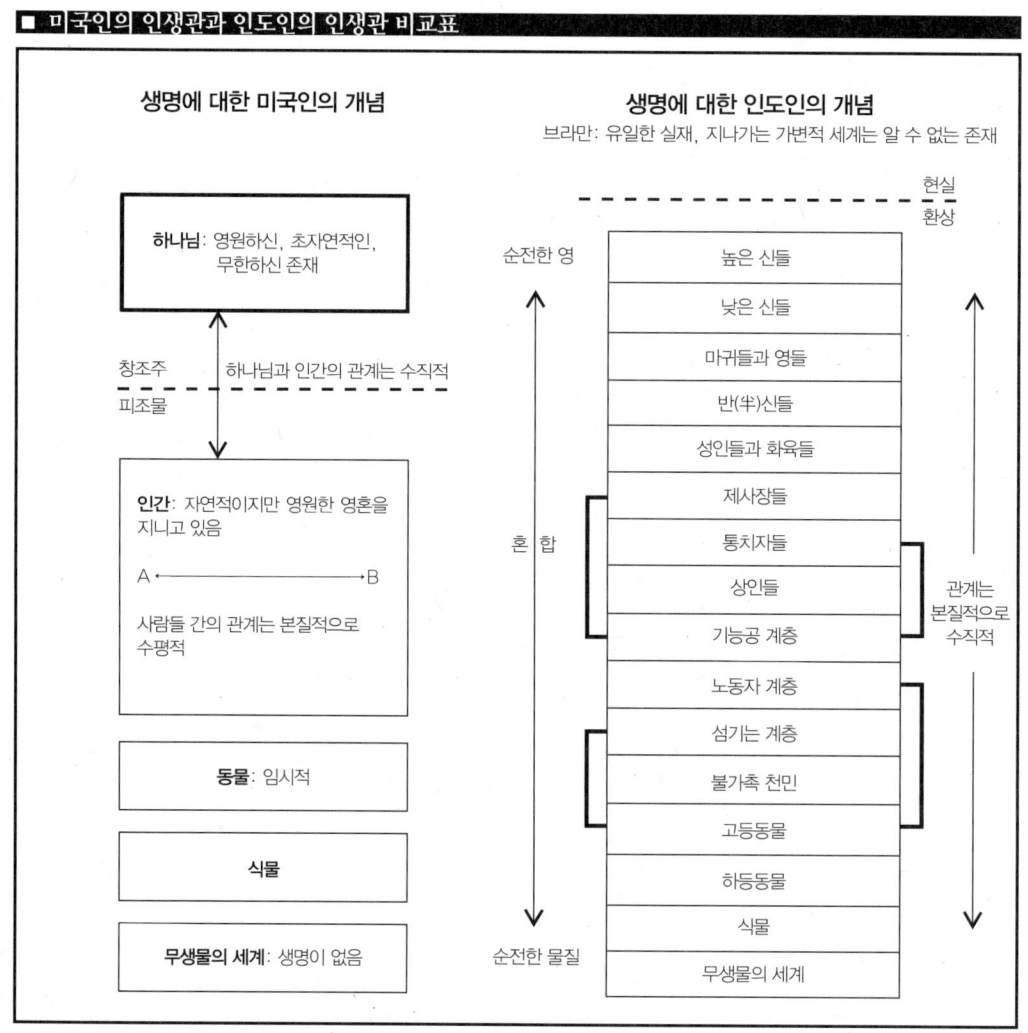

일컬어 '교회 봉사'라고 하는 것도 같은 경우다.

성경을 읽을 때 우리가 자신의 문화와 개인의 경험이라는 견지에서 성경을 이해한다는 것을 기억하라. 다른 사람들은 우리와 똑같은 방식으로 성경을 이해하지는 않을 것이다. 그렇기 때문에 성경 자체와 성경에 대한 우리의 신학 혹은 이해를 구분해야 한다. 전자는 하나님이 인류에게 주시는 하나님 자신에 대한 계시다. 후자는 그 계시에 대한 우리의 부분적인, 그리고 바라기는 점차 증대하는 이해다. 이렇게 구분한다면 해석상의 차이를 받아들이면서도, 참으로 헌신된 그리스도의 제자들과 교제를 나눌 수 있다.

둘째, 우리가 성경을 이해하도록 도우시는 성령님이 다른 문화권에 있는 신자들에게도 성경을 해석해 주고 계신다는 사실을 결코 잊어서는 안 된다. 궁극적으로 신적 진리를 보존하고 그것을 우리에게 계시하는 책임을 지닌 분은 우리가 아니라 성령님이시다. 우리는 반드시 예수 그리스도의 헌신된 제자가 되어야 하며, 성령님의 지시에 마음을 열어야 한다.

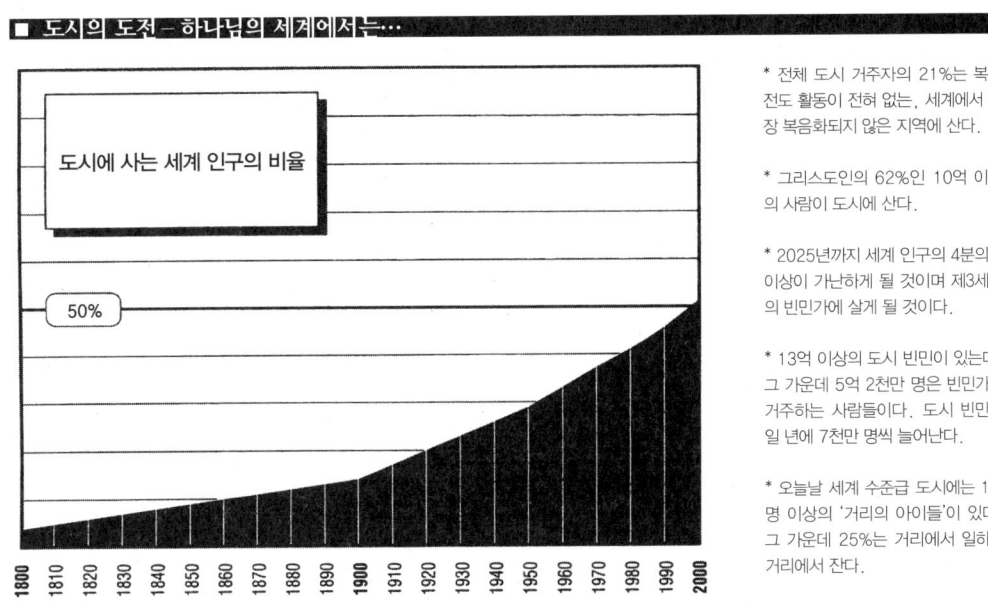

참고서적
1972. Clifford Geertz. "Religion as a Cultural System." In *Reader in Comparative Religion*, edited by W. Q. Lessa and E. Z. Vogt. 3rd ed. New York: Harper and Row.
1959. Edward T. Hall. *Silent Language*. Greenwich, Conn.: Fawcett.

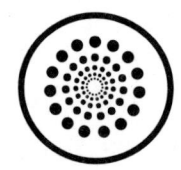
효과적인 선교사: 배우는 사람, 정보 교환자, 이야기꾼

도널드 라슨(Donald N. Larson)

도널드 라슨은 링크 케어 센터(Link Carer Center)의 타문화 학습 담당 선임 고문이다. 그는 미국 미네소타 주 세인트 폴(St. Paul)에 있는 베델 대학(Bethel College)에서 인류학과 언어학을 가르쳤으며, 25년간 토론토 언어학 연구소(Toronto Institute of Linguistics) 책임자로 일했다. 필리핀에 있는 교회 언어 학교(Inter Church Language School) 책임자로도 사역했다.

처음으로 선교에 관심을 가지게 되었을 때, 나는 선교사가 되기에는 나이가 너무 많았다. 하지만 지난 20년간 나는 선교사로 나가는 대신 사람들이 언어와 문화를 배우는 문제들을 잘 다루도록 배후에서 일했다. 그 일을 하면서 나는 모든 대륙, 여러 나라에서 일하는 선교사들, 그리고 그리스도인과 비 그리스도인 현지인들을 지켜보았다. 이런 관찰을 통해 선교사가 보는 자신의 역할과 그가 일하는 공동체 사람들이 보는 그의 역할 간에 큰 간격이 있다는 결론을 내리게 되었다. 이 글의 목적은 이런 간격을 검토하고, 그 간격을 메우는 방식과 수단들을 제시하려는 것이다.

나는 최근에 동남아시아로 단기 선교 사역을 떠나는 한 젊은이를 만나 거기서 뭘 하려느냐고 물었다. 그는 아주 진지하게 "원주민들에게 경작하는 법을 가르치려 한다"고 대답했다. 나는 이런 질문으로 그를 압박했다. "그들이 경작하는 법을 모를까요?" 그는 잠시 생각하더니 이렇게 대답했다. "글쎄요. 잘 모르겠어요. 아직 사정을 제대로 몰라서요." 그가 가기로 한 공동체의 비 그리스도인이 그런 말을 들으면 과연 어떻게 생각할까! 이 젊은이가 알든 모르든, 이 아시아 사람들은 청교도들이 플리머스 록(Plymouth Rock)에 상륙하기 훨씬 전부터, 그리고 어딘가에 그리스도인들이 생겨나기 훨씬 전부터 농부였다.

유감스럽게도 이 이야기는 단기 선교사들에게만 해당되는 것이 아니다. 전임 선교사들도 때로는 자신이 사역하는 공동체 사람들의 경험, 배경, 세계관, 그리고 그들이 자신을 어떻게 생각하는지에 대해 잘 모른다. 선교사와 그들이 일하는 지역의 비 그리스도인들 간의 이런

---

* Larson, D. N. (1992). *The Viable Missionary: Learner, Trader, Storyteller*. In R. D. Wonter & S. C. Hawthorne (Eds.), *Perspectives on the World Christian Movement: A Reader* (rev. ed.) (pp. C99-C106). Pasadena: William Carey Library.

간격은 의사소통하는 데 수많은 문제를 일으킨다.

【전형적인 만남의 모델】
Typical Encounter Models

현지인들은 외부인 선교사들을 볼 때 학교, 시장, 법정을 배경으로 생각한다. 그들은 마치 자신이 학교에 있는 것처럼 선교사를 교사로, 그리고 자신을 학생으로 본다. 만남의 목적은 배움의 정보를 전달하는 것이다. 자신이 시장에 있는 것처럼 선교사를 판매자로, 자신을 구매자로 보기도 한다. 이런 만남의 목적은 무언가를 사고파는 것이다. 법정에 있는 것처럼 선교사를 고소인으로, 자신을 피고로 보기도 한다. 그들의 만남은 심판과 관계되어 있다. 학교에서 선생은 "너에게 무엇을 가르쳐 주겠다"라고 말한다. 시장에서 상인은 "당신에게 팔 것이 있소"라고 말한다. 법정에서 재판관은 "이런 기준에 의해 당신을 평가하겠소"라고 말한다. 선교지 사람들은 각 상황 속에서 자신의 필요를 다르게 본다. 학교에서는 선생이 가르치는 것을 자신이 배워야 할 필요가 있는지 자문한다. 또 시장에서는 판매자가 파는 것을 자신이 살 필요가 있는지 자문한다. 법정에서는 고소인의 고소를 심각하게 받아들일 필요가 있는지 자문한다.

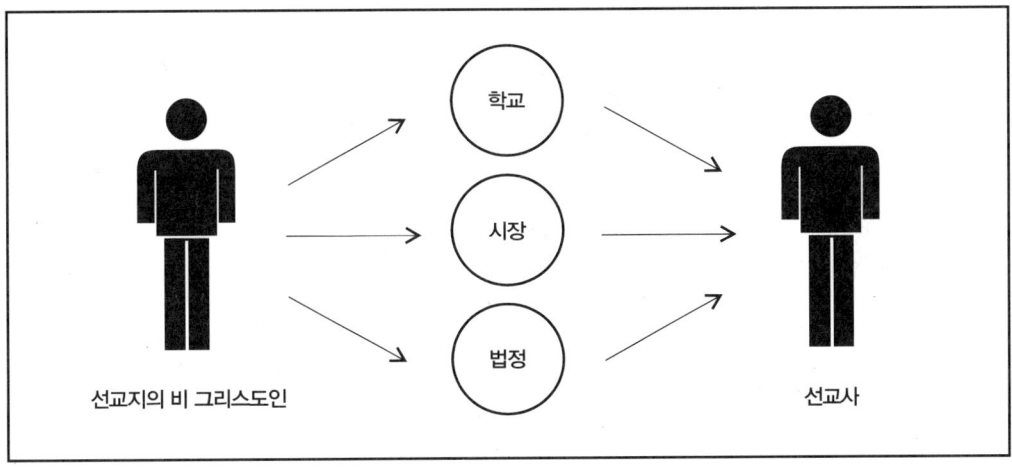

하지만 과연 외부인이 내부인을 제대로 가르치거나, 그에게 무언가를 팔거나, 그를 고소할 수 있을까? 그리고 선교지 사람들에게 선교사가 제시하는 것이 정말 필요한가? 선교사는 판매자, 선생 혹은 고소인의 역할을 하면서 복음을 전달할 수 있는가? 그 역할들은 효과적인가? 이것은 심각한 질문이다. 물론 비 그리스도인과 선교사와의 만남을 앞에서 비유한 세 가지 역할 외에 다른 방식으로 볼 수도 있다.

【실용적인 역할 영역】
Viable Role Dimensions

오늘날의 전형적인 선교사들은 자신의 역할이 적합한지 아닌지에 대해 거의 신경을 쓰지 않는 것 같다. 효과적이고 행복한 선교사가 되기를 바란다면, 내 역할이 다음 네 가지 영역에서 실용성이 있는지 검토해야 할 것이다 (1) 내가 속한 지역 사회, (2) 선교지에 있는 다른 선교사들, (3) 나를 파송한 기관, (4) 나 자신.

> • 오늘날의 전형적인 선교사들은 자신의 역할이 적합한지 아닌지에 대해 거의 신경을 쓰지 않는 것 같다.

우선, 내가 하는 역할은 나 자신이 좋아할 뿐 아니라 나에게 맞아야 한다. 그것은 또한 현지의 선교사 공동체에서도 적합해야 한다. 현지 선교사 공동체가 나의 역할과 그 중요성을 인정하지 않는다면, 나는 견디지 못할 것이다. 나의 역할은 또한 파송 기관의 관점에서도 적합해야 한다. 내게는 그들의 후원과 격려가 필요하며, 그들의 인정을 받아야 오래 사역할 수 있다. 마지막으로, 나의 역할은 지역 사회의 관점에서 생명력이 있어야 한다. 현지인들에게 구경거리나 환경에 적응하지 못하는 사람, 스파이나 무용지물로 취급받아서는 안 된다. 우리는 현지인들 눈에 어떻게 보이느냐의 문제를 간과할 때가 많다. 하지만 그래서는 안 된다. 내가 일을 계속하기 위해서는 긍정적인 경험들이 있어야 하기 때문이다. 지역 주민들은 내가 그들 안에 있는 것에 대해 호의적이어야 한다. 나로 인해 현재 진행되고 있는 선교 프로그램이 강화되고 보완되어야 한다. 파송 기관은 확고한 이론적 근거를 가지고 프로그램들을 시행하고 내게 여러 기회들을 주어야 한다. 그래서 새로운 선교사는 나, 선교지, 그곳의 다른 선교사들, 파송 기관이라는 네 영역에 모두 합당한 새로운 역할들을 찾아보아야 한다.

선생이나 상인, 혹은 고소인의 역할은 비 그리스도인들에게 효과적일 수도 있고 그렇지 않을 수도 있다. 비 그리스도인들은 외부인이 외부 세계에 대해 효과적으로 가르치기 전에, 먼저 내부인의 관점을 배우기를 기대할 것이다. 그들은 외부인이 상품을 팔기 전에, 내부인과 같은 수준에서 생활하며 그 지역 시장에 의존하기를 기대할 것이다. 외부인이 외부의 기준으로 내부인들을 고소하기 전에, 내부인 자신들의 법으로 판단하기를 기대할 것이다.

순서가 중요하다. 선생이 되기 전에 학생, 파는 사람이 되기 전에 사는 사람, 재판관이 되기 전에 피고소인이 되라는 것이다. 외부인은 선생과 판매자와 재판관의 역할들을 담당하기 전에 이 순서를 따라야 할 것이다.

외부인이 어떤 공동체에 들어가 살려고 하면 내부인의 부정적인 눈초리를 피할 수 없다. '외부인'이라는 말 자체가 이런 부정적인 의미를 함축하고 있다. 그래서 선교사가 자신에 대한 이런 부정적인 반응을 피하고 공동체에서 소중한 사람이 되기를 바란다면, 어느 정도까지는 내부인이 되어야 한다.

만약 내부인이 외부에서 온 선생에게 배우거나, 외부에서 온 정보 교환자를 만나거나, 외부 고소인의 고소를 기꺼이 받아들이고 싶어 하지 않는다면 외부인은 새로운 역할들을 발견하거나 옛 역할들을 다시 정리해야 할 것이고, 그러기까지는 많은 일들을 해낼 수 없을 것이다.

> • 선교사가 자신에 대한 부정적인 반응을 피하고 공동체에서 소중한 사람이 되기를 바란다면 어느 정도까지는 내부인이 되어야 한다.

【세 가지 역할】
Three Roles

현지인들이 선교사들을 받아들일 수 있도록 선교사들이 계발할 수 있는 세 가지 역할이 있다. 배우는 사람, 정보 교환자, 이야기꾼의 역할이다. 나는 먼저 배우는 사람이 될 것이다. 그리고 세 달 정도 후에는 정보 교환자의 역할을 추가할 것이다. 또 세 달이 지난 후에는 세 번째 역할 곧 이야기꾼의 역할을 추가할 것이다. 나는 계속 배우는 자와 정보 교환자와 이야기꾼의 역할을 하면서 내가 맡은 특정 사역에 따라 다른 역할을 추가할 것이다.

좀 더 구체적으로 말해 보자. 선교사는 외부인이기 때문에, 사람들에게 영향을 끼치려면 좀 더 중심부로 다가갈 수 있는 길을 찾아보아야 한다. 어떤 역할들은 다가가는 데 도움이 될 것이며, 또 어떤 역할들은 도움이 되지 않을 것이다. 첫 번째 과제는 가장 적절하고 효과적인 역할이 뭔지 찾아내는 것이다. 그 다음에 그 역할들을 통해 자신의 경험을 전달할 방법과 수단들을 계발할 수 있다.

배우는 사람 Learner

더 명확하게 말하면, 배우는 사람으로서 나는 지역 공동체에 동화되는 일차적 상징인 언어에 집중하겠다. 내가 말을 배우려 애쓸 때, 그들은 내가 진심으로 그들을 중요하고 가치 있는 존재로 여긴다는 사실을 알게 된다. 내가 그들의 방식대로 의사소통하려 애쓰기 때문이다. 나는 그들의 언어를 날마다 조금씩 배우고 쓴다. 날마다 새로운 사람에게 말을 걸면서 점차 그곳 사람들의 말을 이해하고, 또 사람들도 조금씩 나의 말을 이해하게 될 것이다. 세 달이면 기본적인 것들은 배울 수 있다.

나는(기존 프로그램 혹은 스스로 만든 프로그램 안에서) 언어를 가르치는 사람과 아침 시간을 보낸다. 그에게 사람들과 대화할 때 필요한 것들을 배우고, 연습한다. 오후에는 공공장소에 나가 지역 주민들과 자연스럽게 접촉하면서 그다지 능숙하지는 않지만 최선을 다해 이야기를 나눈다. 첫날부터. 나는 계속 주도적으로 대화하려고 애쓰면서 말로나 몸으로나 "나는 배우는 사람입니다. 함께 이야기하고 싶습니다. 도와주세요"라고 말한다. 사람들과 대화를 나누면서 좀 더 많이 연습하고 좀 더 능숙해진다.

첫 3개월이 끝날 무렵이면 아는 사람도 몇 십 명 생기고, 그들과 함께 간단한 대화를 나누고, 지리에도 익숙해져서 혼자 여기저기 갈 수 있게 되고, 현장에서 새로운 단어의 의미를 배울 것이다. 가장 중요한 것은 사역지로 택한 곳에서 어느 정도 '편안함'을 경험하는 수준에 이르렀다는 것이다. 3개월 만에 '완전한 언어'를 배울 수는 없지만, 대화를 시작하는 법, 제한된 방식으로나마 의사소통하는 법을 배우고, 만나는 모든 사람들에게서 언어에 대해 조금씩 더 배울 수 있다.

정보 교환자 Trader

4개월째에 접어들면서, 한 가지 역할을 더 추가한다. 현지인들과 그동안 살면서 겪은 경험담과 인생의 교훈들을 함께 나누며 선교사가 다른 나라 사람이기 이전에 똑같은 인간이라는 사실을 알게 한다. 나는 할 수 있는 한 여러 곳에서 살아 보고, 혹은 인류학이나 관련 분야 강좌를 통해 대리 체험을 함으로써 이런 역할을 준비한다. 인간의 다양한 생활상을 보여 주는 사진도 준비한다.

> • 정보 교환자는 현지인들과 그 동안 살면서 겪은 경험담과 인생의 교훈들을 함께 나누며 선교사가 다른 나라 사람이기 이전에 똑같은 인간이라는 사실을 알게 한다.

두 번째 역할을 하는 3개월 동안 언어 선생과 아침 시간을 보내면서 내가 가져온 사진들에 대해 이야기하는 법을 배운다. 그래서 첫 달에 쌓은 언어 실력을 바탕으로 더욱 유창하게 언어를 구사하는 법을 배워 나간다. 사진들을 설명하는 법을 연습하고, 그에 대한 질문들에 대답할 수 있도록 최선을 다해 준비한다. 그러고 나서 오후에는 현지 마을을 방문하여 사진을 보여 주면서 설명을 한다. 나는 다른 사람들이 사는 방식에 대해, 즉 그들이 어떻게 생계를 꾸려 나가는지, 어떤 오락을 즐기는지, 어떨 때 마음에 상처를 받는지, 생존과 만족을 위해 어떻게 애를 쓰는지 할 수 있는 한 많이 이야기한다.

두 번째 단계가 끝나 갈 무렵이면, 나는 배우는 사람으로서뿐 아니라 다른 사람들에게 관심이 있고 다른 사람을 위해 미미하나마 무언가를 줄 수 있는 사람으로 자리 잡게 된다. 그리고 나는 현지 언어를 유창하게 구사할 수 있다. 나는 많은 사람들을 만난다. 지역 사회의 규모와 구조에 따라 다르겠지만, 이때쯤이면 나는 잘 알려진 인물로 자리 잡는다. 현지인들의 눈에는 하나의 상징적 존재로 떠오를 것이다. 즉, 넓고 큰 다른 세상과 자신들이 사는 좁은 세상을 이어주는 다리와 같은 존재다.

이야기꾼 Storyteller

7개월에 접어들 때, 나는 다시 새로운 역할을 추가한다. 이제 나는 이야기꾼이 된다. 아침마다 언어 선생님과 시간을 보낸다. 이제 나의 초점은 만나는 사람들에게 아주 간단한 이야기를 해주고, 그들이 던지는 질문들에 가능한 한 잘 대답하는 법을 배우는 것이다. 나는 이스라엘 사람들이 광야에서 방황한 것, 그리스도가 오신 것, 하나님의 새로운 백성이 생겨난 것,

교회가 온 세상으로 퍼져 나가 결국 바로 이 지역까지 온 것, 그리고 마지막으로 나 자신이 그리스도를 만난 이야기와 그리스도인으로서 행하는 것들에 대해 이야기한다. 아침마다 나는 이야기들을 만들어 열심히 연습한다. 그리고 오후가 되면 몇 달간 그래 왔듯이 현지인들에게 간다. 하지만 이제는 이야기꾼으로서 사람들과 만나러 가는 것이다. 나는 여전히 언어를 배우는 사람이고 정보 교환자이지만 이제 이야기꾼의 역할을 추가했다. 그래서 나는 날마다 할 수 있는 한 많은 사람들에게 할 수 있는 한 많은 이야기를 해준다.

세 번째 단계가 끝날 무렵이면 아는 사람들과 친구들이 많이 생길 것이다. 나는 결코 잊지 못할 수많은 경험들을 했다. 그래서 배우는 자로서, 정보 교환자로서, 이야기꾼으로서 좋은 인상을 남겼다. 이제 또 다른 역할을 계속 바꿔 가며 더해 갈 준비가 되었다.

【실용성에 대한 재검토】
Viability Reconsidered

앞에서 논의했던 실용성이라는 측면에서 이 역할들을 재검토해 보자. 아래 표에서 더하기(+)는 그 역할이 매우 실용적이라는 의미다. 물음표(?)는 실용성을 확증하기 전에 약간의 논의와 설명이 더 필요하다는 뜻이다.

지역 주민들의 관점에서 볼 때, 배울 준비가 되어 있고, 기꺼이 배우려 하며, 배울 수 있는 사람은 환영을 받는다. 게다가 이 지역 사회 사람들은 보통 외부인에 대해 자연스러운 호기심을 가지고 있다. 민감하게 접근하여 이런 호기심을 가볍게 자극하고 이용할 수도 있을 것이다. 마지막으로, 이야기를 하고 사건들에 대해 말하는 것은 어느 지역에서나 있는 일이다. 물론 존중해야 할 규칙들이 있다. 이미 배우는 사람과 정보 교환자로 자리를 잡은 사람들은 이야기꾼으로도 손색이 없을 것이다. 분명 지역 주민들도 귀를 기울일 것이며 심지어 그가 그런 이야기를 하도록 도울 것이다.

나는 이 역할들이 실용적이라고 생각한다. 나는 배우는 것을 즐기고, 배우는 데 힘쓰는 법을 안다. 나는 사람들이 살아가는 다양한 방식들을 이해하고 있으며 정보 교환자 역할이 지니고 있는 가능성들을 인식한다. 나는 이야기하는 것을 좋아하고 이야기를 듣는 것도 즐긴다. 특히 말하는 사람 자신이 그 이야기에 깊이 몰입되어 있을 때는 더욱 그렇다.

하지만 파송 기관과 지역 사회의 관점에서 보면, 이 세 가지 역

역할	지역 사회	선교사 공동체	파송 기관	선교사 자신
배우는 사람	+	?	?	+
정보 교환자	+	?	?	?
이야기꾼	+	+	+	+

할들은 미심쩍을 수 있다. 세 가지 가운데 이야기꾼 역할은 호응을 받겠지만 전통적으로 선교사는 설교가, 신학자, 강사로 간주하지 이야기꾼으로 생각하지 않는다. 배우는 자의 역할이 과연 실용적인 것인가도 의문의 여지가 있다. 새로운 선교사는 적어도 그 지역의 선교기관 업무에 대해 배워야 하기 때문에 현지인들과 친밀하게 알 시간도 없고, 선교회에서도 그렇게 하라고 권하지 않기 때문이다. 정보 교환자 역할 또한 제대로 검증되지 않았다. 현재 자비량 선교가 강조되고 있는 추세여서 파송 기관들과 현지의 선교사 공동체들이 그러한 역할들의 중요성을 주의 깊게 검토해야 한다고 생각하지만 말이다.

선교사는 먼저 배우는 자가 되어야 하지 않을까? 고국을 떠나 살아본 사람이라면 그 중요성을 충분히 납득할 것이다. 왜 신입 선교사가 순조롭게 출발할 수 있게 배우는 사람의 역할을 장려하지 않는가? 시간이 갈수록 그 유익을 실감하게 될 것이다. 게다가 배우는 사람의 역할은 현지인들에게 복음을 전할 때 상당한 의미가 있다. 선교사의 겸손하고 연약한 모습은 예수님이 인간의 연약한 모습을 입고 이 땅에 오셔서 구원을 베푸신 은혜를 간접적으로 보여주는 한 방법이다. 더욱이 선교사가 배우는 사람의 역할을 한다고 해서 현지 선교단체에 유익을 주면 주었지 해가 될 리 없다.

정보 교환자 역할은 생소하기 때문에 실용적인 것인지를 확증하기가 가장 어려울 것이다. 어떤 면에서는 너무 '세속적'으로 보이기도 한다. 하지만 지역 사회의 관점에서 보면, 세속적 역할이 외국인에게는 훨씬 더 자연스럽고 받아들일 만하다. '신성한 전문가'로 오는 외부인은 온갖 질문과 반대와 걸림돌을 만들어 낸다. 하지만 또 하나 더 생각해 볼 것이 있다. 이 역할은 복음이 모든 사람을 위한 것이라는 개념을 강화시킨다. 인류학자, 인구통계학자, 그 외 일부 전문가들을 제외하면, 그리스도인들은 아마도 다른 어떤 집단보다 인간 군상에 대해 폭넓게 이해하고 있을 것이다. 우리는 다인종, 다민족, 다언어로 구성되어 있기 때문이다. 정보 교환자 역할은 세상 사람들에게 본질적으로 '세속적인 지식'을 나눔으로써 공식적인 복음 제시를 보완해 준다.

> • 정보 교환자 역할은 복음이 모든 사람을 위한 것이라는 개념을 강화시킨다.

지금까지 제시한 내용들은 선교사들의 선택과 적응과 평가를 거쳐야 할 것이다. 하지만 그에 대한 논의는 이 글의 범위를 넘어서는 것이기에 더 깊이 이야기하지는 않겠다.

【결론】
Conclusion

지금은 식민주의가 종적을 감추고, 견실한 현지 교회들이 세워지고 있으며, 선교사들은 점점 더 자신들의 역할이 효과적이지 못하다는 것에 좌절하고 있다. 우리는 이 상황을 심각하게 받아들여야 한다. 성경의 명령은 그리스도인에게 생명의 말씀을 전하는 사람들과 하나가 되라고 도전한다. 게다가 역사는 성령님이 연약함을 통해 사람 안에서 역사하시는 것을 강력하게 증거한다. 마지막으로, 선교 운동이 계속되려면 새로운 역할들을 추가하고 옛 역할들은 고쳐야 한다.

신입 선교사는 세 가지 역할을 수행하기 위해 더 단순하고 직접적인 방법을 계발할 수도 있다. 현지인들의 입장에서 이 세 가지 역할이 효과적이기 때문에 신입선교사는 이 역할들로부터 시작해야 한다. 그러나 안타깝게도, 파송 기관이나 선교사 공동체는 이런 아이디어들을 채택할 준비가 되어 있지 않을 수 있다. 본연의 사역에 충실하자는 사고방식은 이 일을 막다른 골목으로 몰아갈 수도 있다. 하지만 본연 사역에 충실하라는 이런 사고방식에 이의를 제기하고 싶다. '본연의 사역만 열심히' 하다가 선교사가 현지인들로부터 고립된다면 그 '본연의 사역'은 바뀌어야 하지 않겠는가?

몇 달 전 동아프리카에서 열린 '언어와 문화의 학습' 워크숍에서 한 선교사를 만났다. 그녀는 나에게 코끼리에 대해 좀 아느냐고 물었다. 내가 모른다고 하자, 그녀는 코끼리 떼가 물웅덩이에 갔을 때 이미 다른 코끼리 떼가 있으면 어떻게 하는지 아느냐고 물었다. 나는 모르겠다고 대답했다. 그러자 그녀는 물웅덩이로 다가온 코끼리 떼 가운데 우두머리 코끼리가 뒷걸음질 쳐 물웅덩이에 엉덩이를 담근다고 했다. 물웅덩이 주위에 모여 있던 코끼리는 우두머리 코끼리의 엉덩이가 물에 닿자마자 옆으로 비켜서서 그가 들어설 공간을 만들어 준다. 그렇게 해서 나중에 온 코끼리 떼가 물웅덩이를 차지하고 물을 마시게 된다는 것이다.

그녀에게 도대체 요점이 뭐냐고 묻자, 그녀는 단순하고 인상 깊은 대답을 남겼다. "우리는 뒷걸음질 치는 법이 없잖아요." 선교 현지에 들어간 선교사들은 코끼리처럼 '뒷걸음질'로 들어설 필요가 있다. 배우는 사람, 정보 교환자, 이야기꾼의 역할은 머리를 들이미는 접근 방식이 아니라 '뒷걸음질'로 겸손하게 들어가는 접근 방식이라고 할 수 있다. ◉

■ 자원 분배

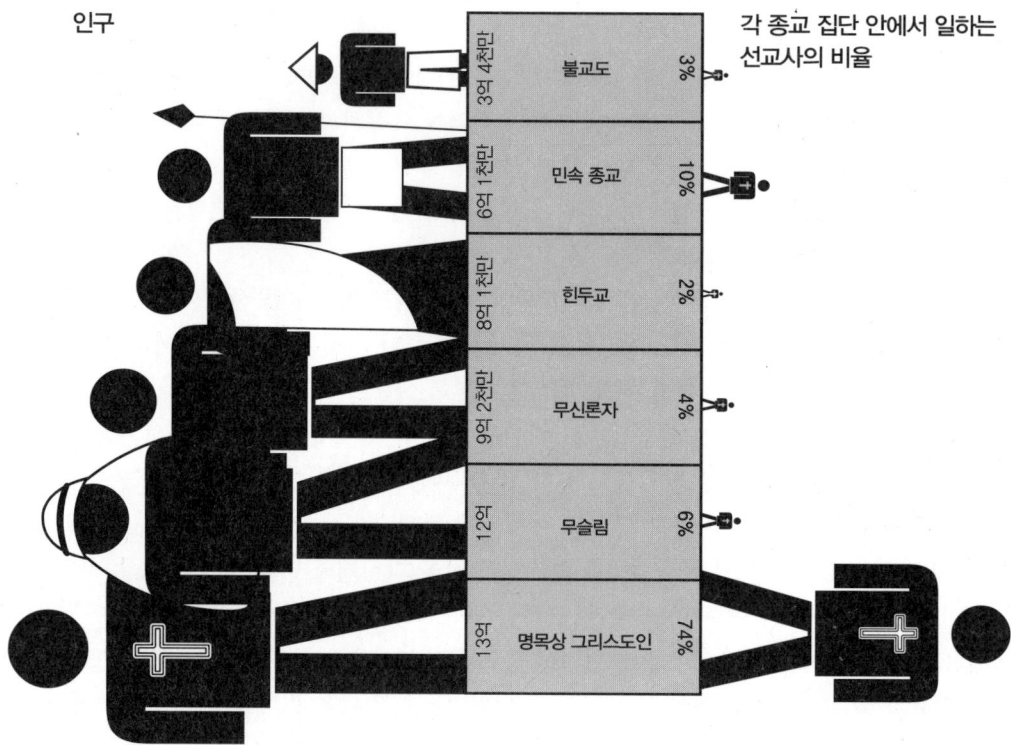

하나님의 세계에서는…

- 그리스도인들은 선교 기금의 1.2%만을 가장 복음화되지 않은 지역에 사는 16억의 사람들을 위해 사용하고 있다.
- 불신자들에게 전해지는 성경 가운데 단 1%만이 가장 복음화되지 않은 지역으로 들어간다.
- 해외 선교사의 10%, 전임 기독교 사역자의 6%만이 가장 복음화되지 않은 지역에서 사역하고 있다.

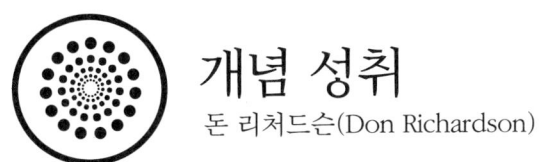

개념 성취
돈 리처드슨(Don Richardson)

선교사가 다른 문화에 들어갈 때, 외국인이기 때문에 금방 현지인들의 눈에 띄는 것은 당연하다. 하지만 그가 전하는 복음까지 외국 것으로 분류될 때가 있다. 어떻게 하면 문화적으로 적절하게 복음을 설명할 수 있을까?

신약의 내용들은 '개념 성취'*를 보여 준다. 유대인들은 양을 제물로 드렸다. 세례 요한은 "보라 세상 죄를 지고 가는 하나님의 어린 양이로다"라고 말하면서 그 제물이 인격적으로 완전하게 성취되었음을 선포했다.

이것이 '개념 성취'다.

> • 선교사가 다른 문화에 들어갈 때, 외국인이기 때문에 금방 현지인들의 눈에 띄는 것은 당연하다. 어떻게 하면 문화적으로 적절하게 복음을 설명할 수 있을까?

유대인 교사였던 니고데모는 유대인들이 모세가 매달아 놓은 놋뱀을 바라보고 치유된 사건을 알고 있었다. 예수님은 "모세가 광야에서 뱀을 든 것 같이 인자도 들려야 하리니 이는 저를 믿는 자마다 멸망치 않고 영생을 얻게 하려 하심이니라"고 약속하셨다.

이것 역시 '개념 성취'다.

어떤 유대인들은 모세가 일주일에 6일 동안 기적적으로 만나를 공급했던 것을 기억하면서, 예수님도 그렇게 규칙적으로 오병이어 기적을 베풀어 주셔야 한다고 생각했다. 예수님은 "모

Richardson, D. (1976). "How Missionaries Enrich Cultures," *Moody Monthly Magazine*, June 1976, Moody Magazine: Chicago, Illinois에서 발췌.

*개념 성취란 한 종족 안에 오래전부터 존재하고 있던 여러 개념들 가운데 어떤 특별한 개념을 포착해서 그것이 어떻게 복음의 의미와 연결되는지, 어떻게 복음 안에서 궁극적인 성취를 얻게 되는지를 보여 줌으로써 종족의 상황에 맞게 복음을 전하는 방법을 지칭한다. '기존 개념의 성취'라고 할 수 있다 – 편집자 주.

> • 히브리서 저자는 예수님이 실제로 유대 의식의 핵심 요소들을 모두 완성하셨다고 말했다.

세가 너희에게 하늘로부터 떡을 준 것이 아니라 내 아버지께서 너희에게 하늘로부터 참 떡을 주시나니 하나님의 떡은 하늘에서 내려 세상에 생명을 주는 것이니라 … 나는 생명의 떡이니"(요 6:32-35)라고 대답하셨다.

이것 역시, '개념 성취'다.

일부 유대인들은 그리스도인들이 유대 의식을 폐지하려 든다고 비난했다. 이에 맞서 히브리서 기자는 예수님이 실제로 유대 의식의 핵심 요소들을 모두 완성하셨다고 말했다. 즉, 제사장, 성막, 제사, 안식일 등 구원의 역사를 암시하는 구속적 유비(redemptive analogies)는 예수 그리스도 안에서 모두 성취되었다. 구속적 유비는 유대인들이 예수님을 구세주로 알아보도록 하나님이 미리 예비해 놓으신 상징들이다.

【오늘날의 적용】
Application Today

개념 성취 전략은 오늘날의 선교사들도 적용할 수 있다. 각 문화의 특정한 구속적 유비들을 분별하는 법을 배울 수 있으면 말이다.

회심에 개념 성취가 수반될 때, 구속받은 개인들은 자신의 문화에 잠복해 있는 영적 의미를 인식하게 된다. 회심은 그들의 문화적 배경을 부인하는 것이 아니다. 오히려 성경과 자신들의 인간적 배경 전부를 더욱 통찰력 있게 볼 수 있게 한다. 그래서 그들 사회에 속한 다른 사람들에게 그리스도를 의미 있게 전할 준비를 더 잘 갖추게 한다. 그러면 개념 성취가 복음화에 어떤 역할을 했는지 살펴보자.

> • 회심에 개념 성취가 수반될 때, 구속받은 개인들은 자신의 문화 내에 잠복해 있는 영적 의미를 인식하게 된다.

【다른 문화권들의 예】
Examples in Other Cultures

다말족과 '하이' The Damal and 'Hai'

지금으로부터 한 세대도 되기 전, 이리안자야의 다말족은 다니족의 지배를 받으면서 석기 시대와 다름없는 삶을 살고 있었다.

그런 배경에서 과연 구속적 유비를 찾을 수 있겠느냐고 물을지 모른다. 물론 가능하다. 다말족은 '하이'라는 개념에 대해 이야기했다. '하이'는 오랫동안 고대하던 황금시대 곧 전쟁이 끝나고 사람들이 더 이상 서로를 억압하지 않고, 질병에 잘 걸리지 않는, 석기 시대의 유토피아를 말하는 다말족 용어다.

다말족 지도자인 무구멘데이는 '하이'의 도래를 간절히 바랐다. 무구멘데이는 생애 말년에 아들 뎀을 불러 이렇게 말했다. "아들아, 하이가 내 생전에는 오지 않았구나. 이제 네가 하이가 오는지 주시해야 한다. 아마 네가 죽기 전에 올 거야."

세월이 흐른 후, 고든 라슨(Gordon Larson), 존 엘렌버거(John Ellenburger), 돈 기본(Don Gibbons) 부부가 뎀이 사는 다말 골짜기에 들어왔다. 그들은 다말어를 배우느라 씨름한 끝에 복음을 가르치기 시작했다.

뎀을 포함한 부족 사람들은 공손하게 그 메시지를 들었다. 그리고 어느 날 …

"오, 여러분!" 이제 성숙한 어른이 된 뎀이 일어섰다. "우리 조상들은 얼마나 오랫동안 하이를 찾아 헤맸는지요. 아버지가 그걸 보지 못하고 돌아가신 게 한스러울 뿐입니다. 그런데 이제 이 낯선 사람들이 우리에게 하이를 가져다주었습니다! 이해하시겠어요? 우리는 그들의 말을 믿어야 합니다. 그렇지 않으면 오랜 세월 기대해 오던 것이 성취되지 못할 겁니다."

돌파구가 열렸다. 다말 부족의 모든 사람이 복음을 기꺼이 받아들였고, 몇 년 만에 거의 모든 다말 부락에 교회가 생겼다.

하지만 그게 끝이 아니었다.

다니족과 '나벨란 카벨란' The Dani and 'Nabelan-Kabelan'

다말의 오만한 지배자 다니족은 다말 부족에게 일어난 소동에 흥미를 느꼈다. 궁금해진 그들은 다말어를 할 줄 아는 대표를 보내 진상을 알아보게 했다. 다말족이 예전부터 지니고 있던 소망이 성취되었다는 것을 알게 된 다니족은 깜짝 놀랐다. 그들에게도 오래전부터 내려오는 전설이 있었는데 언젠가 영원한 존재가 이 세상에 내려온다는 '나벨란 카벨란'이었다. 다말에게 하이였던 그 메시지가 다니에게는 나벨란 카벨란이 될 수 있을까?

그 무렵 고든과 페기는 다니족을 대상으로 일하라는 지시를 받았다. 그들은 '생명의 말씀'에 대해 이야기했고, 예수가 죽은 자를 살릴 뿐 아니라 자기 자신이 죽은 자 가운데서 살아났다고 전했다. 다니족은 그제야 모든 것을 제대로 이해하게 되었다. 그 말은 급속하게 퍼져나갔다. 야만스러웠던 다니족이 생명의 말씀에 귀를 기울였고, 드디어 교회가 탄생했다.

카렌족과 검은 책 The Karen and a black book

미얀마의 카렌족에게는 언젠가 진리의 선생이 나타날 것이며, 그는 팔에 검은 물체를 끼고 올 것이라는 전설이 있었다. 그들 가운데 온 최초의 선교사는 언제나 검은색 가죽 성경을 팔에 끼고 다녔다. 카렌족은 그가 팔에 끼고 있던 성경을 꺼내 말씀을 전할 때마다 귀 기울여 들었다.

이런 문화적 요소가 촉매가 되어 하나님의 성령이 크게 역사하실 때, 수많은 카렌족이 예수 그리스도께 돌아왔다. 하지만 안타깝게도 카렌족 교회의 경이적인 성장에 대한 일부 연구들은 이런 세세한 사항들을 언급하지 않는다.

아스맛족과 중생 The Asmat and a new birth
예수님이 니고데모에게 거듭나야 한다고 말씀하셨을 때, 니고데모는 깜짝 놀랐다. 그는 교육을 많이 받은 사람이었지만 예수님의 주장에 순진할 만큼 문자적으로, 거의 어린아이 같은 유치한 반론을 펼쳤다.

사람이 늙으면 어떻게 날 수 있사옵나이까 두 번째 모태에 들어갔다가 날 수 있사옵나이까?

분명 니고데모 같은 신학자가 '중생'의 의미를 이해하는 데 어려움을 겪었다면, 벌거벗은 일자무식의 석기시대 식인종은 천 배는 더 어려움을 겪을 것 같다. 하지만 오히려 그와 반대다. 이리안자야 지역의 아스맛 부족은 평화조약을 맺을 때 자신들만의 독특한 의식을 행했다. 그것은 양쪽 마을의 남자와 여자들이 몸으로 산도(産道)를 상징하는 길을 만들고, 서로 전쟁을 하던 두 마을 대표자들이 그곳을 통과하는 것이다. 산도를 통과한 사람들은 적군 마을의 친족으로 거듭난 것으로 여겨졌다. 사람들은 그들을 갓 태어난 아이처럼 달래고, 자장가를 불러주고, 요람에 넣어 흔들고, 어르면서 축하했다. 그때부터 두 부락은 서로 자유롭게 왕래하면서 살아 있는 평화 동맹을 보여 주었다.

얼마나 오랫동안 그랬는지는 모르지만 이 관습은 아스맛족의 마음속에 위대한 개념을 새겨놓았다. 참된 평화는 중생의 경험을 통해서만 올 수 있다는 것이다.

하나님이 당신을 불러 아스맛족에게 복음을 전하도록 하셨다고 가정하자. 어디서부터 시작하는 것이 좋을까? 당신이 그들의 언어를 배웠고, 그들 마음속에 소중히 간직하고 있는 것들을 논의할 능력을 충분히 갖췄다면 말이다.

어느 날 당신은 전형적인 아스맛 사람(그를 에리핏이라고 부르자)의 일자형 전통 가옥을 방문했다. 먼저 그와 함께 전쟁을 치렀던 이야기를 꺼내며, 그 전쟁을 종식시킨 거듭남의 평화 조약에 대해 말한다.

"에리핏, 나 역시 거듭남에 대해 관심이 많답니다. 나는 하나님이라는 원수와 전쟁을 하고 있었어요. 내가 하나님과 전쟁을 할 때는 인생이 고달팠답니다. 당신과 당신 원수들이 그랬던 것처럼요. 하지만 어느 날 내 원수인 하나님이 다가와 말씀하셨어요. '내가 네 안에서 태어나고 네가 내 안에서 거듭나 우리가 평화를 누릴 수 있는 길을 준비했다.'"

이쯤 되자 에리핏은 몸을 숙이고 물어보았다.

"당신과 당신네 사람들도 거듭남을 안다고요?" 외국인이 그런 의식을 직접 체험했다니!

"그래요." 당신은 대답한다.

"우리가 아는 그것과 비슷한가요?"

"글쎄요, 에리핏. 비슷한 점도 있고 좀 다른 점도 있지요. 좀 더 이야기를 나눠 봅시다."

에리핏은 당신의 말을 충분히 이해한다.

에리핏의 반응과 니고데모의 반응이 이렇게 차이가 나는 이유는 무엇인가? 에리핏의 마음은 사람에게 거듭남이 필요하다는 것을 인정하는 아스맛의 구속적 유비로 사전 준비가 되어 있었다. 우리가 할 일은 그에게 영적 거듭남이 필요하다는 사실을 확신시키는 것뿐이다.

이와 같은 구속적 유비는 우연의 일치로 일어나는 것인가? 그것을 전략적으로 사용하는 것이 신약에 이미 예시되어 있기 때문에, 또한 아주 널리 보급되어 있기 때문에, 우리는 하나님의 은혜가 온 땅에 역사하고 있음을 분명히 알 수 있다. 운이 좋았다고 하기에 우리 하나님은 너무나 주권적인 분이시다.

그러면 구속적 유비가 없는 문화권도 있을까?

얄리족과 '오사와' The Yali and 'Osuwa'

이리안자야에 사는 얄리라는 식인 부족이 그 강력한 후보다. 선교사가 활용할 수 있는, 그리스도를 예시해 주는 어떤 믿음이 정말로 필요한 부족이 바로 얄리족이었다.

1966년 무렵, 오지선교연합회(Regions Beyond Missionary Union) 선교사들은 얄리족 20명을 그리스도께 인도하는 데 성공했다. 그러나 얄리족의 켐부신을 섬기는 제사장들은 그 20명 가운데 두 사람을 죽였다. 2년 후 그들은 선교사 스탠 데일(Stan Dale)과 필립 매스터즈(Philip Masters)에게 각각 백여 발의 화살을 쏘아 살해했다. 그 후 얄리족의 위협을 받은 인도네시아 정부가 더 이상 폭동이 일어나지 못하도록 그들을 진압시켰다. 정부의 힘에 눌린 얄리족은 군사가 들어오게 하느니 선교사들을 그냥 두기로 했다. 하지만 선교사들은 얄리 문화에서 복음을 분명하게 전할 수 있는 어떤 유비도 발견할 수 없었다.

지난해 또 다른 선교사와 나는 얄리족의 관습과 믿음에 대해 더 알기 위해 뒤늦은 '문화 탐사'를 시행했다. 어느 날 에라리엑이라는 한 얄리족 청년이 예전에 겪은 이야기를 해주었다.

"오래전에 형 수나한과 형의 친구인 카할렉이 강 건너에 숨어 있던 적군의 공격을 받았어요. 카할렉은 죽었지만, 형은 근처에 있는 원형 돌벽으로 도망갔어요. 그 안에 뛰어들면서, 형은 돌아서서 적들에게 맨가슴을 내보이며 그들을 비웃었어요. 그랬더니 적들은 즉시 무기를 내려놓고 도망갔지요."

나는 펜을 떨어뜨릴 뻔했다. "왜 적들이 형을 죽이지 않았지?" 나는 물었다.

에라리엑은 빙그레 웃었다. "그 신성한 돌벽을 우리는 '오수와'라고 부르는데, 형이 그 안에 있는 동안 형의 피를 한 방울이라도 흘렸으면 그 사람들은 자기 동족 손에 죽었을 거예요."

얄리족 목사들과 함께 일하는 선교사들은 이제 새로운 전도 도구를 갖게 되었다. 그리스도는 영적인 오수와, 완벽한 피난처다. 얄리 문화는 사람에게 피난처가 필요하다는 기독

• 얄리 문화는 사람에게 피난처가 필요하다는 기독교의 가르침을 본능적으로 반영한다.

교의 가르침을 본능적으로 반영하기 때문이다. 오래전 그들은 전쟁이 일어나는 거의 모든 지역에 오수와를 세워놓았다. 선교사들은 그 돌벽들을 본 적은 있지만 그것이 무엇을 의미하는지는 전혀 몰랐던 것이다.

구속과 저항 Redemption and Resistance

다말의 하이, 다니의 나벨란 카벨란, 아스맛의 거듭남, 알리의 오수와라는 개념은 그들 문화의 가장 핵심적인 부분을 형성한다. 외부인들이 이런 특성을 무시할 때, 사람들의 생명력도 죽어 버리고 만다. 하지만 복음은 이런 개념들을 보존한다.

위에서 말한 부족들 가운데 주님을 영접한 사람들은 어느 누구도 복음에 냉담할 수가 없었다. 복음이 낯설고 이국적인 이야기가 아니었기 때문이다. 많은 사람들이 복음을 듣고도 아예 반응하지 않거나 별로 만족스럽지 못한 반응을 보이고 있다. 하지만 이런 지역들의 문화를 철저하게 조사한다면 뜻밖의 개념을 발견하게 될 것이고, 그 개념의 성취를 통해 영적인 눈도 뜨게 될 것이다. 선교 현장에서 좌절을 겪고 있는 선교사나 현지인 목사들에게 개념 성취는 신선한 도전이 될 것이다.

> • 부족들 가운데 주님을 영접한 사람들은 어느 누구도 복음에 냉담할 수가 없었다. 그들에게 복음은 낯설고 이국적인 이야기가 아니었기 때문이다.

■ 현대 선교 운동의 성공

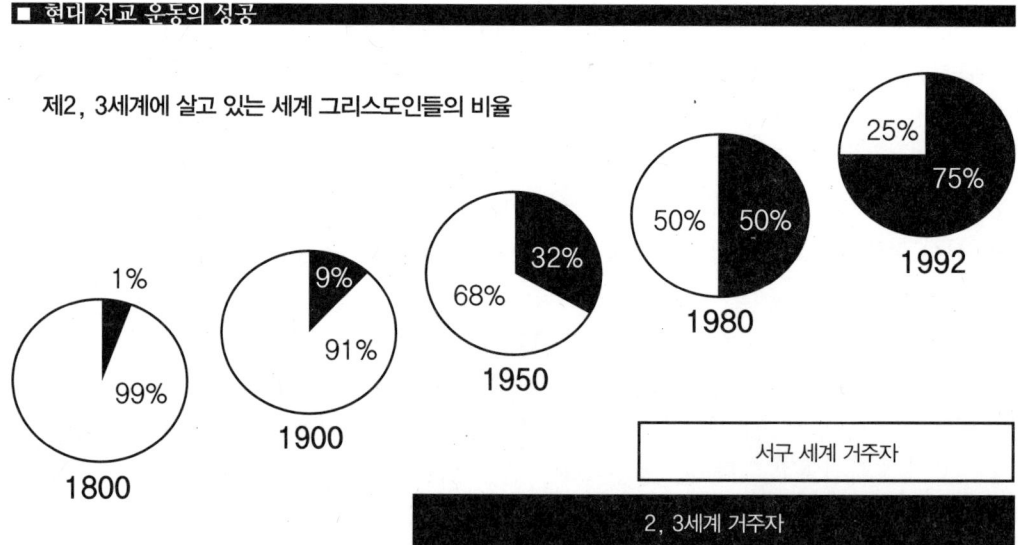

* 2, 3세계는 아시아, 아프리카, 남미, 남태평양, 중동을 뜻한다.

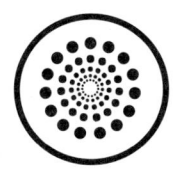

문화 변화를 위한 선교사의 역할
데일 키츠만(Dale W. Kietzman) & 윌리엄 스몰리(William A. Smalley)

데일 키츠만은 1946년부터 위클리프 성경 번역 선교회(Wycliffe Bible Translators) 소속 선교사로 페루 아마후아카 인디언을 대상으로 사역했다. 그는 미국 지부 책임자를 포함해 수많은 행정직을 맡아 봉사했다. 세계 문서 운동/모든 가정을 그리스도를 위해(World Literature Crusade/Every Home for Christ) 회장으로도 일했으며, 최근에는 윌리엄 캐리 국제대학(William Carey International University) 커뮤니케이션 부 학과장으로 일했다.

윌리엄 스몰리는 미네소타 세인트폴에 있는 베델 대학(Bethel College) 언어학 명예교수다. 스몰리는 23년간 연합성서공회(United Bible Societies)에서 일했고, 은퇴 후에는 성서공회 고문으로 일했다. 또한 토론토 언어학 연구소(Toronto Institute of Linguistics)를 만드는 데도 관여했다. 1955년부터 1968년까지 〈Practical Anthropology〉라는 잡지의 편집자였으며, 1997년에 사망했다.

【변화는 어떻게 일어나는가】
How Change Occurs

선교사가 유의해야 할 사항은 '변화는 대부분 문화 공동체 내에 있는 누군가에 의해 시작된다'는 것이다. 다른 문화권과의 접촉에서 변화가 시작되었다고 해도 내부 사람이 변화를 일으켜야 사람들이 자연스럽게 받아들인다. 반대로 도덕적, 물리적으로 우월한 힘이 변화를 강요하기도 한다. 선교 역사를 보면 이런 식의 변화를 시도하다가 안타까운 일들이 발생하곤 했다.

사회 문화에 변화를 일으키는 진정한 성령의 대행자는 교회, 곧 신자들의 몸이다. 교회는 그 사회의 소금이다. 또한 교회는 하나님과 새로운 관계를 형성하게 된 그 사회의 일부이면서 그 사회의 전통적인 가치관과 현실에 따라 반응하는 유연성도 보여야 한다. 현지 교회는 사회에서 벌어지는 일들의 동기와 의의를 제대로 파악할 수 있지만 선교사는 그렇지 못하다. 그러므로 최종 결정권은 현지 교회에 있어야 한다.

【선교사의 역할】
The Missionary's Part

그렇다면 문화 변혁에 대해 선교사들은 무엇을 할 수 있는가? 가치 판단은 하지 않고 문화와

Kietzman, D. W. & Smalley, W. A. (1992). "The Missionary's Role in Culture Change"에서 저자의 허락을 받고 실음. In R. D. Winter & S. C. Hawthorne (eds.). *Perspectives on the World Christian Movement: A Reader* (rev. ed.)(pp. C160-C161). Pasadena: William Carey Library.

상관없는 복음을 전파하는 전도자가 되어야 하는가? 그것은 불가능하다. 설사 바람직하다 해도 말이다. 문화적인 면을 생각하지 않고 복음을 전할 수는 없으며, 어떤 사람도 가치 판단을 면할 수 없고, 면하려 해서도 안 된다. 선교사들은 어떤 문화적 변화를 강요하거나 강행할 수 없다. 문화에 대한 심오한 지식이 없다면 문화 내의 특정한 변화들을 주창할 만한 적절한 근거도 없다.

하지만 선교사들은 현지 그리스도인들에게 여러 형태의 문화적 행동을 적절하고 사려 깊게 제시하는 극히 중요한 기능을 담당해야 한다. 역사에 대한 지식, 다른 지역 교회에 대한 이해, 그리고 무엇보다도 성경에 기록된 하나님이 사람을 다루시는 엄청나게 다양한 방식들에 근거해서 그들에게 적절한 대안들을 분명히 제시할 수 있다. 그리고 현지인들은 선교사가 제시하는 대안들에 대해 기도하고 연구하고 실험한 후에 자신들의 문화에 가장 적합한 형태를 선택해 신앙생활을 하면 된다.

그리스도인들과 선교사의 기본 책임은 현지 그리스도인들과 교회가 '은혜와 지식에서' 자라나, 자신들의 문화 내에서 행동할 때 성경의 지시를 따라 결정을 내릴 수 있도록 근거 자료를 제공하는 것이다. 여기에는 하나님의 말씀을 온전히 자유롭게 접하는 것, 건강하고 꾸준하게 성장하는 기독교 공동체를 이루는 데 필요한 격려를 해주고 가르치는 것이 포함된다.

선교사의 역할은 결국 문화의 변화 속에서 새로운 정보와 대안을 제시하고 변화의 촉매가 되는 것이다. 선교사의 제안이 대부분 경험에서 나온 것이겠지만 그 경험이 자신의 문화를 바탕으로 하고 있기 때문에 항상 신중하고 지혜로워야 한다. 인류학을 공부하는 이점 가운데 하나는 한 가지 문화가 아니라 다양한 문화 속에서 다양한 사례들을 접할 수 있다는 점이다. 선교사는 자신의 문화만이 아닌 다른 문화권에서 시행된 방식들도 배워야 한다.

그리고 선교사는 현지 교회와 함께 일해야 한다. 자신들이 받은 새로운 아이디어에 기초해서 결정을 내려야 하는 것은 현지 사람들이다. 그들 문화에 속한 옛 필요와 표현들을, 하나님과의 관계와 그리스도 예수 안에서 동료 인간들과의 관계에 비추어 검토하면서 재해석해야 하는 것은 바로 그들이다. ◉

✚ 차이를 넘어서기

종족 개념을 이해하면, 선교는 지리상의 거리를 넘어 선교지 사람들에게 간다는 것 이상의 의미가 있다는 것을 알 수 있다. 대양을 건너고 산맥을 넘는 것보다 훨씬 더 만만치 않은 것은 문화적 거리를 극복하는 것이다. 복음을 전하는 사람들은 자신의 문화적 편견을 극복할 뿐 아니라, 사역 대상자들의 문화적 특징과 법칙들도 배워야 한다. 동시에 메신저들은 하나님의 이야기를 그것이 쓰인 히브리 문화에서 빼내야 하며, 하나님의 진리를 이 문화에 속한 사람들이 이해할 수 있도록 만드는 방법을 찾아내야 한다.

캐나다 북부의 독 립(Dog Rib) 인디언들은 양(羊)이 뭔지 몰랐다. 그들에게 하나님의 어린 양 혹은 선한 목자를 어떻게 설명할 것인가? 태국 사람들에게 눈(雪)은 생소한 개념이다. 죄가 '눈처럼 희게' 씻어질 수 있다는 개념을 어떻게 전달할 것인가?

죄 또한 문화마다 그 개념이 다르다. 일부 남태평양 군도 문화에서처럼 여자들이 바나나를 먹는 것이 죄인가? 정령을 숭배하는 문화에서 일반적으로 그렇듯, 의식을 수행할 때 실수를 범하는 것이 죄인가? 아니면 현재 일부 서구 문화에서 그렇듯, 신문지를 재활용하지 않는 것이 죄인가? 이런 온갖 개념들이 선교사에게는 넘어야 할 장벽이다.

형식이나 단어를 문자 그대로 번역하는 것을 '형식적 일치'(formal correspondence)라고 한다. 이런 식의 번역은 자칫 그 단어가 갖고 있는 의미를 왜곡하거나 축소시킬 수 있다. 성경을 번역하거나 토착 교회를 세울 때는 본래 의미를 유지하기 위해 형식을 바꾸어야 할 수도 있다. 이것을 '역동적 등가'(dynamic equivalence)라고 한다.

✚ 메신저의 역할

메신저가 그 문화에 들어가 소속되는 것은 대단히 중요하다. 그러기 위해서는 반드시 주님처럼 겸손해야 한다. 언어를 배우고 문화를 배우는 일은 매우 중요한 첫 단계다. 하지만 그것만으로는 사역을 완수할 수 없다. 메신저는 세계관적 차원에서 그 문화를 이해해야 하며, 세계관의 변화를 이루기 위해 성령님의 도우심을 구해야 한다.

메신저는 문화와 새신자들을 존중함으로써, 지혜롭고 성숙한 자민족 지도자들이 스스로 변화를 일으키도록 해야 한다. 다른 문화의 예를 제시할 수도 있지만, 각 종족이 자기 세계에 자연스럽게 들어맞는 교회를 만들 수 있도록 도와야 한다. 지역 사람들이 좋아할 만한 교회는 자국의 토양에서 자랄 수 있는 교회다.

예배 시간에 남자와 여자가 함께 앉아야 하는가? 기도할 때 손을 모아야 하는가, 아니면 위로 올리거나 손바닥을 펴서 쭉 펼쳐야 하는가? 장로들은 투표로 뽑아야 하는가 아니면 공동체가 나름의 지도자 선출 방법을 사용할 수 있는가? 이런 문제들은 소소해 보이지만, 자국인 신자들에게 딱 들어맞는 교회를 만드는 데 매우 중요할 수 있다.

✚ 타협 없는 상황화

문화가 끊임없이 변화한다는 것은 결코 변하지 않는 문화의 한 요소다. 코카콜라, 영화, 인터넷, 휴대전화, 지퍼, 맥도널드는 각각 전 세계의 문화 변화에 공헌했다. 물론 하나님나라의 복된 소식 역시 문화를 변화시킬 것이다.

하지만 메신저는 선교지 문화를 손상시키는 것이 아니라 그 문화가 잘 되는 쪽으로 변화하기를 바란다. 문화에서 보존할 수 있는 것은 무엇이든 다 보존해야 한다. 성경, 지역 문화, 메신저, 성령이 끊임없이 상호작용하는 가운데 여러 변화를 시도할 수 있을 것이다. 어떤 것은 폐기하고, 어떤 것은 수정하며, 어떤 것은 각색하거나 채택할 것이다.

복음의 핵심을 잃어버리거나 거짓과 타협하지 않으면서 현지의 상황에 맞게 복음을 상황화하는 것이 선교의 목표다. 하지만 결코 간단한 목표가 아니다. 어떤 문화든지 걸림돌이 되는 문제가 있을 것이다. 그 문제를 해결하는 것은 현지인들을 사랑하고 섬기는 관계다. 그 속에서 '하나님의 이야기'는 '그들의 이야기'와 조화를 이루게 될 것이다. 그리고 이런 조화가 일어나야 하나님이 모든 민족 가운데 높임을 받으실 것이다.

✚ 대가 지불

때로 복음을 다른 나라에 전하는 것이 얼마나 어렵고 위험한지를 생각하면 기가 질려 버린다. 이렇게 기술이 발전한 시대에 인터넷이나 다른 통신 매체들을 통해 선교하면 안 될까? 선교사들이 위험을 감수하고 고통의 대가를 지불하면서까지 현지에 들어가 하나님의 말씀을 전해야 할까?

그렇다. 그래야 한다. 어떤 문명의 이기도 절대 하나님의 백성이 '직접' 가는 것을 대신하지는 못할 것이다. 사람들이 복음을 받아들이고 이해하려면 직접 전달해야 한다. 사물이 아니라 오직 사람만이 살아 계신 하나님의 임재를 제대로 소개할 수 있다. 다윗은 언약궤를 운반할 때 이 교훈을 배웠다(삼하 6장). 우리는 하나님의 도구가 되어 복음이 전해지지 않은 곳에 그분의 임재를 옮기는 왕 같은 제사장이다(벧전 2:10).

책, 비디오, 라디오, 텔레비전은 모두 선교에 도움이 되는 소중한 매체다. 하지만 결코 그것이 사랑이 많고 헌신된, 눈에 보이는 증인을 대신할 수는 없다. 우리는 개인과 교회로서, 선교기관들과 협력해 주님이 다시 오실 때까지 보내고, 가야 한다. 그것만이 하나님의 이야기를 열방에 육화시키는 길이다. 우리는 하나님이 우리를 어디에 놓으시든, 쉼 없이 그분을 섬기는 일에 우리 자신을 드려야 한다. 하늘에 계신 우리의 아버지처럼, 우리도 가장 좋은 것을 보내야 한다!

예수님은 모든 족속으로 제자를 삼으라는 마지막 명령을 하시면서 약속하신다. "내가 세상 끝날까지 너희와 항상 함께 있으리라"(마 28:20). 이것이 바로 주님의 부활의 권능과 그의 고난에 참여함으로 주님을 안다는 것의 의미다. 이 고귀한 부르심을 향해 전진하자!

풀라니Fulani: 세네갈에서 시작된 풀라니족은 인구가 2천 9백만 명 가량으로 서부와 중앙아프리카 10개 국가에서 살고 있다. 원래 유목민이며 목자였던 그들은 대부분 가축을 사육하면서 생활을 꾸려 가고 있다. 그들은 14세기부터 무슬림 이었으며 이슬람을 전파하고 보존하는 자들이라는 데 자부심을 가지고 있다.
나이지리아 북부에는 천만 명의 풀라니족이 살고 있다. 일부는 그 나라 지배 계층에 속해 있으면서, 기독교가 활동하지 못하도록 강력하게 막고, 심지어 신자들을 죽이고 교회를 파괴하기까지 한다. 어떤 사람들은 사하라 주변 사막 지대를 방랑하는 유목민 목동들이다. 유목민 문화 내에 신자들의 공동체를 세우는 것은 매우 어려운 일이다. 풀라니 족이 회심한다면 서구 아프리카 전역에 큰 영향을 미칠 것이다.

타 문화권 의사 전달

선교의 성경적·역사적·전략적 관점을 공부하면서 당신의 마음 가운데 선교에 대한 열정이 느껴질 것이다. 또한 선교에 대한 사명감으로 삶의 새로운 목표와 의미를 느낄 것이다. 그렇다면 어떻게 효과적으로 선교 사역을 감당할 수 있을까? 타 문화권 안에서 복음의 메시지를 전할 때 부딪히게 될 장벽은 어떤 것들일까? 복음을 효과적으로 전달하기 위해 주의해야 할 점은 무엇인가? 가장 성공적으로 선교를 완수하신 예수님의 성육신 모델은 우리 모두에게 큰 귀감이 된다. 이번 장에서 당신은 문화의 영역으로 들어가 예수님의 겸손한 선교 방법을 본받으며 타 문화권 의사 전달에서 꼭 필요한 지혜와 통찰력에 대해 배웠다.

이번 과에서 당신은…

- '문화란 무엇인가?'라는 질문을 통해서 문화의 구성 요소와 특징, 세계관의 중요성 등을 알게 되었다.
- 문화적 차이에서 나타나는 다양한 문제와 그 해결 방안을 살펴보고, 자문화 중심주의·문화적 상대주의·혼합주의·상황화 등의 주제를 연구했다.
- 타문화 사회에 효과적으로 적응하기 위해 선교사에게 필요한 역할과 태도가 무엇인지 알게 되었다.
- 각 문화마다 심어 놓은 일반 은총의 개념, 특히 구속적 유비를 통해 어떻게 효과적인 복음 전달이 가능한지 알게 되었다.
- 선교사가 문화 변혁을 일으키는 조력자가 되는 길을 살펴보았다.

핵심 단어: '겸손'

하나님의 이야기를 타문화권에 전달하기 위해서는 여러 가지 장벽들을 넘어야 한다. 이때 선교사에게 가장 필요한 태도는 겸손이다. 그리스도의 제자로서 자기 문화의 기준들을 내려 놓고, 겸손하게 현지 문화 속에 들어가는 법을 배워야 한다. 예수님이 자신을 비우고, 성육신하셔서 우리에 대한 하나님의 사랑을 증거해 주신 모델을 우리도 뒤따르기 원한다. 현지 문화를 존중하고, 현지인들을 사랑하면서 성령님의 인도를 의지할 때 복음을 효과적으로 증거할 수 있다. 문화의 복잡성과 차이들을 넘어서서 복음의 메시지가 모든 다양한 민족과 문화들 속으로 흘러가게 될 것이다.

I. 문화란 무엇인가?

효과적인 의사 전달자가 되기 위해 선교사가 반드시 이해해야 하는 것이 바로 문화다. 천국 복음을 타 문화권에 효과적으로 전달하려면 문화의 특성을 정확하게 알고 있어야 한다. 자신의 문화를 알고 다른 문화들을 객관적으로 이해할 수 있을 때, 초문화적인 관점을 갖게 된다.

1. 문화의 구성 요소

로이드 퀘스트는 복잡하고 포괄적이어서 쉽게 정의하기 힘든 '문화'를 네 가지 영역으로 단순화시켜 설명한다(편의상 '양파 껍질의 네 가지 층'처럼 구분).

① 행동 양식: 무엇을 행하는가?

한 사회의 구성원들이 무의식적이며 습관적으로 그냥 그렇게 하는 행동들. 일정한 패턴에 따라 특정한 행동을 취하며, 강력 접착제처럼 집단에 정체성과 연속성을 부여한다.

② 가치관: 무엇이 좋은가 혹은 최선인가?

가치관은 그 사회의 모든 구성원들이 공통적으로 옳다고 여기고 선택하는, 거의 통일된 결정들이다.

③ 믿음: 무엇이 참인가?

더 깊은 문화의 층인 믿음은 행동과 가치관을 결정하는 기저에 위치한다. 믿음은 그 사회 구성원들이 학습과 경험을 통해 인식하게 된 진리들이다.

④ 세계관: 무엇이 실재인가?

세계관은 문화의 가장 심층부에 위치한다. 세계관에 대해 질문하거나 질문받는 경우는 거의 없지만, 세계관은 한 사회의 구성원들이 삶의 기초로 삼는 가장 깊은 차원의 전제들이다. 이것은 '나는 누구이며, 어디서부터 왔고 어디로 갈 것인가' 같은 궁극적인 질문에 대한 답변들로 이루어져 있다.

세계관이 문화의 핵심을 이룬다는 사실을 알게 되면, 믿음의 단계에서 혼란스러워지는 까닭을 이해할 수 있다. 각 문화의 세계관이 각각의 믿음 체계를 형성하고, 이 믿음 체계는 실제 가치관과 행동 양식을 이끌어 낸다. 어쩌다 전혀 새로운 믿음을 받아들였다 할지라도, 세계관이 변화되지 않았다면 그의 가치관과 행동은 원래의 믿음 체계를 고수하게 된다. 그래서 세계관의 문제를 고려하지 않은 타 문화권 선교사들이 선교지 안에 진정한 변화가 일어나지 않는 것에 실망하곤 한다.

실제로 문화 안에는 훨씬 더 많은 구성 요소와 관계들이 복잡하게 얽혀 있다. 위에서 살펴본 요소들은 문화를 단순화시켜서 그 기본 골격을 이해하는 데 도움을 준다.

2. 문화의 정의
폴 히버트는 문화를 이렇게 정의한다. "한 사회가 가지는 특유의 학습된 행동 양식과 개념과 산물들이 서로 통합된 체계."

- **학습된 행동 양식**: 사람들의 일정한 행동.
- **개념**: 자신이 살아가는 세계에 대한 생각들. 행동을 결정하게 하는 마음속의 지도(나무, 색상 등).
- **산물**: 생각과 행동의 결과로 만들어진 물건과 도구들
- **형식과 의미**: 일반적으로 행동 양식과 산물들은 의미(개념)와 연결된다. 형식과 정신적 의미를 결합시킬 때 상징이 만들어진다. 문화는 언어, 의식, 동작, 물건 등 사람들이 생각하고 의사소통하기 위해 만들어 낸 모든 상징체계(symbol systems)라고 말할 수 있다.
- **통합**: 문화는 수많은 행동과 개념과 산물들로 구성되어 있는데, 이들은 더 큰 문화적 복합체로 통합된다(미국의 의자와 침대 문화, 일본의 바닥 문화). 그 핵심에는 실재와 선악의 본질에 대해서 사람들이 갖고 있는 기본 관념이 있는데, 이것을 한마디로 세계관이라 부른다.

II. 문화적 차이

다양한 문화들을 연구하면서 문화인류학자들은 각 문화들 간의 깊은 차이들을 인식하게 되었다. 먹고, 입고, 말하고, 행동하는 것, 가치관, 믿음에서만 다른 게 아니라 그들이 각자의 세계에 대해 갖고 있는 근본 전제도 다르다. 그러므로 선교사들은 타 문화적 차이들로 야기되는 다양한 문제들을 지혜롭게 해결할 수 있게 준비해야 한다.

1. 타문화 오해(인식적 차원)
문화 간 차이는 오해를 빚는데, 이것은 타문화에 대한 무지함 때문이다. 이것을 해결하려면 각 문화의 방식을 관찰하고 배워야 한다.
ex) 시간 개념, 아이 그림이 있는 통조림, 거리에 대한 미국인과 남미인 간의 개념 차이 등

2. 자문화 중심주의(감정적 차원)
어렸을 때부터 자기만의 세계를 중심으로 성장하기 때문에, 사실상 모든 사람은 자기중심적이다. 나와 다른 사람 사이에 그어 놓은 경계선을 깨고 상대의 관점에서 사물을 바라보는 법을 배우기 힘든 것은 그 때문이다. 우리는 하나의 문화권 안에서 자라며 그 문화의 방식이 옳

다고 배운다. 그렇기 때문에 '다르게' 행동하는 사람은 거의 대부분 '문명화되지 않은' 사람으로 간주된다.

이런 자문화 중심주의는 타 문화권 사람들의 행동을 자기 문화의 가치관으로 판단하는 우리의 자연스러운 성향 때문에 생겨난다.
ex) 숟가락과 손

3. 성급한 판단(평가적 차원)
타문화를 접할 때 우리는 그 문화를 이해하기도 전에 먼저 성급하게 판단하곤 한다. 초문화적인 틀이 아니라 우리 자신의 문화적 가치관이 먼저 작동하기 때문이다. 반면에 '문화적 상대주의'는 모든 문화가 저마다의 가치와 고귀함을 갖고 있기 때문에 판단할 수 없다고 말한다. 하지만 우리는 우리 자신의 문화를 포함한 모든 문화를 성경적 규범에 따라 판단해야 한다.

그리스도인이 문화를 평가하는 방법은 다음과 같다.
- 먼저 충분한 정보에 근거해 상대방의 문화를 바르게 이해해야 한다. 그리고서 성경의 진리를 기준으로 삼아 평가해야 한다. 성경을 해석할 때는 성령님을 의지하면서 우리에게 있는 편견에 도전해야 한다.
- 복음을 전하는 상대 문화와 자신의 문화를 함께 연구해야 한다. 다문화적인 관점에서 두 개의 문화를 비교해 다른 문화의 장점을 발견하고, 자기 문화를 비판적인 시각으로 바라볼 수 있어야 초문화적인 이해가 형성된다. 우리가 가진 문화적 맹점들을 찾아낼 수 있는 현지인 기독교 지도자들의 도움을 받는 것이 좋다.
- 각 문화의 장점들은 더 보존하고 계발하고 권장해야 한다.
   ex) 관계적인 문화
- 물론 중립적인 것도 있다
   ex) 집, 옷
- 하지만 죄의 영향을 받은 악한 요소들은 바꾸어야 한다. 또한 성경을 번역할 때도 그 의미를 적절하게 표현하는 단어가 없을 경우에는, 현지 사람들에게 친숙한 단어로 바꾸되 그 정확한 의미를 설명해 주는 과정이 필요하다
   ex) 하나님, 성육신

4. 문화 차이가 가져오는 선교 이슈들

① 복음과 문화
선교사의 문화가 복음의 자리를 대신하지 않도록 주의해야 한다. 선교지에서 복음 전파를 막는 주된 요인은 이국적인 메시지, 즉 문화적인 이질감 때문이다. "복음을 화분에 심어서 가져오지 마시오. 복음의 씨앗을 가져와서 우리 땅에 심어 자라게 하시오."

성경의 복음과 자신의 문화를 분별하지 못하면, 문화적 상대주의와 성경의 절대 진리 사이에서 혼란을 겪게 된다.

② 혼합주의 대 토착화(상황화)
복음을 선교지의 문화에 맞춰 표현하는 것은 매우 중요한 과제다(전통음악 등).
혼합주의란 복음을 현지 문화로 표현할 때 이전 의미와 새로운 의미가 뒤섞이면서 두 개의 의미가 모두 상실되는 것이며, 토착화(상황화)는 복음을 현지 문화에 맞게 표현하면서도 복음의 의미를 그대로 보존하는 것을 말한다.

③ 개종과 예기치 못한 부작용들
한 부분에서의 변화는 다른 부분에까지 예견치 못한 변화를 가져온다.
ex) 개종 후 쓰레기를 치우지 않는 아프리카 마을

④ 신학적 자율성과 세계 기독교
기독교가 다양한 토착 문화 가운데 전파되면서 교회의 일치 문제가 과제로 떠올랐다. 각기 자율성을 추구하는 현지 교회들의 신학적 다양성을 어떻게 다루어야 하는가?
- 먼저 인간의 지식에 한계가 있다는 점을 명심하자. 성경 말씀 자체와 그 말씀을 읽고 해석하는 사람의 신학은 명확하게 구분될 필요가 있다. 그래야만 성경 해석의 차이를 받아들이면서도 그리스도의 제자로서 참된 교제를 유지할 수 있다.
- 우리가 성경을 이해할 수 있게 도우시는 성령님이 다른 문화권의 신자들에게도 동일한 도움을 주신다는 사실을 기억하고 신뢰하자. 우리는 성령님의 인도하심에 마음을 열어야 한다.

III. 효과적인 선교사: 배우는 사람, 정보 교환자, 이야기꾼

처음 현지에 들어가 사역하는 선교사는 자기가 섬기는 공동체의 사람들이 자신을 어떻게 생각하는지 알지 못한다. 그래서 의사소통에서 많은 문제들을 겪게 된다. 효과적인 선교 사역을 위해 자신이 생각하는 선교사의 역할과 지역 사람들이 바라보는 선교사의 역할 사이의 간격을 살펴보고, 그것을 메울 수 있는 방법을 배워야 한다.

1. 전형적인 만남(Encounter) 모델
현지인은 선교사를 '외부인'으로 바라본다. 그리고 선교사가 자신들을 세 가지 상징적 입장에서 대한다고 생각한다. 그것은 '학교, 시장 그리고 법정'이다.

교사: "당신에게 뭔가 가르쳐 주겠소."
상인: "당신에게 팔 것이 있소."
재판관: "이러이러한 기준으로 당신을 평가하겠소."

2. 효과적인 역할 영역
- 열매 맺는 행복한 선교사가 되려면 네 가지 영역에서 자신을 평가해 볼 필요가 있다. 현지 지역 사회, 선교지의 다른 선교사들, 파송 단체 그리고 자기 자신.
- 현지인들이 선교사를 어떻게 바라보는가 하는 문제는 매우 중요하다. 현지인들은 선교사가 먼저 현지의 문화와 관점을 배우고, 현지인과 똑같이 살면서 현지인들이 가는 시장에 가고, 현지의 기준으로 자신들을 평가해 주기를 기대한다.
- 순서가 중요하다. 가르치기 전에 먼저 배우고, 팔기 전에 먼저 사고, 판단하기 전에 먼저 피고인이 되어야 한다. 현지인 사이에서 효과적으로 사역하기 위해서는 이런 순서를 따라야 한다. 그럴 때 외부인에 대한 부정적인 시각을 극복하고 공동체에 중요한 '내부인'으로 받아들여질 수 있다.

3. 효과적인 세 가지 역할
① 배우는 사람: 현지인은 선교사가 현지어를 배우려 애쓰는 모습을 보고 그가 자신들을 진심으로 소중하고 가치 있게 여긴다고 느낀다.
② 정보 교환자: 선교사의 경험, 그가 살던 세계에 대한 일반적인 소개, 다양한 생활상들을 나눈다.
③ 이야기꾼: 성경과 하나님의 이야기, 선교사의 간증 등을 추가로 들려준다.

4. 효과에 대한 재평가
파송 단체나 현지 선교사 편에서는 이 세 가지 역할에 의문이나 반대를 제기할 수 있다. 배우는 사람은 너무 수동적이고 정보 교환자는 세속적이라는 것이다. 그렇기 때문에 전형적인 역할과 효과적인 역할 사이에서 파송 단체와 선교사가 선택과 적응과 평가의 과정을 거쳐야 한다.

5. 결론
오늘날 선교지의 상황은 하루가 다르게 급변하고 있다. 그러므로 선교사의 역할에 대한 재정립이 절실하다. 이 세 가지 역할(배우는 사람, 정보 교환자, 이야기꾼)은 선교 현지에서 잘 받아들여지기 위해 선교사들이 계발해야 할 단계들이다. 현지인의 입장에서는 선교사가 연약함을 보여 주고 유연성을 발휘할 때 가장 효과적으로 사역할 수 있다. 역사적으로도 성령님은 전도자의 연약함과 겸손을 통해 강하게 역사하셨다. '코끼리 뒷걸음질'의 예화처럼 겸손하게 접근해 들어가는 방식을 배우자.

IV. 개념 성취

선교사는 복음의 이질성을 최소화하고 현지 문화에 익숙한 방법으로 복음을 전할 방법을 찾아야 한다. 그런 점에서 '개념 성취'는 좋은 모델이다. 사람들은 자기 문화 속에 있던 기존의 개념들이 복음 안에서 성취되는 것을 발견할 때 가장 잘 반응한다.

1. 성경적 증거

신약 성경에는 '개념 성취'와 관련된 사례들이 풍성하게 기록되어 있다. '세상 죄를 지고 가는 하나님의 어린 양', 니고데모와 '놋뱀 이야기', '생명의 떡' 등이 그 대표적인 예다. 기독교는 유대 문화를 파괴하지 않고 그 문화의 핵심 개념(제사장, 성막, 제사, 안식일 등)을 성취했다. 이런 '구속적 유비'는 유대인들이 예수님을 구세주로 알아보도록 하나님이 그들의 마음 가운데 미리 예비해 두신 것이다.

2. 현대적 적용

현대 선교에서도 '개념 성취' 전략을 사용할 필요가 있다. 그렇기 때문에 각 문화마다 존재하는 특정한 구속적 유비들을 찾고 연구하는 것이 좋다. 이것은 개종자가 성경과 자신의 문화에 대한 의미를 더 깊이 이해하고, 자신의 문화권에 속한 사람들에게 더 효과적으로 복음을 전하도록 도움을 준다.

3. 개념 성취의 사례

- **다말 부족과 '하이'**: 오래전부터 기다려온 황금기와 낙원 세계(하이 시대) 전승
- **다니 부족과 '나벨란-카벨란'**: 불멸의 존재가 언젠가 인간에게 다시 돌아온다는 전승
- **카렌 부족과 검은 책**: 어느 날 진리의 선생이 나타나 검은 책을 옆구리에 끼고 다닐 것이라는 전승
- **아스맛 부족과 중생**: 평화조약 의식. 중생의 경험을 통해 참된 평화를 찾는다는 전승
- **알리 부족과 '오수와'**: 신성한 돌벽. 사람에게 피난처가 필요하다는 전승

4. 구속과 저항

이런 구속적 유비들은 우연히 나타난 것이 아니라 하나님이 베푸신 (일반) 은총의 결과다! 그리스도를 예시하는 준비 작업인 셈이다. 문화 속 핵심 개념들을 구속적 유비로 활용하면 마음속의 소중한 것들을 간직할 수 있다. 또한 원시 종족들이 개종 후 급작스러운 문화 충격으로 흔히 겪는 무감각증(apathy)의 폐해를 줄이거나 막을 수 있다. 이렇게 기존 개념들을 잘 활용하면 복음에 적대적인 종족에 대한 영적 침투와 복음 이해의 가능성들이 열리는 기적을 볼 수 있다.

V. 문화 변화를 위한 선교사의 역할

1. 변화의 주체
문화적 변화는 일반적으로 그 공동체 내부 세력의 주도로 일어난다. 성령님은 현지 교회(그리스도의 몸 된 성도들)를 사회 변화의 참된 도구로 사용하신다. 교회가 그 사회의 특성과 가치를 이해하고 적합하게 반응할 때 소금과 같은 역할을 하게 될 것이다.

2. 선교사의 역할
선교사가 현지의 문화적 변화를 주장(강요)하거나 주도해서는 안 된다. 기본적인 선교사의 책임은 필요한 자료를 제공하는 것뿐이다. 그래서 현지 그리스도인과 교회가 '은혜와 지식에서' 성장해 성령의 인도를 받아 자신들의 문화에 적합한 신앙 행동을 스스로 결정하도록 도와야 한다.

선교사는 문화 변혁의 촉매자로서 현지 교회에 필요한 새로운 생각과 정보를 공급하고, 다양한 문화적 경험들을 소개하는 통로가 되어야 한다. 결론적으로 말해서 문화적인 변화의 최종 결정과 책임은 현지 교회의 몫이다.

VI. 결론

1. 차이를 넘어서기
'문화적 거리'는 지리적 거리 이상으로 하나님의 이야기를 전할 때 커다란 걸림돌이 된다. 선교사는 자신이 가진 문화적 편견을 먼저 극복하고 현지 문화의 특징과 규칙을 배워야 한다.

또한 성경 이야기와 히브리 문화를 구분해서 하나님의 진리를 현지 문화에 올바르게 이해시킬 수 있는 길을 찾아야 한다. 형식적 일치(formal correspondence)의 번역보다는 의미 중심으로 역동적 등가(dynamic equivalence)의 방법을 사용하는 것이다.

ex) 어린 양, 눈, 죄 등

2. 메신저의 역할
선교사는 타문화에 소속될 수 있는 여러 가지 방법을 계발해야 한다. 그렇게 하기 위해 가장 필요한 것은 예수님의 겸손을 배우는 것이다.

그 첫걸음은 언어와 문화를 배우는 것이다. 또한 문화의 심층에 속한 세계관의 차원까지 이해하고, 세계관의 차원에서 변화가 일어나도록 성령님의 도우심을 구해야 한다. 이렇게 현지 문화 가운데 필요한 변화가 일어나려면 성숙한 현지인 리더들의 도움을 받아야 한다.

타문화권의 사례들을 제공하고 자기들의 문화에 맞는 교회를 스스로 세우도록 현지 교회에 책임을 맡겨라. 그래서 현지인의 편에서 현지 문화에 속한 교회의 이미지를 형성하게 하라.

3. 상황화

문화는 끊임없이 변화하는 특징이 있다. 선교사는 현지 문화가 건설적으로 변화하도록 이끄는 한편, 선한 요소들은 보존하려고 애써야 한다. 성경과 지역 문화, 선교사와 성령이 역동적으로 상호작용할 때에만 건설적인 변화가 일어난다.

복음의 핵심은 타협하지 않으면서 현지에 맞게 상황화해야 한다. 하나님의 이야기는 '사랑의 관계' 안에서만 사람들의 이야기와 병합될 수 있다. 하나님은 이것을 통해 열방 가운데서 높임을 받으실 것이다.

4. 대가 지불하기

살아 계신 하나님의 임재는 다른 매체가 아닌 '사람'을 통해서만 가능하다. 선교사는 민족들에게 하나님의 이야기를 실제로 보여 주는 산 증인이다. 여기에는 모든 복음 전파의 난관을 감당하는 대가 지불이 필요하다. 우리는 하나님이 우리를 어디에 보내시든지 그분을 섬기는 일에 자신을 드리기 원한다. 하늘 아버지가 하신 것처럼 우리의 가장 좋은 것을 드리기 원한다.

예수님은 세상 끝날까지 함께하겠다고 약속하셨다. 세상 모든 민족이 구원받는 그날까지 믿음과 헌신으로, 포기하지 말고 나아가자!

[적용을 위한 질문]

1. 문화를 구성하는 여러 요소들은 무엇인가? 타 문화권 선교에서 현지의 세계관을 이해하는 것이 중요한 이유는 무엇인가?(혼합주의를 예로 들어 설명해 보자)

2. 각 문화의 차이로 인해 선교사는 여러 문제들(자문화 중심주의와 문화적 상대주의 등)에 직면한다. 이를 지혜롭게 극복하기 위해 선교사에게 필요한 것은 무엇인가?

3. 선교사가 타문화권에 들어갈 때 일어나는 비효과적인 세 가지 역할과 효과적인 세 가지 역할을 비교해 보라. 그 차이점을 통해서 어떤 교훈을 배울 수 있는가? 이것이 지금 나의 삶과 관계들 가운데서 어떻게 적용될 수 있는지 나누어 보라.

4. '변화는 대부분 문화 공동체 내에 있는 누군가에 의해 시작된다'는 말이 선교사에게 어떤 의미를 주는지 설명해 보라.

5. 문화적 관점을 통해서 새롭게 깨닫게 된 교훈과 도전들은 무엇인가? 이러한 통찰력들이 현재 나의 삶과 사역 속에서 어떻게 적용될 수 있겠는가?

05
동역적 관점

이야기를 함께 말하기

✚ 세계를 품은 그리스도인으로 연합하기

하나님의 이야기를 이해하면 세계를 품은 그리스도인(World Christians)이 된다는 것이 무슨 의미인지 알 수 있다. 미션 퍼스펙티브 운동의 초기 참여자이며 기도 합주회 설립자인 데이비드 브라이언트(David Bryant)는 세계를 품은 그리스도인을 이렇게 정의한다.

> 그리스도의 전 세계적 대의를 통합적이고 최우선적인 우선순위로 삼아 하루하루 사는 제자들 … (그들은) 세계적 비전에 의해 삶의 방향이 확고히 변화된 사람들이다(Bryant 1992: D-306).

열방을 향하신 하나님의 마음을 이해하면, 우리는 바울처럼 하나님의 진리를 전달하도록 사랑의 강권을 받는다(고후 5:14). 세계를 품은 그리스도인은 주님이 바라시는 바가 성취되는 것을 보려고 자신들의 모든 자원을 사용하고 싶어 한다. 그들이 주님과 함께 일할 때, 그들의 삶과 다른 사람들의 삶은 놀랍게 변화된다.

✚ 전 세계 교회의 응답

전 세계 사람들이 하나님나라의 시민이 된다는 것은 멋진 일이다. 존 스토트가 상기시키듯, 교회는 다민족, 다인종의 공동체로서 그리스도께서 다시 오실 때까지 복음을 전하라는 명령을 받고 있다. 우리는 혼자 이 일을 하는 것이 아니다! 모든 교회, 모든 선교회, 모든 국적의 사람이 제각기 이 일을 할 수 있다.

전도와 사회 개발 둘 다 하나님의 이야기를 하는 데 필요하다. 우리는 진리의 말씀과 함께 사랑의 행동도 보여 주어야 한다. 비서구권에는 기적과 능력이 나타나서 하나님의 말씀을 확증해 줄 필요도 있다. 우리의 기도로 말미암아 하나님은 그러한 기적과 능력을 행하실 것이다.

서구권 교회가 책임을 다했다는 뜻은 아니다. 세계 어느 교회라도 왕을 섬기는 일에 일꾼을 보내지 않는다는 것은 정말 애석한 일이다. 서구권 교회들은 지금까지의 경험과 자원과 지혜를 겸손하게 나누면서 다른 지역 선교사들과 동역해야 한다. 우리는 서로 격려하고 목표를 향해 함께 달려 나가면서 주님의 교회가 모든 민족 가운데 세워지는 날을 보아야 한다.

✣ 어려운 질문, 도전적인 선택

선교사가 다른 문화권에 들어가 변화를 일으키는 것에 대해 비난하는 사람들이 있다. 하나님께 이르는 단 하나의 참된 길을 선포하는 것이 문화를 존중하지 않는 것인가? 우리는 이런 비난에 대해 사실에 입각해서, 그리고 성경적으로 대답할 준비를 해야 한다.

우리의 개인적인 은사와 능력을 하나님나라를 확장하는 데 어떻게 전략적으로 사용할 수 있는가? 필요한 역할들이 다양하다는 사실을 알게 되면, 각자 의미 있게 섬길 곳으로 인도받을 수 있다. 서로가 꼭 필요한 기여를 하고 있다는 것을 안다면, 각 사람은 그것이 전 세계적 의미를 지니고 있음을 깨닫게 된다. 협력과 제휴는 효과적일 뿐 아니라, 필수불가결한 것이다.

헌신적이고 열렬한 기도 없이 세계 복음화를 이루려는 것은 어리석고 헛된 일이다. 전 세계적으로 이에 대한 새로운 각성이 일어나고 있다. 기도가 모든 일의 핵심이 되지 않는다면, 지속적으로 열매를 맺을 수 없을 것이다. 이런저런 사역을 벌여도 아무 의미가 없을 것이다. 기도하면, 하나님이 새로운 전략들을 주실 때 그분의 음성을 들을 수 있다. 기도는 우리가 주님을 기쁘시게 하고 주님께 영광을 드리고자 할 때 서로를 하나로 묶어 준다. 우리는 하나님의 능력 안에서만 하나님의 이야기를 함께 나눌 수 있을 것이다.

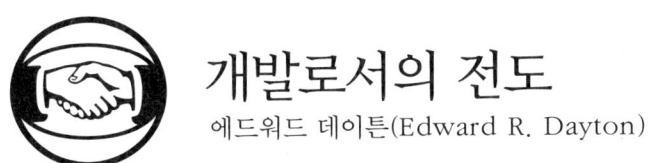

개발로서의 전도
에드워드 데이튼(Edward R. Dayton)

'개발'이라는 단어는 많은 것을 의미한다. 어떤 사람들은 이 말을 들으면 서구 제국주의를 연상한다. '개발된' 나라가 '덜 개발된' 나라에게 자신들의 가치관과 바라는 바를 강요하려 드는 것이다. 그래서 "개발이 되면 어떻다는 말인가?"라고 묻게 된다. 무엇을 위해 개발하는 것인가? 일반적으로 사람들의 마음속에는 개발되었을 때 상황이 더 나아지리라는 뿌리 깊은 관념이 있다.

개발은 인간이 진보한다는 느낌을 준다. 인간의 진보, 그 뿌리는 계몽주의에서 찾을 수 있는데, 그 당시 사람들은 역사상 처음으로 그들이 자기 운명을 통제할 수 있으리라 믿기 시작했다. 17세기와 18세기, 북아메리카 대륙과 아프리카 대륙의 발견(서구 사람들 편에서!)은 인본주의자들의 사상을 한층 더 자극했다. 지금 와서 보면, 역사에 나타난 우연의 일치들이 합해져서, 열심히 일하고 높은 이상을 가지고 있으면 상황을 극복하고 승리할 수 있으리라고 확신하게 된 것 같다. 호레이쇼 앨저(Horatio Alger)가 쓴 자수성가한 사람들의 이야기가 화제에 오르고 일반인의 신념이 되었다. 칼빈의 영향을 받은 개신교의 윤리관도 한 몫을 했다. '진보'는 얼마나 많이 획득했는가로 측정되었다.

서구를 손에 넣고 나자, 대탐험에 참여했던 사람들은 당연히 자신들이 이룰 수 있었던 것을 다른 사람들도 이룰 수 있으리라는 결론을 내렸다. 그들은 덜 개발된 나라에 사는 이웃들을 우월감 섞인 동정의 눈으로 바라보았으며, 그들의 개발을 돕는 일에 착수했다. 성공보다는 실패하는 경우가 훨씬 많았다. 미 국무부 국제개발청은 마침내 서구의 과학 기술을 대량

Dayton, E. R. (1992). *Evangelism as Development*. In R. D. Winter & S. C. Hawthorne (Eds.), *Perspectives on the World Christian Movement: A Reader* (rev. ed.) (pp. D210-D212). Pasadena: William Carey Library. MARC, a division of World Vision, International.

> • 미 국무부 국제개발청은 마침내 서구의 과학 기술을 대량 투여함으로 개발된 서구를 복제할 수 있는 가망성은 거의 없다는 결론을 내렸다. 우울하지만 지혜로운 결론이었다.

투여함으로 개발된 서구를 복제할 수 있는 가망성은 거의 없다는 결론을 내렸다. 우울하지만 지혜로운 결론이었다.

지난날 서양인들이 범한 실수 때문에 지금은 이 원칙에서 한걸음 물러난 상태다. 한 나라 전체를 개발하려는 목표는 현실성이 없다. 그러나 한 마을이나 도시를 개발하겠다고 목표를 낮추면 성취 가능성은 높아진다. 미개발된 마을과 도시를 대상으로 하는 '지역 개발'이 성취 가능성을 높인다는 뜻이다. 많은 사람들이 이 방식을 선호하고 있고 그리스도인들도 마찬가지다.

지역 사회 개발의 목표는 언제나 한 집단이 자립 혹은 자급자족하게 하는 것이었고 지금도 그러하다. 그들은 바람직한 수준에서 삶을 유지하는 데 필요한 것을 자체적으로 갖게 된다. 옥에 티라면 미시적 개발에 관여하고 있는 사람들이 가지고 있는 전제들이다. 즉, 제대로 된 환경과 자원만 주어지면 인류는 스스로 훌륭한 사회를 창조해 낼 능력이 있다는 것이다. 하지만 그 전제는 잘못되었다.

> • 지역 사회 개발의 목표는 언제나 한 집단이 자립 혹은 자급자족하게 하는 것이다.

사람의 가치관 자체에 결함이 있기 때문이다. 자연인은 자신이 잘되는 데 관심을 두고 자신에게 초점을 맞춘다. 자신의 복지와 사회의 복지 간에 선택을 하도록 하면, 보통은 내가 잘되는 게 최고라는 잘못된 결론을 내린다. 서구 모델을 따르고 있다면 더 그렇다. 서구 모델은 "넌 할 수 있어. 날 봐. 난 해냈어!"라는 것이기 때문이다. 한때 유행했던 유행가 가사처럼 "난 내 식대로 해냈네"(I Did It My Way - My Way의 가사)라는 사상이라고도 할 수 있다.

그래서 우리는 진정한 가치가 수반되지 않는 지역 개발을 하게 되기가 쉽다. 우리는 가난한 사람들에게 기독교적 동정을 보내면서 상수도가 개량되고, 경작 방법이 더 나아지고, 기본적인 예방 의학이 있게 되면 모든 게 해결될 것이라고 생각할 수 있다. 하지만 물질적 변화와 함께 영적 변화도 있어야 한다. 하나님나라의 복음인 존재의 중심부가 철저히 변화되는 가능성에 대해서도 알려야 한다.

요점을 놓치지 마라. 그리스도 안에서 발견되는 영생의 선물에 따르는 것은 물질적 개발 문제가 아니다. 지역 개발을 통해 어떤 변화를 원하는가 하는 것에 초점을 맞춰야 한다. '개발을 원하는 동기가 무엇인가, 개발이 이웃간의 관계 개선에 이바지할 것인가, 물질적 가치보다 영적인 가치를 우선하는가' 등의 문제를 고려해야 한다. 지역 개발은 복음화를 기반으로 이루어져야 한다. 진정한 변화가 일어나고 유지되기 위한 촉매는 '복음 전도'다.

이해를 돕기 위해 실제적인 사례를 살펴보겠다. 월드 비전(World Vision)이라는 구호단체가 최근 정부에서 재 이주시킨 사람들을 위해 일하게 되었다. 한 가정마다 일정한 땅을 배정받았는데, 절반은 정부가 관리하는 땅으로 시장에 팔 작물을 재배해야 하고 절반은 개인적 용도로 사용할 수 있었다. 여러 사람들이 정부의 혜택을 받기 위해 그 지역에 이주해 왔다. 그들은 모두 자체적인 생계 수단이 있는 사람들이었다. 먹고사는 걱정은 없었지만 언제나 그 지역에는 분쟁과 다툼이 그치지 않았다. 그리하여 월드 비전 구호 팀이 '지역 개발'을 위해 생각해 낸 해결책은 기독교 센터를 건립해서 사람들의 가치관을 변화시키는 일이었다. 사람들이 그리스도 안에서 하나가 된다면 이웃들과의 관계도 좋아질 것이라는 기대로 정부의 개발 계획에서 빠진 '가치관 확립'을 위해 그곳에 교회를 개척하기 시작했다.

> • 지역 개발은 복음화를 기반으로 이루어져야 한다. 진정한 변화가 일어나고 유지되기 위한 촉매는 '복음 전도'다.

그리스도인들은 독특하게 개발 준비를 갖추고 있다. 먼저 우리는 바른 동기를 가지고 과업에 임한다. 그리스도의 사랑이 우리를 강권하신다. 의와 정의에 대한 요구가 우리에게 있다. 이것은 '우리가 할 수 있을까'의 문제가 아니라, '우리가 마땅히 해야 하는가'의 문제다.

둘째로, 그리스도인들은 시대를 구별할 줄 알며 긴장감이 고조되는 현대 사회 속에서 올바른 삶을 지켜나갈 능력이 있는 사람들이다. 우리는 이 세상에 역사하는 악한 영의 세력에 대항하고 있지만, 주님이 재림하시면 악한 영의 세력은 영원한 최후를 맞이하리라는 사실을 알고 있다.

하지만 서구 그리스도인들은 최근 한 저자가 말한 것처럼 자기도취의 문화(Culture of Narcissism) 속에서 살아간다. 개인적 성취, 자기 이해, 자기 각성 혹은 수많은 다른 내적 이유들 때문에 스스로 내면세계에 파묻히는 것이다. 우리는 사회를 통제 불가능하다고 생각한다. 지도자들은 무능하거나 부패했다. 과학 기술은 우리를 구해 주기보다는 우리를 정복하겠다고 위협한다. 70년 전에는 옳다고 생각되던 것이 이제는 더 이상 중요하지 않다. 오늘날의 문제는 너무나 달라서 계속 새로운 규칙을 만들어 내야 한다고 생각한다. 세상에서 일어나고 있는 이런 일들을 제대로 이해하지 못한 채, 그리스도인들도 쉽게 그와 같은 길을 따른다. 우리는 우리가 변화시키지 못하는 환경에 맞춰 신학을 수정해 버린다. 그렇기 때문에 가치 있게 생각하는 것, 가장 중요하게 생각하는 것은 사람마다 다를 것이라고 쉽게 결론을 내린다. 어떻게 주제넘게 다른 사람에게 살아가는 법을 가르쳐 준단 말인가? 바로 이런 사고방식으로 비 기독교적 개발은 과업에 접근한다.

> • 복음의 메시지는 급진적이다. 중요한 것은 얼마나 많은 것을 얻느냐 하는 것이 아니라 어떻게 인생을 사느냐이다.

그러나 복음의 메시지는 급진적이다. 그것은 '사물에 대한 너의 마음을 바꾸라'고 말할 뿐 아니라, 또한 "그리스도가 너의 삶을 바꾸게 하라(너의 형제자매를 생각하라). 중요한 것은 얼마나 많은 것을 얻느냐가 아니라 어떻게 인생을 사느냐이다"라고 요구한다. 구원은 영원의 문제만이 아니다. 그리스도 안에서 새로운 마음을 가질 때, 바로 그 순간 구원이 시작된다.

그 메시지에 다시 귀를 기울이자. 날마다. 그리스도께서 우리의 삶을 변화시키셨다고 믿는다면, 지역 개발의 핵심이 복음화에 있음을 잊지 말자. ◉

우리가 가능한 일을 하면, 하나님은 불가능한 일을 하실 것이다.

– 존 로웰(John Rowell)

성경적 개발

밥 모핏(Bob Moffitt)

밥 모핏은 하비스트 재단(Harvest Foundation) 설립자이자 대표다. 하비스트 재단은 제3세계 교회 지도자들을 훈련시키기 위한 커리큘럼을 계발하고 있는 기관이다. 그는 「하나님나라에서의 모험」(*Adventures in God's Kingdom*)과 「지도력 개발 훈련 프로그램」(*Leadership Development Training Program*)의 저자다.

【세속적 개발과 성경적 개발】
Secular and Biblical Develoment

개발은 무엇인가? 어떻게 정의할 수 있는가? 그 특징은 무엇인가? 세속적인 개발과 기독교적인 개발은 이 질문에 대해 각각 다르게 답한다.

세속적인 개발은 생활환경을 개선하기 위한 것이며, 지역 사회의 생활을 더 높은 수준으로 끌어올리는 일에 전념한다. 또한 사람들이 개인적으로나 공동적으로나 의도적으로 노력함으로써 삶을 개선할 수 있다고 믿는다. 제3세계에서 세속적인 개발은 주로 육체적, 사회적 필요(보건 위생, 물, 주택, 농업, 사업체, 교육 등)를 채우기 위한 것이다. 좋은 개발에는 두 가지 특징이 있다. 사람들이 자급자족하도록 돕는 것과 계속 유지하는 것이다(지속적인 외부의 지원이 없이도).

성경적인 개발은 이 가운데 많은 것을 포함하지만 방향은 완전히 다르다. 세속적인 개발은 사람 중심이다. 사람을 위한, 사람에 의한 것으로 사람이 자신을 위해 할 수 있는 것에 제한되어 있다. 그러나 성경적인 개발은 하나님 중심이다. 하나님에게서 나왔고, 하나님의 영광을 구하며, 개발 과정의 주요 참여자이신 하나님께 의지한다. 또한 성경적인 개발은 사람을 배제하지 않고,

> • 성경적인 개발은 사람이 자신을 위해 할 수 있는 것에 국한되지 않고, 하나님의 능력과 사랑과 자비만큼이나 무한하다.

Moffitt, B. (1994). *Leadership Development and Training Curriculum*. Tempe, Ariz.: Harvest Foundation.

사람을 치유하는 과정에서 그 사람이 하나님과 협력한다고 본다.

성경적인 개발에서 '삶의 질'은 자기 백성에 대한 하나님의 의도에 의해 결정된다. 그것은 실체적이고 눈에 보이는 사람의 필요라는 영역들에 국한되지 않고, 정서적이고 영적인 영역을 치유하는 것까지 포함한다. 그것은 사람이 자신을 위해 할 수 있는 것에 국한되지 않고, 하나님의 능력과 사랑과 자비만큼이나 무한하다.

【개발의 목적은 하나님의 의도대로 이루어지는 것】
The Goal of Development Is God's Intentions

개발은 목적, 목표, 의제를 가지고 있어야 한다. 기독교적 목표와 의제는 하나님의 의도에 따라 정해진다. 세속적인 개발은 "당신에게 필요한 것이 무엇인가?"라고 묻는다. 그러나 성경적인 개발은 "당신과 이 특정한 필요에 대한 하나님의 의도는 무엇인가?"라고 묻는다. 그에 대한 대답이 개발의 목표를 설정한다.

개발 사역을 할 때 절실한 필요(felt needs)에 관심을 갖는 것은 옳다. 하지만 그것만이 관심사는 아니다. 마약 중독자들은 마약에 대한 욕구가 있다. 낙태를 하려는 여자들도 있다. 어

두랑고 나와틀Durango Nahuatl: 멕시코는 스페인계 사람들과 토착 인디언의 전통이 혼합된 나라다. 각 종족마다 민족 정체성을 확립하려는 움직임이 강렬하다. 남미에서 네 번째 큰 나라이지만 심각한 사회적, 경제적, 정치적 문제로 몸살을 앓고 있다. 멕시코 복음주의자들은 숫자상으로는 늘어나고 있지만 여러 유형의 핍박을 겪고 있다. 전체 인구의 8백만 명 정도는 아즈텍, 마야, 자포텍 등 고대 문화의 후예들이다. 154개 종족 집단에는 미미하게 복음이 전해졌으며, 25개 종족 집단에는 복음이 전혀 전해지지 않았다.
두랑고 나와틀족은 가장 오래된 아즈텍 어 중 하나로 보이는 언어를 보존하고 있다. 그들은 농업, 수렵, 두랑고와 나자릿의 계곡에서 음식을 수집하여 생계를 이어간다. 그들의 세계관은 기독교와 이교의 혼합이다. 콜럼버스 이전부터 믿던 정령 종교 위에 전통 가톨릭이 조금 덧붙어 있다. 하나님의 극적인 은혜의 결과로 한 사람이 새로 믿게 되었는데, 그는 자신이 발견한 신앙을 동료 부족민들과 조용히 나누고 있다. 성경 번역 사역은 시작 단계다.

떤 십대는 차를 갖고 싶어 한다. 그들은 정말 절실한 욕구를 갖고 있다. 이들 모두가 절실한 필요를 느끼고 있지만 그런 필요를 채워 주면 사실상 아무런 개선도 이루어지지 않는다. 그렇기 때문에 우리는 "느끼는 필요가 아닌 실제적인 필요가 무엇인가?"를 항상 고려해야 한다. 굶주림으로 죽어 가는 아이에게 음식을 주어야 하는 절박한 필요가 아니라면 개발 사역가들은 실제적인 필요에 따라 개발의 방향을 잡아야 한다.

그리스도인들은 근본적 필요가 영적 원인들과 관련되어 있음을 안다. 성경은 이 모든 필요들 간의 관계와 하나님의 해결책을 보여 준다. 목표를 설정하기 전에, 그리스도인들은 "아버지, 이 필요에 대한 당신의 관점은 무엇이며, 그 뿌리와 해결책은 무엇입니까?"라고 기도해야 한다.

【하나님의 의도와 예수님의 개발 모델】
Jesus' Development Models God's Interntions

예수님은 신성을 가졌지만 사람이셨으며, 개발을 위한 우리의 모델도 되신다. 하나님의 의도를 이해하기 위해 누가복음 2장 52절을 살펴보자. 의사인 누가는 예수님의 발달을 지적, 육체적, 영적, 사회적 영역의 네 가지로 묘사한다. "예수는 지혜와 키가 자라가며 하나님과 사람에게 더욱 사랑스러워 가시더라."

예수님이 이 모든 영역에서 자라가실 필요가 있었다면, 우리 인간도 마찬가지다. 하나님은 전인에 관심이 있으시다. 개발은 이런 하나님의 의도를 나타내는 총체적인 혹은 균형 잡힌 관심사를 반드시 반영해야 한다. 예수님이 이런 영역에서 자라신(발달해 가는) 목적은 하나님께 영광을 돌리고, 사람들을 섬기고, 그들을 위해 자신의 생명을 주시려는 것이었다. 사람 역시 하나님을 사랑하고 그분께 영광을 돌리기 위해, 다른 사람들을 사랑하고 섬기기 위해 성장해야 한다. 성경적인 발달은 그렇게 되어야 한다.

예수님은 풍족함이 아니라 '적절함' 속에서 성장하셨다. 하나님은 예수님의 성장을 위해 절대적으로 필요한 요소들을 적절하게 공급하셨다. 예수님은 지혜가 자라기 위해 회당에서 하나님의 율법을 배우셨다. 육신적으로 필요한 집, 옷, 음식, 물, 하수 시설, 육체노동도 공급받으셨다. 하나님을 경외하는 가정에서 자라셨고, 글자를 깨쳐 성경을 읽으면서 영성을 키우셨다. 또한 화목한 가족들이 올바른 대인관계의 본이 되어 사회성을 키우셨다. 예수님의 성장은 풍족하고 발전된 환경이 아니라 적절한 환경, 세속적인 기준에서 보면 가난하다고 할 수 있는 환경에서 이루어졌다.

【개발의 첫째 자원은 하나님이시다】
The Primary Resource for Development Is God

하나님은 개발의 창시자이시다. 하나님은 모든 것을 창조하셨다. 그분은 모든 것을 유지하신다. 모든 자원은 하나님에게서 나온다. 개발 사역자들은 하나님의 목표를 진척시키기 위해 기도하는 마음으로, 또한 담대하게 그 재능과 자원을 투자해야 한다.

창조주이신 하나님은 초자연적인 것까지 주관하신다. 하나님은 기존의 물질세계에 국한되지 않으신다. 하나님의 원리들은 축복과 변화를 가져올 수 있으며 가져온다. 개발 사역자들 또한 살아 계신 하나님을 의지하기에, 눈에 보이는 물질적 자원에 제한되지 않는다. 그들은 극복할 수 없는 어려움에 직면해서도 하나님의 약속을 확신할 수 있었다. 바로 하나님이 사람들과 그들의 땅을 고치시겠다는 약속이었다.

10년 전 나는 중앙 멕시코의 한 가난한 마을을 방문했다. 최근에 회심한 마을 지도자들은 하나님의 방식대로 살기로 헌신했다. 이제 마을은 집안끼리 서로 피의 복수를 외치며 죽이는 살벌함에서 벗어나 사랑으로 섬기는 곳이 되었다. 돼지들이 진흙창이 된 오두막 사이를 마음대로 돌아다니던 곳에는 말끔한 목조 주택들이 서 있다(맨 처음 지어진 일곱 채의 집은 그 마을의 과부들을 위한 것이었다). 작은 개울 하나에 화장실도 변변히 없던 곳에, 이제는 수도가 들어오고 하수구 같은 공중위생 시설이 갖춰졌다. 한때 버려졌던 학교 건물에는 아이들이 들어와 수업을 듣는다.

10년 전, 이 마을은 개발될 가망이 전혀 없어 보였다. 하지만 하나님의 섭리는 눈에 보이는 자원에 국한되지 않았다. 이 마을 사람들은 하나님과 의의 계약을 맺었다. 그 계약 속에서 그들은 하나님의 의도를 찾고 따랐다. 마을 지도자들은 정기적으로 숲에 들어가 여러 날 동안 성경을 연구하고 기도했다. 그들은 하나님이 자신들에게 원하시는 것이 무엇인지 의견의 일치를 보기까지 거기 머물렀다. 그리고 자신들이 확신한 바를 실천에 옮겼다. 하나님이 '그들의 땅을 치유하시기' 위해 일하시는 모습은 감탄스러울 정도다.

【지역 교회: 개발의 적극적 참여자】
The Local Church: Active Participant in Development

지역 교회는 지역 사회 안에서 가장 가시적이고 영구적인 모습으로 하나님나라를 나타낸다. 교회는 각 영역의 필요에 대한 하나님의 관심을 다른 어떤 기관보다 잘 반영할 수 있다. 다른 기독교 기관들은 전도, 교육, 보건, 경제적 개발 같은 특정한 부문에 초점을 맞춘다. 그런 기관들은 조직의 임무에 따르기 때문에, 전인에 대한 하나님의 관심을 나타내는 면에서는 제약을 받는다.

지역 교회가 있는 곳에서는 교회가 섬기는 리더십으로 개발에 적극적으로 참여해야 한다. 그럼으로써 지역 교회들은 각 지역 사회 사람들을 위한 하나님의 의도를 선포하고 보여 주는 능력을 키우게 된다. 그 일을 유지할 수 있는 잠재력 역시 커질 것이다.

【개발: 부자뿐 아니라 가난한 사람들도 참여해야 한다】
Development: Required of the Poor as Well as the Rich

달란트 비유(마 25:14-30)는 하나님의 나라를 위해 자신이 가진 자원을 활용해야 한다고 가르친다. 가난한 사람들에게 가난을 이유로 이런 의무를 벗어나게 하면 그것은 도움이 아니라 해를 끼치는 것이다. 생존의 문제가 아니라면, 외부의 지원을 받을 때 무력감이 더 커지는 경우가 많다. 하나님이 맡겨 주신 자원들을 귀하게 여기고 투자하는 법을 배우기 전에 지역민들에게 외부 자원을 공급해 주면, 외부의 재정적, 물질적, 기술적 도움에 오래 의존할 수 있다. 현대 개발의 역사는 의도는 좋았지만 발전을 진척시키기보다 저해했던 사례들이 많다.

가난한 사람들이 자신의 것을 내놓으면 하나님은 그것을 불려 주신다. 성경에 나오는 사르밧 과부의 이야기, 5천 명을 먹이신 이야기, 과부의 두 렙돈 이야기 등에서 하나님은 가진 것을 희생적으로 바칠 때 역사하셨다. 가난한 사람들도 주위 사람들에게 하나님의 사랑을 보여주어야 한다. 이것은 하나님이 그들에게 주시는 은사다.

인도의 한 시골 교회는 자신들의 소유를 이웃에 사는 힌두교인들에게 나누어 하나님의 사랑을 보여야 한다는 것을 깨달았다. 그들은 가서 무엇이 필요한지 보았다. 그리고 몇몇 힌두교 여성들에게 사리가 한 벌밖에 없다는 것을 알게 되었다. 사리를 세탁하는 동안은 집을 떠날 수가 없었다.

목사는 교인 가운데 사리가 세 벌 있는 사람들은 이 힌두교 여성들에게 하나를 줄 수 없겠느냐고 물었다. 그 결과 어떻게 되었을까? 필요한 사리(약 12벌)를 모아 그들에게 전해 줄 수 있었다. 그러자 그 힌두교 여인들은 그 교회 교인들에게 자신의 집에 와서 태중의 아기들을 위해 기도해 달라고 부탁했다. 그 인도 교회는 그 후 주일마다 가난한 사람들을 돕는 일을 정기적으로 하고 있다. 너무 가난해서 줄 것이 없다고 생각했던 교회가 이제는 주변의 더욱 가난한 사람들을 돌아보는 축복된 교회가 된 것이다.

【개발: 기술 이상의 것】
Develpoment: More Than Technology

기술 발전도 개발의 한 부분이지만 개발에는 그 이상의 의미가 있다. 많은 서구 그리스도인들은 개발을 제대로 하기 위해서는 과학 기술이 가장 먼저 필요하다고 생각한다. 하지만 다른 차원에서 개발을 정의하는 문화권이 많이 있다. 뉴델리의 그리스도인 교수 발슨 탐푸(Valson Thampu)는 이렇게 말한다.

> 중대한 오류는 … 오로지 해외에서 들여오는 자원만을 선호하는 편협한 생각이다. 해외 원조는 의존적인 성향을 키우고 부패한 문화를 산출할 수 있다.

예를 들어, 에이즈 환자를 돌보는 사역을 할 때, 서구인들은 서구의 모델과 기준에 따라 호스피스 체인을 세우고 싶어 한다. 그러나 사실 아시아와 아프리카의 대가족제는 환자를 보살필 수 있는 엄청난 잠재력을 지니고 있다. 사람들의 능력은 간과하면서 기술 집약적인 보호시설을 세우는 데만 급급한 것이다.[1]

> • 성경적 개발은, 하나님이 모든 사람을 하나님의 형상을 따라 귀하게 만드셨기에 모든 사람에게 수많은 자원이 있다는 관점을 반영한다.

성경적 개발은, 하나님이 모든 사람을 하나님의 형상을 따라 귀하게 만드셨기에 모든 사람에게 수많은 자원이 있다는 관점을 반영한다.

【개발: 모두가 주어야 한다】
Development: All Must Give

가난한 사람들에게 희생적인 기부를 권면한다면 부유한 사람들에게는 더 말할 나위가 없다. 요한복음 12장 8절에서 예수님은 "가난한 자들은 항상 너희와 함께 있거니와 나는 항상 있지 아니하리라"고 말씀하신다. 어떤 사람들은 구제하지 않는 것에 대한 변명으로 이 구절을 들먹거리기도 하지만, 실제로 예수님은 신명기 15장 11절을 인용해 반대 주장을 하셨다. "내가 네게 명령하여 이르노니 너는 반드시 네 땅 안에 네 형제 중 곤란한 자와 궁핍한 자에게 네 손을 펼지니라."

어떤 그리스도인도 그 책임에서 면제되지 않는다. 가난한 사람들이 이에 대해 책임이 있다면, 부자들은 얼마나 더 다른 사람들을 축복하고, 하나님께 영광을 돌리고, 하나님나라를 확장하기 위해 자신의 것들을 사용해야 할까!

하나님은 궁핍한 사람들을 위해 아낌없이 나누라고 명하신다. 모든 사람은 하나님나라를 위해 자원을 나누어야 한다. 이사야 58장, 마태복음 25장, 누가복음 10장 25-37절, 야고보서 2장 14절, 요한1서 3장 16-18절 말씀에는 그리스도인이 이웃을 사랑한다면 그들을 향한 하나님의 뜻을 거역할 수 없다고 말한다. 그러므로 사랑으로 행하는 것이 성경적인 개발이다.

---

1. Thampu, V. (1994) "The Indian America Connection: A critique of mission partnerships." *World Christian*. Nov/Dec (p.23).

선교사는 문화를 파괴하는가?
돈 리처드슨(Don Richardson)

스페인 병력을 동반하고 신세계에 간 가톨릭 선교사 프라이 디에고 데 란다(Fray Diego de Landa)는 엄청난 양의 마야 장서들을 발견했다. 그리고 전부 태워 버렸다. 그는 그것이 마야 족이 "기가 막힐 정도로 유감스러워했으며, 그로 인해 대단히 괴로워한" 사건이었다고 말한다. 그의 말에 따르면 그 책들은 모두 '미신들과 마귀의 거짓말들'로 가득 차 있었다. 그래서 1562년, 마야 문명의 시, 역사, 문학, 수학, 천문학 서적들이 연기 속에 사라져 버렸다. 란다의 잘못된 열심 속에서 살아남은 것은 단 세 개의 문서였다.

캐나다의 태평양 연안에 있는 인디언 마을에는 엄청난 규모의 토템 기둥이 세워져 있었다. 그러나 1900년까지 그 기둥들은 전부 도끼로 찍혔다. 그것들을 우상이라고 생각한 선교사들이나 선교사의 지시를 충실히 수행한 회심자들이 저지른 행동이었다. 여러 사건들을 통해 선교사들이 때로는 문화를 파괴했음을 알 수 있다. 지상명령을 오해했기 때문이든, 교만 때문이든, 문화 충격 때문이든, 아니면 다른 사람들의 가치관을 이해할 수 없었기 때문이든 그들은 자신들이 이해하지 못하는 관습들을 불필요하게 생각하며 반대했다. 어떤 것들은(제대로 이해했더라면) 복음을 전하는 열쇠가 되었을지도 모르는데 말이다!

세상은 선교사들의 잘못을 그냥 지나치지 않았다. 헤르만 멜빌(Herman Melville), 서머셋 몸(Somerset Maugham), 제임스 미체너(James Michener) 같은 인기 저자들은 선교사들을 고집 세고, 무감각하고, 신경과민적인 인물로, 자기 나라에서 적응하지 못해서 이교도들에게 보내진 사람으로 묘사한다.

Richardson, D. (1992). "Do Missionaries Destroy Culture?" In R. D. Winter & S. C. Hawthorne (Eds.). *Perspectives on the World Christian Movement: A Reader* (rev. ed.)(pp.C137-C148). Pasadena William Carey Library.

미체너의 소설「하와이」(Hawaii)에 나오는 금욕주의 선교사 에브너 헤일(Abner Hale)은 밉살스러운 고집불통의 전형이 되었다. 헤일은 이교도인 하와이 사람들의 '넌더리나는 가증스러운 행위들'에 대해 지옥 불 설교를 외쳐 댄다. 그는 심지어 선교사 산모가 '그리스도인 아기'를 낳을 때 하와이인 산파들이 돕는 것을 금하기까지 했다. 산모가 죽는데도 말이다.

헤일은 자기 자녀들이 '이교적인 하와이어'를 배우지 않도록 하와이 사람들이 자기 아내를 도와 집안일 하는 것도 금했다. 그의 아내는 혼자서 모든 일을 하다가 결국 일찍 생을 마감했다. 그리고 중국인 불교도들이 하와이에 들어와 정착하자 헤일은 우상들을 때려 부수기 위해 그들의 사원으로 쳐들어간다.

참으로 우습고도 어이없는 소설이다.

하지만 그 책은 순진한 독자들에게 아브넬 헤일은 곧 '선교사'라는 인식을 심어 주었고, 그 이후부터 선교사들은 아브넬 헤일의 망령을 지고 다니는 신세가 되었다.

파르시Parsee: 파르시족은 인도와 주변 국가들 여기저기에 살고 있는 소수 종교를 믿는 사람들이다. 그들은 이란에서 무슬림의 박해를 피해 도망친 조로아스터 교도들로, 그 규모는 3백만 명에 이른다. 그들은 '좋은 생각, 좋은 말, 좋은 행동'을 실천하려 애쓰기 때문에 사업, 의학, 법학, 예술계에서 탁월하다는 명성을 얻고 있다.

파르시족으로 태어난 사람들만이 조로아스터 교도가 될 수 있으며 파르시족과 결혼한 사람도 그들과 같은 믿음은 가질 수 없다. 인도에 있는 대부분의 파르시족은 부유하며 고등 교육을 받았다. 그들은 다른 인종의 궁핍한 사람들을 위해 천 개 이상의 자선 단체를 만들어 평판이 좋다.

파르시도 이슬람의 드루즈파, 시크교, 자이나교, 몰몬교, 소카가카이 등의 특정한 종교를 믿는 사람들로 이루어진 독특한 집단이다. 그렇기 때문에 이들의 복음화를 위해서는 특별한 전략이 필요하다. 어느 나라, 어느 종교든지 소수 종교나 분파가 있기 마련이다. 하지만 그들을 대상으로 복음을 전하려는 사람들은 거의 없는 실정이다.

풀러 신학교 세계 선교 대학원의 인류학자 알란 티펫(Alan Tippett)은 호놀룰루 기록 보관소에 있는 초기 선교사들의 설교 수백 편을 검토한 적이 있다. 그들 가운데 미체너가 전형적이라고 제시한, 고래고래 호통하며 설교한 사람은 아무도 없었다. 비판자들은 선교사들이 고국에 머물러 있기만 했다면 야만인들이 아무런 방해도 받지 않았을 것이라고 순진하게 주장하는 듯하다.

> • 비판자들은 선교사들이 고국에 머물러 있기만 했다면 야만인들이 아무런 방해도 받지 않았을 것이라고 순진하게 주장하는 듯하다.

사실상 상업적 착취자들이나 다른 세속적 세력들은 엄청난 규모의 토착 문화를 파괴시켰다. 리빙스턴(Livingstone) 전에는 노예 상인들이 있었다. 에이미 카마이클(Amy Carmichael) 전에는 아이들을 끌고 가 신전에서 끔찍한 아동 매춘의 희생자로 만든 사람들이 있었다.

> • 상업적 착취자들이나 다른 세속적 세력들은 엄청난 규모의 토착 문화를 파괴시켰다.

이런 세속 세력들은 때로는 종족 전체를 멸망시켰다. 북미에서는 유명한 모히칸족뿐만 아니라 후론 족과 어쩌면 20개나 되는 다른 인디언 부족들이 땅을 차지하는 데 혈안이 된 개척자들에게 멸절되었다. 한번은 개척자들이 천연두 균을 묻힌 담요 한 마차를 한 부족에게 선물한 적도 있다고 한다.

브라질에서는 인디언 인구가 4백만 명 정도였으나 겨우 20만 명만 남아 있다. 지난 75년간 해마다 한 부족 이상이 사라진 것이다. 혹자는 브라질에서 없어진 부족들이 사회에 흡수되었다고 생각할지 모르지만, 사실은 그렇지 않다. 수천 명의 사람들이 잔인하게 독살되거나, 기관총에 난사당하거나, 다이너마이트 폭발로 죽었다. 다른 수천 명은 무감각증(apathy)에 의해 서서히 더 괴롭게 죽어 갔다. 침략으로 인해 문화가 붕괴되자, 인디언 남자들은 아이를 유산시키기도 했다. 더 이상 납득이 안 되는 세상에서 아이들을 키우고 싶지 않았기 때문이다.

1858년 이전에는 인도의 안다만 제도(Andaman Islands)에 6천 명의 피그미 흑인들이 살았다. 그때 영국이 그 제도에 감옥을 만들었고 희생자들이 생겨나기 시작했다. 오늘날에는 겨우 6백 명만 남아 있다.

비슷한 비극들이 필리핀, 아시아, 아프리카 전역에서 벌어지고 있다.

오늘날 사람들은 멸종될 지경에 있는 동물들에 많은 관심을 보인다. 하지만 수많은 인간들이 그보다 훨씬 더 큰 위험에 처해 있다! 해마다 10개 부족들이 지구상에서 사라졌다는 통계도 어쩌면 축소된 수치인지 모른다.

세계의 몇몇 정부들만이 소수 인종들을 보호하기 위한 기관을 세웠다. 브라질, 필리핀, 인도가 소수 민족에 대한 보호책을 세운 대표적인 나라지만 그나마 심각한 재정난에 시달리고 있다.

게다가 정부의 다른 기관들이 소수인종보호책에 걸림돌이 되기도 한다. 예를 들어, 브라질 국립 인디언 재단(National Foundations for the Indian)이 싱구(Xingu) 국립공원을 멸종 위기에 처한 부족들을 위한 특별 보류지로 정한 지 얼마 되지도 않았는데, 도로 건설업자들이 그 한가운데를 관통하는 현대식 고속도로를 내는 허가를 받아 냈다! 그 결과 싱구의 두 부족이 건설 노동자들에게서 유입된 홍역과 인플루엔자로 멸절해 버렸다.

분명 '그들을 그냥 내버려 두라'는 '계몽' 정책은 제대로 이루어지지 않고 있다. 그렇다면 그들이 멸절의 길로 행진하는 것을 무엇으로 중단시킬 수 있겠는가? 보조금, 토지, 세속적인 복지 프로그램 등은 물질적 차원에서는 도움이 될 것이다(비록 때로는 불경한 관리들이 알코올 중독이나 다른 악한 것들을 끌어들여 프로그램의 유익을 훼손시키기는 하지만).

그러나 원주민들은 어떤 복지정책으로도 도울 수 없는 최고의 위기 상황에 처해 있다. 그들이 오랫동안 숭배하던 초자연적인 존재와의 접촉점을 잃어버린 것이다. 원주민 문화마다 초자연적인 존재를 인정하고 그 존재를 숭배하는 제사의식이 있다. 외부인이 들어와 그러한 원주민들의 신앙을 멸시하고 파괴한다면, 원주민들은 숭배의 대상을 잃어버리고 심각한 상실감과 혼란에 빠져들게 된다. 아울러 제사의식을 없앴기 때문에 엄청난 재앙을 받는다고 믿는다. 그리하여 절망에 못 이겨 무감각한 사람이 되고 자신의 부족은 저주 속에 멸망할 것이라고 믿는다. 세속적인 사회사업가나 과학자들은 결코 그들을 도와줄 수 없다. 원주민들은 그런 사람들이 자신이 믿는 초자연적인 존재를 부정한다는 느낌만으로도 절망에 빠질 것이다.

그렇다면 누가 그 사람들을 영적으로 도울 수 있는가? 바로 제일가는 원수라고 비방하던 그 사람들, 곧 성경의 인도를 받고 그리스도를 존중하는 선교사들이다. 몇 가지 사례를 살펴보자.

미전도지역선교회(Unevangelized Fields Mission)의 로버트 벨(Robert Bell)에 따르면, 지금으로부터 한 세대도 되기 전에, 브라질의 와이와이 족은 60명밖에 남지 않았다. 외국에서 들어온 질병과 이 질병들을 예방하기 위해 아기를 제물로 바치는 부족의 관습 때문이었다.

그때 소수의 UFM 선교사들이 와이와이 족에게 들어갔다. 그들은 부족들과 동일화되어 언어를 배우고, 문자를 만들어 주며, 하나님의 말씀을 번역하고, 글 읽는 법을 가르쳐 주었다. 선교사들은 초자연적 세계를 부인하기는커녕, 와이와이 족에게 사랑의 하나님이 초자연적 세계를 다스리는 최고의 존재임을 보여 주었다. 그리고 하나님이 그들이 이전에 꿈꾸던 것보다 훨씬 더 깊은 차원에서 '올바른 관계를 유지'할 수 있는 길을 마련하셨다고 알려 주었다.

와이와이 족은 이제 귀신에게 아이를 제물로 바치지 않는 것이 합리적이며, 심지어 기쁘기까지 하다고 말한다. 부족의 인구는 늘어나기 시작했다. 오늘날 와이와이 족은 브라질에서 가장 인구가 많은 부족 가운데 하나가 되고 있다. 그리고 낙천적인 와이와이 그리스도인들은 인구가 감소하고 있는 다른 인디언 종족들에게 예수 그리스도를 믿는 믿음으로 20세기를 대처해 나가는 법을 가르치고 있다.

• 와이와이 그리스도인들은 인구가 감소하고 있는 다른 인디언 종족들에게 예수 그리스도를 믿는 믿음으로 20세기를 대처해 나가는 법을 가르치고 있다.

회개와 예수 그리스도를 믿는 믿음은 멸종 위기에

처한 많은 종족들의 생존 문제를 해결해 줄 수 있다. 와이와이 부족의 예는 멸종 위기에 놓인 원주민들을 실제적으로 도와준 최근의 한 사례에 지나지 않는다.

초기 미국 선교사 존 사전트(John Sargent)와 그의 동료들은 지금은 매사추세츠인 스톡브리지 인근에 인디언들의 권리를 보존하기 위한 공동체를 세웠다. 유럽인들의 침략 속에서 그들이 살아남을 수 있게 준비시키려는 것이었다. 인종중심주의가 사회악이라고 지칭되기 전에, 그리고 인류학이 하나의 학문으로 탄생하기 전에, 사전트와 그를 돕는 사람들은 인디언 친구들과 함께 땅을 경작했다. 그들은 또한 인류학자들이 말하는 '방향성 있는 변화'(directed change)를 실천하면서 그들이 가진 기독교 신앙을 나누었으며, 인디언들은 그 믿음을 자신의 것으로 받아들였다.

• 사전트와 그를 돕는 사람들은 '방향성 있는 변화'를 실천하면서, 인디언 친구들과 함께 땅을 경작했다.

그 믿음과 자신들을 영적으로 위로하는 사람들의 사랑을 통해 그들은 한 세기 이상 고난을 견디며 살아갈 수 있었다. 탐욕스러운 개척자들은 그 땅이 '별 볼일 없는 인디언'들에게는 과분하다고 생각해서 그들을 쫓아내 버렸다. 몇 번 저항을 하다가 실패한 후, 사전트는 더 서쪽에 있는 땅은 사용해도 좋다는 보증서를 받았다. 몇 년 후, 또 다른 개척자들이 와서 그 공동체를 쫓아냈다. 그런 일이 계속 반복되었다. 그들은 15번이나 옮겨 다녀야 했다. 매번 그 선교사들은 그들과 함께 이동하면서 새로운 땅의 사용권을 위해 씨름하고, 그 공동체를 결속시켰다. 마침내 그 공동체는 미시간에 정착했다. 그들은 그곳에서 안식할 수 있었고, 오늘날까지 살아남을 수 있었다. 부수적 유익이 있었다면, 선교사들의 실험이 학자들에게 인류학이라는 학문이 필요하다는 사실을 확인시켰다는 것이다.

방금 인용한 두 예에서, 선교사들은 문화 변화를 도입했지만 독단적인 것도 아니었고 강요한 것도 아니었다. 선교사들은 신약 윤리가 요구하는, 혹은 종족이 살아남기 위해 필요한 변화만을 가져왔을 뿐이다. 종종 그 두 가지 필요는 중복된다(예를 들어, 와이와이 족이 아이를 제물로 바치는 것을 중지하는 것).

한번은 어떤 사람과 인터뷰를 했는데, 그는 필자가 사위족을 설득하여 식인 풍습을 버리게 한 것을 비난했다(아마 농담 삼아 한 말이었을 것이다).

"식인 풍습이 뭐가 잘못되었다는 거죠?" 그는 물었다. "사위 부족은 수천 년간 그 풍습을 이어 왔는데, 왜 지금 그것을 포기해야 한다는 거죠?"

나는 이렇게 대답했다. "오늘날의 세계에서 식인 풍습을 시행하는 종족이 살아남을 수 있을까요? 그럴 수 없습니다. 사위 부족은 이제 인도네시아 공화국의 국민입니다. 인도네시아 공화국은 자기 국민들이 서로 잡아먹도록 허용하지 않습니다. 그러므로 제 임무 가운데 하나는 경찰이 총으로 그 문제를 해결하기 전에 자발적으로 식인 풍습을 버릴 만한 합리적 근거를 사위족에게 제시하는 것입니다."

다른 차원에서 보면 사위 문화는 죽은 친척들의 썩어 가는 시신을 처리하거나 심지어 먹음으로써 그들을 숭배하려는 음울한 충동을 품고 있다. 하지만 사위족이 부활의 개념에 대해 배우자, 그들은 안도의 한숨을 쉬면서 그 문화를 즉시 버렸다. 복음은 그들의 이런 이상한 충동을 치료해 주었다.

사위족은 이리안자야에 사는 검은 피부의 400개 멜라네시아 부족 가운데 하나로, 이제 막 석기 시대 문화를 벗어났다. 얼마 전 네델란드는 당시 뉴기니라고 불리던 이리안자야를 인도네시아에 양도했다. 현재 10만 명이 넘는 인도네시아인들이 이리안자야에 이주해서 살고 있다. 부족민들은 진취적인 이주민 이웃들에 대처할 준비가 되어 있을까? 아니면 멸절하고 말 것인가?

이리안자야 전역에는 250명 이상의 복음주의 선교사들(너무나 적은 숫자다)이 두 인종 전부를 대상으로 복음을 전하고 있다. 그들은 이리안의 400개나 되는 부족어 가운데 여러 개를 알 뿐 아니라 인도네시아어도 알고 있기 때문에, 상충되는 문화에 속한 사람들이 서로 이해하도록 돕고 있다. 선교사들은 인도네시아 정부가 호의적으로 도와주기 때문에 심각한 문화 충격은 피할 수 있으리라고 낙관한다. 이미 그

• 선교사들은 상충되는 문화권에 속한 사람들이 서로를 이해하도록 돕고 있다.

야노마모Yanomamo: 아마존 정글의 인디언 부족들은 큰 위험에 처해 있다. 파렴치한 토지 개발자들, 개척자들, 금을 찾는 사람들이 인디언들을 죽이고 인디언들의 땅에서 그들이 원하는 것을 약탈했다. 브라질 사람들은 아마존 관통로를 건설하기 위해 불도저로 마을 전체를 갈아엎어 버리고, 어떤 마을은 폭파시켰다. 이런 파괴 속에서 부족민 일부가 살아남는다 해도, 많은 부족들은 그들의 문화적 정체성을 잃어버리고 만다.

농업으로 자급자족을 하고, 수렵과 어업을 추가로 하고 있는 반유목민 야노마모족에게는 글이 없다. 그들은 북서부 브라질과 베네수엘라 오리노코 강 지역에 산다. 특별히 호전적인 그들은 다른 부족들과 교역을 하는 경우도 거의 없다. 그들은 정령숭배를 하고 에브네(ebene)라는 환각 작용이 있는 코담배를 피운다.

야노마모족 외에도 복음이 전해지지 않은 것으로 알려진 부족은 50개 정도인데, 파르카나, 루구아하, 히마리마, 신타-라르 등이다. 아마도 또 다른 100개의 집단들이 브라질 사회에 완전히 혹은 부분적으로 흡수되었을 것이다. 브라질은 이 가운데 여러 집단에 선교사들이 가는 것을 제한했다. 부족들이 선교사의 도움을 요청해도 선교사들은 들어갈 수 없다. 어떤 부족들은 정글 속으로 더 깊이 숨어 들었다. 어떤 부족들은 자살을 했다. 어떤 부족들은 무관심한 절망 속에서 야위고 쇠약해졌다. 브라질 그리스도인들은 아직 시간이 있을 때, 그들을 발견하고 복음을 전하려 하고 있다.

리스도를 믿는 믿음을 통해 수만 명의 이리안자야 사람들이 순조롭게 20세기에 적응하기 시작했다.

분명 이같이 엄청난 윤리적 위기들은 상업적인 이익만을 추구하는 사람들의 수상쩍은 자비에만 맡겨 두기에는 너무나 민감한 문제다. 그리스도의 사랑이 마음속에 흘러넘치는 선교사들만이 문제 해결의 열쇠다. 하지만 여전히 세속 매체들은 선교사를 반대하는 정서를 부추기고 있다. 다음 글이 이에 대한 예다.

【문화적 제국주의?】
Cultural Imperialism?

"유죄!" 해미쉬 맥도널드(Hamish McDonald)라는 호주 기자가 워싱턴 포스트 지에 기고한 내용에 따르면 선교사들은 유죄다. 1976년 심각한 지진을 취재하기 위해 인도네시아의 이리안자야를 방문한 그는 부족민들과 선교사 간의 관계에 발 빠르게 초점을 맞췄다. 다음은 1976년 8월 3일자 워싱턴 포스트에 게재된 글이다.

> 이리안자야 자야푸라, 이곳 남쪽의 고산 지대에서 근본주의자 선교사들이 원시적인 부족민들 사이에 적개심과 때로는 살인도 불사하는 반발을 불러일으키고 있다. 최근에 일어난 사건 가운데 가장 잔혹한 것은 약 18개월 전에 일어난 일로, 유럽인 선교사가 휴가를 떠나자마자 선교를 돕던 13명의 원주민이 살해되어 잡아먹힌 일이다.

인류학자와 다른 관찰자들은 선교사들이 복음을 전하는 지역의 문화를 완전히 파괴하고 있다고 몰아세운다. 이것이 최근 일어난 폭동의 원인으로 여겨지며, 이들에 비해 가톨릭교나 다른 개신교 선교사들은 융통성 있는 사역 정책을 펴고 있다.

근본주의자들은 외딴 자야위자야 산지에서 일하고 있는데, 그들은 그곳에서 최근 일어난 지진으로 천 명에 달하는 사망자가 발생하자 구제 사업에 주력하고 있다.

그들은 CMA(Christian and Missionary Alliance), UFM(Unevangelized Fields Mission), RBMU(Regions Beyond Missionary Union), EAM(Evangelical Alliance Mission), APCM(Asia-Pacific Christian Mission)이라는 다섯 개 선교 집단에 속해 있으며, 연합하여 선교동맹(Missionary Alliance)이라는 이름으로 일하고 있다. 기술지원 선교 팀인 항공선교회(Missionary Aviation Fellowship)가 그들과 함께 일하고 있는데, 그들은 경비행기 15대와 헬리콥터를 보유하고 효율적인 항공 업무를 수행하고 있다. 가장 긴 포장도로라고 해야 수도인 자야푸라에서 공항에 이르는 40km의 길이 전부인 그 지역에서는 꼭 필요한 사역이다. 그들은 북미, 유럽, 호주의 회중주의자들, 침례교도들, 초교파 성경 그룹들의 강력한 후원을 받고 있다. 그러나 대부분의 인력과 재정은 미국에서 온다.

그들은 때로 '근본주의자'라는 딱지를 거부하며 자신들을 '정통' 혹은 '믿음'의 그리스도인이라고 말한다. 그들의 특징은 성경을 문자적으로 진리라고 믿는다는 것이다.

최근 그들은 자야위자야 산지에 서너 개의 선교회를 세웠는데, 자야위자야는 지도에도 나오지 않는 거의 알려지지 않은 지역으로, 20년 전에 처음으로 외부와 접촉했다. 그곳의 멜라네시아인들은 최근에 와서야 금속 사용법을 배웠다. 그들은 고구마, 사탕수수, 바나나, 돼지, 화살로 잡은 작은 캥거루나 새들을 먹고 산다.

그들이 키우는 유일한 가축은 돼지인데, 그들은 돼지에게 영혼이 있다고 믿는다. 필자가 그곳에 있는 한 인류학자에게 왜 그들은 그렇게 친한 친구를 잡아먹느냐고 묻자, 그는 "그건 아무것도 아니에요. 사람도 먹는 걸요"라고 말했다.

남자들은 코테카라고 하는 조롱박 모양의 가리개로 남근만 가리고 다니며, 여자들은 풀로 엮은 술로 앞뒤를 가린다. 지형이 험하고 쓰는 언어가 달라 가까운 이웃들과도 서로 나뉘어 있는데 정기적으로 대규모 군사 대결을 벌인다.

그들의 문화는 개인과 가족 재산을 인정하기는 하지만, 놀랄 만큼 기꺼이 자기 소유물을 공유한다. 담배는 어떤 경로를 통해서인지는 모르지만 해안에서 수입된 그들의 유일한 악습이다. 조가비가 화폐 역할을 한다.

그들의 문화와 전통 종교는 가장 기본적인 인간의 개념들을 표현한다. 그들과 이리안자야에 있는 다른 수십만 명은 전통 조각과 수공예로 눈부시게 아름다운 예술 작품들을 만든다.

보통 선교사들이 이 지역에 들어오면 풀밭에 난 활주로 주변에 집을 짓는다. 한 선교사는 내게 이렇게 말했다. "첫 번째로 할 일은 그 사람들 가운데 들어가서 그들과 함께 사는 것입니다. 그들에게 음식과 약품과 거처를 제공하고, 그들을 가르치고, 그들의 언어를 배우면서 그들을 돕기 원한다는 것을 입증해야 합니다. 언어를 배우는 데는 2년에서 4년 정도 걸리는 것이 보통입니다. 우리는 문화 속에 들어 있는 열쇠, 즉 이들이 복음을 이해할 문화적 열쇠를 찾고 있습니다."

> • 우리는 문화 속에 들어 있는 열쇠, 즉 이들이 복음을 이해할 문화적 열쇠를 찾고 있습니다.

하지만 많은 선교사들은 복음이 전통 문화와 전혀 양립할 수 없다고 단정하는 듯하다. 그들은 전통 문화의 깊은 가치를 보지 못한다. 그래서 파푸아뉴기니 국경 지방에서 온 한 선교사는 노인들이 "영적인 일에 전혀 관심이 없어서" 그의 선교회에 무관심하다고 말했다. 또 최근에 X 골짜기에 잠시 머물렀던 한 선교사가 최초로 보인 반응은 그 부족민들에게 셔츠를 건네주는 것이었다. 날카(Nalca) 선교회에서는 여자들을 설득해 풀로 엮은 치마를 무릎까지 길게 내리도록 했는데, 이는 선교사들의 정숙함을 만족시키기 위한 것이었다.

흡연도 죄로 간주되어 금지된다. 최근까지 선교회 항공부는 짐을 수색해 담배나 주류를 소지하고 있는 사람은 탑승시키지 않았다.

1968년에 서구 선교사 두 명이 자야위자야 산맥 남쪽 비탈에서 살해되었다. 석 달 전에는 한 미국인 선교사가 품행의 문제로 파말린켈레 벨리에서 쫓겨났다.

식인 사건은 닙산이라는 선교회에서 일어났다. 그곳에서는 더 먼저 복음화된 서쪽 와메나 출신의 조력자들이 네덜란드인 선교사를 돕고 있었다. 선교사가 휴가를 떠나자 부족민들은 15명의 조력자를 공격해 13명을 죽여서 먹었다. 2명은 정글을 탈출해 나왔다. 한 인도네시아 군대가 이후 그곳에 들어갔으나, 곧 그 문제에서 손을 떼고 말았다. 관련 법규로는 이해할 수 없는 문제들이 있었기 때문이다.

네덜란드인 선교사는 후에 유럽과 북미를 다니면서 헬리콥터를 구입하기 위해 기금 모금 활동을 벌였다. 그는 그것을 타고 확성기를 통해 전도 활동을 하려고 했다. 하지만 한 달 전 처음 그 사역을 시작했을 때, 공중 설교자를 맞은 것은 화살 세례였다고 한다.

근본주의자들은 로마 가톨릭 선교사들과 비교해 비판을 받곤 한다. 가톨릭 선교사들은 영토 분할에 의해 이리안자야 남쪽에서 사역하고 있다. 영토 분할은 네덜란드가 시작하고 1863년에 행정권이 이양된 이래 인도네시아가 유지하고 있다.

자야푸라의 한 소식통이 말했다. "두 단체의 차이란 간단히 말해서 개신교는 문화를 파괴하고 가톨릭은 보존한다는 겁니다."

남부 해안 부근에 있는 자요사콜이라는 선교회에서 가톨릭은 최근 지역민들이 설계하여 벽에 돌아가며 전통 아스맛 조각들을 새겨 놓은 한 교회를 봉헌했다. 네브라스카 중심부에 있는 크로이저 신부회(Croiser Fathers)의 알폰스 소와다(Alphonese Sowada) 주교가 감독용 예복을 입고, 몸에 그림을 그리고, 이빨로 된 목걸이를 하고, 코를 뼈로 장식한 채 감독용 예복을 입은 원주민 지도자들과 함께 그 의식을 수행했다. 아스맛 족이 공공건물 낙성식을 할 때 사용하는 방식대로, 구운 조개로 만든 석회를 대나무 그릇에 담아 두었다가 벽과 마루와 제단 곳곳에 뿌렸다.

이리안자야의 거의 모든 가톨릭 선교사들은 사역을 시작하기 전에 인류학 학위를 받아야 한다. 지역 종족들에 대한 책을 출판한 사람도 많다. 한 사제는 이렇게 말했다. "우리 접근법의 기초는 하나님이 이미 기존의 문화를 통해 일하고 계심을 믿는다는 것입니다. 이는 하나님이 만물을 창조하셨으며, 그 만물 안에 계시하는 믿음에서 나온 거지요."

맥도널드의 주장에 어떻게 반응하겠는가? 1976년 9월 21일 필자는 다음의 공개서한을 워싱턴 포스트 지에 보냈다. 하지만 그 글은 "편집자에게 보내는 편지" 칼럼에 실리지 않았다. 하지만 존 보들리(John H. Bodley)가 그 글을 일반 학교에서 널리 사용되고 있는 인류학 교과서인 그의 책 「부족민과 개발 문제」(*Tribal Peoples and Development Issues*, Mayfield Publishing Co., Mountain View, Calif, 1988)에 실었다.

담당자님께

몇 주 전 해미쉬 맥도널드 기자가 최근 이곳 산지 지역을 황폐화시킨 지진을 취재하고자 이리안자야에 도착했습니다. 선교사의 도움을 받아 산악 지역에 들어 온 맥도널드 기자는 자신의 취재 의도를 그렇게 밝혔습니다.

당시의 지진은 지구상에서 유일하게 석기 시대를 살아가는 식인 부족들을 강타했기 때문에 세간의 큰 관심을 모았습니다. 그 부족 가운데 일부는 지금도 식인 풍습을 행하고 있습니다. 수천 건의 산사태를 일으키면서 그 대 격변은 15개의 부족 마을을 휩쓸었고, 천여 명의 사망자를 냈으며, 만 5천 명의 생존자들에게는 겨우 15%의 농경지만 남게 되었습니다. 맥도널드가 만났던 선교사들은 긴급하게 식량을 공수하느라 분주했습니다. 그럼에도 그들은 자야푸라에서 내지로 들어가는, 짐이 가득 들어찬 구급 비행기에 그를 위한 자리를 내주었습니다.

지난 15년간 10여 명의 복음주의 개신교 선교사들이 지도에도 없는 산지 거류지들을 탐사하지 않았더라면, 세상 사람들은 이런 부족들이 존재하는지도 몰랐을 것입니다. 구제 기관들도 그들의 곤경에 대해 알지 못했을 것입니다. 복음주의자들은 목숨을 걸고 매우 의심이 많고 예측 불가능한 이 4천 명 정도의 부족민들과 사귀는 데 성공했습니다. 그들은 구전으로 내려오던 부족 언어들을 꼼꼼하게 배워 분석했습니다. 이 일은 매우 어렵고 지루한 일이어서 강한 동기가 없는 사람이라면 그렇게 많은 시간을 들일 수 없었을 것입니다. 그들은 또한 네 개의 활주로를 닦았습니다. 그 활주로들 때문에 구제 활동이 가능해졌으며, 맥도널드도 그곳에서 자신의 임무를 수행할 수 있었습니다. 맥도널드 기자를 태운 경비행기가 활주로에 도착하자, 그는 재빨리 비행기에서 내려 사진을 찍기 시작했습니다.

선교사들이 가능한 한 빨리 이리안자야와 같은 고립 지역들로 들어가야 했던 이유들이 몇 가지 있습니다. 역사를 보면 가장 고립된 소수 문화들이라도 결국 다수민들의 상업적, 정치적 확장에 희생되기 마련입니다. 상아탑에 갇혀 있는 순진한 탁상공론자들은 세계에 남아 있는 원시 문화들을 손대지 않고 그냥 놓아두어야 한다고 항변할지 모르지만, 농부들·벌목공들·토지 투기꾼들·광부들·사냥꾼들·군사 지도자들·도로 건설업자들·예술품 수집가들·여행가들·마약 밀매인들은 그 말에 귀를 기울이지 않습니다.

• 가장 고립된 소수 문화들이라도 결국 다수민들의 상업적, 정치적 확장에 의해 희생될 것입니다.

그들은 어떻게 해서든 들어가고 있습니다. 가서는 파괴하고 속이고 착취하고 희생시키고 부패하게 만듭니다. 그들은 원시인들에게 면역성이 없거나 치료할 약이 없는 질병들을 가져다줄 뿐입니다.

바로 이 때문에, 20세기가 된 후 브라질에서만 90개 이상의 부족들이 멸절된 것입니다. 남미와 아프리카와 아시아의 많은 나라들에서도 원시 소수 민족들이 이와 비슷하게 높은 멸종률을 보이고 있습니다. 적게 추산한다 해도 전 세계에서 해마다 5, 6개의 부족들이 희생되고 있습니다.

우리 선교사들은 이리안자야의 이 멋진 부족들에게 이와 똑같은 운명이 닥치는 것을 원치 않습니다. 우리는 목숨을 걸고 그들에게 제일 먼저 다가갔는데, 그 이유는 우리가 이익에 눈이 먼 영리주의자들보다 더 나은 방향으로 변화를 일으킬 수 있다고 믿었기 때문입니다. 1796년에 북미에서 모히칸 부족이 멸절되지 않도록 보호 프로그램을 시작했던 존 사전트처럼, 그리고 바로 한 세대 전에 와이와이 부족을 그와

• "우리가 가야 하는가?"라는 질문은 진부합니다. 왜냐하면 분명 누군가 갈 것이기 때문입니다.

비슷한 운명에서 구해 냈던 브라질의 동료들처럼 우리는 이리안자야의 부족들이 현대 세계에서 살아남는 법에 대해 미리 조치를 취하는 법을 알고 있다고 생각합니다. "우리가 가야 하는가?"라는 질문은 진부합니다. 왜냐하면 분명 누군가 갈 것이기 때문입니다.

그래서 그 질문은 더 실제적인 질문으로 대체되었습니다. "가장 애정이 많은 사람들이 가장 먼저 도착할 수 있는가?" 그 이유는 가능하면 석기 시대에서 빠져 나오는 충격을 덜기 위해서입니다. 또 부족민들이 살아남기 위해, 잃어버려야만 하는 것을 대신할 새로운 이상들을 얻도록 하기 위해서입니다. 그리고 그들에게 국가 공통어를 가르쳐서 그들이 '문명인들'과 논쟁할 때 그들 자신을 변호할 수 있도록 하기 위해서입니다. 그러면서도 그들의 언어로 문서를 출판해 그 언어를 잊지 않도록 하기 위해서입니다. 그들에게 돈의 가치를 가르쳐서 파렴치한 상인들이 그들을 쉽게 속이지 못하도록 하기 위해서입니다. 그리고 몇몇 사람들에게 사업을 하도록 하여 그 지역의 사업이 외부인들의 수중에 완전히 넘어가지 않도록 하기 위해서입니다. 전염병이 휩쓸 때 혹은 지진이 일어날 때 그들을 돌보기 위해서입니다. 그리고 그보다 더 나은 것은, 그들 중 일부를 간호사와 의사로 훈련시켜서 우리가 떠났을 때 그 일을 계속하도록 하기 위해서입니다. 우리는 서로 충돌하는 문화들이 서로 이해하도록 돕는 민원 조사관으로 갑니다.

우리 선교사들은 영적인 진리는 물론 육체적 생존까지도 옹호합니다. 그리고 우리는 이리안자야와 다른 곳에서 놀라운 성공을 거두었습니다. 아케리, 다말, 다니, 느두그와 그리고 다른 부족들 사이에서 10만 명 이상의 석기 시대 생활자들은 그들 각각의 문화가 수백 년간 기다

• 우리 선교사들은 영적인 진리는 물론 육체적 생존까지도 옹호합니다.

려 오던 무엇인가가 성취됨으로써 복음을 받아들였습니다. 에카리 족은 그것을 아지(aji)라고 불렀습니다. 다말에게 그것은 하이(hai)였습니다. 다니 족에게는 나벨란 카벨란(nabelan-kabelan), 곧 언젠가 부족 간의 전쟁을 억제하고 인간의 고난을 덜어 줄 불멸의 메시지였습니다.

그 결과 가장 깊은 차원에서 문화적 성취가 이루어졌습니다. 그리고 그로 인해 수만 명의 사람들이 예수 그리스도를 믿게 되었습니다.

성공과 더불어 실패도 있었습니다. 거의 2년 전에 유럽 선교회에서 온 동료인 게릿 쿠짓(Gerrit Kujit)은 네덜란드로 돌아와 있는 동안 새로운 기지를 몇몇 연안민 조력자들에게 맡겼습니다. 그가 없는 동안 몇몇 연안 사람들이 사적인 이유로 주변의 부족민들을 괴롭혔습니다. 그리고 그에 대한 보복으로 13명의 연안 사람들이 죽임을 당했습니다.

우리의 어려움에 공감해 주십시오. 참으로 안타까운 일입니다. 이렇게 험한 지역에서 성실한 조력자를 구하기란 그리 쉽지 않습니다. 때로는 위험을 감수하고 현지인들을 믿고 맡겨야 할 때도 있습니다.

1968년에도 동료 필 매스터스(Phil Masters)와 스탠 데일(Stan Dale)이 얄리 부족의 새로운 지역을 탐사하다가 함께 죽었습니다. 하지만 그때 얄리 족 장로인 쿠사호는 그들을 죽인 젊은이들을 나무라면서 이렇게 말했습니다. "이들은 우리에게 한 번도 해를 끼친 적이 없고, 심지어 너희가 그들을 죽일 때 반항조차 하지 않았다. 분명 그들은 우리를 해치러 온 것이 아닌데 너희는 끔찍한 실수를 저질렀구나. 이런 사람들이 우리 골짜기에 더 오게 된다면 반드시 환영해야 한다."

이렇게 우리의 친구들을 잃음으로써 그들은 우리를 용납하게 되었습니다. 큰 희생을 치르고 얻은 승리였습니다. 스탠과 필의 미망인들은 혼자서 다섯 명의 어린 자녀들을 키워야 했습니다. 하지만 두 미망인 중 누구도 자기 남편의 죽음에 대해 비난하지 않았으며, 그중 한 명은 지금까지도 우리와 함께 이리안자야에서 일하고 있습니다.

우리가 하는 일은 대단한 일이며 매우 어려운 일입니다. 그런데 어떤 정부도 우리가 하는 일에 보조금을 주지 않기 때문에, 교회와 개인들과 대중의 공감과 후원이 있어야만 성공할 수 있습니다. 그런 면에서 맥도널드 기자가 큰 도움이 될 수도 있었겠지만…. 하지만 맥도널드는 이제 다니 족 그리스도인들이 기부한 고구마와 인도네시아 정부 창고에서 나온 쌀을 실은 항공 선교회(Mission Aviation Fellowship) 헬리콥터로 갈아탔습니다. 조종사인 제프 헤리티지(Jeff Heritage)는 맥도널드가 이리저리 엉켜 있는 산사태 속에 섬처럼 좌초되어 있는 많은 부족 마을들, 기아선상에 있는 마을 사람들에 대해 놀랄 만큼 관심이 없는 것처럼 보인다고 생각했습니다. 내지에 겨우 몇 시간 머무른 후에 그는 연안으로 가서 기사를 썼습니다.

맥도널드는 우리를 비난하고 화나게 만들려는 의도가 분명한 '근본주의자'라는 판에 박힌 문구를 사용하면서, 워싱턴 포스트 지에 기사를 싣고 세계 전역의 수백 개의 신문에 케이블로 중계된 통렬한, 그러나 아무 근거 없는 공격을 시작했습니다. 게릿 쿠짓의 13명 조력자들이 살해된 것과 필과 스탠이 8년 전에 죽임을 당한 것을 인용하면서, 그는 우리가 "원시 부족들에게 적대감을 유발시키고 때로 살인까지 불사하는 반발을 유발시키고" 있다는 불합리한 비난을 했습니다. 그는 계속해서 이렇게 썼습니다. "선교사들은 인류학자와 다른 관찰자들로부터 그들이 전도하는 지역의 토착문화를 파괴한다는 비난을 받고 있다."

그 인류학자들과 다른 관찰자들이라는 사람들이 도대체 누구입니까? 우리 안에도 인류학 학위가 있는 사람들이 많고, 그들은 같은 인류학자들이 우리에게 그런 공격을 한다고 경고한 적이 없습니다. 우리는 이리안자야에서 20년이 넘게 수많은 인류학자들과 협력해 왔으며, 서로 잘 이해해 왔습니다.

• 우리는 수많은 인류학자들과 함께 협력해 왔으며, 서로 잘 이해해 왔습니다.

아마도 맥도널드는 내지에서 헬리콥터가 멈췄을 때 만났던 독일인 과학자 팀 가운데 남은 세 사람을 말하고 있는 듯합니다. 그들 가운데 일부는 우리에게 비판적이었다고 합니다. 우리가 하는 일을 제대로 알고서 그러는 것이 아니라, 그들이 반 선교적인 정서를 가지고 이리안자야에 왔기 때문입니다.

그들의 문제는 그들이 옛 인류학파의 의견을 고수한다는 것입니다. 그 학파의 의견은 지금도 몇몇 지역에서는 통용되는 것으로, 원시인들을 동물원과 같은 지정 보호 지역 안에 넣어 두고 모든 변화로부터 고립시키는 것을 찬성하는 학파입니다. 지금 미국에서 일어나고 있는 새로운 학파는 마침내 이런 접근법이 쓸모없다는 것을 인식했으며, 그 대신 원시 부족들이 생존과 관련된 '방향성 있는 변화'를 받아야 한다고 말합니다. 그들이 이제는 피할 수 없는 침략에 대처하는 법을 배우도록 하기 위해서입니다.

방향성 있는 변화는 바로 복음주의 선교사 존 사전트가 1796년에 이미 시행한 것이며, 우리가 지금 시행하고 있는 것입니다. 사실 선교사들은 실제로 그렇게 하고 있는 유일한 사람들입니다. 인류학자들은 부족민들과 함께 충분히 오랫동안 머물러 있지 않습니다. 그리고 인도주의자들은 충분한 동기가 유발되지 않습니다. 하지만 실제로 우리가 공격을 받는다면, 주의 깊은 기자라면 우리가 그에 대해 변호할 말이 있는지 물어보았어야 합니다. 맥도널드는 그렇게 할 기회가 있었음에도 그렇게 하지 않았습니다. 우리가 "이리안자야에서 지역 문화를 전적으로 파괴시키려 하고" 있다는 비난에 대해 그가 제시한 증거가 무엇입니까?

그는 이렇게 씁니다. "X 골짜기에서 선교사들이 최초로 취한 행동은 … 부족민들에게 셔츠를 나누어 준 일이었다." 부족민들은 방금 지진으로 그들의 집 대부분을 잃었습니다. 인도네시아 공무원들은 고도 1.6km에 있는 그들의 조악한 임시 거처에서 밤을 따뜻하게 보내도록 하기 위해 셔츠를 나눠 주었습니다. 어느 누구도 다발성 폐렴이 발병하여 구제 활동이 더 힘들어지는 것을 원치 않았기 때문입니다. 이때 선교사인 조니 벤젤(Johnny Benzel) 역시 정부 지시에 협조해 셔츠를 나누어 주었습니다.

우리는 어느 곳에서도 부족민들 자신이 요구하기까지는 인도네시아 식 옷이나 서양식 옷을 나눠 준 적이 없습니다. 그들이 요구하기까지는 보통 7년에서 15년이 걸립니다. 부족 교회 장로들은 야외에서 혹은 초가지붕으로 된 거처에서 조롱박 모양의 대롱으로 국부만 가리고 설교하며, 어느 누구든 그것에 대해 뭐라고 하지 않습니다. 심지어 오늘날까지도 대다수의 남자들은 여전히 국부 가리개만 하며, 여자들은 풀잎으로 된 치마를 입고 있습니다.

코테카 작전(Operation Koteka)을 펼쳐 부족민들이 국부 가리개와 풀잎 치마를 부끄럽게 여기고 반바지와 드레스로 갈아입도록 애쓰는 사람들은 선교사들이 아니라 인도네시아 정부입니다. 하지만 그들은 이해할 만한 이유로 그렇게 하고 있습니다. 부족민들이 가능하면 빨리 인도네시아 사회의 일부가 되고 일자리를 찾기 원하기 때문입니다.

맥도널드는 날카에서 한 원주민이 코를 뚫은 자리에 볼펜을 끼워 놓고 있는 사진을 찍었습니다. 이 사진은 몇몇 신문에 나왔는데 거기에는 어이없는 설명이 붙어 있었습니다. "볼펜이 코에 끼는 뼈를 대신하다. 근본주의 설교자들이 문화를 파괴하고 있다." 그 원주민은 조니 벤젤의 휴지통을 뒤져 볼펜을 찾아내고는 그것을 재빨리 자기 코에 꽂았습니다! 조니는 문화를 파괴했다는 비난을 받았습니다. 모두 맥도널드의 농간이었습니다.

맥도널드는 다시 조니를 깎아 내립니다. "날카 선교회에서는 여자들을 설득해 풀잎으로 된 치마를 무릎까지 길게 내리도록 했다." 다니 부족의 몇 가족들이 선교사들을 따라 날카를 비롯한 몇몇 지역에 왔습니다. 그리고 오랜 시간이 지나다 보니 날카 여자들이 다니 여자들의 스타일을 따라 하기 시작했습니다. 마침 그 스타일이라는 것이 치마를 좀 더 길게 입는 것이었지요.

그렇다면 우리는 지역 문화의 모든 것에 다 찬성할까요? 그렇지 않습니다. 서구 문화에 사는 사람들이 어느 누구도 자동적으로 서구 문화 안의 모든 것에 찬성하지 않는 것과 마찬가지입니다.

우리는 식인 풍습을 없애려 애씁니다. 인도네시아 정부도 마찬가지입니다. 그러나 차이점은 우리는 도덕적으로 설득하려 애쓴다는 것이고, 우리가 실패한다면 정부는 결국 물리적인 힘을 행사할 것이라는 점입니다. 우리의 임무는 경찰의 총이 상처를 남기기 전에 부족민들이 자발적으로 그 문제를 포기하도록 합리적인 근거를 제시하는 것입니다. 우리는 또한 수세기 동안 계속되어 온 부족 간의 전투를 중단시키고 싶습니다. 다음 50년간 그들이 겪어야 하는 모든 것에 비추어 볼 때, 부족들은 서로 죽이고 상처 입히는 일을 지금 그만두어야 합니다. 우리는 그들 자신의 문화 안에 있는 거의 사용되지 않는 화해 기법을 강조함으로써 싸움을 중단시킬 수 있습니다. 아니면 서로 싸우는 부족들이 그들의 문제를 새로운 시각에서 볼 수 있도록 제3자를 개입시킵니다.

우리는 또한 마술을 반대합니다. 마술은 전쟁의 주요 원인입니다. 마술로 사람을 죽이는 것은 기독교의 '선' 개념에 반대될 뿐 아니라 또한 인도주의자들의 '선' 개념에도 반대되는 것이 아니던가요?

그리고 우리가 성적인 난잡함을 반대하는 것은 단지 종교적 이유에서만 그러는 것은 아닙니다. 1903년에 극락조화(bird-of-paradise flower)를 찾고 있던 중국인 상인들이 이리안자야의 남부 해안에 상륙했습니다. 그들은 10만 명에 이르는 메린드 부족에게 서혜임파육아종이라는 성병을 옮겼습니다. 집단 성교가 널리 받아들여지고 있었으므로 그 병은 순식간에 퍼져 나갔습니다. 그 병은 10년 동안 9만 명의 목숨을 앗아갔습니다. 만약 중국인 상인들이 도착하기 전에 선교사들이 다른 성 윤리를 소개해 주었더라면 수많은 생명을 건질 수 있었을 것입니다.

맥도널드는 우리의 방법들을 '로마 가톨릭과 주류 개신교 집단의 순응적인 정책들'과 불리하게 비교함으로써 더욱 우리의 반감을 사려 합니다.

단 하나의 주류 개신교 선교회가 이리안자야 내지에서 사역하고 있으며, 그들은 맥도널드가 우리에게 죄를 씌우기 위한 근거로 사용한 동일한 문제들을 겪었습니다. 예를 들어, 그 선교회의 책임자는 8년 전에 3대의 화살을 맞아 중상을 입었으며, 그의 짐을 운반해 주던 8명이 야만인 지역을 통과해서 힘들게 여행하는 동안 살해되었습니다. 그런 사건들은 그저 직업상의 위험일 뿐이며, 비난하기 위해 이용해서는 안 됩니다.

내가 아는 한 로마 가톨릭 선교사들은 이리안자야에서 부족민들에게 부상을 당하거나 살해된 적이 없습니다. 이것은 '순응적인 정책들' 때문이 아니라, 그들이 주로 정부에서 잘 통제하고 있는 지역에만 국한해서 사역하기 때문입니다. 하지만 그들 가운데도 파푸아뉴기니 국경 너머에서 사역하다 순교한 선교사들이 여럿 있으므로 이것은 그들에게 부끄러운 일이 아닙니다.

맥도널드가 로마 가톨릭과 복음주의적 개신교도들이 일하는 지역들을 방문해 그 지역들을 비교해 본다면, 그는 로마 가톨릭 선교사들이 일하는 지역에서 더 크지는 않더라도 적어도 동일한 정도의 문화적 변화가 일어났음을 알 수 있을 것입니다. 예를 들어, 로마 가톨릭 선교사들이 일하는 모든 지역에서 원시인들은 그들 부족의 이름을 버리고 피우스나 콘스탄티누스 같은 라틴 식 이름을 씁니다. 반면에 복음주의 개신교 선교사들이 일하는 지역에서 그들은 여전히 이사이나 야나 같은 이리얀식 이름을 사용합니다. 하지만 여기에서도 그것이 생존과 관련된 방향성 있는 변화라면, 인류학적 근거에서 비난할 수는 없습니다.

맥도널드는 계속해서 "이리안자야의 거의 모든 로마 가톨릭 선교사들은 인류학 학위를 받아야 한다"고 말합니다. 사실상 인류학 학위를 가지고 있는 로마 가톨릭 선교사들

> • 우리는 수세기 동안 계속되어 온 부족 간의 전투를 중단시키고 싶습니다.

과 복음주의 개신교 선교사들의 비율은 거의 같으며, 부족 방언을 배우는 솜씨 면에서 말하자면 복음주의자들이 훨씬 뛰어납니다. 대다수의 로마 가톨릭 선교사들은 사람들이 인도네시아어를 이해하지 못하는 곳에서마저 인도네시아어로 가르칩니다.

맥도널드는 야오사콜에서 새로운 가톨릭교회가 석회를 뿌리면서 봉헌하는 모습에 대해 말합니다. 만약 그런 행동이 현지 문화를 지혜롭게 수용한 경우라고

• 그것이 생존과 관련된 방향성 있는 변화라면, 인류학적 근거에서 비난할 수는 없습니다.

한다면 가톨릭의 문화 입양은 절대로 만족한 수준이라고 할 수 없습니다. 성공적인 문화 입양을 위해서는 석회가루를 뿌리는 것 같은 단순한 외양적인 형식을 넘어서야 합니다. 에카리 부족의 아지 혹은 다니 부족의 나벨란 카벨란 같은 범주에 있는 내적 개념들을 파악해야만 어떤 부족의 핵심부에 가까이 가고 있는 것입니다. 우리 팀원 중 한 명이 맥도널드에게 말했던 것처럼, "우리가 찾고 있는 것은 문화적 열쇠입니다." 맥도널드는 그의 말을 인용했지만 그 말을 제대로 인식하지 못했습니다.

맥도널드의 글에서 논박해야 하는 또 한 가지는 게릿 쿠짓이 '공중 전도'를 위해서가 아니라 이리안자야의 모든 부족민들을 위해 봉사하려고 헬리콥터 구입 기금을 모금했다는 것입니다. 사실상 지진 구제 작전을 제시간에 돕고, 맥도널드의 보도 활동을 도와준 것은 바로 이 헬리콥터였습니다. 게릿, 당신의 선견지명에 감사해요. 우리는 맥도널드처럼 감사할 줄 모르는 사람들이 아니랍니다.

맥도널드 씨, 당신의 글은 틀렸고 터무니없으며 무책임합니다. 당신은 사람들에게 큰 폐를 끼쳤습니다. 당신과 워싱턴 포스트 지는 사과의 글을 게재해야 마땅합니다.

— 돈 리처드슨

선교사들은 문화를 파괴하는가? 우리가 문화 안에 있는 어떤 것들을 파괴하는 것은 사실이다. 의사들이 때로 환자를 살리기 위해 인간의 몸에 있는 어떤 것들을 파괴해야 하는 것과 마찬가지다. 하지만 현지의 경험과 하나님이 주신 지혜로써 우리는 현지 문화 자체를 파괴하는 일은 절대로 하지 않는다.

미낭카부Minankabau: 6백만 명에 이르는 미낭카부 종족 가운데 많은 사람들은 아직 서부 인도네시아 수마트라 섬에 살고 있다. 여자들은 땅을 소유하고 거기서 물소를 이용해 농작물을 심는다. 땅이 비옥하고 물이 풍부해서 벼농사에 대단히 좋은 환경이다. 남자들은 도시에 나가 일하면서 돈을 벌며, 추수 때는 와서 일손을 거든다.

미낭카부족이 된다는 것은 곧 무슬림이 된다는 것이다. 하지만 미낭 풍습에는 정령을 숭배하는 요소가 많이 남아 있다. 그들의 문화는 안정되어 있고 변화에 저항적이다. 그들은 이슬람 전통에 맞서 그들의 모계적 씨족 혈통을 유지해 왔다. 미낭족처럼 모계 사회에 복음을 전하려면 특별한 전략을 개발할 필요가 있다. 도시에서 일하는 남자들에게 복음을 전하기는 비교적 쉬운 편이다. 인도네시아는 세계에서 가장 큰 무슬림 국가이며 기독교 선교 사역에 대해 점차 더 제한을 가하고 있다. 인도네시아 그리스도인들이 자국 사람들에게 복음을 전하는 것이 외국인 선교사보다 훨씬 효과적이다. 압력에 견디고 살아남으려면 문화적으로 미낭카부에 맞는 교회를 세우는 것이 필요할 것이다. 신약이 번역되었고 선교 사역이 조금씩 진행되고 있다.

헌신된 자들의 동역

패트리시아 무어(Patricia Moore) & 멕 크로스만(Meg Crossman)

패트리시아 무어는 피닉스에 있는 북 애리조나 대학(Northern Arizona University)의 대학원 과정 책임자다. 그녀는 창의적 방식의 선교 기금 모금 활동을 활발하게 벌여 왔다. 줄리 맥도널드(Julie McDonald)와 함께 「주는 것의 모험」(Adventures in Giving)을 썼다.

전장에 내려갔던 자의 분깃이나 소유물 곁에 머물렀던 자의 분깃이 동일할지니(삼상 30:24)

다윗은 전투에 대한 중요한 원칙을 깨달았다. 지원군도 전투에 참가한 사람들만큼 중요한 존재라는 것이다. 그는 지원군에게도 똑같이 상을 주었다. 하나님의 말씀에도 전쟁에 참여했던 사람들과 그들이 갈 수 있게 뒷받침해 준 공동체의 나머지 사람들이 똑같이 전리품을 나누어야 한다고 나와 있다(민 31:27). 어떤 군대든, 그 군대가 아무리 강할지라도 지원 부대와 보급 없이는 오랫동안 살아남을 수 없다.

> • 다윗은 전투에 대해 대단히 중요한 사실을 깨달았다. 지원군도 전투에 참가한 사람들만큼 중요한 존재라는 것이다.

【우리의 역할 찾기】
Finding Our Roles

모든 그리스도인이 복음을 전하는 일에 부름을 받았지만, 타문화권으로 보냄을 받는 사람들은 소수다. 복음을 전파하려는 열정은 삶에서 여러 가지 모습으로 표현될 수 있다. 과업을 완수하기 위해 전략을 세우는 일과 최전선에서 일어나는 선교에 관심을 보이는 일, 또한 그 일을 후원하고 보급하는 것까지 다양하다. 이 모든 역할들이 제대로 채워지지 않는다면, 세계 선교는 이내 멈춰 버릴 것이다.

우리에게는 하나님이 주신 역할이 있다. 바울은 고린도전서 12장에서 그리스도의 몸이 서로 의존하는 예를 들며 신자들이 모두 중대한 역할을 담당하고 있음을 보여 준다. 이것은 지역 교회에서 뿐 아니라 하나님의 전 세계적 계획에도 적용할 수 있다. 현장에서 일하는 사역자에게는 헌신된 파송자, 동원가, 환대하는 사람, 중보자의 후원보다 더 기운을 북돋아 주는 것은 없다. 사역자들은 그들의 지원을 통해 끈기와 희생으로 사역을 완수할 수 있다. 이들은 모두 헌신된 사람들의 무리에 최대한 참여하고 있는 것이다. 대부분의 교회나 위인전들은 주로 나가는 선교사에게 초점을 맞추지만, 여기에서는 숨겨진 사람들의 역할들에 초점을 맞추기로 하자.

【보내는 자】
Senders

> 빌립보 사람들아 너희도 알거니와 복음의 시초에 내가 마게도냐를 떠날 때에 주고받는 내 일에 참여한 교회가 너희 외에 아무도 없었느니라 … 너희가 한 번뿐 아니라 두 번이나 나의 쓸 것을 보내었도다(빌 4:15-16).

바울은 참된 보내는 자 역할을 했던 빌립보 교회와의 협력 관계를 매우 소중하게 여겼다. 빌립보 교인들은 고국에서 활발하게 사역하는 한편 기도와 관심, 참여와 공급으로 그의 선교 활동을 후원했다. 바울과 빌립보 교회는 자신들을 한 팀으로 생각했다. 교회든 개인이든 헌신된 파송 팀의 참여 없이는 어떤 선교사도 종족을 위해 일할 수 없다. 한 명의 선교사가 나가기 위해서는 보통 6-30명에 이르는 보내는 팀이 필요하다.

혼자서는 할 수 없다 It can't be done alone
한 개인이 아무리 대단해도 개인만으로는 절대 충분하지 않다. 교회, 선교기관, 평신도들이 함께 비전을 품어야 한다. 그들 모두가 선교의 비전을 품고 힘을 합해 선교사와 선교지의 현지인들을 돌본다면 선교 사역이 완수될 수 있는 안정성, 지혜, 지도, 인내, 지속성이 생긴다. 학생자원운동(Student Volunteer Movement) 시절에 십만 명 이상이 선교지로 나가겠다고 자원했다. 하지만 실제로는 이만 명 정도만 나갔는데, 주된 이유는 보내는 자가 없었기 때문이다.

보내는 자는 그들의 일이 얼마나 중대한지 잘 인식하지 못한다. 그들은 보통 배후에서 일하기 때문에 감사의 말을 듣거나 공개적으로 인정받는 경우가 드물다. 그러므로 훌륭한 후원자가 되기 위해서는 하나님이 자신을 후원자로 선택했다는 투철한 사명감으로 복음 전파를 위해 헌신하겠다는 다짐이 앞서야 한다. 보내는 자도 선교사 못지않게 철저한 헌신과 훈련이 필요하다.

보내는 자는 매우 중요하다 Senders are vital

보내는 사역에는 두 가지 핵심 요소가 결합되어 있는데, 바로 관대함과 중보기도다. 현대 사회는 고소득, 고품격 생활을 추구하라는 압력이 팽배하다. 그러나 보내는 자는 그러한 유혹을 물리쳐야 한다. 많은 사람들은 현지 선교사의 생활방식과 유사한 생활방식을 택하기로 한다. 수입 중 더 많은 몫을 후원하기 위해서다. 어떤 사람들은 수입의 절반 이상을 선교를 위해 드린다.

헌금에는 기도가 따르기 마련이다. 마태복음 6장 21절에서 예수님은 "네 보물 있는 그곳에는 네 마음도 있느니라"고 말씀하셨다. 많은 사람들이 반대로 생각하고 싶어 하지만, 하나님나라의 경제학에서는 물질을 드리는 것이 마음보다 먼저다. 다른 사람들의 사역에 물질을 드리는 사람들은 자연히 자신들이 후원하는 사람들과 선교 대상자들을 위해 기도하게 된다. 수많은 선교사들의 단언에 따르면, 재정 후원보다 그 후원에 따르는 기도가 훨씬 더 중요하다.

보내는 자들이 선택할 수 있는 것들 Options for Senders

보내는 자는 자료를 조사하고 수집하는 일이나 필요한 물품을 공수하는 등의 일도 하게 된다. 선교지에서 필요한 물건들을 배로 선적해서 보내 주는 일만 담당하는 후원 사역도 있다. 어떤 팀은 선교지에서는 찾기 불가능한 정보와 자료들을 고국에서 찾고 조사해서 선교사에게 보내 주기도 한다. 이런 사역을 할 때, 이메일과 인터넷이 요긴하다.

플로리다의 한 컴퓨터 전문가들은 선교사들에게 컴퓨터 사용법을 가르쳐 주고, 선교지에 필요한 프로그램 체계를 계발하는 일을 담당하고 있다. 한 낙농장 주인은 토착 교회 설립자들에게 암소를 기증해 그들이 국외에서 기금을 조달받지 않고도 가족을 부양할 수 있도록 했다. 회계사, 교사, 은행가, 사업 고문, 의사들도 자신들의 전문 기술을 선교 사역을 위해 사용한다. 그들의 전문 기술은 사역자들이 제한된 지역에 들어갈 수 있는 발판을 제공해 주기도 한다. 그들의 사랑은 전임 사역자들이 전파한 복음을 확증하는 역할을 한다.

【선교 동원가】
Mobilizer

> 여호와께서 모세에게 말씀하여 이르시되 은 나팔 둘을 만들되 … 그것으로 회중을 소집하며 진영을 출발하게 할 것이라(민 10:1-2).

고국에서 국제적 사역에 참여할 수 있는 길은 보내는 일뿐만이 아니다. '나팔'을 부는 사람도 필요하다. 사람들이 훈련받고 선교지에 나가게 되길 열망하는 이들을 선교 동원가라고 부른다. 선교 동원가는 다른 그리스도인들을 자극해 세계에 복음을 전하는 일에 적극적으로 가담하게 한다. 아울러 후원자, 지역 교회, 선교 단체, 현지 선교사들 간의 중개인 역할도 하게 된다.

선교 동원가는 반드시 필요하다 Mobilizers are essential

동원가의 역할을 이해하려면 제2차 세계대전을 생각해 보라. 미국 인구의 10%만이 전투에 나갔다. 그리고 단 1%만이 실제로 최전선에 투입되었다. 하지만 그들이 성공적으로 임무를 완수하기 위해서는, 온 국가가 동원되어야 했다!

동원가는 사람들이 뜻 깊은 섬김의 자리를 찾는 것을 보면 힘이 난다. 그들은 사람들을 연결시키고 훈련시킨다. 그들은 여러 가지 가능성들을 알려 주고 사람들이 그중에서 하나를 선택하게 하는 것을 좋아한다.

아울러 지역 교회들에게 선교의 필요성을 알리고 실제적인 도움과 확신을 주는 일도 한다. 막연하지 않고 구체적인 선교 목표와 상황들을 제시해 교인들이 각각의 역할을 발견하고 계발하도록 돕는다. 그러기 위해서는 선교 상황과 정보에 정통하고 열심을 다해 섬기려는 자세가 필요하다.

> • 동원가는 사람들이 뜻 깊은 섬김의 자리를 찾는 것을 보면 힘이 난다.

드라마와 예술 Drama and the arts

점차 더 시각적으로 변해가는 이 시대는, 하나님의 명령을 전달하기 위해 촌극, 연극, 드라마, 미술, 영화, 비디오, 인형극, 무언극, 심지어 춤까지 사용하고 있다. 드라마는 설득력 있는 동원 도구가 될 수 있다. 이런 매체들을 통해 열방을 향한 하나님의 마음을 전하면 오랫동안 기억에 남는 경우가 많다.

이성적인 현대 문화는 하나님나라를 확장시키는 데 예술이 갖는 의미와 가치를 과소평가할 때가 많다. 하지만 예수님 자신도 신학자처럼 말씀하지 않으셨다. 그분은 자신의 메시지를 이해시키기 위해 재미있는 이야기들을 말씀하셨다. 그리고 그 비유들은 많은 드라마 팀의 단골 소재로 등장하곤 한다. 그리고 그런 성경의 비유들은 놀랄 만큼 효과적으로 타문화권에 전달된다. 탕자의 이야기는 태국 사람들이나 베르베르 사람, 혹은 나바호 원주민들에게 심오한 진리를 말해 줄 수 있다.

【환대하는 자】
Welcomers

> 너희와 함께 있는 거류민을 너희 중에서 낳은 자같이 여기며 자기같이 사랑하라 너희도 애굽 땅에서 거류민이 되었었느니라 나는 너희 하나님 여호와니라(레 19:34).

하나님은 자기 백성이 애굽에서 머물던 시절을 교훈 삼아 타국인들의 필요에 민감하도록 준비시키셨다. 하나님의 아들도 어린 시절 애굽에서 타향살이를 하셨다. 환대하는 자들은 자기 나라에 사는 인종 집단들의 필요에 민감하게 반응한다. 환대하는 자는 공부하러, 일하러, 혹은 영구 이민으로 자국에 들어오는 많은 외국인들과 접촉할 기회를 찾는다.

환대는 좋은 전략이다 Welcomers are strategic

환대하는 자는 선교 사역이 제한된 나라에서 온 사람들에게 특별히 중요하다. 한 선교사는 일촉즉발의 위기가 감돌고 있는 중동의 한 나라에서 대단히 핍박받고 있는 사람들을 대상으로 사역하고 있는데, 그의 가장 귀한 자산은 한 현지 그리스도인의 도움이다. 그 사람은 난민이 되어 미국에 갈 때까지는 그리스도인들을 미워했지만 미국의 그리스도인들이 그를 사랑하고, 돕고, 자리를 잡게 해주었다. 또한 그를 주님께로 인도했으며 시간을 내 제자 훈련까지 했다. 그는 성숙한 신자가 되어 고국에 돌아왔으며 선교사들이 절대 줄 수 없었던 영향력을 자기 동족에게 끼치고 있다.

> • 환대하는 자들은 외국인을 자기 나라의 위협적인 존재로 여기는 것이 아니라 도리어 그리스도의 사랑과 진리를 증거할 수 있는 절호의 기회로 생각한다.

이 사역의 핵심은 환대(헬라어로 필록세니아, '이방인에 대한 사랑'이라는 의미다)의 은사에서 나온다. 환대하는 자는 그리스도의 사랑을 대단히 실제적인 방식으로 보여 준다. 그들은 대학생, 외교관, 과학기술자, 난민, 군인, 이민자들과 함께 일할 수 있다. 이들은 외국인을 자기 나라의 위협적인 존재로 여기는 것이 아니라 도리어 그리스도의 사랑과 진리를 증거할 수 있는 절호의 기회로 생각한다.

교회는 환대 사역을 계발해야 한다 Churches develop welcoming ministries

교회는 각 집단에 맞는 특별한 전략들을 계발할 수 있다. 시카고에 있는 한 교회는 새로운 피난민들이 도착할 때마다 "미국에 오신 것을 환영합니다"라는 문구가 적힌 환영 바구니를 만들어 일주일 내에 그 사람들을 방문한다고 한다. 다른 곳에서는 교회가 영어를 가르치면서 전도를 할 수 있다. 어떤 모임은 앤 랜더스 칼럼(미국의 앤 랜더스 여사가 담당한 인생 상담 코너. 세계 천 개 이상의 신문에 게재됨 – 역자 주)을 이용한다. 강의를 통해 그녀의 조언을 읽으면서 미국의 관용구를 배우고 여러 사상에 대해 토론한다. 그들이 자기 생각을 표현하는 것을 보면서 지도자들은 그들이 영적으로 어떤 상태에 있는지 조금이나마 알 수 있다.

효과적으로 환대하는 자는 상대방의 문화와 언어에서 배울 수 있는 모든 것을 배운다. 독일에는 터키 노동자들만을 대상으로 전도하는 교인들이 있다. 네델란드로 이주한 인도네시아 사람들을 위해 네델란드 교인들이 힘을 모으고, 헝가리에 유학했던 몽골 유학생들 중에도 현지인의 도움으로 주님을 영접한 학생들이 있다. 그 나라의 언어와 문화를 배우면 훨씬 효과적으로 외국인들에게 전도할 수 있다.

환대 사역은 자국에서 타문화권 선교를 할 수 있다는 유익을 비롯해 선교지로 나가는 예비 선교사들에게도 좋은 실습 기회를 제공한다. 한 대학생 팀이 북아프리카에 있는 한 닫힌 나라에 들어갈 수 있는지 알아보고 있었다. 그들은 그 나라에서 온 학생들을 가능한 한 많이 사귀었다. 입국 비자가 계속 거부당했을 때, 그들이 사귄 한 학생의 아버지가 그들을 도울 수 있는 고위직 인물임을 알게 되었다. 그는 그 학생들이 1년간 체류할 수 있도록 도와주었다!

【중보기도자】
Intercessors

> 내게 구하라 내가 이방 나라를 네 유업으로 주리니 네 소유가 땅끝까지 이르리로다(시 2:8).

무엇보다 우선되는 기도 Prayer above all

그리스도인이라면 누구나 중보기도를 해야 하지만 특별히 중보기도 사역으로 부르심 받은 사람들이 있다. 선교지에서 일하는 선교사만이 아니라 아무도 관심을 기울이지 않는 미전도 종족들을 위해 기도하면 어떨까? 지역 교회가 특정한 미전도 종족을 입양해 복음화하는 움직임이 활발하게 일고 있다. 종족을 정해서 기도하고, 그들의 문화와 역사를 조사하고, 다른 사람들과 연합해 그 종족을 위한 사역에 참여한다면 복음화를 앞당기는 효과적인 전략이 될 것이다.

> • 종족을 정해서 기도하고, 그들의 문화와 역사를 조사하고, 다른 사람들과 연합해 그 종족을 위한 사역에 참여한다면 복음화를 앞당기는 효과적인 전략이 될 것이다.

기도 전략은 배가되고 있다. 월간지 「세계기도다이제스트」(Global Prayer Digest)는 매달 하나의 미전도 종족을 다루고 있다. 예수전도단(YWAM)은 이슬람의 금식달인 라마단 기간 동안 무슬림들을 위해 기도하는 30일 기도책자를 만든다. 오퍼레이션 월드(Operation World)는 세계 각국을 위한 통계 수치와 기도 지침들을 모은다. 위클리프성경번역회 기도 팀들은 성경이 없는 종족들을 위해 중보한다. 루디아국제기도회(Lydia International Prayer Fellowship)에서는 전 세계 여성들이 모여 특정한 국가들, 특히 그들의 지도자를 위해 기도한다. 미전도 종족을 위해 기도하는 어린이 단체들도 있다.

먼저 회개하라 Start with repentance

진정한 기도는 진정한 회개에서 시작된다. 미국의 남침례교도들은 아프리카계 미국 흑인들에게 노예 시대이래 그들을 학대한 것에 대해 용서를 구했다. 다른 나라에서는 그리스도인들이 자국에 사는 부족과 소수 민족들을 향해 과거의 천대와 압제에 대해 용서를 구하기도 한다. 한국에서 열린 '세계 복음화에 대한 세계회의'(Global Congress on World Evangelism:

GCOWE)에서, 아랍 그리스도인들과 유대인 그리스도인들은 서로 용서를 구했고, 일본인 대표단들은 한국인들 앞에서 회개했으며, 동방정교회 대표단은 복음주의 신자들에게 용서를 구했다. 십자군 전쟁이 일어났던 길을 되짚어가는 기도의 행진에서는 십자군 참가자들이 저지른 범죄에 대해 유대인, 무슬림, 동방정교회 신자들에게 용서를 구했다.

AD2000 운동에 참가하는 기도 팀들은 10/40 창문 지역의 나라와 도시들에 가서 미전도 종족들이 살고 있는 거리를 걸으며 기도한다. 팀들이 현지 언어를 배울 필요는 없으며, 아이들도 이 기도 행진에 참여한다. 이 운동은 보내는 교회가 초점을 맞추어 기도하게 해줄 뿐 아니라, 그리스도인들이 영상이나 이야기로는 묘사할 수 없었던 처절한 현실을 실제로 체험하게 해준다.

【가는 선교사】
Goers

아버지께서 나를 보내신 것 같이 나도 너희를 보내노라(요 20:21).

어떤 사람들은 가는 선교사를 선교 대상 종족에게 복음을 전하기 위해 어떠한 위험이라도 감수하는 활기찬 개척자라고만 생각한다. 이런 유형의 사업가적인 지도자가 필요하긴 하지만, 현장에는 그런 사람들만 필요한 것이 아니다. 프런티어 선교회(Frontiers) 설립자인 그레그 리빙스턴(Greg Livingston)은 건강한 팀을 만들기 위해서는 다양한 은사들이 필요하다고 믿는다. 다음 세 가지 기본 범주에 해당하는 사람들이 사역 팀에 포함되어야 한다.[1]

세 가지 다른 역할 Three different roles
사업가형 지도자는 팀이 선교지로 나가도록 자극한다. 그들의 낙관주의, 열심, '할 수 있다'

---

1. Livingstone, Greg. *Planting Churches in Muslim Cities: A team approach*. Grand Rapids, Mich.: Baker Book House, 1993. pp.101-108.

는 정신은 걸림돌 앞에서도 사람들을 계속 전진하게 한다. 하지만 한 문화권에서 5-6년 있다 보면 새로운 지도자가 필요하다는 것을 알게 된다. 목자처럼 돌보는 유형과 행정적 은사를 가진 사람이다. 이들은 선교 팀의 관계를 원만하게 조정하고 한마음으로 일하도록 돕는다. 사업가형 지도자는 선교 팀이 정착하고 난 뒤에 새로운 선교 팀으로 옮겨 시작 단계를 도우면 된다.

두 번째 은사는 리빙스턴이 '피플 형'이라고 부르는 사람들이 가진 은사다. 친구를 잘 사귀는 사람, 마음이 후한 주인, 교사, 목회적 제자 훈련가, 정결을 요구하는 선지자들이 모두 여기 속한다. 이런 사람들은 현지인들과 친구가 되어 집으로 초대하고, 복음을 전한 후에 주님의 명령에 따라 살도록 가르친다.

마지막으로, 전문성을 가진 조력자(facilitator)도 대단히 중요하다. 이들에게는 팀이 선교지에 들어갈 수 있게 해줄 만한 시장성 있는 기술이나 사업 프로젝트 등이 있다. 교수, 기술자, 해외 개발 관련자들은 오랫동안 고국을 떠날 수 없지만 자신의 전문 분야와 대외 신임도를 이용해서 선교 팀과 함께 입국의 길을 열어 줄 수 있다. 또한 해마다 정기적으로 선교 팀을 방문해 정부와의 관계를 이어주고 기술적인 문제에 대해 조언을 해줄 수 있다.

조력자에는 세세하고 실제적인 필요를 다루는 은사가 있는 사람도 포함될 것이다. 선교사들이 오랫동안 한 자리에서 일할 수 있도록 돕는 사람들이다. 어떤 지역에서는 한 60대 부부가 식사를 준비하고, 심부름을 하고, 손님을 접대하고, 젊은 팀원들에게 조언을 해주고, 비공식적인 팀의 '멘토' 역할을 해준다. 남편을 여읜 한 부인은 자기 손자들과 함께 있기 위해 팀에 합류했는데, 현지인들에게나 선교사들에게나 축복된 존재가 되었다.

사업가적인 지도자들, 사람들을 연결시키는 자들, 조력자들은 모두 팀이 풍성한 열매를 맺도록 도와준다. 이런 다양한 선교사들은 선교 현장으로 나가기 전에 환대하는 자와 선교 동원가로서의 은사를 훈련받는다. 교회 개척은 이 모든 역할을 맡은 사람들의 최종 목표다. 하지만 각 팀원은 각각 독특한 방식으로 돕는 법을 배워야 한다.

【전 세계 팀에 합류함】
Joining the Worldwide Team

당신의 관심사를 분석하라 Analyze your interests

보내기, 동원하기, 환대, 가기, 중보기도 가운데 어느 것이 자신의 은사와 재능에 가장 잘 맞는지 알아보기 위해서는 그중 하나를 실제로 해보면 된다. 현실에서는 그 역할들이 서로 중복되고 강화시킨다. 주님이 당신에게 주신 부담과 관심은 무엇인가? 특정한 종족, 부족, 나라에 마음이 끌리는가? 도시 선교, 성경 번역, 교회 개척, 혹은 자국인들이 스스로 타문화 선교를 하는 것을 돕는 일 중 어떤 것에 관심이 가는가? 특정한 선교기관의 비전에 끌리는가?

당신의 능력과 흥미에 자연스럽게 맞아떨어지는 기회들을 찾아보라. 이것은 대단히 중요하다. 하나님이 당신에게 주신 성향을 따라 그 일에 만족을 느끼게 되면 장애를 만나더라도 계속 밀고 나갈 수 있기 때문이다. 회사 중역이든, 대학 교수든, 주부든, 이발사든, 건설 노동자든 당신은 하나님의 나라를 확장시킬 수 있는 기술과 경험과 영향력을 지니고 있다.

지금 있는 곳에서 곧 시작하라 Start right where you are

섬길 수 있는 기회는 무궁무진하다. 은사를 활용할 만한 기회를 찾아보라. 선교기관을 돕기 위해 회계학이나 인사 관리 기술을 사용할 수 있는가? 온 가족이 함께 선교 프로젝트에 합류할 수 있는가? 사업상 해외 출장을 갈 때 하루 이틀을 연장해 현장 사역자들을 방문할 수 있는가? 교회가 파송한 선교사들을 위해 이메일 교신자가 될 수 있는가?

보내는 자로 부름 받았다면, 부자가 되거나 횡재할 때까지 기다리지 말라. 지금 바로 당신의 시간과 재정을 드리기 시작하라. 그리고 기꺼이 헌금하라. 기금을 마련하기 위한 새로운 기회가 있는지 살펴보라. 팔 것이 있는가? 남는 시간에 할 수 있는 봉사나 당신이 가르칠 만한 것이 있는가? 어떤 그룹은 벼룩시장 같은 곳을 찾아다니면서 골동품들을 사다가 골동품 중개상을 하는 교인을 통해 시장에 내다 팔았다. 그 중개상은 자신이 받을 수수료까지 기금으로 내놓았다.

늘어날 것을 기대하라 Expect to expand

수입이 늘어나면 헌금도 늘려라. 당신이 제대로 참여하게 되면 다른 사람들도 참여시켜라. 하나님께 재정의 축복을 달라고 기도하고, 그렇게 될 때 하나님이 그것을 주신 목적을 잊지 말라. 당신의 흥미와 관심을 지속적으로 유지하기 위해 하나님이 주신 창의력을 활용해 새로운 분야들에 도전해 보라.

계속 배우라 Keep learning

이런 역할을 효과적으로 감당하고 있는 다른 그리스도인들과 이야기를 나눠 보라. 관심 있는 선교 단체들과 사역들에 대해 질문을 던져 보라. 단기 선교나 전임 선교를 떠나는 친구들이나 교인들을 찾아내 관계를 맺으라. 교회를 방문한 선교사들과 시간을 보내라. 관심 있는 나라를 택해서 그 나라의 문화, 지리, 정치, 경제, 역사, 현재의 필요, 문제를 깊이 연구해 보라. 외국 친구들에게 배우려고 애쓰라. 요리법이나 공예품을 만드는 법, 게임하는 법을 가르쳐 달라고 해서 배우라. 이 모든 일들을 통해 더 통찰력 있는 기도를 하도록 하라!

급진적인 것을 시도해 보라 Try something radical

당신이 할 수 있다고 생각하는 것 이상을 하라. 생일 때나 졸업식 때 받은 돈의 전부, 예기치 않은 유산, 수입의 50%, 환불 받은 세금의 80%를 주저 없이 드려 보라. 외국인과 함께 살라. 그들이 사는 지역으로 이사하는 것도 괜찮은 생각이다.

한 감독교회 사제는 닫힌 무슬림 국가인 에미리트 연방에서 온 학생과 함께 살면서 그를 축복해 주었다. 그는 고국으로 돌아가 높은 자리에 올랐다. 그리고 최근 역사상 최초의 기독교 교회가 세워지도록 허가를 내주었다. 반면 에티오피아에서 온 한 장교는 미국에서 훈련을 받을 때 불손하고 편견에 찬 대우를 받았다. 그는 돌아가 군사 쿠데타를 일으켰으며 오랫동안 고국 교회를 무자비하게 박해했다.

작은 일에서 시작하되 거기에만 머물지 마라. 하나님이 주신 모든 은사는 활용할 때만 계발된다. 땅속에 묻어둔 '달란트'는 늘 그대로다(마 25:14-29). 작은 일이라도 일단 시작하면, 많은 것을 배우게 될 것이다.

> • 하나님이 주신 모든 은사는 활용할 때만 계발된다. 작은 일이라도 일단 시작하면, 많은 것을 배우게 될 것이다.

활용할 수 있는 기회들 Opportunities available

하나님은 모든 그리스도인이 열방에 복음을 전하는 일에 참여하기 원하신다. 당신은 달란트, 관심사, 삶의 환경에 따라 독특하게 공헌하게 될 것이다. 현지로 나가든, 누군가를 보내든, 그리스도의 몸을 동원하든, 하나님이 당신의 고국으로 데려 오는 사람들을 환영하든, 열방을 위해 중보기도를 하든 당신은 하나님의 나라를 진척시킬 수 있다. 엄청난 성공을 경험하는 사람들로부터, 믿음으로 참고 견디는 희생적인 개척 사역에 이르기까지 전 세계에는 참여할 수 있는 기회가 무한히 많다.

선교 현장에서 일하는 선교사들도 다른 사역을 섬길 수 있다. 프랑스의 선교사 부부는 인도네시아에서 사역하는 선교 팀을 후원하고 있는데, 그 이유는 자신이 사역하는 지역보다 더욱 전도의 열매가 풍성하게 맺히는 지역에 힘을 보태고 싶기 때문이다. 어떤 선교사 부부는 고국에 기도 편지를 보내 선교에 대해 가르치고 더 많은 선교사를 동원하는 일에 앞장서고 있다.

각자에게는 역할이 있다 Each has a part

하나님나라에 슈퍼스타는 없다. 스포트라이트를 받는 사람은 그 배후에 있는 사람들, 곧 희생하고, 기도하고, 훈련하고, 사랑하고, 헌금하는 사람들 덕분에 그 자리에 있는 것이다. 스터드(C. T. Studd)는 선교지로 떠나기 전에 상당 금액의 유산을 모두 내놓았다. 그중 일부는 부스(Booth) 대장이 구세군을 시작하는 발판이 되었다. 영국에서 고아원 사역을 하던 조지 뮬러(George Muller)는 중국에 있는 허드슨 테일러의 사역에 십일조를 보냈다. 우리는 우리 자신의 목적보다 더 큰 목적 안에서 협력자로 함께 일한다.

우리가 각각 정해진 곳에서 섬길 때, 모든 전사들이 중요한 존재라는 다윗의 통찰이 진리로 입증된다. 각 사람이 자신의 역할을 발전시켜 나갈 때, 선교지에 나가는 사람들과 함께 우리도 "부르심을 받고 택하심을 받은 진실한 자들"(계 17:14)이 될 것이다. 하나님나라를 위해 서로에게 종이 된 우리 또한 헌신된 자들의 무리에 가담하게 될 것이다.

지역 교회와 선교 단체의 관계 모델

지역 교회의 역할	선교 단체의 역할
• 교인들에게 비전을 주라.	• 지역 교회에 비전을 주라.
• 교인들에게 선교의 성경적 기초와 세계 선교의 역사적, 문화적, 전략적 문제들을 가르치라. 전 세계의 필요를 인식하고, 필요하다면 행동하도록 도전하라.	• 전 세계의 필요를 인식하라. 과업을 완수하기 위한 분명한 전략을 계발하라. 교회들이 세계 선교에 활발하게 참여하고 있지 않다면 참여하도록 도전하라.
• 기도할 때 교회가 선교에 어떻게 관여해야 할지 주님의 뜻을 구하라. 주도적으로 우선순위를 결정하라. 특정한 종족 집단을 입양하고 그들에게 선교팀을 보낼 수 있는지 가능성에 대해 생각해 보라.	• 우선순위를 잘 정할 수 있게 해 달라고 기도하라. 미전도 종족 집단들을 목표로 정하라. 이미 설립된 현지 교회들이 성장할 수 있도록 그들을 양육하라. 교회가 세계 선교를 위해 기도하도록 권면하라. 선교사 후보생들이 필요하다는 것을 알리라.
• 선교사 후보생을 정하고 승인하라. 승인된 선교사 후보생들이 적절한 선교기관을 정하도록 도우라. 자신의 은사를 발견하고 훈련과 경험을 쌓을 수 있도록 선교기관이나 다른 사람들과 협력하라.	• 선교사 후보자가 될 만한 사람들이 헌신할 수 있도록 도전하라. 후보자들이 그들의 소속 교회 내에서 성장하고 소속 교회의 파송을 받도록 권면하라. 선교사를 뽑고 허입하는 기간 동안 교회와 상의하라.
• 선교사의 영적, 육체적 필요를 현실적으로 평가하라. 선교 단체와 협력하여 도움을 주라. 선교사를 격려하고 조언해 주기 위해 적절한 때에 선교지를 방문하라.	• 훈련이나 인턴십 과정 동안 지속적으로 지역 교회와 함께 일하라. 교회, 선교사 후보생들과 만나고 편지를 교환하면서 훈련 과정과 추가로 준비할 부분에 대해 상의하라.
• 선교사, 선교기관과 긴밀한 관계를 유지하여 문제가 일어나면 교회가 적절하게 도울 수 있게 하라.	• 교회 담당자들과 함께 선교사가 일하고 있는 실제적인 상황을 나누라. 교회가 도울 수 있는 방법들을 제시하라. 교회의 참여에 대해 솔직하게 의견을 제시하라.
• 선교사가 안식년 동안 혹은 영구히 귀국했을 때 고국 생활에 적응하도록 돕는 일을 하라. 특히 선교사들과 자녀들이 역 문화충격을 경험할 때, 그들의 심리적 필요에 민감하게 반응하라.	• 선교사의 역할에 중요한 변화가 있다면 계획을 최종적으로 마무리하기 전에 교회에 알리라. 이유를 설명하고 의견을 말해 달라고 요청하라.
	• 문제가 생기면 바로 교회에 알리라. 어려움을 극복해 나가는 과정에 교회를 참여시키라. '너무 늦어서' 교회가 아무런 도움을 줄 수 없게 되기 전에 교회의 의견을 구하라.
	• 안식년과 재정에 대한 선교회의 정책을 교회에 알리라. 영구 귀국하는 선교사들의 집 문제에 대해 교회의 도움을 구하라. 선교사들이 적응하도록 교회가 도울 수 있는 방법들을 제시하라. 서로 관계를 끊어야 할 이유들이 있다면 솔직하게 말하라.

해리 라슨(Harry Larson, 캘리포니아 에스콘디도[Escondido], 임마누엘 믿음 공동체 교회[Emmanuel Faith Community Church], 선교 담당 목사)

기도: 현상(現狀)에 대한 반역
데이비드 웰즈(David wells)

데이비드 웰즈는 현재 매사추세츠 사우스 해밀턴(South Hamilton)에 있는 고든 콘웰 신학교(Gordon-Conwell Theological Seminary)에서 역사와 조직신학 분야의 앤드류 머치 특별 교수(Andrew Mutch Distinguished Professor)로 있다. 웰즈는 수많은 글과 열두 권의 책을 썼다.

독자들에게 사회적 양심이 조금이라도 있다면, 지금 필자가 하는 이야기를 듣고 간담이 서늘해질 것이다.

지독하게 추운 어느 겨울, 시카고 남부에 사는 한 가난한 흑인 여성이 난방을 공급받기 위해 백방으로 알아보고 있었다. 아파트 난방에 관한 시의 법규에도 불구하고 파렴치한 집주인은 난방 공급을 거부한 것이다. 여인은 과부였고, 지독하게 가난했으며, 법에 대해서도 무지했다. 하지만 그녀는 혼자 힘으로 이 문제를 법정으로 가지고 갔다. 법정에서는 이렇게 억울한 사정을 들어주리라는 기대에서였다. 하지만 안타깝게도 그녀는 계속해서 같은 재판관 앞에 출두하게 되었는데, 그 재판관은 무신론자에다 고집불통이었다. 그 재판관이 신봉하는 유일한 원리는 "흑인은 분수대로 살아야 한다"는 것이었다. 그 과부에게 유리한 판결이 내려질 가능성은 거의 없었다. 그리고 이 같은 사건에서 유리한 판결을 받는 데 필수 불가결한 요소(즉 만족할 만한 뇌물)가 없다는 것을 깨닫게 되면서, 유리한 판결을 기대하기는 더욱 어려워졌다. 그럼에도 그녀는 포기하지 않았다.

처음에 재판관은 소설책에서 눈도 떼지 않고 사건을 기각시켜 버렸다. '쳇, 흑인 주제에 재판을 해달라고 찾아오다니 바보가 또 한 명 있었군.' 그러나 횟수가 거듭할수록 여인을 무시할 수가 없었다. 분노와 죄책감마저 들었다. 끈질긴 요구에 시달리던 판사는 마침내 여인의 손을 들어 주었다. 부패한 사회와 법정에 맞서 흑인 여인이 거둔 빛나는 승리였다.

위의 이야기는 물론 실화가 아니다. 내가 아는 한 시카고에서 이런 일이 일어난 적은 없다.

Wells, D. F. Prayer: (1992) "Rebelling Against the Status Quo." In R. W. Winter & S. C. Hawthorne (Eds.). ***Perspectives on the World Christian Movement: A Reader*** (rev. ed.)(p. A144-147). Pasadena: William Carey Library.

그렇다고 꾸며낸 이야기도 아니다. 이 이야기는 끈질긴 기도를 가르치기 위해 예수님이 말씀하신 비유다(눅 18:1-8).

예수님은 하나님과 부패한 재판관을 비교하고 있는 것이 아니라 과부와 청원자를 비교하고 있다. 이 비유에는 두 가지 측면이 있다. 첫째, 과부는 자신이 처한 불의한 상황을 받아들이기를 거부했다. 그것은 그리스도인이 타락한 세상을 방관해서는 안 된다는 것과 관련이 있다. 둘째, 과부는 낙심했지만 자신의 주장을 굽히지 않았다. 이처럼 그리스도인들도 자신의 주장을 굽히지 않아야 한다. 첫 번째 측면은 기도의 본질과 관련된 것이며, 두 번째는 기도의 실천과 관련이 있다.

우리는 무언가를 간구하는 기도를 할 때 기도가 힘없고 지속적이지 못하면 의지가 약한 탓이라고 하거나, 잡념이 많다거나, 기도 방법을 제대로 모른다거나, 간절한 마음이 없어서라고 말하는 경향이 있다. 또한 우리의 실천 방법이 잘못되었다고 생각하며, 어디에서 잘못됐는지 찾아보려고 골몰한다. 하지만 문제는 기도의 본질을 오해한 것에서 시작된다. 우리가 그 과부처럼 명확한 견해를 가지고 있지 않다면, 결코 그 과부처럼 끈기 있게 기도하지 못할 것이다.

그렇다면 간청하는 기도의 본질은 무엇인가? 그것은 본질적으로 '반역'이다. 타락한 세상에 대한 반항, 비정상적인 것을 정상으로 받아들이는 것을 절대적으로 그리고 끊임없이 거부하는 것이다. 그것은 또한 하나님이 세우신 표준과 조화되지 않는 모든 예정, 모든 계획, 모든 해석을 거부하는 것이다. 기도 자체는 선과 악 사이에 메울 수 없는 틈이 있다는 표현이며, 악은 선의 변종이 아니라 선과 정반대되는 것이라는 선포다.

이와 반대로, 삶을 현실 그대로 받아들이는 것, 인생이 바라는 대로 받아들이는 것(삶의 불가피성을 인정하는 것)은 기독교적인 하나님 관을 포기하는 것이다. 비정상적인 것을 이같이 체념하는 마음 한구석에는 선이 악을 정복하는, 세상을 변화시키는 하나님의 능력이 현실화되지 않을 것이라는 감추어지고 인식되지 않는 전제가 숨어 있다.

체념만큼 간청 기도(그와 더불어 기독교적 하나님 관)를 순식간에 망가뜨리는 것은 없다. 예수님은 "항상 기도하고 낙망치 말아야"(눅 18:1) 한다고 하시며, 현실을 있는 그대로 받아들이지 말아야 한다고 단언하셨다.

흥미롭게도 역사를 살펴보면 여러 부류의 사람들이 체

> • 간청하는 기도의 본질은 무엇인가? 그것은 본질적으로 '반역'이다. 타락한 세상에 대한 반항, 완전히 비정상적인 것을 정상으로 받아들이는 것을 절대적으로 그리고 끊임없이 거부하는 것이다.

> • 체념만큼 간청 기도(그와 더불어 기독교적 하나님 관)를 순식간에 망가뜨리는 것은 없다.

> • 간청하는 기도는 다음 두 가지 믿음에 기반을 두고 있다. 첫째로, 하나님의 이름이 제대로 높임을 받지 못하고, 하나님나라가 제대로 임하지 않을 뿐더러, 하나님의 뜻이 제대로 이뤄지지 않는다는 사실을 인정하는 것이다. 또 한 가지는, 그럼에도 하나님은 이런 모든 상황을 바꿀 수 있다는 믿음이다.

념 때문에 간청의 기도를 그만두었던 예들을 찾아볼 수 있다. 조용한 묵상을 강조하는 종교들은 간청하는 기도를 경멸한다. 현실 세계를 하나님의 뜻의 표현으로 받아들이는 스토아학파도 마찬가지다. 혹자는 그런 기도가 나쁜 것이라고까지 말한다. 불교에서도 비슷한 주장을 하며, 세속 문화에서도 추론 과정은 다르지만 같은 이야기를 한다.

세속주의는 인생 자체를 목적으로 본다. 그들의 편에서 인생은 하나님과 어떤 관계도 없다. 따라서 그들에게 있어 인생의 유일한 표준 혹은 사실은 있는 그대로의 세상이다. 따라서 현실 그대로의 세상과 타협해야 한다고 주장한다. 우리 삶을 구성할 중심축이 되는 어떤 다른 대상을 찾는 것은 무익하며 이는 현실에서 도피하려는 시도다. 그들은 간청하는 대상인 하나님을 희미하게 만들어 버릴 뿐 아니라, 세상과 하나님과의 관계도 세속적인 가정에 어긋나지 않는 범위 내에서 새로운 방식으로 본다. 하나님은 세상에 존재하며 활동하실지 모르지만, 그 하나님의 존재와 활동은 그 무엇도 변화시키지 않는다고 생각하는 것이다.

이런 사상에 맞서 나는 간청하는 기도가 두 가지 믿음에 기반을 두고 있다고 말하고 싶다. 한 가지는, 하나님의 이름이 제대로 높임을 받지 못하고 하나님의 나라가 제대로 임하지 않을 뿐더러, 하나님의 뜻이 제대로 이루어지지 않는다는 사실을 인정하는 것이다. 또 한 가지는 그럼에도 하나님은 이 모든 상황을 바꾸실 수 있다는 믿음이다. 따라서 간구하는 기도는 현재의 상황이 바뀔 수 있고 바뀌어야 한다는 믿음의 표현이다. 하나님이 만드신 세상에서 하나님의 뜻대로 살고자 하는 사람이, 기도하지 않는다는 것은 있을 수 없는 일이다.

예수님의 생애를 보면 간구하는 기도의 중요성을 알 수 있다. 복음서의 저자들은 예수님이 기도하신 이유에 대해 자세히 설명하지는 않지만 기도의 전후 상황을 살펴보면 다음과 같이 짐작할 수 있다(예를 들어, 막 1:35; 눅 5:16; 9:18; 11:1).

먼저 예수님은 생의 중대한 결정을 앞두고 기도하셨다. 먼저, 제자를 선택할 때를 예로 들 수 있다(눅 6:12). 그토록 허영과 무지에 가득 찬 졸장부들을 왜 제자로 선택했는가라는 의문은 예수님이 기도로 내린 결정이라는 것 외에 달리 설명할 길이 없다. 둘째로, 주님은 도저히 측량할 수 없을 만큼의 압박을 받을 때, 특별히 바쁠 때 기도하셨다(마 14:23). 셋째로, 주님은 세례를 받으실 때, 변화산에서 변화되실 때, 십자가 위에서 등 생애의 중대한 위기와 전환점들이 있을 때 기도하셨다(눅 3:21; 9:28-29). 마지막으로, 주님은 심각한 시험이 오기 전에 그리고 시험을 받는 동안 기도하셨다. 그중에서도 가장 생생한 예는 겟세마네의 기도다(마

26:36-45). 악의 '때'가 임했을 때 그것을 대하는 예수님과 제자들의 태도에는 큰 차이가 있었다. 예수님은 계속해서 기도하신 반면 제자들은 자고 있었다. 이 각각의 사건에서 예수님은 하나님과 다른 선택을 하거나, 다른 관점을 받아들이거나, 아니면 다른 길을 추구하실 수도 있었다. 그러나 주님은 그때마다 먼저 간청 기도를 드리심으로 그런 대안들을 거부하셨다. 간청 기도야말로 예수님이 이 세상에 사는 것, 혹은 하나님 아버지의 일을 아버지의 의도와 다른 식으로 행하는 오류를 막을 수 있는 수단이었다. 그러므로 기도 자체는 왜곡되고 타락한 비정상의 세상에 대한 반역이었다.

기도는 하나님과 하나님이 만드신 세상이 서로 정반대의 목적을 추구한다는 것을 선포하는 행위다. 자거나 약해지거나 낙담하는 것은 하나님과 세상이 서로 반대의 목적을 갖고 있지 않은 것처럼 행동하는 것이다. 그렇다면 우리는 왜 지역 교회를 위해 좀처럼 기도하지 않는가? 기도하는 방법이 신통치 않거나 의지가 약하거나 상상력이 없어서 그런가? 나는 그렇게 생각하지 않는다. 설교의 평범함, 공허한 예배, 피상적인 교제, 비효과적인 전도에 대해서는 확고하고 활발한 논의들이 오간다. 그렇다면 왜 우리는 말하는 것만큼 지속적으로 기도하지 않는가? 대답은 아주 간단하다. 기도가 변화를 가져오리라고 믿지 않기 때문이다. 실망스럽게도 우리는 상황은 변화될 수 없으며 앞으로도 계속 그럴 것이라고 치부해 버린다. 이것은 기도의 습관에 대한 문제가 아니라 기도의 본질에 대한 문제다. 더 정확하게 말하면, 하나님의 본성, 하나님과 이 세상의 관계에 대한 문제다.

비유에 나오는 과부와 달리, 우리는 세상이 기독교 제도들을 침범해 올 때조차 불의하고 타락한 세상과 쉽게 타협해 버린다. 무슨 일이 일어나고 있는지 인식하지 못해서가 아니라, 우리에게 무언가를 변화시킬 능력이 없을 거라고 생각하기 때문이다. 그러한 무력감이, 원치 않는다 해도 잘못된 것과 타협하고 휴전하게 만드는 것이다.

다시 말해, 우리는 세상에 증언할 때나 하나님 앞에서 기도할 때 터트려야 할 분노를 잃어버렸다. 하지만 다행히, 하나님은 하나님의 분노를 잃어버리지 않으셨다. 하나님의 분노는 잘못된 것에 대한 하나님의 반대, 진리를 영원한 보좌에 올려놓고 악을 영원히 사형에 처하는 수단이기 때문이다. 하나님의 의로운 분노가 없다면 세상에서 도덕적으로 살아야 할 이유가 없다. 오히려 도덕적으로 살지 말아야 할 이유들로 넘쳐날 것이다. 그러므로 하나님의 의로운 분노는 진리가 언제나 우세하고 악은 사라지기를 구하는 간청 기도와 밀접하게 연관되어 있다.

예수님의 본을 통해 하나님나라의 단면을 보게 된다. 하나님나라는 왕의 주권이 인정되는 곳이다. 그리고 우리의 왕이신 하나님의 본성 때문에 그 주권은 초자연적으로 시행된다. 예수님 안에서 오랫동안 기다리던 '말세'가 도래했다. 예수님 안에서 또한 예수님을 통해서 메시아가 이 세상에 오신 것이다. 그렇다면 그리스도인이 된다는 것은 단순히 종교적 경험을 하는 것이 아니라, 오히려 신적인 영역 안에서 살기 시작하는 것이다. 전도는 우리의 기술 때문에 열매를 맺는 것이 아니라, 그 말세가 죄악에 물든 사람들의 삶에 침투해 들어가기 때문에 열매 맺는 것이다. 그리고 이미 서서히 나타나고 있는 이 말세는 어떤 한 민족이나 문화의 소유가 아니다. 하나님의 '세대', 십자가에 달리신 하나님 아들의 세대가 전 세계에 밝아 오고 있다. 그러므로 우리의 기도는 개인적 관심사를 넘어서 모든 인간 삶의 지평까지 넓혀져야 한다. 복음이 우주적인 것이라면 기도 역시 국지적인 것이 될 수 없다.

그러므로 우리는 세상을 아직도 잘못된 것에 반대하고 올바른 것에 찬성하는 '소송 사건'이 이루어지는 법정으로 보아야 한다. 우리의 기도가 미약한 이유는 이 사실을 잊어버리기 때문이다. 그리고 그것을 되찾지 못한다면 우리는 소송 당사자로서의 역할을 다하지 못할 것이다. 우리에게는 우리의 시야를 되찾고 기회를 활용해야 할 충분한 이유가 있다. 그것은 우리 앞에 계신 제사장이 무신론자도, 부패자도 아닌 영광스러운 우리 주 예수 그리스도의 하나님 아버지시기 때문이다. 그렇다면 정말로 그 하나님이 "그 밤낮 부르짖는 택하신 자들의 원한을 풀어 주지 아니하시겠느냐 저희에게 오래 참으"실까? 주님은 "내가 너희에게 이르노니 속히 그 원한을 풀어 주시리라"(눅 18:7-8)고 분명하게 말씀하신다.

보스니아Bosnian: 비참한 종족 분쟁으로 세계의 이목을 모은 보스니아는 이전에 유고슬라비아라고 불렸던 나라다. 보스니아의 수도 사라예보는 페르디난트 대공이 암살당하면서 제 1차 세계대전의 진앙지가 된 곳인데 소위 '민족 청소'라는 명목 하에 끔찍한 참상이 일어난 곳이기도 하다.

보스니아 무슬림들은 유럽에서 가장 복음화되지 않은 종족이다. 그들에게 복음을 전해 주려는 노력은 거의 이루어진 적이 없으며, 교회도 없다고 알려져 있다. 그리고 지금은 그들에게 복음을 전하는 것이 훨씬 더 어렵다. 가톨릭교도인 크로아티아 사람들과 동방 정교회를 믿는 세르비아 사람들에게 공격을 받은 이유가 기독교 때문이라고 여기고 있기 때문이다.

보스니아에는 유럽의 다른 나라에 비해 개신교 신자들이 매우 적다. 따라서 보스니아 사람들이 복음을 들을 기회도 거의 없다. 피난민 촌에서 일하는 사역자들은 이들을 사랑하고 돌보면서 복음을 전할 수 있는 절호의 기회를 맞고 있다. 특히 집단 강간을 당한 여성 피해자들에게 사역자들의 도움이 절실하게 필요하다.

하나님의 이야기를 공부하면서 성경, 역사, 종족, 문화, 그리스도인의 역할에 대해 새로운 시각이 열렸으리라 믿는다. 하나님의 역사는 지금 이 세대에도 계속되고 있으며, 자신의 은사를 따라 그 역사에 동참할 수 있다. 다음 4가지 관점을 통해 그 사실을 다시 한번 확인해 보자.

✚ 성경과 역사에 대한 새로운 관점

구약은 하나의 목적을 가진, 한 민족에 대한 사실에 입각한 이야기다. 그 목적이란 하나님의 이야기를 열방에게 전해 줌으로써 하나님께 영광을 돌리는 것이다. 그 목적에 반응하면 결과가 따른다. 오늘날도 마찬가지다. 복을 받은 우리는 열방에게 복을 나눠 주어야 한다.

역사를 보면, 하나님이 지금도 종족들과 나라들을 하나님나라로 이끌기 위해 일하고 계심을 알 수 있으며, 전 세계적으로 축복을 나누어 주거나 아니면 그냥 쌓아놓고 있을 때 어떤 결과가 오는지 보여 준다. 우리가 축복을 들고 다른 나라로 갈 것인가, 다른 나라가 축복을 받으러 우리에게 나아올 것인가? 우리 가운데 와 있는 다른 나라 사람들에게 복음을 전할 것인가, 복음을 들고 다른 나라로 갈 것인가? 우리의 결정에 따라 세계 역사는 뒤바뀔 것이다.

✚ 전략과 문화에 대한 새로운 관점

이 세상을 지정학적 국가들이 아니라 '종족'의 견지에서 보게 되면 우리가 수행하고 있는 임무가 달라진다. 교회개척운동은 세계 복음화를 현실로 만들어 줄 수 있다. 사람들은 도시로 이동하는 것을 포함해, 한 곳에서 다른 곳으로 계속적으로 이동하기 때문에, 우리는 그들에게 하나님의 이야기를 전할 수 있는 많은 기회를 포착할 수 있다.

문화를 연구하는 일은 대단히 흥미롭다. 문화란 극복해야 할 걸림돌이기도 하지만 다양성과 매력을 갖춘 복음화의 열쇠이기도 하다. 각 문화마다 하나님의 이야기를 제시하는 독특한 방법이 필요하다. 이 세상 모든 문화가 하나님의 나라에 들어갈 것이므로 언젠가는 각 나라와 족속과 백성과 방언에서 구원받은 수많은 사람들이 어린 양의 보좌 앞에 서 있는 감격스러운 순간이 찾아올 것이다.

✚ 교회와 우리 자신에 대한 새로운 관점

하나님의 과업을 진행하기 위해, 그리고 그 과업을 완수하기 위해서는 전 세계의 모든 그리스도인이 하나로 연합해야 한다. 지역 교회의 사랑과 후원은 선교를 진척시키는 원동력이다.

그러므로 전 세계 교회가 연합하고 동역할 때 우리는 최후의 승리를 꿈꿀 수 있다.

'모든 종족'을 복음화한다는 관점은 우리 자신을 새로운 시각으로 보게 한다. 우리 모두의 은사는 중요할 뿐 아니라 반드시 필요하다. 우리는 자신들의 은사와 능력을 활용해 세계 복음화에 기여할 수 있다. 그리하여 우리는 세계를 품은 그리스도인으로 성장해 나간다.

세계를 품은 그리스도인인 우리는 헌신과 확신 속에 살 수 있다. 하나님은 당신의 목적을 이루기 위해 쉬지 않고 일하신다. 그리고 우리는 하나님의 사랑의 역사에 동참할 수 있다. 세계 각국의 용감한 형제자매들이 우리와 함께 섬기며, 우리의 사역은 돕고, 축복하는 것에서 그치지 않는다. 그 협력 자체가 하나님의 이야기를 생생하게 보여 준다. 어느 민족이든 하나님 안에서 기쁘고 화목하게 함께 일할 수 있다.

✚ 하나님 아버지에 대한 새로운 관점

하나님나라의 비전을 품으면 하나님 아버지를 경외하게 되며, 겸손해진다. 우리는 이 세상의 현상이 유지되는 것을 받아들이지 않을 것이며 받아들여서도 안 된다. 하나님의 사랑의 길이와 넓이와 높이와 깊이는 이루 형용할 수 없다. 그분의 사랑의 통치는 마땅히 진척되고 높임을 받아야 한다. 하나님의 무한하신 의는 전 세계적으로 드러나야 한다. 그리고 하나님의 통치를 선포하고 알리는 일은 우리의 '특권'이다.

이런 진리와 하나님 그분을 아는, 세계를 품은 그리스도인들이여. "나라이 임하옵시며!"라고 함께 선포하자!

동역의 당위성

지금까지 우리는 하나님의 이야기가 어떤 방식으로 펼쳐져 왔는지 살펴보았다. 그리고 특별히 이번 과에서는 세계 선교에서 '동역'이 얼마나 중요하며 필요한지에 대해 다루었다. 선교는 인간의 필요를 광범위하게 다루는 활동이다. 특히 전 세계 가난한 자들의 상황을 이해하게 되면, 그들에게 복음과 함께 사랑의 행동이 필요하다는 사실을 알게 될 것이다.

전인적 필요를 채우는 총체적 사역이 필요하다. 하나님은 우리가 '세계를 품는 그리스도인'의 대열에 동참하기 원하신다. 하나님이 주신 저마다의 은사와 부르심을 따라 다양한 역할을 통해 세계 복음화를 이루어가야 한다.

선교는 세계를 품는 기도를 통해서만 가능하다. 특별히 간청하는 기도를 통해 하나님이 모든 나라와 족속과 백성과 방언 가운데 영광 받으실 것을 바라보며 나아가자.

이번 과에서 당신은…

- 총체적 선교의 필요성과 함께 복음 전도와 지역 사회 개발의 역동적 동역 관계를 알게 되었다.
- 성경적 개발과 세속적인 개발의 차이점과 성경적 개발의 원리들을 알게 되었다.
- 기독교 선교사들이 문화를 파괴한다는 비난에 합당한 대답을 할 수 있게 되었다.
- '세계를 품는 그리스도인'의 역할과 각자의 부르심을 따라 동역해야 함을 알게 되었다.
- 지역 교회와 선교 단체 간의 협력 방안을 모색하게 되었다.
- 간청하는 기도가 예수님의 지상명령을 성취하는 데 얼마나 중요한 일인지 알게 되었다.

핵심 단어: '협력'

하나님은 이 세상과 역사의 목적을 명확하게 계시하셨다. 그리고 우리를 하나님의 일에 동참하도록 초청하셨다. 남은 것은 하나님의 크신 목적을 이루기 위한 나의 역할을 발견하는 일이다. 그것은 자신의 은사와 달란트를 전체의 큰 그림을 이루는 데 의미 있게 사용하는 것이다.

하나님은 작은 것에 충성하는 사람들을 통해 일하신다. 주님이 부르신 자리에서 자신의 역할과 은사를 통해 기쁜 마음으로 섬기는 것이다. 또한 세계 선교는 혼자 힘으로 할 수 있는 일이 아니다. 모든 개인과 교회와 단체가 더불어 이뤄가야 할 일이다. 지금은 하나님나라의 비전을 위해 그리스도의 몸 된 우리 모두가 서로 존중하고 격려하며 지원해야 할 때다.

I. 총체적 선교의 필요성

선교의 기본 과업은 불신자에게 복음을 전하여 교회를 개척하는 것이다(전도 명령 - 창 3:9; 롬 10:15). 온전한 의미에서 선교에는 또 다른 측면이 존재하는데, 바로 지역 사회 개발(문화 명령 - 창 1:27-28)이다. 전도가 하나님의 사랑을 '말'로 전하는 것이라면, 지역 사회 개발은 하나님의 사랑을 '행동'으로 나타내는 것이다. 하나님의 이야기를 전하는 데는 전도와 지역 사회 개발이 모두 필요하다. 이런 선교의 포괄적 개념을 '총체적 선교'라고 한다.

1. 복음 전도와 사회 개발: 역동적 동역의 관계

앞에서 살펴본 대로 미전도 종족들은 대체적으로 세계에서 가장 가난하고 억압받는 집단이다. 굶주린 사람들은 복음을 명확하게 받아들이기 힘들다. 다른 어떤 관심사보다 먹을 것에 대한 필요가 우선하기 때문이다.

모든 지역, 전인 - 육체와 정신과 영혼 - 을 대상으로 하는 기독교 사역을 '총체적 선교'(Holistic Mission)라 부른다. 총체적 선교는 기독교 선교가 인간의 영적 필요와 함께 신체적, 정신적, 사회적 필요까지 다뤄야 한다고 주장한다. 로잔 언약(1974)은 전 세계 복음주의 그리스도인들의 확신을 표현하는데, 그 중에서 제5항은 그리스도인들이 복음 전도와 사회적 책임을 동일시하지도, 둘로 나누지도 말라고 요구한다. 둘 다 그리스도인의 기본 의무라는 것이다.

2. 개발로서의 전도

개발의 참된 의미는 무엇인가? 20세기 중반 이후 서구 국가들은 대규모 경제 원조와 개발 정책으로 가난한 나라들을 도우려고 했지만, 그들의 가난을 해결하지는 못했다.

지역 사회 개발은 한 집단이 자립 혹은 자급자족하는 상태에 이르도록 하는 것을 목표로 삼는데, 지역 사회 내의 가치관들이 근본적으로 변하지 않으면 이 모든 개발 노력은 휘청거리게 된다.

에드워드 데이튼(Edward Dayton)은 그리스도인이야말로 성공적인 개발 사역을 위해 가장 잘 준비된 사람들이라고 주장한다. 전도와 병행하여 하나님나라의 가치관을 보여 주고 배가시키는 교회 공동체를 설립하는 것이 개발의 핵심 요소다.

3. 기독교 지역 사회 개발

① 세속적인 개발과 성경적 개발의 차이

세속적인 개발은 생활 개선과 양질의 삶을 위한 것이지만, 성경적 개발은 하나님을 중심에 두고 그분의 영광을 구하는 것이다. 또한 성경적 개발은 인간의 능력뿐만 아니라 하나님의 무한한 자원에 의지해 행하는 것이다.

② 총체적인 기독교 변혁 개발 원리
- **개발의 목적**: 하나님의 뜻에 따라 이루어져야 한다. 그러므로 시급하고 절실한 필요뿐만 아니라 근본적 필요까지 살펴보고 하나님의 해결책을 구해야 한다.
- **개발의 범위**: 하나님이 의도하신 개발은 총체적이며 전인적 필요를 채운다(눅 2:52).
- **개발의 자원**: 개발의 첫 번째 자원은 하나님이시다. 그렇기 때문에 개발을 통해 물질적·영적·초자연적 변화가 가능하다.
- **개발과 교회**: 교회는 지역 사회 개발에 적극적으로 참여해 섬기는 리더십을 보여야 한다.
- **개발의 주체**: 부자뿐만 아니라 가난한 사람들도 지역 사회 개발에 참여해야 한다(달란트 비유).
- **개발의 방법**: 과학 기술과 외부의 지원, 그 이상의 의미를 갖는다.
- **개발의 책임**: 모든 사람이 각자 가진 것을 나누고 베풀어야 한다.

4. 변혁인가, 파괴인가?

선교사들로 인한 변화가 현지 문화를 파괴할 수도 있을까? 선교사들이 '문화적 제국주의자'라는 고정관념을 가진 사람들은 그렇게 생각한다. 이런 인식은 역사적 사실에 근거하고 있는가? 아니면 적대적인 기독교 비판자들이 고착화시킨 신화인가? '순진무구한 사람들을 그냥 내버려 두라'는 '계몽' 정책은 오늘날의 세계에서 현실적인 대안이 될 수 있는가? 현대화와 과학 기술이 온 세계에 엄청난 속도로 일으키고 있는 변화의 흐름에 그리스도인들이 올바르게 관여하지 않는다면, 결국에는 부정적인 영향만 끼치게 될 것이다.

하지만 적대적인 외부의 침입과 문화 충격으로 멸종의 길을 걷고 있는 부족들에게 가장 절실한 도움을 주는 사람들은 다름 아닌 선교사들이다. 성경 말씀을 따르며 그리스도를 사랑하는 선교사들이 '방향성 있는 변화'(directed change)를 통해 부족 사회가 잘 적응하고 생존할 수 있도록 도운 사례들을 보라. 이런 사례들을 통해 부족 선교 사역의 지침으로 삼을 수 있는 문화 변혁의 원리들을 찾아보자.

II. 세계를 품은 그리스도인의 동역

1. 세계를 품은 그리스도인의 정의

데이비드 브라이언트(David Bryant)에 따르면, '세계를 품은 그리스도인'(World Christian)은 세계 복음화의 성취를 최우선 순위에 놓는 사람이다. 오늘날에도 너무나 많은 사람들이 복음을 듣지 못한 채 살고 있다. 아직도 남겨진 과업이 이토록 거대하기에, 소수의 헌신자들뿐만 아니라 모든 믿는 자들이 세계를 품은 그리스도인이 되어 함께 세계 복음화를 위해 협력해야 한다.

2. 세계를 품은 그리스도인의 역할 찾기

모든 그리스도인이 지상명령에 동참하도록 부름 받았지만, 모두 타 문화권 선교사로 부름 받은 것은 아니다. 우리는 세계를 품은 그리스도인으로서 지상명령을 성취하기 위해, 하나님이 각자에게 주신 역할을 찾아야 한다. 고린도전서 12장에서 바울은 그리스도의 몸이 상호 의존적이며 모든 성도에게 각자 감당해야 할 역할이 있다고 말한다. 이것은 세계 선교에도 그대로 적용된다.

① 보내는 자

가는 사람과 보내는 사람은 각기 다른 역할을 감당하는 타 문화권 선교 팀의 사역자와 같다. 두 역할 모두 지상명령을 완수하는 데 반드시 필요하다. '보내는 자'는 특정한 선교사들, 그리고 세계 복음화라는 총체적인 과업을 자원하는 마음으로 후원하는 사람들이다.

[보내는 일의 핵심 활동]
- 재정(빌 4:10-12): 검소한 생활을 통해 정성껏 헌금을 드린다.
- 기도(엡 6:18): 선교사들을 위해서 기도하는 것이 아니라 선교사들과 함께 기도한다.
- 격려(수 1:9): 편지와 정성스런 축하 카드, 선교사 가족과 현지의 필요를 채워주는 선물 등
- 사역 물자(딤후 4:13): 음식, 옷, 컴퓨터, 차, 선교사 자녀를 위한 학습 교재 등
- 연락(빌 2:19): 그 어떤 것보다 관심과 사랑이 중요하다.
- 귀향 시 돌봄(행 14:28): 역 문화 충격 대비, 자녀 교육, 안식관 제공 등

② 선교 동원가

선교 동원가는 자신이 선교사로 가기보다는 더 많은 선교사를 보내기 위해 선교 자원을 일깨우고 헌신하게 하여 선교 동력을 일으키는 사람들이다. 물론 선교 동원가로의 헌신은 선교 현장에 가는 것을 피하기 위한 것이 아니다. 오히려 더 큰 비전을 보고 더 큰 사역에 헌신하는 것이다.

동원에는 선교 훈련, 미전도 종족을 위한 조직적이고 지속적인 기도 운동, 선교사 지망생 발굴 등이 포함된다.

③ 환대하는 자

환대하는 자의 사역에는 전략적인 성격이 있다. '환대하는 자'란 자국에 들어온 외국인들을 따뜻이 맞이하는 사람을 말한다. 오늘날의 교회는 직장, 유학, 이민 등으로 자국에 찾아온 외국인들을 찾아 섬겨야 한다.

④ 중보기도자

하나님은 잃어버린 영혼들을 향한 그분의 마음을 품고 기도할 때 역사하신다. 모든 종족을 구속하시려는 하나님의 목적은 우리의 중보기도를 통해서도 이루어질 것이다. 미전도 종족의 복음화를 위한 전략적 기도 운동과 국제적인 기도 운동에 동참해 보자.

⑤ 나가는 선교사

타문화권 선교사로 사역하기 원하는 사람은 선교사로 부름 받았다는 소명을 확인하고, 소양과 능력을 갖추기 위한 준비, 선교 훈련, 선교 단체 참여, 후원 그룹의 형성과 관리를 준비해야 한다.

3. 세계를 품은 그리스도인의 운동에 동참하라.
- 당신의 관심사를 분석하라.
- 지금 서 있는 바로 그곳에서 시작하라.
- 헌금을 늘려가라.
- 계속해서 배워라.
- 급진적인 것을 시도해 보라.
- 각자에게는 저마다의 역할이 있다는 사실을 기억하라.

Ⅲ. 지역 교회와 선교 단체의 동역

선교는 적절한 역할 분담을 통해 이뤄진다. 하나님은 부르시고, 교회는 보내고, 선교 단체는 그것을 활성화한다. 지역 교회는 선교사 자원의 배출과 파송, 기도와 재정 후원을 담당하며, 선교 단체는 선교사 안내 및 관리(행정, 멤버 케어), 선교 정책 및 전략 계발, 사역 평가와 지도, 새로운 선교지 개발 등을 담당한다. 세계 선교를 성취하기 위해 지역 교회와 선교 단체는 상호의존적인 동역 관계를 이루게 된다.

Ⅳ. 세계를 품은 그리스도인의 기도

예수님이 가르쳐 주신 중보기도의 진수는, 하나님의 법정에서 특정 사건에 관한 주장을 펼치는 것이다. 그것은 악을 설명하거나 묵인하는 것이 아니라, 악에 대항하여 싸우는 것이다.

저명한 신학자 데이비드 웰즈(David Wells)는 세계관의 차원에서 신봉되고 있는 몇 가지 개념들을 보여 준다. 그는 히브리와 기독교 세계관에서는 세상의 악을 하나님의 뜻과 계획으로 생각하지 않는다고 강조한다. 예수님도 제자들에게 중보기도로 악의 현상들에 도전하라고 명령하셨다. 우리는 예수님의 이름이 부인되는 곳에서도 그 이름에 영광을 돌리고 거룩하

게 하고 찬양하는 이들이 일어나도록 기도해야 한다. 또한 하나님나라의 통치가 무시되는 곳에서도 하나님이 통치하시도록, 주의 원수들이 하나님의 뜻을 반대하는 곳에서도 하나님의 뜻이 이뤄지도록 구해야 한다. 그렇기에 세계를 품은 그리스도인의 기도는 본질적으로 간청하는 기도다.

1. 간청하는 기도의 본질
이것은 본질적으로 타락한 세상에 대한 반역과 반항이다. 비정상적인 것을 정상적인 것으로 받아들이기를 전적으로, 끊임없이 거부하는 것이다.

2. 간청하는 기도의 실천
우리는 개인적 관심사를 넘어 하나님이 관심을 가지시는 모든 인간의 삶이라는 더 넓은 차원에서 기도해야 한다. 복음이 우주적인 것이라면 기도도 우주적이어야 한다. 그리스도가 영광 중에 재림하시기까지 우리는 하나 되어 기도해야 한다.

V. 결론

지금까지 우리는 선교에 대한 성경적, 역사적, 전략적, 문화적, 동역적 관점을 살펴보았다. 이 과정을 통해 우리는 전 세계 기독교 운동을 새로운 관점에서 보게 되었다. 그렇다면 이제는 더 이상 방관자의 자리에 머물러 있을 수 없다.

미션 익스포저는 선교에 대한 지식을 쌓기 위한 학습 프로그램이 아니다. 미션 익스포저의 목표는 모든 그리스도인이 전 세계를 향한 하나님의 부르심에 순종하며 살도록 돕는 것이다. 각 사람에게 세계 비전을 품게 할 뿐만 아니라 더 나아가 구체적으로 이 부르심에 헌신하게 하는 것이다.

'순종의 자리가 자국인가 다른 문화권의 나라인가' 하는 것은 이차적인 문제다. 하나님이 부르신 자리에서 열방에게 복을 전하는 축복의 근원으로 살고자 하는 결단이 중요하다. 모든 나라와 족속과 백성과 방언 가운데 하나님이 영광 받으실 때까지, 세계를 품은 그리스도인의 운동(The World Christian Movement)은 계속되어야 한다!

[적용하기 위한 질문]

1. 지역 개발 사역을 할 때 '절실한 필요'(felt needs)만을 우선하지 말아야 할 이유는 무엇인가? 성공적인 개발 사역의 열쇠는 무엇이라고 생각하는가?

2. 하나님이 의도하신 예수님의 계발 모델(눅 2:52)을 중심으로 '총체적 선교'의 필요성에 대해 이야기해 보라.

3. 선교 동원가는 가는 선교사와 어떻게 다른가? 동원가의 사역도 가는 선교사의 사역만큼 전략적이고 귀중한 것으로 여겨야 하는가?

4. 세계를 품은 그리스도인으로서 당신의 역할(보내는 자, 선교 동원가, 환대하는 자, 중보기도자, 가는 선교사 중에서)은 무엇인가? 현재 당신의 자리에서 그 역할을 어떻게 감당할 수 있을지 구체적으로 적어 보라.

5. 당신이 속한 단체(교회)가 더 적극적으로 선교의 사명을 감당하기 위해서는 어떤 변화가 필요한가? 그것을 위해 당신은 무엇을 할 수 있는가?

【 선교 헌신 카드 】

저는 아래의 항목에서 하나님이 저를 부르시고 준비시키셨다고 믿습니다(기도한 후에 체크하십시오).

- ☐ 나는 타문화권 선교사로 가겠습니다.
- ☐ 나는 다른 사람을 선교사로 보내는 사람이 되겠습니다.
- ☐ 나는 선교 자원을 일깨우는 선교 동원가로 살겠습니다.
- ☐ 나는 선교지와 선교사를 위해 중보기도하겠습니다.
- ☐ 나는 내가 속한 지역 안에 있는 이주 노동자와 유학생들을 섬기겠습니다.

나는 세계 복음화를 위해 다음의 영역에 헌신하겠습니다(세 가지를 체크하십시오).

- ☐ 나의 전문성과 능력을 하나님나라의 확장을 위해 사용하겠습니다.
- ☐ 교회나 선교 단체의 단기 선교 여행에 참여하겠습니다.
- ☐ ME 과정을 통해 받은 은혜를 우리 교회 목사님과 성도들에게 나누겠습니다.
- ☐ 우리 교회가 미전도 종족을 입양하는 일에 힘쓰겠습니다.
- ☐ 국제 유학생을 친구로 삼아 섬기겠습니다.
- ☐ 우리 교회에서 ME 과정을 열 수 있게 최선을 다하겠습니다.
- ☐ 또 다른 선교 훈련에 참여하겠습니다.
- ☐ 선교사로 나가기 위해 훈련받고 준비하겠습니다.
- ☐ 「세계기도정보」나 「GT」같은 책자를 통해 지속적으로 기도하겠습니다.
- ☐ 우리 교회의 선교위원회나 선교 팀에 참여하여 섬기겠습니다.
- ☐ 선교사들을 위해 재정을 후원하겠습니다.
- ☐ 미전도 종족을 위해 구체적으로 기도하겠습니다.
- ☐ 선교 관련 서적을 지속적으로 읽겠습니다.
- ☐ 주변 사람들에게 미전도 종족을 알리고 소개하겠습니다.
- ☐ 가족과 친구들이 ME 과정에 참석하도록 노력하겠습니다.
- ☐ 교회 학교에서 어린이와 청소년들에게 선교에 관해 가르치겠습니다.

날짜:
이름:

【 세계를 품은 그리스도인의 서약 】

하나님의 은혜로 구원받은 저는 세계를 품은 그리스도인으로 살 것을 다짐합니다. 그리스도가 제 인생의 주인이심을 인정하며 모든 족속을 제자로 삼으라는 명령에 순종할 것입니다. 저는 주님이 원하시면 어디든 가겠으며 무엇이든 하겠습니다. 선교사로 나가든지 국내에 남아 있든지, 선교를 위해 후원하고 기도할 것입니다. 하나님의 부르심에 순종하여 시간, 은사, 그리고 자원을 세계 복음화를 위해 드리겠습니다.

년   월   일

세계를 품은 그리스도인 _____(서명)

편집자 멕 크로스만

광대한 하나님의 선교 이야기에 자신의 작은 삶을 기꺼이 드린 수많은 여성들, 그 가운데는 헌신적인 선교 동원가 멕 크로스만도 빼놓을 수 없다. 멕 크로스만은 마리코파 카운티 병원 사역(1974-1975)과 I. C. A. R. E. 교도소 사역의 총책임자로서(1975-1985) 어렵고 소외된 이들을 대상으로 사역하며 하나님의 마음을 전했다. 이후 이집트, 그리스, 일본에서 지내기도 했으며, 다양한 수단을 통해 세계 각국의 학생들을 대상으로 사역에 참여했다. 그 일환으로 중국에서 영어를 가르치기도 했다(1987).

이후 멕 크로스만은 선교 동원가로서, 하나님을 알지만 선교를 향한 하나님의 끝없는 열정에 대해서는 무지한 수많은 크리스천들에게 선교적인 관점을 심어주는 데 큰 공헌을 했다. 애리조나 주의 템페 시에서 선교적인 관점을 가르치는 사역 담당자로서(1998) 10개의 선교 관점과 관련된 과정을 가르쳤으며, 미국을 비롯한 여러 국가에서 98개의 강의를 하고, 선교 관점 관련 지도자들을 훈련했다. 멕 크로스만은 이런 사역을 담당하면서 많은 선교 관련 과정을 개발했는데, 이런 과정을 책으로 편집하기도 했다. 조나단 에드워즈 루이스의 *World Mission*에 편집자로 동참했으며(1994), *Worldwide Perspectives: Understanding God's Purposes in the World from Genesis to Revelation*(1995), *Worldwide Perspectives: Biblical, Historical, Strategic, and Cultural Dimensions of God's Plan for the Nations*(2002)를 편집했다. 또한 *Worldwide Perspectives*에 수록된 논문 'Opening the Door'와 'Mission Pioneers'의 저자이자, 「미션 퍼스펙티브」(예수전도단)에 수록된 '선교에 참여한 여성들', 이 책에 나오는 '헌신된 자들의 동역' 등의 논문을 공동 집필하기도 했다.

그는 필리핀 마닐라에서 개최된 세계 복음주의 지도자 회의인 '제2차 로잔대회'에 참석했으며(1989), 태국 파타야에서는 로잔 공개토론을 개최하기도 했다(2004). 또한 선교 동원 사역인 '갈렙 프로젝트 이사회' 회원이자(1992-1998), '무슬림 세계를 향한 개척 사역 미국 이사회'의 회원을 역임했다(2000-2006). '선교 관점 관련 담당자 위원회'의 회원이자(1997-2001), '선교 관점 관련 연합'의 지도자였으며(1996-2004) 현재는 명예 지도자를 담당하고 있다(2004-현재).

그리고 그녀는 이제 영적인 지도자로서 더 많은 사람들이 세계 선교를 향한 하나님의 부담을 나눠 갖도록 초청하고 있다. 평신도와 지역 교회가 선교를 향한 하나님의 열정을 이해하는 데 도움을 주기 위해 편집한 이 책 또한 그의 헌신을 잘 보여 준다.

역자 정옥배

한국 외국어대학교를 졸업하고 IVP 간사를 역임했으며, 합동신학대학원과 미국 필라델피아 웨스트민스터 신학교, 파사디나의 풀러 신학교에서 수학했다. 역서로는 「IVP 성경배경주석: 구약」, 「IVP 성경배경주석: 신약」, 「로마서 강해」, 「신명기 강해」(이상 IVP), 「미션 퍼스펙티브」(예수전도단) 등 다수가 있다.

미션 익스포저

엮은이 멕 크로스만
옮긴이 정옥배

2007년 2월 28일 1판 1쇄 펴냄
2025년 2월 20일 1판 29쇄 펴냄

펴낸곳 도서출판 예수전도단
출판 등록 1989년 2월 24일(제2-761호)
주소 서울특별시 관악구 신림로7나길 14
전화 02-6933-9981 · **팩스** 02-6933-9989
이메일 ywam_publishing@ywam.co.kr
홈페이지 www.ywampubl.com

ISBN 978-89-5536-242-8

책값은 뒤표지에 있습니다.

본 저작물의 한국어판 소유권은 도서출판 예수전도단에 있습니다.
잘못된 책은 바꾸어 드립니다.